本书为国家社会科学基金项目（批准号08BZJ004）

中国社会科学院创新工程学术出版资助项目

清代藏传佛教研究

尕藏加◎著

中国社会科学出版社

图书在版编目(CIP)数据

清代藏传佛教研究 / 尕藏加著 . —北京：中国社会科学出版社，2014.9
ISBN 978 - 7 - 5161 - 4307 - 0

Ⅰ.①清… Ⅱ.①尕… Ⅲ.①喇嘛宗—佛教史—研究—中国—清代 Ⅳ.①B946.6

中国版本图书馆 CIP 数据核字(2014)第 106510 号

出 版 人	赵剑英	
责任编辑	张　红	
责任校对	吕　宏	
责任印制	戴　宽	

出　　版	中国社会科学出版社	
社　　址	北京鼓楼西大街甲 158 号(邮编 100720)	
网　　址	http://www.csspw.cn	
	中文域名：中国社科网　010 - 64070619	
发 行 部	010 - 84083685	
门 市 部	010 - 84029450	
经　　销	新华书店及其他书店	
印　　刷	北京君升印刷有限公司	
装　　订	廊坊市广阳区广增装订厂	
版　　次	2014 年 9 月第 1 版	
印　　次	2014 年 9 月第 1 次印刷	
开　　本	710×1000　1/16	
印　　张	23.5	
字　　数	449 千字	
定　　价	78.00 元	

凡购买中国社会科学出版社图书，如有质量问题请与本社联系调换
电话：010 - 64009791
版权所有　侵权必究

图1 布达拉宫远眺
（尕藏加摄 2013 年）

图2 大昭寺广场
（尕藏加摄 2013 年）

图3 拉萨格鲁派祖庭甘丹寺全景
（尕藏加摄 2013 年）

图 4　拉萨甘丹寺诸殿一角
（尕藏加摄　2013 年）

图 5　拉萨甘丹寺内宗喀巴师徒三尊像
（尕藏加摄　2013 年）

图 6　拉萨哲蚌寺远眺
（尕藏加摄　2013 年）

图 7　拉萨哲蚌寺
　　　大经堂顶
（尕藏加摄　2013 年）

图 8　拉萨哲蚌寺
　　　噶丹颇章宫
（尕藏加摄　2013 年）

图 9　拉萨哲蚌寺
　　　大厨房一角
（尕藏加摄　2013 年）

图 10　青海隆务寺立碑
（尕藏加摄　2009 年）

图 11　青海隆务寺一角
（尕藏加摄　2009 年）

图 12　青海塔尔寺广场及八塔
（尕藏加摄　2010 年）

图 13　青海郭隆寺（佑宁寺）大经堂（氽藏加摄　2010 年）

图 14　青海郭隆寺（佑宁寺）密宗院（氽藏加摄　2010 年）

图 15　青海郭隆寺（佑宁寺）壁画

（尕藏加摄 2010 年）

图 16　青海却藏寺立碑

（尕藏加摄　2010 年）

图17　青海却藏寺大殿(尕藏加摄　2010年)

图18　青海赛柯寺(广慧寺)外景(尕藏加摄　2009年)

图 19　青海赛柯寺（广慧寺）清代碑记（尕藏加摄　2010 年）

图 20　甘肃拉卜楞寺内街道（尕藏加摄　2011 年）

图 21　甘肃拉卜楞寺酥油花

（尕藏加摄　2011 年）

图 22　云南迪庆松赞林寺远眺

（尕藏加摄　2012 年）

图 23　青海夏琼寺一角

（尕藏加摄　2010 年）

图 24　青海夏琼寺清代匾额(氽藏加摄　2010 年)

图 25　西藏敏珠林寺(氽藏加摄　2013 年)

图 26　西藏敏珠林寺内立体坛城(尕藏加摄　2013 年)

图 27　西藏敏珠林寺大白塔(尕藏加摄　2013 年)

图 28　甘孜宁玛派佐钦寺大殿（尕藏加摄　2011 年）

图 29　甘孜宁玛派噶陀寺佛殿一角（尕藏加摄　2011 年）

图 30　甘孜宁玛派白玉寺大殿外景(尕藏加摄　2011 年)

图 31　甘孜宁玛派白玉寺学僧辩经一角(尕藏加摄　2011 年)

图 32　甘孜宁玛派白玉寺壁画(朵藏加摄　2011 年)

图 33　德格宁玛派协庆寺(朵藏加摄　2011 年)

图 34　德格噶玛噶举派八邦寺远眺(尕藏加摄　2011 年)

图 35　德格萨迦派更庆寺大殿(尕藏加摄　2011 年)

图36　德格萨迦派宗萨寺僧舍（尕藏加摄　2011年）

图37　德格萨迦派宗萨寺牦牛标本（尕藏加摄　2011年）

图 38　德格印经院大门（尕藏加摄　2011 年）

图 39　德格印经院内部走廊（尕藏加摄　2011 年）

图 40　德格印经院大藏经木刻版

（尕藏加摄　2011 年）

图 41　阿坝觉囊派藏哇寺大殿

（尕藏加摄　2011 年）

图 42　拉萨丹吉林寺外景

（尕藏加摄　2013 年）

图 43 拉萨丹吉林寺一角（㚞藏加摄 2013 年）

图 44 拉萨丹吉林寺二楼佛殿通道（㚞藏加摄 2013 年）

图 45 拉萨策墨林寺外门（众藏加摄 2013 年）

图 46 拉萨策墨林寺内院（众藏加摄 2013 年）

图 47　拉萨功德林寺立碑（尕藏加摄　2013 年）

图 48　拉萨功德林寺内院（尕藏加摄　2013 年）

图 49　拉萨喜德林寺外门（氽藏加摄　2013 年）

图 50　拉萨喜德林寺门牌（氽藏加摄　2013 年）

图 51　拉萨喜德林寺
　　　内院大殿残墙

（尕藏加摄　2013 年）

图 52　拉萨清政府
　　　驻藏大臣衙门

（尕藏加摄　2013 年）

图 53　阿坝金川
　　　广法寺大殿外景

（尕藏加摄　2013 年）

图 54　阿坝金川广法寺大门(众藏加摄　2013 年)

图 55　阿坝金川广法寺大殿(众藏加摄　2013 年)

图 56　阿坝金川广法寺清代碑记（氽藏加摄　2013 年）

图 57　甘孜惠远寺大殿（氽藏加摄　2011 年）

图 58　西安广仁寺大门

（尕藏加摄　2012 年）

图 59　西安广仁寺匾额

（尕藏加摄　2012 年）

图 60　西安广仁寺内院

（尕藏加摄　2012 年）

图 61　西安广仁寺内宗喀巴大师像（尕藏加摄　2012 年）

图 62　西安广仁寺驭虎图（尕藏加摄　2012 年）

图 63　山西五台山藏传大白塔（氽藏加摄　2012 年）

图 64　承德普陀宗乘之庙全景（氽藏加摄　2009 年）

图 65　承德普陀宗乘之庙大门
（尕藏加摄　2009 年）

图 66　承德普陀宗乘之庙匾额
（尕藏加摄　2009 年）

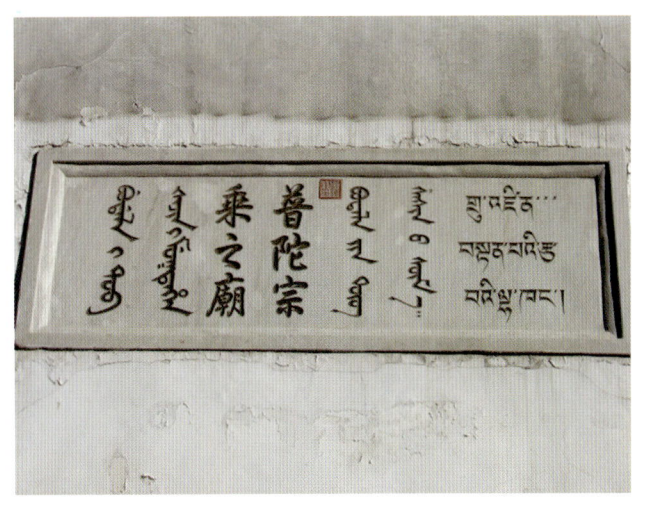

图 67　承德须弥福寿之庙全景
（尕藏加摄　2009 年）

图 68 承德普宁寺一角（氽藏加摄 2009 年）

图 69 西藏泽当寺大门（氽藏加摄 2013 年）

图 70　西藏泽当寺一角

（尕藏加摄　2013 年）

图 71　西藏那曲赞丹寺僧人制作平面坛城

（尕藏加摄　2013 年）

图 72　拉萨哲蚌寺强巴佛像

（尕藏加摄　2013 年）

图 73 拉萨哲蚌寺内绘制的平面坛城图案

（尕藏加摄 2013 年）

图 74 拉萨哲蚌寺藏金汁书写大藏经版

（尕藏加摄 2013 年）

图 75 桑耶寺大殿

（尕藏加摄 2013 年）

图 76　桑耶寺黑塔(尕藏加摄　2013 年)

图 77　桑耶寺兴佛证盟碑(尕藏加摄　2013 年)

图 78　桑耶寺旧壁画

（尕藏加摄　2013 年）

图 79　西藏阿里　托林寺全景

（尕藏加摄　2013 年）

图 80　西藏阿里　托林寺古塔

（尕藏加摄　2013 年）

图 81　托林寺石刻莲花生咒语及六字真言（尕藏加摄　2013 年）

图 82　西藏阿里扎西岗寺外墙（尕藏加摄　2013 年）

图 83　西藏阿里扎西岗寺立碑（尕藏加摄　2013 年）

图 84　西藏阿里扎西岗寺内院（尕藏加摄　2013 年）

图 85　西藏那曲赞丹寺远景(尕藏加摄　2013 年)

图 86　青藏高原俯瞰(尕藏加摄　2013 年)

图 87　西藏冈底斯神山及其山脉（尕藏加摄　2013 年）

图 88　作者与阿里课题组成员在冈底斯神山脚下合影（2013 年）

目 录

引言 ……………………………………………………………… (1)

研究文献综述 ………………………………………………… (4)
    一　清代藏传佛教政策研究 ……………………………… (4)
    二　活佛转世与"金瓶掣签"研究 ………………………… (7)
    三　清代大活佛世系研究 ………………………………… (8)
    四　格鲁派在内地及蒙古地区兴盛之研究 …………… (14)
    五　结语 …………………………………………………… (17)

上　编

第一章　格鲁派系 …………………………………………… (21)
  第一节　格鲁派的创立 …………………………………… (21)
  第二节　甘丹寺支系 ……………………………………… (23)
    一　甘丹"赤巴"传承 …………………………………… (25)
    二　隆务寺传承 …………………………………………… (27)
  第三节　哲蚌寺支系 ……………………………………… (32)
    一　塔尔寺传承 …………………………………………… (37)
    二　郭隆寺传承 …………………………………………… (41)
    三　却藏寺传承 …………………………………………… (43)
    四　赛柯寺传承 …………………………………………… (48)

五　拉卜楞寺传承 …………………………………………… (54)
　　六　拉莫德钦寺传承 ………………………………………… (58)
第四节　色拉寺支系 …………………………………………… (61)
　　一　甘孜寺传承 ……………………………………………… (62)
　　二　卓尼寺传承 ……………………………………………… (64)
第五节　拉萨密宗学院系 ……………………………………… (66)
　　一　赛居密法传承 …………………………………………… (66)
　　二　下密宗院传承 …………………………………………… (71)
　　三　上密宗院传承 …………………………………………… (75)
　　四　昌都强巴林寺传承 ……………………………………… (79)
　　五　松赞林寺传承 …………………………………………… (82)
　　六　夏琼寺传承 ……………………………………………… (83)
第六节　温萨耳传密法系 ……………………………………… (84)
　　一　甘丹寺时期的耳传密法 ………………………………… (85)
　　二　温萨静修地时期的耳传密法 …………………………… (90)
　　三　扎什伦布寺传承 ………………………………………… (94)

第二章　其他宗派支系 …………………………………………… (97)
第一节　宁玛派系 ……………………………………………… (97)
　　一　远传经典支系 …………………………………………… (98)
　　二　近传伏藏支系 …………………………………………… (100)
第二节　噶举派系 ……………………………………………… (107)
　　一　噶玛噶举派 ……………………………………………… (107)
　　二　达隆噶举派 ……………………………………………… (110)
　　三　智贡噶举派 ……………………………………………… (111)
第三节　萨迦派系 ……………………………………………… (112)
第四节　觉囊派 ………………………………………………… (116)

第三章　经典文献 ………………………………………………… (118)
第一节　藏文《大藏经》 ……………………………………… (118)
　　一　《甘珠尔》和《丹珠尔》部 …………………………… (119)

二　藏文《大藏经》版本 …………………………………… (120)
　第二节　蒙文与满文《大藏经》 ………………………………… (123)
　　一　蒙文《大藏经》 ……………………………………… (123)
　　二　满文《大藏经》 ……………………………………… (129)
　　三　其他译经文献 ………………………………………… (135)
　第三节　藏外经典 …………………………………………………… (138)
　　一　格鲁派藏外经典 ……………………………………… (138)
　　二　宁玛派藏外经典 ……………………………………… (141)
　　三　噶举派藏外经典 ……………………………………… (143)
　　四　萨迦派藏外经典 ……………………………………… (144)
　　五　德格印经院藏经版 …………………………………… (145)
　第四节　史籍僧传 …………………………………………………… (146)
　　一　史籍类 ………………………………………………… (147)
　　二　僧传类 ………………………………………………… (149)
　第五节　各派杂著论丛 ……………………………………………… (150)
　　一　格鲁派高僧及其名著 ………………………………… (150)
　　二　宁玛派高僧及其名著 ………………………………… (152)
　　三　噶举派高僧及其名著 ………………………………… (154)
　　四　萨迦派高僧及其名著 ………………………………… (155)

第四章　教理学说 …………………………………………………… (156)
　第一节　各派核心教义 ……………………………………………… (156)
　　一　格鲁派核心教义 ……………………………………… (156)
　　二　宁玛派核心教义 ……………………………………… (157)
　　三　噶举派核心教义 ……………………………………… (158)
　　四　萨迦派核心教义 ……………………………………… (160)
　　五　觉囊派核心教义 ……………………………………… (161)
　第二节　宗义学 ……………………………………………………… (163)
　第三节　密续学 ……………………………………………………… (164)
　　一　密宗概念释疑 ………………………………………… (164)
　　二　新旧密法之界定 ……………………………………… (165)

三　密宗教主之辨析 …………………………………………（166）
　　四　密宗"四续"或"六续"之说 ……………………………（168）
　第四节　因明学 ………………………………………………（170）

第五章　仪轨制度 ……………………………………………（174）
　第一节　僧职戒律 ……………………………………………（174）
　　一　僧职 ……………………………………………………（174）
　　二　戒律 ……………………………………………………（176）
　第二节　堪布制度 ……………………………………………（178）
　第三节　寺院教育 ……………………………………………（181）
　　一　教材 ……………………………………………………（181）
　　二　教学 ……………………………………………………（182）
　　三　学衔 ……………………………………………………（186）
　第四节　法会仪式 ……………………………………………（187）
　　一　寺院法事活动 …………………………………………（187）
　　二　祈愿大法会 ……………………………………………（189）
　第五节　宗教节日 ……………………………………………（191）
　　一　藏历新年 ………………………………………………（191）
　　二　燃灯节 …………………………………………………（195）
　　三　萨嘎达瓦节 ……………………………………………（197）
　　四　雪顿节 …………………………………………………（197）

下　编

第六章　政教合一制度 ………………………………………（201）
　第一节　忽必烈与元代帝师 …………………………………（201）
　第二节　绛曲坚赞与帕主政权 ………………………………（203）
　第三节　格鲁派与蒙古汗王 …………………………………（205）
　第四节　噶伦与地方政教管理 ………………………………（224）
　第五节　西藏郡王与地方政局 ………………………………（229）
　第六节　驻藏大臣与噶厦政府 ………………………………（231）

一　驻藏大臣 …………………………………………… (232)
　　二　噶厦政府 …………………………………………… (234)
　第七节　摄政王与达赖喇嘛 ……………………………… (236)

第七章　活佛转世制度 ……………………………………… (246)
　第一节　噶玛噶举黑帽系 ………………………………… (247)
　第二节　达赖喇嘛世系 …………………………………… (248)
　第三节　班禅额尔德尼世系 ……………………………… (250)
　第四节　哲布尊丹巴呼图克图世系 ……………………… (251)
　第五节　章嘉国师世系 …………………………………… (254)
　第六节　拉萨四大林及其活佛世系 ……………………… (259)
　　一　丹吉林 …………………………………………… (259)
　　二　策墨林 …………………………………………… (260)
　　三　功德林 …………………………………………… (261)
　　四　茨觉林 …………………………………………… (262)
　第七节　驻京八大呼图克图世系 ………………………… (264)
　第八节　清代建档呼图克图 ……………………………… (268)

第八章　金瓶掣签制度 ……………………………………… (271)
　第一节　金瓶掣签之设立 ………………………………… (271)
　第二节　清代四大活佛掣签 ……………………………… (275)
　　一　达赖喇嘛转世灵童 ……………………………… (275)
　　二　班禅额尔德尼转世灵童 ………………………… (276)
　　三　哲布尊丹巴转世灵童 …………………………… (277)
　　四　章嘉活佛转世灵童 ……………………………… (277)
　第三节　其他大活佛转世灵童掣签 ……………………… (279)

第九章　册封赏赐制度 ……………………………………… (282)
　第一节　达赖喇嘛名号 …………………………………… (283)
　第二节　班禅额尔德尼名号 ……………………………… (286)
　第三节　哲布尊丹巴呼图克图名号 ……………………… (288)

第四节　章嘉国师名号 …………………………………… (290)
第五节　其他活佛名号 …………………………………… (291)

第十章　寺院经营 ………………………………………………… (295)
第一节　新建与修缮寺院 ………………………………… (295)
　　一　京城藏传佛教寺院 ……………………………… (296)
　　二　皇家第一寺——雍和宫 ………………………… (303)
　　三　藏传佛教密宗圣殿 ……………………………… (306)
　　四　热河藏传佛教寺院 ……………………………… (310)
　　五　五台山藏传佛教寺院 …………………………… (313)
　　六　多伦诺尔寺院 …………………………………… (314)
　　七　漠南归化城等地寺院 …………………………… (315)
　　八　漠北库伦庆宁寺 ………………………………… (316)
　　九　新疆伊犁普化寺 ………………………………… (317)
　　十　辽宁实胜寺等 …………………………………… (318)
　　十一　西安广仁寺 …………………………………… (323)
　　十二　金川广法寺 …………………………………… (324)
第二节　限制寺院规模 …………………………………… (328)

第十一章　僧团组织 ……………………………………………… (332)
第一节　僧职头衔 ………………………………………… (332)
　　一　都纲与僧纲 ……………………………………… (332)
　　二　驻京喇嘛 ………………………………………… (333)
　　三　西藏、西番及游牧喇嘛 ………………………… (333)
第二节　度牒制度 ………………………………………… (334)
　　一　度牒僧管理 ……………………………………… (335)
　　二　度牒僧待遇 ……………………………………… (336)
第三节　寺僧禁令 ………………………………………… (340)
第四节　前后藏寺僧管理 ………………………………… (342)
第五节　蒙古人进藏熬茶限制 …………………………… (345)

参考文献 ……………………………………………………（352）

  一 藏文文献 ………………………………………（352）

  二 汉文文献 ………………………………………（354）

后记 ………………………………………………………（359）

Contents

Introduction ·· (1)

Summary of Research Literatures ·· (4)
    Policy Studies of Tibetan Buddhism in Qing Dynasty ··············· (4)
    Reincarnation and Golden Urn ··· (7)
    The Lineage of Buddhas in Qing dynasty ······························· (8)
    The Flowering of Gelug Sect in China's Hinterland and Mongolia ··· (14)
    Conclusion ·· (17)

Tibetan Buddhism in Qing Dynasty (Part 1)

Chapter 1   The Branches of Gelug Sect ································· (21)
    Quarter 1   The Founding of Gelug Sect ····························· (21)
    Quarter 2   Ganden Monastery ·· (23)
        Inheritance of Ganden Tripa ····································· (25)
        Inheritance of Rongwo Monastery ···························· (27)
    Quarter 3   Drepung Monastery ·· (32)
        Inheritance of Kumbum Monastery ·························· (37)
        Inheritance of Dgon lung Monastery ······················· (41)
        Inheritance of Chu bzang Monastery ······················· (43)
        Inheritance of Gser khong Monastery ······················ (48)
        Inheritance of Labrang Monastery ···························· (54)

Inheritance of La mo bde chen Monastery ······ (58)

Quarter 4　Sera Monastery ······ (61)

　Inheritance of Ganzi Monastery ······ (62)

　Inheritance of Co ne Monastery ······ (64)

Quarter 5　The Tantra Institute of Lhasa ······ (66)

　Inheritance of Tantric Teachings of Srad rgyud ······ (66)

　Inheritance of Lower Tantra Institute ······ (71)

　Inheritance of Upper Tantra Institute ······ (75)

　Inheritance of Qamdo Chambaling Monastery ······ (79)

　Inheritance of Sumtseling Monastery ······ (82)

　Inheritance of Bya khyung Monastery ······ (83)

Quarter 6　Dben sa snyan brgyud ······ (84)

　Snyan brgyud in the period of Ganden Monastery ······ (85)

　Snyan brgyud in the period of Dben sa ······ (90)

　Inheritance of Tashilhunpo Monastery ······ (94)

Chapter 2　Other Sects ······ (97)

Quarter 1　Nyingma Sect ······ (97)

　Ring brgyud bkav ma ······ (98)

　Nye brgyud gter ma ······ (100)

Quarter 2　Kargyu Sect 71 ······ (107)

　Inheritance of Karma Kargyu Sect ······ (107)

　Inheritance of Stag lung Kargyu Sect ······ (110)

　Inheritance of Vbrugung Kargyu Sect ······ (111)

Quarter 3　Sakya Sect ······ (112)

Quarter 4　Jonang Sect ······ (116)

Chapter 3　Classics ······ (118)

Quarter 1　Tibetan Tripitaka ······ (118)

　Kangyur and Tengyur ······ (119)

　The Editions of Tibetan Tripitaka ······ (120)

Quarter 2　Mongolian Tripitaka and Manchu Tripitaka …………（123）
　Mongolian Tripitaka …………………………………………（123）
　Manchu Tripitaka ……………………………………………（129）
　Other Scripture Literatures …………………………………（135）
Quarter 3　Other Scripture Classics …………………………（138）
　Scripture Classics of Gelug Sect ……………………………（138）
　Scripture Classics of Nyingma Sect …………………………（141）
　Scripture Classics of Kargyu Sect ……………………………（143）
　Scripture Classics of Sakya Sect ……………………………（144）
　Scripture Classics of Dege Scripture Printing Lamasery ………（145）
Quarter 4　Biographies of Monks and Historical Literatures ………（146）
　Historical Literature …………………………………………（147）
　Biographies of Monks ………………………………………（149）
Quarter 5　Works of Different Sects …………………………（150）
　Eminent Monks of Gelug Sect and Their Famous Works …………（150）
　Eminent Monks of Nyingma Sect and Their Famous Works ………（152）
　Eminent Monks of Kargyu Sect and Their Famous Works …………（154）
　Eminent Monks of Sakya Sect and Their Famous Works …………（155）

Chapter 4　Theory of Teachings …………………………（156）
Quarter 1　Core Doctrines in Different Sects …………………（156）
　Core Doctrines of Gelug Sect ………………………………（156）
　Core Doctrines of Nyingma Sect ……………………………（157）
　Core Doctrines of Kargyu Sect ………………………………（158）
　Core Doctrines of Sakya Sect ………………………………（160）
　Core Doctrines of Jonang Sect ………………………………（161）
Quarter 2　Teachings of Sects …………………………………（163）
Quarter 3　Rgyud ………………………………………………（164）
　Comments on the Concept of Tantra ………………………（164）
　Definitions of New and Old Tantric Teachings ………………（165）
　Recognition of Leaders in Tantra ……………………………（166）

　　　　Rgyud bzhirgyud drug in Tantra ················· (168)
　　Quarter 4　Buddhist Logic ··································· (170)

Chapter 5　Ritual System ··· (174)
　　Quarter 1　Priesthood and Discipline ················· (174)
　　　　Priesthood ·· (174)
　　　　Discipline ·· (176)
　　Quarter 2　Khenpo System ······························ (178)
　　Quarter 3　Monastery Education ······················ (181)
　　　　Textbook ·· (181)
　　　　Teaching ·· (182)
　　　　Academic Title ·· (186)
　　Quarter 4　Ritual of the Ceremony ···················· (187)
　　　　Ceremonies in Monastery ···························· (187)
　　　　The Grand Summons Ceremony for Praying ············ (189)
　　Quarter 5　Religious Festival ···························· (191)
　　　　Tibetan New Year ······································ (191)
　　　　Lamp Festival ·· (195)
　　　　Saga Dawa ·· (197)
　　　　Shonton Festival ·· (197)

Tibetan Buddhism in Qing Dynasty (Part 2)

Chapter 6　Theocracy ··· (201)
　　Quarter 1　Kublai and Imperial Tutor in Yuan Dynasty ············ (201)
　　Quarter 2　Byang chub rgyal mtshan and Phag gru Regime ········ (203)
　　Quarter 3　Gelug Sect and Mongolian Khan ············ (205)
　　Quarter 4　Galoin and Local Administration of State and
　　　　　　　Religion ·· (224)
　　Quarter 5　Tibetan Governor and Local Politic Situation ········· (229)
　　Quarter 6　Amban and Gaxag Government ············ (231)

　　　　Amban …………………………………………………… (232)
　　　　Gaxag Government …………………………………… (234)
　　Quarter 7　Regent and Dalai Lama ……………………… (236)

Chapter 7　The Reincarnation System of the Living Buddha …… (246)
　　Quarter 1　Lineage of Karma Kargyu Sect —Black Hat Sect ……… (247)
　　Quarter 2　Lineage of Dalai Lama ………………………… (248)
　　Quarter 3　Lineage of Panchen Lama ……………………… (250)
　　Quarter 4　Lineage of Jebtsundamba Khutuktu …………… (251)
　　Quarter 5　Lineage of State Tutor—Lcang skya …………… (254)
　　Quarter 6　Lineage of Four Major Gling Living Buddhas in
　　　　　　　　Lhasa …………………………………………… (259)
　　　　Bstan rgyas Gling ……………………………………… (259)
　　　　Tshe smon Gling ……………………………………… (260)
　　　　Kun bde Gling ………………………………………… (261)
　　　　Tshe chog Gling ………………………………………… (262)
　　Quarter 7　Lineage of Eight Major Khutuktus in Beijing …… (264)
　　Quarter 8　Khutuktu in Qing Dynasty ……………………… (268)

Chapter 8　System of Golden Urn ……………………………… (271)
　　Quarter 1　The Establishment of Golden Urn ……………… (271)
　　Quarter 2　TheGolden Urn for Four Major Living
　　　　　　　　Buddhas in Qing Dynasty …………………… (275)
　　　　Reincarnation of Dalai Lama ………………………… (275)
　　　　Reincarnation of Panchen Lama ……………………… (276)
　　　　Reincarnation of Jebtsundamba ……………………… (277)
　　　　Reincarnation of Sprul Sku …………………………… (277)
　　Quarter 3　The Golden Urn for Other Living Buddhas …… (279)

Chapter 9　System of Canonization and Awarding …………… (282)
　　Quarter 1　The Title of Dalai Lama ………………………… (283)

Quarter 2　The Title of Panchen Lama ……………………（286）
Quarter 3　The Title of Jebtsundamba Khutuktu ……………（288）
Quarter 4　The Title of State Tutor—Lcang skya ……………（290）
Quarter 5　The Title of Other Living Buddhas ………………（291）

Chapter 10　Monastery Management ………………………（295）
　Quarter 1　The Building and Repair of Monastery …………（295）
　　Tibetan Buddhist Monasteries in Beijing ………………（296）
　　Lama Temple—The Most Famous Imperial Monastery ……（303）
　　Tantric Temples of Tibetan Buddhism …………………（306）
　　Tibetan Buddhist Monasteries in Rehol …………………（310）
　　Tibetan Buddhist Monasteries in Mount Wutai …………（313）
　　Tibetan Buddhist Monasteries in Dolon Nor ……………（314）
　　Tibetan Buddhist Monasteries in places like Guihua
　　of Monan, etc ……………………………………………（315）
　　Amarbayasgalant Monastery in Kulun of Mobei …………（316）
　　Puhua Monastery in Ili of Xinjiang ………………………（317）
　　Monasteries like Yargiyan Monastery in Laoning, etc ……（318）
　　Guangren Monastery in Xian ……………………………（323）
　　Guangfa Monastery in Jinchuan …………………………（324）
　Quarter 2　Limitation on the Scales of Monasteries ………（328）

Chapter 11　Oranization of Monks …………………………（332）
　Quarter 1　Priesthood and Title …………………………（332）
　　Dugang and Senggang ……………………………………（332）
　　Lamas in Beijing …………………………………………（333）
　　Lamas in Tibet, Mongolia and Nomadic Lamas …………（333）
　Quarter 2　System of Certificates of Monks ………………（334）
　　Management of Certificated Monks ……………………（335）
　　Treatment of Certificated Monks ………………………（336）
　Quarter 3　The Prohibition of Monks ……………………（340）

Quarter 4　The Management of Monks in Dbas and Tsang .... (342)
Quarter 5　Limitation on Making Tea After Mongolian
　　　　　　Entering Tibet .... (345)

References .... (352)
　　Literatures in Tibetan .... (352)
　　Literatures in Chinese .... (354)

Postscript .... (359)

引　言

藏传佛教（bod brgyud nang bstan chos lugs），又称藏语系佛教，既属北传大乘佛教系，又为佛教三大语系之一；同时，亦是中国佛教的重要组成部分。藏传佛教拥有佛教完整的经、律、论三藏经典，包括《甘珠尔》（经藏和律藏）和《丹珠尔》（论藏）在内的藏文《大藏经》，以及保存和传扬至今的数不胜数的藏外文献典籍，内容包罗万象，极其丰富，主要涵盖了藏族十明学科（工艺学、医药学、声律学、正理学、佛教学、修辞学、辞藻学、韵律学、戏剧学和星象学），涉及佛学、哲学、逻辑、历史、文化、伦理、道德、地理、生态、文学、艺术、建筑、天文、历算和医学等人文社会科学和部分自然科学。

从教法仪轨来看，藏传佛教贯通小乘（上座部）佛教、大乘佛教和金刚乘（密宗）佛教，将佛教三乘或三大教理融会贯通、相辅相成，从而建构了藏传佛教既有戒律传承、系统教义、宗派见地，又有密宗传承、修持次第、成就境界的自成一体的理论体系和实践方法。所以，藏传佛教在当今世界佛教派系中具有贯通性、系统性和传承性等殊胜性。尤其在密宗传承、活佛转世、寺院教育、法事仪轨、文献典籍、正理量论、中观思想等领域具有精湛的佛学造诣，并形成其与众不同的宗派风格和独具匠心之文化特质。

从佛教发展史上看，藏传佛教形成于八九世纪，而成熟于十二三世纪，带有鲜明的佛教中晚期的文化印迹。公元7世纪，佛教从印度、尼泊尔、唐朝及西域陆续传入吐蕃藏地，并逐渐立足形成具有浓郁吐蕃人文地理环境特征的藏传佛教。其整个历史进程，大体上经过了"前弘期"和"后弘期"，这两个具有划时代意义的断代期，不但其历史发展跨度较大，而且有着不同的时代特征。

"前弘期"（bstan pa snga dar）始于松赞干布时期（7世纪中叶），终于朗达玛赞普灭法时期（9世纪中叶），其历程为200年左右。这一阶段是佛教传入吐蕃并形成藏传佛教的黄金时期；公元8世纪，吐蕃国相继派使者到天竺（印度）迎请寂护（Santiraksita/zhi ba vtsho, 8世纪人）、莲花生（pad ma vbyung gnas, 8世纪人）、无垢友（Bimalamitra, 8世纪人）、莲华戒（Kamalashila, 740—795）等著名佛教高僧，在吐蕃创建佛教寺院、建立僧团组织、翻译梵文佛经和传授佛教经律论三藏；正当佛教在吐蕃得以弘扬兴盛之际，却遭遇"法难"事件，使吐蕃佛教陷入"百年黑暗时期"。

"后弘期"（bstan pa phyi dar）始于10世纪，截至15世纪格鲁派（dge lugs pa）产生，其历程长达四五百年。这一阶段是藏传佛教中断后在藏族地区再度复兴并持续发展的历史新纪元。"后弘期"最初以藏族青年受戒出家为僧和赴印度留学为标志。10世纪始，大批藏族年轻人远赴印度学法，当时以大译师·仁钦桑布（lo chen rin chen bzang po, 958—1055）、卓弥·释迦益西（vbrog mi shakya ye shes, 993—1074）、那措译师·茨诚嘉瓦（nag tsho lo tsaw ba tshul khrims rgyal ba, 1011—1064）、玛尔巴·却吉洛哲（mar pa chos kyi blo gros, 1012—1097）等为代表人物，他们在印度学业有成后返回故乡，一边讲经说法，一边翻译佛经，遂在藏区掀起了传扬佛法的潮流；与此同时，古格（gu ge）等地区邀请印度高僧大德进藏传授佛法，培养嗣法弟子，以阿底峡（Aatisha, 982—1054）尊者为代表，他在藏族地区招收弟子，传授佛法，为藏传佛教各宗派的建立、健全和有序发展做出了至关重要的贡献。"后弘期"又是藏传佛教各个宗派形成、发展和传播到整个藏族地区的全盛时期。

从教内派系来看，藏传佛教中前后产生过20多个相对独立自主的宗派或学派，以格鲁派（dge lugs pa）、宁玛派（rnying ma pa）、萨迦派（sa skya pa）、噶举派（bkav brgyud pa）和觉囊派（jo nang ba）五大宗派为代表；此外，尚有噶当派（bkav gdams pa）、希解派（zhi byed pa）、觉域派（gcod lugs）、布鲁派（bu lugs）等宗派和学派，而且，诸多宗派各显其能，独具风格，尤其噶举派法系庞杂，派系众多。首先，它涵括香巴噶举派（shangs pa bkav brgyud）、玛巴噶举派（mar pa bkav brgyud）和达布噶举派（dwags po bkav brgyud）三大法脉；其次，达布噶举派又独辟蹊径，枝繁叶茂，分支林立，有四大支系和八小分支。四大支系分别为：噶玛噶举派（karma bkav brgyud）、蔡巴噶举派（tshal pa bkav brgyud）、帕主噶举派（phag gru bkav brgyud）和拔绒噶举派（vbav ram bkav brgyud）；八小分支是：周巴噶举派（vbrug pa bkav brgyud）、智贡噶举派（vbri gung bkav brgyud）、达隆噶举派（stag lung bkav brgyud）、雅桑噶举派（gayav bzang bkav brgyud）、绰浦噶举派（khro phu bkav brgyud）、秀赛噶举派（shug gseb bkav brgyud）、耶巴噶举派（yel pa bkav brgyud）、玛仓噶举派（smar tshang bkav brgyud），其传播范围遍及整个藏族地区。

与此同时，藏传佛教各个宗派的生成发展又极不平衡。由于时间和空间上的偏差以及主客观条件之不同，有些宗派流行时间短暂，昙花一现，如香巴噶举派；有些宗派经改宗而融入他派，法脉藕断丝连，如噶当派、希解派；有些宗派则支脉繁盛，得以发扬光大，如达布噶举派。值得提出的是，中国历代王朝对藏传佛教各宗派所持立场或关注度有较大差异：元代推崇萨迦派高僧及其帝师，明朝青睐噶玛噶举派大宝法王世系，清代尊崇格鲁派及其活佛系统。因此，格鲁派在清代又进入一个发展鼎盛时期，流传范围不断扩大，不仅在藏族地区持续发展，而且兴盛于蒙古地区和内地不少地方，其影响波及广大区域和众多民族。

特别是有清一代，以中央政府对西藏地方行使主权和加强对蒙古地区的行政管理为目标，借鉴元明两代处理藏传佛教事务的经验教训，并根据藏传佛教自身的宗教文化特点和结合藏蒙地区的政治、经济、文化、信仰、习俗等状况，逐步在教内外建立起一整套宗教管理措施。

在清朝历史上，对藏传佛教的管理肇始于皇太极，后经顺治、康熙、雍正、乾隆四朝不断调整、完善和制度化，至乾隆中后期，已经建立了较为健全和成熟的长效制度，而且成为清朝政府的重要政教事务之一。

研究文献综述

20世纪以来，在清代藏传佛教研究方面，国内外已问世了不少论著。据不完全统计，有几十本著作和三百多篇论文。就一个世纪的研究状况而言，在国外主要有英、法、德、美、意大利、苏联和日本等几个发达国家。可以说，这些国家虽然在藏学研究领域一直十分活跃，发表或出版了大量藏学论著，但在清代藏传佛教方面却很少有人从整体上深入系统地研究，故在这方面成果不多；相对来说，由于国内对清代藏传佛教研究投入了大量的人力和物力，故无论是从数量上还是在质量上均占领先地位。从总体上看，涉及清代藏传佛教的研究性成果，在数量上不算匮乏；但由于研究范围的局限性，其中重复性成果所占比例很高。其研究内容主要集中在清代藏传佛教政策、活佛转世与"金瓶掣签"制度、清代大活佛世系传承、格鲁派在内地及蒙古地区兴盛等几个专题方面。

一 清代藏传佛教政策研究

在清代藏传佛教政策研究方面，国内外诸论著中首推张羽新的《清政府与喇嘛教》[①]，该书是一部专门研究清代藏传佛教政策方面的力作，作者在搜集整理大量第一手汉文资料的基础上，对清代藏传佛教政策的历史演变过程进行了较系统的论述，同时阐明了清政府对藏传佛教一方面尊崇与扶植、一方面又加以管理和限制的情况，并分析了清朝对藏传佛教的政策产生的历史性影响。书后附《清代喇嘛教碑刻录》，收录从清太祖至嘉庆帝的近二百年间与西藏和藏传佛教有关的碑文140件，为研究这一时

---

① 张羽新：《清政府与喇嘛教》，北京，西藏人民出版社，1988年版。

期藏传佛教的重要参考资料。此外，于本源的《清王朝的宗教政策》[①] 一书第六章第三节阐述了清王朝的藏传佛教思想与政策；张声作主编的《宗教与民族》[②] 一书第十二章第二节从清帝眼中的喇嘛教、"兴黄教以安众蒙古"、对西藏地区的宗教管理、清政府藏传佛教政策的历史作用四个方面概述了清政府的藏传佛教政策。

东噶·洛桑赤列的《论西藏政教合一制度》[③]，是一部用藏文撰写的著作，曾在国内外藏学界引起很大反响。作者在占有各类珍贵藏文史料的基础上，运用历史唯物主义的理论观点和研究方法，主要论述了西藏政教合一制度产生、发展直至消亡的历史过程，并阐明了西藏地方和中央政府的隶属关系。该书虽不算专论清代藏传佛教政策的著作，但书中占三分之一的篇幅叙述了格鲁派与清王朝的交往和关系。

国外文献主要有（意）伯戴克的《十八世纪初期的中原与西藏》[④]，全书共十五章，除引用《清实录》和藏文史料外，还大量使用当时在西藏的传教士的书信和遗稿等，并以西藏政教事务中发生的几次大事件为主线，叙述了清代康熙、雍正和乾隆三朝在西藏逐步进行管辖和行使主权的历史进程，同时分析了清政府与达赖喇嘛的关系。该书是国外研究这一时期内清朝在西藏行使主权的一部内容较详细的著作。此外，伯戴克的《达赖喇嘛和西藏的摄政王》[⑤]、《1728—1959年西藏的贵族与政府》[⑥] 等著作也涉及并探讨了清王朝的藏传佛教政策。

日本学者矢崎正见的《西藏佛教史考》一书，[⑦] 实际上是作者专门探讨藏传佛教历史问题的学术论文集，但其中依据《如意宝树史》、《清史稿》、《圣武记》等藏汉文献资料，对清代藏传佛教的政治权力、法王制等问题作了较详细的探讨，认为达赖喇嘛制是以西藏佛教独特的教义和信仰为依据的。由于清王朝的力量使其得以存在并在组织上进一步集中和完

---

① 于本源：《清王朝的宗教政策》，北京，中国社会科学出版社，1999年版。
② 张声作主编：《宗教与民族》，北京，中国社会科学出版社，1997年版。
③ 东噶·洛桑赤列：《论西藏政教合一制度》，北京，民族出版社，1981年版。
④ Petech, Luciano：《China and Tibet in the Early 18th Century；History of the Establishment of Chinese Protectorate in Tibet》, Leiden. E. J. Brill. 1972. 2nd.
⑤ 《The DalaiLamas and Regents of Tibet》, 1959.
⑥ 《Aristocracy and Government in Tibet 1728—1959》, 1973.
⑦ [日] 矢崎正见：《西藏佛教史考》，大东出版社，1979年；石硕、张建世译，拉萨，西藏人民出版社，1990年版。

善，从而使这唯一的、绝对的组织逐渐向着与清王朝的依附关系进一步强化的方向发展。

苏联学者马尔迪诺夫的《十七—十八世纪的西藏状况》①，全书由清代皇帝同外部世界的联系、西藏的地位（达赖喇嘛的地位）、西藏的状况（内容与形式）三个部分构成，其中后两个部分涉及清朝的藏传佛教政策，主要从政治、政权的角度分析了活佛高僧在当时社会中扮演的重要角色，认为西藏地方只不过是大喇嘛们的府邸。而美国的柔克义在1910年出版了一部名为《拉萨的达赖喇嘛与清朝的关系》②的著作，他由此而被誉为美国最早研究西藏问题的著名人物，该书内容有待查阅后再作介绍。

除了以上几部著作外，在研究清代藏传佛教政策方面，主要有一系列发表的论文。这些论文对清代藏传佛教的政策进行了历史的、全方位的探讨。如张羽新的《努尔哈赤与喇嘛教》，李勤璞的《翰禄打儿罕囊素：清朝藏传佛教开山考》、《盛京嘛哈噶喇考证——满洲喇嘛教研究之一》，赵维和的《清初赫图阿拉城的寺庙与宗教活动综述》，陈小强的《后金（清）政权辖区的藏传佛教僧人和活动僧人管理述略》，申新泰的《略谈噶丹颇章地方政权建立初期的行政体制和清初对西藏地方的施政》，冯智的《清代前期推行藏传佛教与对蒙藏的治策》等文章，从不同视角、不同实例，陈述了清朝入关前如何借助并扶持藏传佛教来团结蒙藏民族、加强清政权、完成统一全国的历史进程。

而赵云田的《章嘉与清的藏传佛教政策》、王景泽的《清朝的黄教政策与蒙古社会》、潘发生的《康熙至乾隆年间中甸政教史综述》、丹珠昂奔的《散论"喇嘛说"》、王家鹏的《乾隆与满族喇嘛寺院——兼论满族宗教信仰的演变》、乌兰托亚的《清朝禁绝噶玛红帽十世转世探微》、李鹏年的《西藏摄政阿旺降白楚臣被控案与裁禁商上积弊章程》、张凯旋的《略论西藏政教首领的三次觐见》、周峰的《略述清朝政府平定准噶尔战争中的藏传佛教》、房建昌的《清代西藏护法考》、陈玮的《清王朝前期西藏政策的演进及其特点》等文章，从横向面对清代前期的藏传佛教

---

① [苏] 马尔迪诺夫：《十七—十八世纪的西藏状况》，莫斯科，苏联科学出版社，1978年版。

② William Woodwill Rockhill：《The Dalai Lamas of Lhasa and Their Relations with the Manchu Emperors of China 1644－1908》，Washington 1910.

政策进行了论述，引用资料较丰富、翔实，立论观点具有较强的说服力，在清代藏传佛教政策研究方面显示了较高的学术水平。

另外，不少论文围绕藏传佛教与清代民族宗教政策展开比较研究，如刘振卿的《清代喇嘛制度》（20 世纪 40 年代）、王钟翰的《清代民族宗教政策》、李秉铨的《清朝的战略国策与喇嘛教》、商鸿逵的《论清代的尊孔和崇奉喇嘛教》、陈国干的《清代对蒙古的喇嘛教政策》、王献军的《1751 年后西藏政教合一制下的权利分配》、王献军的《对"政教合一制"定义的再认识》等文章，则是这一专题研究中具有代表性的论文。值得一提的是，白文固的《明清的番僧僧纲司述略》一文，对明清的番僧僧纲司进行了探讨，尤其对明清在实行土司制的同时，又把僧纲司作为土司的补充形式，推行于西北、西南信奉藏传佛教地区的现象作了分析，立意新颖，论点明确；而李凤珍的《清代西藏喇嘛朝贡概述》一文，也颇具独到之处，主要对清代西藏大喇嘛进京朝贡的制度进行了评判，认为朝贡与政治、经济有不可分割之联系，不仅加强了清政府对西藏地方的统治，而且促进了各民族之间政治、经济、文化的交流和发展。

二 活佛转世与"金瓶掣签"研究

活佛转世既是藏传佛教独有的，也是清朝政府极为重视的涉及政教政策的重要内容，故在国内外学术界始终成为研究的焦点和热点。凡是研究藏传佛教的学者都会不同程度地涉及活佛转世问题，因而有关论著自然不会少。其中首选蔡志纯、黄颢编著的《活佛转世》[①]，该书作为活佛转世这一专题研究中的重要成果之一，对活佛转世的由来、程序、方式等理论与制度进行了较系统的介绍；对活佛的培养、成长、地位、圆寂等人生过程也作了全面的描述；同时，还陈述了清代藏传佛教大活佛世系及其与中央政府的关系。而日本著名藏学家山口瑞凤的《藏传佛教之活佛研究》[②]一文，从"化身"一词的出现及其沿革、"化身"的存在及其相关理念、活佛转世的理论、有关活佛自身的意识观念等五个方面，对活佛转世产生、存在的理论与实践问题进行了较深入的分析，尤其以开活佛转世之先河的噶玛噶举活佛世系和后来取得至尊地位的达赖喇嘛、班禅额尔德尼世系为

---

① 蔡志纯、黄颢编著：《活佛转世》，北京，中国社会科学出版社，1992 年版。
② ［日］山口瑞凤：《藏传佛教之活佛研究》，东京，1977 年。

实例，对活佛从圆寂到再生的生命灵魂转世过程进行了生动的描述和阐释。

此外，星全成的《藏传佛教活佛转世制度研究》、蒲文成的《关于藏传佛教活佛转世制度的几个问题》、丹珠昂奔的《论活佛》、赵学毅的《清代中央政府对大活佛转世事宜的管理》、石山的《活佛转世制度的形成及其传统作法》、罗润苍的《藏传佛教活佛转世制度论析》、杨健吾的《藏传佛教的活佛转世制度》、刘贵的《何谓活佛（喇嘛）转世、掣签及其坐床》、刘宝银的《活佛转世与金瓶掣签》、格顿的《西藏活佛制度的形成》（藏文）、次旦伦珠的《活佛转世制的产生及历史作用》、王玉平的《活佛转世的产生和金瓶掣签的制度》、韩官却加的《西藏佛教的活佛转世制述略》等代表性论文，主要围绕活佛转世制度之所以在藏传佛教文化圈中形成、发展并产生社会政治影响等主客观因素进行了广泛的探讨，比较一致地认为活佛转世作为藏传佛教的一大特色，是佛教理论在藏族社会生活中具体运用的结果，在历史上特别是在清代对统一国家大业、加强民族团结、促进社会文明等诸方面发挥过不可磨灭的作用。

至于"金瓶掣签"制度，它是伴随清朝政府整顿藏传佛教高层活佛转世制度而出台的一项政教政策。虽然迄今没有问世一部专门研究"金瓶掣签"制度的专著，但对于这一专题已经作了较深入的研究，发表了不少论文。主要有廖祖桂、陈庆英、周炜的《清朝金瓶掣签制度及其历史意义》，李勤璞的《金瓶掣签制度的渊源》，曲青山的《试论金瓶掣签的产生及其历史作用》，却西、曹自强的《金瓶掣签的佛理依据》，顿珠的《金瓶掣签制度的由来和程序》，祝启源的《从金瓶掣签谈中央政府在西藏行使主权问题》，吴云岑的《金瓶掣签的设立及其意义》，何宗英的《从"金瓶掣签"看清朝对西藏的管理》等论文，从多维的视角对建立"金瓶掣签"制度的缘由、作用以及政治意义等进行了探讨，认为"金瓶掣签"是清朝中央对藏传佛教活佛转世制度的一项重大改革，是确认藏传佛教大活佛继承人的法定制度；同时，又是 18 世纪末清政府对西藏地方事务的重要施政措施之一。

三　清代大活佛世系研究

清代大活佛世系，主要指达赖喇嘛、班禅额尔德尼、哲布尊丹巴和章嘉呼图克图，即清代四大活佛系统；同时，包括四大活佛之外在蒙藏地区有较大影响并与清朝政府保持紧密关系的几位大活佛世系。至于这方面的研究成果，在整个清代藏传佛教研究的论著中大约占三分之一，而其中专论达赖喇嘛、班禅额尔德尼、哲布尊丹巴和章嘉呼图克图清代四大活佛的论著又占一半以上。在著作类中主要有张羽新的《清代四大活佛》①，这是一部较系统介绍清代四大活佛的著作，在同类论著中具有代表性，主要对达赖喇嘛、班禅额尔德尼、哲布尊丹巴呼图克图、章嘉呼图克图四大活佛在清代被朝廷册封，以及四大活佛的政治活动、世系传承、法事活动、日常生活等情况作了介绍。在论文方面主要有张惠民的《喇嘛教、黄教和清初四大活佛》、牙含章的《达赖班禅的转世与封号》、陈金钟的《中央政府颁授历世达赖、班禅之金册金印》、黄颢的《五世达赖、六世班禅与南苑旧宫、德寿寺关系考略》、王思厚的《达赖、班禅活佛的转世经过》、明非的《藏传佛教达赖、班禅活佛转世制度的建立》等。这些论文对清代四大活佛尤其对达赖喇嘛和班禅额尔德尼两大活佛系统的建立、封号与清王朝的关系作了总体概述。

在清代四大活佛中研究或介绍最多的是历代达赖喇嘛，其次为历代班禅额尔德尼。在相关著作中最引人注目，并享有一定知名度的则是牙含章的《达赖喇嘛传》②，该书在采用大量的前人未能获取的汉藏文献资料的基础上，分上、中、下三编对历代达赖喇嘛作了较深入全面的介绍。如上编依次介绍了一至十二世达赖喇嘛的生平事迹、宗教活动和政治情况；中编介绍了十三世达赖喇嘛土登嘉措的一生，包括他的宗教与政治活动；下编介绍了十四世达赖喇嘛的寻访、坐床经过并直至1951年的情况。

此外，陈庆英、陈立健的《活佛转世及其历史定制》③一书，其内容包括：什么是活佛转世、活佛转世制度的产生、格鲁派早期的师徒传承、早期的达赖喇嘛——根敦珠巴和根敦嘉措、达赖喇嘛活佛转世的发展——索南嘉措和云丹嘉措、五世达赖喇嘛的认定及其事迹、围绕认定六世达赖喇嘛的斗争、八世达赖喇嘛的寻访和认定、金瓶掣签制度的制定、九世达赖喇嘛的认定、十世达赖喇嘛的寻访和认定等。

陈庆英等编著的《历辈达赖喇嘛生平形象历史》④一书，针对人们需

---

① 张羽新：《清代四大活佛》，北京，中国人民大学出版社，1989年版。
② 牙含章：《达赖喇嘛传》，北京，人民出版社出版，1983年版。
③ 陈庆英、陈立健：《活佛转世及其历史定制》，北京，中国藏学出版社，2010年版。
④ 陈庆英等编著：《历辈达赖喇嘛生平形象历史》，北京，中国藏学出版社，2006年版。

要了解第一世达赖喇嘛根敦珠巴到当今十四世达赖喇嘛这十四个人物的历史，以便认识活佛转世系统的来龙去脉，同时对这一活佛转世系统出现以来的西藏历史有一个大致的了解，通过收集有关的历史资料，主要是历辈达赖喇嘛的藏文传记的记载，以及可以利用的有关藏汉文的档案资料和史籍记载，力图比较准确地说明历辈达赖喇嘛的生平事迹以及他们在历史上的地位和作用。

星全成、陈柏萍的《藏传佛教四大活佛系统与清代治理蒙藏方略》[①]一书，内容分三个部分：一是就清朝藏传佛教政策的基本内容，以及清朝藏传佛教政策在蒙藏地区的实践作了概括介绍，包括学术界对清朝治理蒙藏方略研究情况的全面综述。二是就藏传佛教四个主要活佛系统（即达赖喇嘛、班禅额尔德尼、章嘉活佛、哲布尊丹巴）在清代中央王朝治理蒙藏地区实践中发挥的作用进行了归纳和剖析。旨在透过藏传佛教高僧与清朝中央政府的关系，以及藏传佛教高僧在清朝治理蒙藏地区实践中发挥的作用，帮助人们更加全面、详尽地了解清朝治理蒙藏地区方略的具体内容。三是通过对元明清治藏方略基本内容的比较分析，就清朝治理西藏和蒙古地区方略的基本内容作了进一步考察，对清朝继承和发展元明治藏方略问题作了探讨。认为清朝的治理蒙藏方略是在长期的实践中不断得以完善、发展起来的，有许多成功的做法值得肯定。当然，也有许多不尽如人意甚至是错误的东西。但是，不论是成功的经验，还是失败的教训，对于我们来说，都是一宗宝贵的财富，尤其是它对中央人民政府今后在蒙藏地区的施政具有一定的借鉴意义。

值得一提的是，吉美桑珠的《历辈达赖喇嘛生平》[②]一书，也是一部在20世纪末用藏文撰写的系统介绍历代达赖喇嘛生平事迹的较为厚重并具有代表性的藏文著作。

在国外文献中，主要有［德］舒尔曼的《历代达赖喇嘛传》[③]、［印度］英德·马利克的《西藏历代达赖喇嘛传》[④]等，这类论著尽管对达赖

---

① 星全成、陈柏萍：《藏传佛教四大活佛系统与清代治理蒙藏方略》，西宁，青海人民出版社，2010年版。
② 吉美桑珠：《历辈达赖喇嘛生平》（藏文），北京，民族出版社，2000年版。
③ ［德］舒尔曼：《历代达赖喇嘛传》（G. Schulemann: Geschichte der Dalai Lamas, 1911）。
④ ［印度］英德·马利克著，尹建新等译：《西藏历代达赖喇嘛传》，北京，中国藏学出版社，1991年内部发行。

喇嘛世系传承进行了较完整的叙述,但由于立场视角不同,书中有许多有待商榷的理论观点问题。

与此研究相关的论文过于繁多,在此不可一一介绍。其中,桑德的《历代达赖喇嘛的转世过程》,唐景福的《从达赖喇嘛的名号、册封、坐床及亲政看西藏与祖国的关系》,郑堆的《略述达赖喇嘛转世制度》,[日]石滨裕美子著、黄维忠译的《达赖喇嘛所授印章和封号的研究》等文章,在系统研究历代达赖喇嘛方面具有代表性。

在历代达赖喇嘛中,以清朝时期的第五世、第六世、第七世、第八世、第十三世达赖成为重点研究对象,曾经问世了许多论著。其中,王俊中的《五世达赖教政权力的崛起》,① 在同类著作中具有一定学术价值。该书虽以"五世达赖教政权利的崛起"为主题,但是所要处理的课题不局限在西藏一地,而是要讨论:在五世达赖喇嘛获得权力的过程中,与各部蒙古部族,以及入关前后的清政权的相互交涉。在政教互动的过程中,作者尤留意一个较大范围的背景,即今日中国境内几个非汉民族间的关系于近代的展开。相关文章主要有陈庆英、马林的《五世达赖喇嘛进京记》,陈庆英的《五世达赖喇嘛进京与蒙古各部》,马林的《论五世达赖喇嘛与固始汗的联合统治》、《后固始汗时期五世达赖权力的集中与扩张》、《甘丹颇章建立前后的五世达赖喇嘛》,李凤珍的《试析五世达赖与西藏政教合一制》,[苏]马林诺夫著、范金民译《论五世达赖喇嘛的地位——其册文和封号的浅释》,[法]麦克唐纳著、耿升译的《五世达赖喇嘛的肖像》,陈金钟的《五世达赖喇嘛印章的考证》,旺多的《清顺治帝敕封五世达赖的金册金印考》等。这些文章对清初五世达赖喇嘛的政治生涯作了较深入的考证和论述。

有关第六世达赖喇嘛的研究性论著,主要有黄颢、吴碧云的《六世达赖仓央嘉措生平考略》、于乃昌的《仓央嘉措生平疏议》、李秉铨的《清朝确认仓央加措为六世达赖喇嘛之历史经过》、多识的《与仓央嘉措后半生有关的若干问题之明辨》(藏文)、陈白萍的《六世达赖仓洋嘉措的寻访、认定及坐床》、曲又新的《对第六世达赖喇嘛赏给黑措寺执照的考释》等文章,将第六世达赖喇嘛置于当时的政治大背景下进行了较全面的评述。

---

① 王俊中:《五世达赖教政权力的崛起》,台北,新文丰出版公司,2001年版。

冯智的《七世达赖的认定与对清初治藏的影响》、《七世达赖喇嘛格桑嘉措的政教业绩》，洛丹的《七世达赖喇嘛的确认、册封、坐床》，季永海、关精明的《七世达赖喇嘛圆寂前后》，来作中的《惠远寺与七世达赖》等文章，则是专门研究第七世达赖喇嘛方面取得的主要成果。而王路的《抗击廓尔喀入侵战争中的八世达赖喇嘛》、杨清芬的《八世达赖喇嘛姜白加措》等文章，则对第八世达赖喇嘛的生平事迹作了概要评价。

第十三世达赖喇嘛在学术界也成为重点研究对象，其成果在国外虽有［英］查尔斯·贝尔的《十三世达赖喇嘛传》一书，但该书中提出的许多论点有待作进一步讨论并进行矫正。在国内主要有周源的《十三世达赖喇嘛逃往英属印度事件考辨》、索文清的《汉文史料所见光绪末年十三世达赖喇嘛晋京朝觐考》、格桑卓嘎的《十三世达赖喇嘛土丹嘉措是怎样选定的》、郭卫平《论一九零四年抗英斗争中的十三世达赖喇嘛》等文章，对十三世达赖喇嘛的认定、成长以及政治活动等方面进行了论述。

在系统研究历辈班禅额尔德尼的论著中，主要有牙含章的《班禅额尔德尼传》①，这是一部很有影响力的著作，作者运用大量的汉藏文史料，依次介绍了历辈班禅额尔德尼的情况，重点介绍了第四世、第六世、第九世、第十世班禅额尔德尼的生平事迹，从而说明了历辈班禅额尔德尼雄才大略、高瞻远瞩，为维护祖国统一、增强民族团结做出的不朽功勋。书后附录《清朝对西藏的治理与驻藏大臣概论》等文章。此外，陈庆英的《四至九世班禅大师以及他们的灵塔》、石山的《历世班禅转世灵童的寻访、认定与坐床》，豆格才让、扎嘎的《班禅世系的产生及历世班禅转世过程》，卢秀璋的《论历辈班禅在藏传佛教发展史上的领袖地位与作用》等文章，较全面地叙述了历辈班禅的生平事迹。

在历辈班禅世系中对第六世班禅作了侧重介绍的，如陈锵仪、郭美兰的《六世班禅承德入觐述略》、佟泂的《班禅与藏传佛教圣地西黄寺》、杜江的《六世班禅朝觐乾隆事略》、多杰的《六世班禅大师东来旅途记要》、李秉铨的《献身于民族大家庭的六世班禅大师》、马兰的《清朝外交史上首开同英国人谈判的是六世班禅大师》等文章，从不同角度对六世班禅与清王朝之间的亲密互动关系进行了论证。

清代第三大活佛是哲布尊丹巴，而历代哲布尊丹巴的驻锡地建立在喀

---

① 牙含章：《班禅额尔德尼传》，拉萨，西藏人民出版社，1985年版。

尔喀蒙古族地区，因而这一活佛世系在蒙古地区的藏传佛教中享有不可替代的重要地位。相关研究成果主要有陈庆英、金成修的《喀尔喀部哲布尊丹巴活佛转世的起源新探》[1]，该文依据大量的文献史料，对清代藏传佛教四大活佛系统之一的哲布尊丹巴活佛转世问题作了探讨，进而提出了自己新的见解。此外，成崇德的《论哲布尊丹巴活佛系统的形成》、金修成的《16、17世纪格鲁派在喀尔喀蒙古族传教初探——以哲布尊丹巴呼图克图的前身问题为中心》、[日]宫胁淳子著张云译的《一世哲布尊丹巴呼图克图时代的藏蒙关系》、[苏]斯克雷尼克瓦的《17世纪蒙古喇嘛教寺院组织中哲布尊丹巴呼图克图的作用》、祁杰的《历世哲布尊丹巴呼图克图与清政府对喀尔喀蒙古人政策》等论文，较全面地讨论了哲布尊丹巴活佛世系的形成及其在蒙藏两族、清朝政府等民族或政教关系中发挥的作用。

清代第四大活佛，即历代章嘉呼图克图，大都在北京、五台山等内地佛教圣地居住，并在清王朝出台或实施藏传佛教政策的过程中发挥着重要作用。星全成的《章嘉活佛系统在清朝治理蒙藏地区中的作用》[2]一文，依据大量的文献资料，对章嘉活佛系统在清朝治理蒙藏地区中的作用进行了探讨。在清代，章嘉活佛系统一直紧紧依附于历代统治者，积极建言献策，忠实地执行清廷的决策，自觉为清廷排忧解难，在清朝统治蒙藏地区中发挥了十分重要的作用。此外，陈庆英的《章嘉若必多吉与清朝皇室兴建的喇嘛寺院》、秦永章的《二世章嘉活佛及其政治活动述略》、《论清代国师章嘉若贝多杰的政治活动》、《章嘉国师入藏主持八世达赖喇嘛事迹述评》、周润年的《历世章嘉活佛与藏传佛教的联系》、王璐、天放的《乾隆皇帝与第三世章嘉活佛》、《三世章嘉呼图克图》、赵云田的《章嘉与清朝的藏传佛教政策》、王湘云的《清朝皇室、章嘉活佛与喇嘛寺庙》、丁实存《历代章嘉呼图克图传略》、马连龙的《章嘉若贝多杰及其译经活动》、邓建新的《论三世章嘉呼图克图的文化贡献》等文章，都对历代章嘉活佛特别是对第三世章嘉活佛的生平事迹以及他在清王朝宗教事务中的重要作用进行了较全面的论述。

除了以上清代四大活佛外，在不同区域内具有一定宗教影响力的不少大活佛，也成为清代大活佛专题研究中的重要组成部分。如布琼的《拉

---

[1] 载《青海民族学院学报》2003年第3期。
[2] 载《青海民族学院学报》2007年第3期。

萨四大"林"的历史由来》，洛桑群觉的《丹吉林第穆呼图克图》、《策墨林继任摄政王经过》，桑丁才让的《简述策墨林活佛系统的传承与发展》，扎扎的《嘉木样世系与土观世系史述略》，丹曲的《试论嘉木样活佛系统的形成》，马秉勋的《嘉木样二世对拉卜楞寺藏书的贡献》，马连龙的《二世土观阿旺却吉嘉措生平述略》、《拉卜楞寺四大赛赤传略》，根旺的《昌都绛巴林寺及帕巴拉活佛系世源流简述》，张庆有、耿登的《贡唐仓活佛传承世系概述》，土呷的《昌都清代的四大呼图克图》，才让的《十八世纪藏传佛教高僧——松巴堪布·益西班觉》，罗文化的《卫拉特蒙古高僧咱雅班第达铜像考》，[日] 若松宽的《准噶尔吉雪活佛考》等文章，都对清朝时期活跃在拉萨、甘肃、昌都、青海以及蒙古等不同地区的部分格鲁派大活佛作了概要评述。

四　格鲁派在内地及蒙古地区兴盛之研究

清代藏传佛教格鲁派传入内地和蒙古地区，特别是在蒙古族地区得以兴盛，不仅在人们的社会生活中产生了深远的历史性影响，而且还留下了许多珍贵的宗教文物古迹。对此黄颢的《在北京的藏族文物》① 一书，从文物的角度对北京地区近40种文物古迹包括寺院、佛塔、碑刻、祠堂、楼阁、佛经等作了全景式的介绍，为清代藏传佛教向东传播和发展的经过提供了实物依据。此外，还有更多相关论著对北京的雍和宫、西黄寺，承德的外八庙，以及五台山的藏传佛教寺院作了较多的介绍，例如：牛颂主编的《雍和宫——中国藏传佛教著名古寺》②，是一部专门解读北京雍和宫的著作，在同类介绍雍和宫的众多书籍中分量最重，它从多角度、全方位，介绍了雍和宫这一著名的藏传佛教艺术宝库，包括它的历史、建筑艺术、佛尊、唐卡、文物、匾额楹联碑刻、佛事与教育，以及今日雍和宫的兴旺。另外，丹迥冉纳班杂、李德成的《名刹双黄寺——清代达赖和班禅在京驻锡地》③ 一书，则对北京双黄寺特别是对西黄寺的历史沿革、建筑风格、组织制度、文化习俗、佛事活动和当今现状等作了全面、系统的

---

　　① 黄颢：《在北京的藏族文物》，北京，民族出版社，1990年版。
　　② 牛颂主编：《雍和宫——中国藏传佛教著名古寺》，北京，当代中国出版社，2002年版。
　　③ 丹迥冉纳班杂、李德成：《名刹双黄寺——清代达赖和班禅在京驻锡地》，北京，宗教文化出版社，1997年版。

介绍，既肯定了它在宗教传播和文化交流中的作用，又颂扬了它为维护祖国统一和增进民族团结作出的杰出贡献。相关文章主要有周润年的《北京喇嘛教的著名寺院——黄寺》、《北京雍和宫御制〈喇嘛说〉碑文校录考证》，孔帅的《雍和宫》、《西黄寺——民族团结的象征》，谢明琴的《北京名刹西黄寺》，黄崇文、吴应泉的《雍和宫的密宗金刚神舞》，王家鹏的《故宫中的藏传佛教艺术瑰宝》，尕藏加的《藏传佛教密宗与北京雍和宫》，李立群的《雍和宫法轮殿内的释迦牟尼像》等，这些文章主要从文化的角度对北京地区的西黄寺和雍和宫等作了介绍。

崔正森的《五台山佛教史》[①] 一书也有部分章节，对藏传佛教在元明清时期传入五台山的经过、发展过程作了系统的梳理，重点对五台山藏传佛教寺院、宗派、活佛派系作了探讨，认为格鲁派高僧活佛驻锡五台山加强了民族团结，特别是五台山在藏传佛教与汉传佛教的交流史上占有重要的地位。相关文章主要有汪建民的《镇海寺章嘉若贝多杰灵塔考略》，刘志群的《五台山——藏僧爱拜谒修行之地》，欧朝贵的《五台圣地与西藏圣僧》，辛补堂、郑志忠的《五台山的藏传佛教》等，这些文章从多维的视角对五台山与藏传佛教之间的文化渊源关系作了探讨。

此外，石田顺次的《承德附近喇嘛与喇嘛庙》，李克域的《普宁寺的建立及其历史作用》、《从承德外八庙看藏传佛教在清代前期的作用》、《从须弥福寿之庙的两首御制诗匾看清朝对西藏的施政》、《承德外八庙的建立与康乾时期对藏蒙策略》，黄崇文的《普陀宗乘之庙的建立及其历史作用》、《须弥福寿之庙的建立及其历史意义》，张书敏的《承德外八庙乾隆御制诗看清政府的民族宗教政策》，蒋秀丹的《避暑山庄体现的清帝宗教思想》，李海涛的《外八庙"建筑"与藏传佛教》、《"外八庙"的藏传佛教文化》，阎学仁的《承德外八庙与西藏寺庙建筑》，杨时英的《承德普陀宗乘之庙与西藏布达拉宫》等文章，对承德外八庙的创建过程、建筑风格、历史作用，以及政治意义和文化价值等方面进行了较全面的论述。

关于清代藏传佛教格鲁派传入并在蒙古地区兴盛的情况，主要有德勒格的《内蒙古喇嘛教史》[②]，该书第三章以"清代喇嘛教"为标题，专门介绍了清代蒙古地区的藏传佛教，主要对清朝如何利用藏传佛教统治或治

---

① 崔正森：《五台山佛教史》，太原，山西人民出版社，2000年版。
② 德勒格：《内蒙古喇嘛教史》，呼和浩特，内蒙古人民出版社，1998年版。

理蒙古族地区的情况作了分析，认为清朝政府控制了四大活佛，实际上也就控制了蒙藏喇嘛教，这对于统治蒙藏地区，稳定和巩固边疆局势，发挥了巨大作用。同时，介绍了当时在内蒙古地区创建寺院和民众出家为僧的盛况。而乌力吉巴雅尔的《蒙藏关系史大系——宗教卷》[①] 一书，以蒙藏文化交往作为切入点，涉及并探讨了清代藏传佛教在蒙古族地区传播或发展的前因后果；同时，介绍了蒙古族高僧为藏传佛教发展所作出的贡献以及蒙古地区部分著名藏传佛教寺院。此外，樊保良的《蒙藏关系史研究》[②]，该书中也有一定的篇幅介绍了清代蒙藏地区格鲁派各大活佛系统的确立与格鲁派在蒙古地区的盛行。

此外，已发表的大量论文，对清代格鲁派传入并在蒙古地区兴盛的缘由作了较全面的讨论。其中具有代表性的论文主要有蔡家艺的《西藏黄教在厄鲁特蒙古的传播和发展》，蔡志纯的《试论黄教在蒙古的传播和影响》、《蒙古喇嘛贵族形成初探》，杨绍猷的《喇嘛教在蒙古族中的传播》，金峰的《喇嘛教与蒙古封建政治》、《呼和浩特十五大寺院考》，李漪云的《从蒙古与西藏的关系看蒙古封建主引进黄教的原因》，邢洁晨的《论黄教传入蒙古地区的原因》，薄音湖的《关于喇嘛教传入内蒙古的几个问题》，陈育宁、汤晓芳的《清代喇嘛教在蒙古族地区的特权及其衰落》，陈光国的《喇嘛教在蒙古地区的传播和萨满教的衰落》，姜明的《浅谈喇嘛教在蒙古地区的传播影响》，蒲文成的《东科尔活佛系统与藏传佛教格鲁派北渐蒙古地区》，韩官却加的《藏传佛教教派斗争与和硕特蒙古南迁》，巴赫的《准噶尔地区的黄教及其寺院研究》，李丽的《浅析西海蒙古与藏传佛教的关系》，白凤歧的《喇嘛教对辽宁蒙古族的社会影响》，王浩勋的《元明清时期蒙古汗王与藏传佛教各派的关系及其影响述略》，才吾加甫的《土尔扈特蒙古与藏传佛教》，伦玉敏、刘勇、王萌的《藏传佛教传入蒙古族地区的过程及原因分析》，胡方艳、曹生龙的《伊犁藏传佛教寺院考述》，哈斯朝鲁的《清代蒙古族地区寺庙曼巴扎仓》，胡方艳的《新疆察布查尔锡伯族宗教信仰历史与现状考察之一——锡伯族的藏传佛教信仰》等，这些文章对格鲁派传入蒙古族各部的过程以及产生的

---

① 乌力吉巴雅尔：《蒙藏关系史大系——宗教卷》，拉萨，西藏人民出版社外语教学与研究出版社，2001年版。
② 樊保良：《蒙藏关系史研究》，西宁，青海人民出版社，1992年版。

社会影响、政治作用等问题进行了较深入广泛的讨论。

五 结语

最后需要指出的是，除了以上介绍的论著外，尚有许多著作和论文涉及并探讨了清代藏传佛教。例如，恰白·次旦平措等编著的《西藏通史——松石宝串》[①]，杜继文主编的《佛教史》[②]，释妙舟编著的《蒙藏佛教史》[③]，蒲文成的专著《青海佛教史》[④]，金成修的专著《明清之际藏传佛教在蒙古地区的传播》[⑤]，李德成的专著《藏传佛教与北京》[⑥]，张羽新、刘丽楣、王红编著的《藏族文化在北京》[⑦] 等著作中的部分章节，从通史或地方史的角度对清代藏传佛教及其与中央政府的关系作了较深入系统的概述。限于篇幅，在此不能一一评述。

可以肯定地讲，自 20 世纪以来，在清代藏传佛教研究领域探讨的学者已取得了可喜的学术成果，尤其是在清代藏传佛教政策、活佛转世与"金瓶掣签"制度、清代大活佛世系传承和格鲁派在内地及蒙古地区兴盛等专题方面，则作了较深入细致的研究，论证严密、分析精到、结论合理，具有一定的学术价值和现实意义。

然而，从总体上看，以往清代藏传佛教研究中尚有许多不足或欠缺之处。首先，其研究缺乏系统性，相关内容或对象之间不够连贯。虽在几个专题研究方面有很大进展，但没能从学术深层去分析、解读和归纳，留有较多有待进一步讨论的空间。其次，不少论著无论是在研究方法还是在引用资料上，都存有很大不足。如在研究方法上，只是较多单面铺叙，而较少多层分析；在引用资料上，较多重复沿袭旧史料，而较少挖掘新资料。所以，对于清代藏传佛教研究有待深入系统和拓宽视域，特别是在清代藏传佛教的派系法脉传承、藏外典籍教义、各派教法仪轨和寺院僧伽教

[①] 恰白·次旦平措等编著：《西藏通史——松石宝串》（藏文），拉萨，西藏藏文古籍出版社，1989 年版。

[②] 杜继文主编：《佛教史》，北京，中国社会科学出版社，1991 年版。

[③] 释妙舟：《蒙藏佛教史》，上海佛学书局，1935 年版。

[④] 蒲文成：《青海佛教史》，西宁，青海人民出版社，2001 年版。

[⑤] [韩] 金成修：《明清之际藏传佛教在蒙古地区的影响力》，北京，社科文献出版社，2006 年版。

[⑥] 李德成：《藏传佛教与北京》，北京，华文出版社，2009 年版。

[⑦] 张羽新、刘丽楣、王红：《藏族文化在北京》，北京，中国藏学出版社，2008 年版。

育等薄弱环节，亟待加强研究，填补空白。值得庆幸的是，中国在清代藏传佛教文献史料的搜集、整理和翻译方面，做了大量的工作，已经取得了不少成果。这为我们深入系统地研究清代藏传佛教打下了坚实的文献资料基础。

上 编

第一章 格鲁派系

格鲁派兴起于明朝，至清代进入鼎盛时期，成为藏传佛教中具有广泛影响力的主流宗派，以拉萨三大寺（甘丹寺、哲蚌寺和色拉寺）、后藏扎西伦布寺、湟中塔尔寺、夏河拉卜楞寺、昌都强巴林寺等为代表性寺院，迄今在广大藏族、蒙古族、土族、裕固族、纳西族等民族区域有着深远的宗教社会影响。特别是"格鲁派与此前的各个教派不同，它是在印度佛教已经衰亡的时代，由藏族的高僧完全依靠自己的力量创立的一个教派。格鲁派不像其他教派那样把本派的祖师们归结到印度的佛教大师，而是以藏族的佛教大师宗喀巴作为自己教派的祖师"[1]。格鲁派在某种程度上代表着藏传佛教的宗风。

第一节 格鲁派的创立

格鲁派（dge lugs pa），又名新噶当派（bkav gdams pa gsar ma），在汉语中俗称黄教，是藏传佛教主要宗派之一。由宗喀巴大师（tsong kha pa，1357—1419）创立。藏历第七绕迥土牛，明永乐七年（1409），宗喀巴在拉萨大昭寺首次举办祈愿大法会，在广大僧俗信徒中赢得了巨大声誉，随之宗教威望和社会地位迅速提升。是年，宗喀巴在卓日沃齐山（vbrog ri bo che）创建甘丹尊胜洲（dgav ldan rnam par rgyal bavi vgling）道场（今西藏自治区拉萨市达孜县境内），简称"甘丹寺"（dgav ldan dgon pa）。

---

[1] 陈庆英等编著：《历辈达赖喇嘛生平形象历史》，北京，中国藏学出版社，2006年版，第1页。

甘丹寺创建后，宗喀巴构建了完善的寺院教育机制，倡导出家僧人严守佛教戒律、遵循显密宗修学次第，遂形成藏传佛教诸宗派中名副其实的主流宗派。该宗派最初以创始人宗喀巴驻锡地甘丹寺称呼，即甘丹派（dgav ldan pa）。①土观·洛桑却吉尼玛曾认为：

> 大师的教派名为甘丹派的起源，系出自《噶当经卷》中的授记。父法第二十六品未来授记中说："末法教余烬，扎巴者重光，成办众利乐，此为最胜处。"第二句颂文预示大师名的一部分。言最胜处，则指的甘丹巴。预示以住地名而扩展成为派名。②

土观·洛桑却吉尼玛引经据典，对宗喀巴大师创立的宗派，何以取名为"甘丹派"作了较详阐释，言之有理。同时，在藏传佛教界又将"甘丹派"别称"新噶当派"，认为该派因主要继承噶当派的教法仪轨而得其名，自然有其来龙去脉。最终通盘考量，该宗派更名为"格鲁派"（dge lugs pa），并成为定论，相沿至今。据《土观宗派源流》记载：

> 格鲁派或名格丹派，乃是以驻锡地而命的名。宗喀巴大师建卓日沃齐甘丹尊胜洲，在他的晚年即长驻该寺，因此大师所建宗派遂有呼为法主甘丹人的宗派。若把词字简化应呼为噶鲁派，但不顺口，遂改呼为格鲁派，相沿成习，则成定名。③

格鲁派，意为"持戒派"或"善规派"。显而易见，这一称谓体现了该宗派不同于其他宗派的殊胜之处或鲜明的宗派风格。此外，在汉文文献和汉地民间又俗称格鲁派为"黄教"，其依据源于藏文史书中的传说：

> 喇钦·贡巴饶萨，曾于鲁梅回藏之时，将所戴黄帽取下给他并

---

① 甘丹巴，意为"兜率天宫"或"俱足吉祥"者宗派。
② 土观·洛桑却吉尼玛著，刘立千译：《土观宗派源流》（汉文），北京，民族出版社，2000年版，第126页。
③ 同上书，第125页。

说："你戴了此帽应当能常忆念我。"因此，过去持律大德均戴黄帽。宗喀巴大师重振律戒，为了表示这种缘起，也将僧帽染作黄色，与持律古德成为一致，于是大师的教派又有呼为持黄帽派者。有书名为《黄琉璃》中说："此本非大师之意，因其身边门徒欲显本派异于他宗，大师顺其所请，遂以黄色为帽色。"①

喇钦·贡巴饶萨（拉钦·贡巴热赛）是藏传佛教后弘期主要开拓者之一，他持有后弘期下路戒律传承，为复兴卫藏中心地区的藏传佛教戒律传承作出了重要贡献，因而其黄色僧帽象征着严守佛教戒律、重振佛教正法的宏愿。不难看出，格鲁派又叫"黄教"一名，便源于黄帽派（zhaw ser pa）之传说。格鲁派作为后起之秀，产生了诸多称谓，如最初命名的"甘丹派"，别称"新噶当派"，后来确定的正统名"格鲁派"，以及汉语中常写的俗称"黄教"，均凸显了格鲁派与众不同的宗派风格和文化特质。

第二节　甘丹寺支系

宗喀巴（1357—1419），名洛桑扎巴（blo bzang grags pa），安多宗喀地方（Aa mdo tsong kha，今青海湟水流域）人，自青少年起，广拜高僧良师，博通佛学显密义理；30岁始著书立说，相继撰写《善说金鬘》（legs bshad gser gyi phreng ba，1389年成书）、《菩提道次第广论》（byang chub lam rim chen mo，1402年成书）、《密宗道次第广论》（sngags rim chen mo，1406年成书）和《中观广释》（dbu ma vgrel chen，1408年成书）等传世之作，构建起显密相融之佛学体系，确立了中观应成派之思想权威。

明成祖永乐十七年（1419），即藏历第七绕迥土猪年十月二十五日，宗喀巴大师在甘丹寺圆寂，享年63岁。其情景在《如意宝树史》中有描述：

---

① 土观·洛桑却吉尼玛著，刘立千译：《土观宗派源流》（汉文），北京，民族出版社，2000年版，第126页。

大师异熟之身入定，如持金刚入灭，呈孺童子相，肤色红黄，戒香四飘，虚空明净，虹光回旋，空中器乐声响，花雨纷纷等，出现多种奇兆。①

宗喀巴圆寂后，造银质灵塔，供于甘丹寺。《如意宝树史》记载：

丧葬修供佛事刚一结束，为使大师的事业不致中断，委任十难论师达玛仁钦为大师法座的代理人（贾曹），继后将大师遗体完整地殓入旃檀宝箧，面朝东北方而坐，其银制灵塔名曰"利见塔"（大慈法王所献帐内），至今供奉于噶丹寺，为该地一切众生之供养所依，所谓"五供节"的供养亦由此而来。②

宗喀巴作为一代宗师，后人冠以"文殊菩萨"之化身和"第二佛陀"之尊号，在藏传佛教界享有崇高宗教地位。

宗喀巴的嗣法弟子，如同满天繁星，数不胜数，且人才辈出。后世格鲁派高僧大德对此作了形象的比喻和严谨的分类：

从上部阿里至下部汉地，弟子如鹅群聚之于莲池，其主要的及门弟子如佛祖之八大近侍弟子、二胜弟子、五比丘、八万天众、七代付法藏师等，博学而获有成就，所击显密大法鼓声响彻三千世界，住持寺庙禅院，聚会僧徒广如大海，著述善言，亦广无边。其中，如天界如意树果实累累，庄严以才识精湛、德行谨严、心地善长三者，修证功德满装心续之库，如此金山一般的主要亲炙弟子有互传法缘四上师、内心传一弟子、二上首弟子、中期收纳的八大清净弟子、最初收纳的四弟子、耳传三弟子、显扬佛教二弟子、弘广事业七弟子、七明灯弟子、七菩萨弟子、被国王奉为帝师的三弟子、四智者弟子、护持边地佛教七大旗弟子、二译师弟子、六护地法王弟子、十二持教弟子、二空行法裔弟子、二奇士弟子、八京俄弟子、八大上师弟子、七

---

① 松巴·益西班觉著，蒲文成、才让译：《如意宝树史》，兰州，甘肃民族出版社，1994年版，第390页。
② 同上。

位钦布弟子、十四难论师弟子、六持律尊者弟子、五具证悟弟子、四法座弟子等。总之，上自阿里三围，中部卫藏十三万户，下部三"多"地域的十万名智士均敬奉大师，为其弟子。①

以上是清代格鲁派高僧松巴·益西班觉在其名著《如意宝树史》中概要介绍的宗喀巴众多弟子宛如群星灿烂的盛况，而且"大师之弟子皆为安住三种律仪，勤修三士道及二次第瑜伽，大击三藏四续法鼓的贤哲"。② 其中，显密兼通者以嘉曹杰·达玛仁钦、克主杰·格勒贝桑和朵丹·绛白嘉措为代表；显宗精通者以绛央却杰·扎西班丹、强钦却杰·释迦益西和根敦珠巴为代表；密宗成就者以杰尊·喜热桑格为代表。他们在前后藏（今西藏自治区境内）建造大型显密宗寺院，建立法脉一统而多途传承的祖寺群，为推动格鲁派蓬勃发展发挥了重要作用。

一　甘丹"赤巴"传承

甘丹"赤巴"（dgav ldan khri ba）传承，始于宗喀巴大师，后由嘉曹杰·达玛仁钦（rgyal tshab rje dar ma rin chen，1364—1431）继任。宗喀巴"大师在涅槃时，以法衣及头冠付与嘉曹杰大师，便领会师意是在传位给他。于是杜增扎巴坚赞和上座仁钦坚赞等诸大弟子，遂同声启请，嘉曹杰乃领受灌顶，继登大雄狮子宝座"。③ 嘉曹杰·达玛仁钦以宗喀巴大弟子身份接受上师临终前传位，成为甘丹寺第二任"赤巴"（金座法台住持），遂确立"赤巴"法位传承制度。嘉曹杰重视出家僧众对佛教律学三戒的修习和实践，注重对密宗《密集》（gsang vdus）、《胜乐》（bde mchog）、《时轮》（dus vkhor）、《喜金刚》（kyee rdor）和《大威德》（vjigs byed）的修持和研习。

克主杰·格勒贝桑（mkhas grub rje dge legs dpal bzang，1385—1438）继任甘丹寺第三任"赤巴"，不断完善寺院教育制度，批驳教界对宗喀巴个别经论提出的异议，并矫正其误读。克主杰在后期被追认为第一世班禅

---

① 松巴·益西班觉著，蒲文成、才让译：《如意宝树史》，兰州，甘肃民族出版社，1994年版，第400—401页。

② 土观·洛桑却吉尼玛著，刘立千译：《土观宗派源流》（汉文版），北京，民族出版社，2000年版，第157页。

③ 同上书，第162页。

额尔德尼活佛。史称宗喀巴、嘉曹杰和克主杰三人为"师徒三尊者",在格鲁派中具有祖师或宗主地位,成为格鲁派寺院供奉的主要祖师对象。

甘丹寺"赤巴"法位传承不断,至清代初期(1644),已传至第三十七任"赤巴",即根顿仁钦(dge vdun rin chen,？—1648)。嗣后依次为第三十八任赤巴·丹巴坚赞(bstan pa rgyal mtshan),第三十九任赤巴·官却曲桑(dkon mchog chos bzang),第四十任赤巴·班丹坚赞(dpal ldan rgyal mtshan),第四十一任赤巴·洛桑坚赞(blo bzang rgyal mtshan),第四十二任赤巴·洛桑顿悦(blo bzang don yod),第四十三任赤巴·强巴扎西(byams pa bkra shes),第四十四任赤巴·洛哲嘉措(blo gros rgya mtsho),第四十五任赤巴·慈臣达杰(tshul khrima dar rgyas),第四十六任赤巴·金巴嘉措(sbyin pa rgya mtsho),第四十七任赤巴·洛桑曲培(blo bzang chos vphel),第四十八任赤巴·顿珠嘉措(don grub rgya mtsho),第四十九任赤巴·洛桑达杰(blo bzang dar rgyas),第五十任赤巴·根敦嘉措(dge vdun rgya mtsho),第五十一任赤巴·班丹札巴(dpal ldan grags pa),第五十二任赤巴·阿旺才培(ngag dbang tshe vphel),第五十三任赤巴·坚赞桑格(rgyal mtsho seng ge),第五十四任赤巴·阿旺却丹(ngag dbang mchog ldan),第五十五任赤巴·南卡桑波(nam mkhav bzang po),第五十六任赤巴·洛桑智美(blo bzang dri med),第五十七任赤巴·桑丹平措(bsam gtan phun tshogs),第五十八任赤巴·祥孜阿旺曲札(byang rtse ngag dbang chos grags),第五十九任赤巴·夏孜阿旺曲札(shar rtse ngag dbang chos grags),第六十任赤巴·洛桑丹巴(blo bzang bstan pa),第六十一任赤巴·阿旺慈臣(ngag dbang tshul kgrums),第六十二任赤巴·洛桑莫兰(blo bzang smon lam),第六十三任赤巴·洛桑克却(blo bzang mkhas mchog),第六十四任赤巴·洛桑扎西(blo bzang bkra shes),第六十五任赤巴·根敦慈臣(dge vdun tshul khrums),第六十六任赤巴·阿旺年札(ngag dbang snyan grags),第六十七任赤巴·绛央莫兰(vjam dbyangs smon lam),第六十八任赤巴·洛桑格勒(blo bzang dge legs),第六十九任赤巴·强曲却培(byang chub chos vphel),第七十任赤巴·阿旺曲培(ngag dbang chos vphel),第七十一任赤巴·益西塔道(ye shes thar vdod),第七十二任赤巴·强孜绛白慈臣(byang rtse vjam dpal tshul khrums),第七十三任赤巴·夏孜强白慈臣(shar rtse vjam dpal tshul khrums),第七十四任赤巴·洛桑伦珠(blo bzang lhun grub),第七十五

任赤巴·阿旺隆多（ngag dbang lung rtogs），第七十六任赤巴·钦热旺秋（mkhyen rab dbang phyug），第七十七任赤巴·慈臣达杰（tshul khrims dar rgyas），第七十八任赤巴·绛央丹却（vjam dbyangs dam chos），第七十九任赤巴·洛桑津巴（blo bzang sbyin pa），第八十任赤巴·札巴顿智（grags pa don grub），第八十一任赤巴·阿旺诺布（ngag dbang nor bu），第八十二任赤巴·益西曲培（ye shes chos vphel），第八十三任赤巴·绛曲南卡（byang chub nam mkhav），第八十四任赤巴·洛桑慈臣（blo bzang tshul khrims），第八十五任赤巴·慈臣班丹（tshul khrims dpal ldan），第八十六任赤巴·洛桑坚赞（blo bzang rgyal mtshan）。至清代末期（1907），已传至第八十七任赤巴，即阿旺洛桑丹贝坚赞（ngag dbang blo bzang bstan pavi rgyan mtshan，1863—1920）。每位荣登甘丹"赤巴"法位者，在教内都被认定已证悟菩萨十地境界，不仅在格鲁派中享有教主地位，而且在整个藏传佛教界颇具声望。故在甘丹"赤巴"法位传承中又衍生出诸如热振（raw sgreng）、策墨林（tshe smon gling）、贡唐（gung tang）、赛赤（gser khri）等著名大活佛世系。

二 隆务寺传承

隆务寺，全称"隆务德钦琼科林寺"（rong bo bde chen chos vkhor gling，位于今青海省黄南藏族自治州隆务镇），是安多地区格鲁派大型寺院之一。初创时期以萨迦派自居，其后由高僧噶丹嘉措（shar skal ldan rgya mtsho，1607—1677）改宗格鲁派，始传承以甘丹寺教法仪轨为主的显密宗法脉。

藏历第十绕迥火蛇年，即明万历四十五年（1617），噶丹嘉措随师傅赴西藏求学深造，初在格鲁派祖庭甘丹寺，以高僧达隆扎巴（stag lung grags pa）为上师，在其座前受沙弥戒，并取法名，遂转入甘丹寺强孜扎仓（byang rtse graw tshang）修学，拜慈臣曲培（tshul khrims chos vphel）等高僧为师，系统学习释量论、般若学、中观学、俱舍论和律学。天启六年（1626），噶丹嘉措赴桑浦寺，在格鲁派与萨迦派两大扎仓僧众前立宗答辩，考取了噶居（dkav bcu）学衔，于是邀请第四世班禅·洛桑确吉坚赞在大昭寺释迦牟尼佛像前给他授比丘戒，始修持密集（gsang vdus）等本尊密法。

藏历第十一绕迥火兔年，即明天启七年（1627），噶丹嘉措返回故里热贡（reb kong），主持隆务寺（rong bo dgon）；崇祯三年（1630），他将隆务寺改宗为格鲁派，并在寺内创建显宗学院（mtshan nyid grwa tshang），亲自讲授五部大论，始传习甘丹寺强孜扎仓系教法仪轨。因此，后世隆务寺学僧习惯赴甘丹寺强孜扎仓和色拉寺扎仓求学深造。噶丹嘉措圆寂后，嗣法弟子寻访其转世灵童，建立了夏日藏（shar tshang）活佛世系，追认噶丹嘉措为第一世夏日藏活佛。

隆务寺后辈学僧又多采用本寺高僧堪钦·根敦嘉措（mkhan chen dge vdun rgya mtsho，1679—1765）和色拉寺杰尊·却吉坚赞（se ra rje btsun chos kyi rgyal mtshan，1469—1544）两位高僧编著的五部大论教程。堪钦·根敦嘉措出生于安多热贡（reb kong）地区，10岁在隆务寺僧人鄂珠（dngos grub）座前剃度出家，后入隆务寺扎仓学习摄类学等基础性佛学课程，他在25岁前一直专心致志地听讲和研习五部大论；其间出任达香寺（dar zhing dgon）住持；26岁时与嘉堪布（rgyal mkhan po）一同前往拉萨，在哲蚌寺郭芒扎仓上师嘉木样协贝多杰（vjam dbyangs bzhad pavi rdo rje）座前研习佛学，勤奋学习和精心钻研；36岁时，堪钦·根敦嘉措在拉萨祈愿大法会上演讲和辩论五部大论，赢得成千上万学僧的认可和赞誉，并获得然绛巴（rab vbyams pa）学衔；40岁时，堪钦·根敦嘉措被西藏地方政府委任为江孜白居寺（dpal vkhor chos sde）堪布；后又任泽钦曲德寺（rtse chen chos sde）住持，其间修葺寺院，改革教规，创新教学机制，为弘法事业做出贡献，同时，在第五世班禅额尔德尼·洛桑益西（1663—1737）和第七世达赖喇嘛·格桑嘉措（1708—1757）座前听闻教法；55岁时返回隆务寺，出任寺院住持；同时，游历安多地区各个寺院，讲经说法，弘扬佛教，利乐众有情。其主要著作有《堪钦·摄类学》（mkhan chen bsdus graw）、《堪钦·根敦嘉措传》（mkhan chen dge vdun rgya mtshovi rnam thar）、《堪钦·根敦嘉措文集》（mkhan chen dge vdun rgya mtshovi gsung thor bu）等，尤其《堪钦·摄类学》对后世学僧影响深远，成为诸多显宗闻思学院内藏传量论课程的基础性教材。

藏历第十二绕迥木虎年，即清雍正十二年（1734），第二世夏日藏·阿旺赤列嘉措（ngag dbang vphrin las rgya mtsho，1678—1739）在隆务寺创建密宗学院（sngags pa grwa tshang），其法脉及教规沿袭拉萨下密院传承；自此开始，僧众可以在本寺系统研习密宗四续，即事续、行续、瑜伽续和无上瑜伽续。之后，又在隆务寺创办"祈愿大法会"，并令每位学僧在法会期间立宗答辩，授予"然绛巴"（rams vbyams pa）学衔。

藏历第十三绕迥水蛇年，即乾隆三十八年（1773），第三世夏日藏·根敦赤列热杰（dge vdun vphrin las rab rgyas；1740—1794）在隆务寺创建时轮学院（dus vkhor grwa tshang），专门研习时轮金刚及天文历算。至此，无论是寺院组织建构、教法仪轨，还是僧众戒律、寺院教育，皆日臻完善，初具格鲁派显密兼容之大型寺院规格和规模。乾隆三十二年（1767），清廷册封第三世夏日藏活佛为"隆务呼图克图宏修妙悟国师"，并赐印鉴，确认他在该地区的政教领袖地位，随之寺院及宗教势力大增。据《历辈噶丹嘉措传》（shar skal ldan rgya mtshovi skyes rabs rnam thar bzhugs so）记载：

> 第三世夏日藏活佛48岁时，赴卫藏朝圣，参加拉萨祈愿大法会，拜见第八世达赖喇嘛·绛白嘉措（vjam dpal rgya mtsho，1758—1804），西藏噶丹颇章政府封他为"额尔德尼诺们罕"，颁发文书、大小印章，赏给华盖、马匹、鞍辔、堪布服饰等。[①]

第三世夏日藏活佛54岁时，聘请热贡著名画家嘉茂班丹（vjav mo dpal ldan），在隆务寺绘制佛陀本生传、戒律十相（gnas bcu）、阿底峡生平、宗喀巴生平、夏日藏生平、金刚鬘坛城等壁画；同时，从西藏纳塘寺迎进《甘珠尔》等大量佛教文献典籍，扩建夏日藏活佛府邸等，[②]对隆务寺建设多有功劳。藏历第十三绕迥木虎年（1794），第三世夏日藏活佛圆寂，隆务寺又将寺院中心工作转移到寻找转世灵童的议事日程之上，有序认定第四世夏日藏活佛。据《历辈噶丹嘉措传》记载：

> 第四世夏日藏活佛于藏历第十三绕迥的木兔年（1795）出生于多麦（安多）北部的却藏热洛塘（chu bzang raw lo thang）地方（今青海省互助县南门峡乡却藏滩），系第三世章嘉国师·若贝多杰（lcang skya rol pavi rdo rje，1717—1786）之侄子，自幼在却藏寺

---

① 晋美丹却嘉措：《历辈噶丹嘉措传》（藏文），西宁，青海民族出版社，1997年版，第297页。

② 同上书，第300页。

(chu bzang dgon) 亲近却藏活佛学习佛法，至 12 岁迎请到隆务寺坐床，遵循隆务寺教规，聘请高僧为师，系统学习量论、中观、般若等五部大论。①

第四世夏日藏活佛·洛桑曲智嘉措（blo bzang chos grags rgya mtsho, 1795—1843) 23 岁时，将隆务寺政教大权托付给大堪布顿悦嘉措（don yod rgya mtsho），由其暂时代理，他自己去往前后藏求法取经，先后拜会第十世达赖喇嘛·慈臣嘉措（tshul khrims rgya mtsho, 1816—1837) 和第七世班禅额尔德尼·丹贝尼玛（bstan pavi nyi ma, 1781—1853) 等，并入甘丹寺强孜扎仓（byang rtse graw tshang）专攻中观学和般若学；28 岁，应隆务寺诸高僧的再三请求，第四世夏日藏活佛返回本寺；他在住持隆务寺期间，以身作则，严守佛教清规戒律，赢得广大僧俗信众的赞誉。② 也就是说，第四世夏日藏活佛在主持隆务寺乃至热贡地区的政教事务时期，利乐一方芸芸众生，享有很高的社会声誉。藏历第十四绕迥水兔年（1843），第四世夏日藏活佛圆寂，享年 49 岁。

第五世夏日藏·洛桑赤列嘉措（blo bzang phrin las rgya mtsho, 1844—1858)，出生于前世的家乡，即"转世于上一世的家族之中"，③ 安多却藏热洛塘人，亦是却藏活佛近亲。7 岁时迎请到隆务寺坐床，按前辈规矩，聘请高僧为他授戒传法，精心培养。然而，当时地区间不睦而时有刀兵相见，处于小小年纪的第五世夏日藏活佛，由于超负荷焦虑和忧伤，致使疾病缠身，最终英年早逝，没能施展其聪明才智。

第六世夏日藏·洛桑丹贝坚赞（blo bzang bstan pavi rgyal mtshan, 1859—1915)，出生于前世家乡，即却藏热洛塘地方。5 岁时迎往隆务寺坐床，由阿绕·多杰强·洛桑隆柔嘉措（Aa rol blo bzang lung rigs rgya mtsho, 1805—1888）为他剃度出家及授予沙弥戒，并取法名；随之广拜名师，修学《菩提道次第广论》、热瓦堆（ra stod）和堪钦（mkhan chen）

---

① 晋美丹却嘉措：《历辈噶丹嘉措传》（藏文），西宁，青海民族出版社，1997 年版，第 304—306 页。

② 详见晋美丹却嘉措：《历辈噶丹嘉措传》（藏文），西宁，青海民族出版社，1997 年版，第 308 页。

③ 智贡巴·官却丹巴热杰著，吴均等译：《安多政教史》（汉文版），兰州，甘肃民族出版社，1989 年版，第 300 页。

《摄类学》（bsdus graw）以及大威德（vjigs byed）、胜乐（bde mchog）、马头明王（rta mgrin）、观世音、药师佛和白伞盖佛母（gduga dkar）等密宗仪轨。① 特别是云游和朝礼佛教圣地，成为第六世夏日藏活佛一生中最重要的佛事活动和追求目标。大致可分为三个阶段：

第一阶段：第六世夏日藏活佛21岁时，云游安多（青海）地区的智嘎赛宗（brag dkar sprel rdzong）、青海湖、却藏（chu bzang）等藏传佛教圣地，并在寂静地坐禅修行；而且，每当途经牧区时，还向广大牧民讲经传法，满足一方信众之心灵诉求。

第二阶段：第六世夏日藏活佛23岁时，从隆务寺启程，途经青城（今呼和浩特）抵五台山朝佛；翌年，自五台山启程至京城，朝礼皇家寺庙雍和宫，并与东科尔活佛、阿嘉活佛等驻京呼图克图会面，交换佛学观见；之后，踏上返程之路，途经热河（承德）地区，参拜该地仿造布达拉宫、扎什伦布寺和桑耶寺等的普陀宗乘之庙、须弥福寿之庙和普宁寺等庙宇；在蒙古地区，向广大蒙古族信众讲经传法，力行一位高僧活佛的宗教职责。

第三阶段：第六世夏日藏活佛28岁时，从隆务寺出发，赴卫藏（今西藏自治区）朝圣。在拉萨受到甘丹寺强孜扎仓（byang rtse graw tshang）以及甘丹寺和哲蚌寺两寺的鲁本康参（klu vbum khang tshan）、江热康参（lcang ra khang tshan）的隆重迎接和最高礼遇。② 同时，第六世夏日藏活佛还得到西藏地方政府的高度重视和特别关照，颁发封诰、印鉴、堪布衣具、华盖、马匹等，并被授予"显扬圣教额尔德图堪布"（bstan pavi gsal byed Aer te mthu mkhan po）之宗教头衔。③

此外，第六世夏日藏活佛49岁时，邀请留住在塔尔寺的第十三世达赖喇嘛·土丹嘉措（1876—1933）光临隆务寺。虽然未能如愿，但是他亲自赴塔尔寺，拜谒达赖喇嘛，并向塔尔寺僧众大量布施。可以肯定，第六世夏日藏活佛，一生孜孜不倦，学修并重，以身作则，慈悲为怀，云游圣地，弘法度众，深受僧俗群众的拥戴。

---

① 晋美丹却嘉措：《历辈噶丹嘉措传》（藏文），西宁，青海民族出版社，1997年版，第327页。
② 同上书，第338页。
③ 同上书，第341页。

总之，在历代夏日藏活佛的住持下，隆务寺的法脉传承得以发扬光大，政教事业不断兴隆发达。至清代末期，隆务寺仅活佛府邸（nang chen，囊谦）就达 43 座，住寺僧众增至 2300 人，下属分支寺院逾 200 座，已是安多地区颇有影响力的名副其实的格鲁派大型寺院之一。

第三节　哲蚌寺支系

藏历第七绕迥火猴年，即明永乐十四年（1416），宗喀巴著名弟子绛央却杰·扎西班丹（vjam dbyangs chos rgyal，1379—1449）在拉萨近郊创建哲蚌寺（vbras spungs dgon，位于今西藏拉萨市西郊），并担任寺院第一任法台（住持）直至去世，长达 30 多年。他大力传扬宗喀巴显密兼容之佛学思想，尤为注重显宗教理之系统研习。哲蚌寺初期建有七大扎仓（学院）：罗赛林扎仓（blo gsal gling graw tshang）、郭芒扎仓（sgo mang graw tshang）、德阳扎仓（bde yangs graw tshang）、阿巴扎仓（sngags pa graw tshang）、夏果扎仓（shag skor graw tshang）、杰巴扎仓（rgyas pa graw tshang）和杜瓦扎仓（vdul ba graw tshang）。后又将夏果扎仓、杰巴扎仓并入罗赛林扎仓，杜瓦扎仓并入郭芒扎仓，遂形成四大扎仓格局。其中除阿巴扎仓学僧专门修持密法和举行密宗仪式外，其余三大扎仓均为攻读以五部大论为主的显宗学院。

从历史上看，哲蚌寺是藏蒙地区规模最大、寺僧最多、级别最高的佛教大僧院。而且，自第二世达赖喇嘛确立为哲蚌寺大活佛后，哲蚌寺又成为第二世、第三世、第四世、第五世达赖喇嘛的驻锡地；同时，哲蚌寺亦是西藏噶丹颇章政权的策源地。所以，哲蚌寺在西藏政教合一制度史上有着举足轻重的政教地位。

第二世达赖喇嘛·根敦嘉措（dge vdun rgya mtsho，1476—1542），后藏达那地方（今西藏日喀则地区谢通门县）人，自幼在民间传为根敦珠巴的转世灵童，后得到扎什伦布寺诸位高僧的普遍认同，10 岁时（1485 年）迎往扎什伦布寺，剃度出家，授戒传法；21 岁（1495 年）在哲蚌寺受比丘戒；34 岁（1509 年）朝礼拉姆拉措（lha mo bla mtsho）圣湖，始建曲科杰寺（chos vkhor rgyal，位于今西藏林芝地区加查县境内）。《如意宝树史》记载："梅朵塘（me tog thang）的曲科加寺（chos vkhor rgyal），是至尊格敦嘉措年三十五时所建，造弥勒佛大像等众多三所依。此寺的建立与预言相符合。"① 根敦嘉措十分关心曲科杰寺的健康发展，"到夏天的六七月，他都要到曲科杰寺和三百多名僧人一起住夏，并组织进行曲科杰寺的后续修建工程，增修了扎仓的经堂和僧舍等，同时给僧众讲经，到十月份才返回拉萨。1523年夏天，在曲科杰寺兴建了一尊高二十来米的弥勒佛铜像。在他的关心和组织下，曲科杰寺在这一时期规模不断扩大，成为前藏地区格鲁派的著名大寺院"。② 至于曲科杰寺的规模，有关史书作了较详描述：

> 曲科加寺有五个显宗扎仓，即常住寺内的细哇（gzhi ba）扎仓；"文殊七传士"的第六位洛追丹巴所建的达波扎仓（dwags po gaw tshang，330人），第五任上师俄哇·洛色谢宁时将达波扎仓献给格敦嘉措；尊者格敦嘉措年六十七岁时，因从阿里来了许多出家人，遂于加地（rgyal）建立僧院，名阿里扎仓（240人）；密咒噶哇扎仓（sngags pa sgar ba graw tshang，64人），居巴·敬巴贝的弟子贾蔡巴·桑杰仁钦建，献给格敦嘉措；至尊索南嘉措为"敬事"（sku rim sgrub mkhan）而建的南杰扎仓（rnam rgyal graw tshang），从第一任上师格敦诺桑起开展各种显学的讲闻。噶哇、达波二扎仓在学经期间，每年前往沃、达、埃（vol dwags Ae）三地讲闻学习。南杰扎仓后来依止自在天、大曜（gzav chen）等，勤以施放咒语密术为主，因此在喇嘛仁波且班盖增巴时期，准噶尔军队杀害西藏拉藏汗，并摧毁了大部分宁玛派寺院，并将南杰扎仓的僧人放逐到泽塘，后南杰扎仓解体。现今由第斯香康钦巴在居噶建南杰扎仓。③

由于曲科杰寺是第二世达赖喇嘛亲自创建，历辈达赖喇嘛担任名誉寺主，并且，曲科杰寺所属的达布扎仓、阿里扎仓、南杰扎仓等几所扎仓在藏传佛教界也具有很高的知名度，尤其南杰扎仓颇有宗教影响力。故南杰

---

① 松巴·益西班觉著，蒲文成、才让译：《如意宝树史》（汉文版），兰州，甘肃民族出版社，1994年版，第484页。
② 陈庆英等编著：《历辈达赖喇嘛生平形象历史》，北京，中国藏学出版社，2006年版，第51页。
③ 松巴·益西班觉著，蒲文成、才让译：《如意宝树史》，兰州，甘肃民族出版社，1994年版，第484—485页。

扎仓后来遭到准噶尔军队的破坏，不久又得到完全修复，依然在宗教仪轨或法事活动上发挥着特殊功能。有学者认为：兴建曲科杰寺的成功，的确给根敦嘉措带来了极高的荣誉和威望，使他的佛教事业和人生命运发生了根本性的转折。时常感受到仁蚌巴和噶玛噶举派势力的压制的格鲁派的僧俗大众，从根敦嘉措的身上重新看到了复兴的希望。①

第二世达赖喇嘛·根敦嘉措36岁（1510年）时出任扎什伦布寺第五届法台（住持）达6年之久。他主讲《释量论》（tshad ma rnam vgrel）、《俱舍论》（mdzod）、《般若十万颂》（phar phyin）、《密续注疏》（gsang vdus rgyud vgrel）等显密经论，在佛学领域颇有造诣和建树；② 43岁（1517年）出任哲蚌寺第十届法台；44岁（1518年）主持拉萨祈愿大法会，恢复了格鲁派高僧主持祈愿大法会的特权，是年，帕主政权首领阿旺扎西扎巴坚赞（ngag dbang bkra shes grags pa rgyal mtshan，1480—1569）向根敦嘉措赠送他在哲蚌寺的官邸（rdo khang sngon mo），确立哲蚌寺第一大活佛身份；52岁（1526年）兼任色拉寺法台。以后根敦嘉措的宗教地位和社会声望，与日俱增，进一步稳坐格鲁派第一大活佛宝座。

根敦嘉措作为宗喀巴大弟子根敦珠巴的转世活佛，即第二世达赖喇嘛，他不负众望，不仅建寺传法，拓展了格鲁派的发展空间，而且著书立说和培养嗣法弟子，成为一代卓有宗教成就的格鲁派高僧。据《如意宝树史》记载：

> 格敦嘉措的著作有《现观庄严论释》、《入中论释》；《究竟一乘宝性论释》、《辨了义不了义释》、《文殊名称经释》及因明、律学方面的释论，尚有本尊法王修法类、宁玛古日息扎（rnying mavi gu ru zhi drag）等多种。格敦嘉措的弟子有班钦·索南扎巴、桑浦·却拉沃色、强孜巴·曲郡嘉措、夏尔巴·官达、止寺的二法门、加色谢热浦等人，水虎年三月初八日格敦嘉措去世，时年六十八岁。③

---

① 陈庆英等编著：《历辈达赖喇嘛生平形象历史》，北京，中国藏学出版社，2006年版，第45页。

② 恰白·次旦平措、诺昌·吴坚编著：《西藏简明通史》（藏文版，中册），拉萨，西藏藏文古籍出版社，1990年版，第409—414页。

③ 松巴·益西班觉著，蒲文成、才让译：《如意宝树史》（汉文版），甘肃民族出版社，1994年版，第465页。

根敦嘉措成为哲蚌寺大活佛后，既推动了格鲁派在卫藏地区的稳步发展，又维护了哲蚌寺作为格鲁派第一大僧院的地位和影响力。同时，根敦嘉措的佛学著作和嗣法弟子在扩大格鲁派影响和推动格鲁派发展方面亦发挥了重要作用。

第三世达赖喇嘛·索南嘉措（bson nams rgya mtsho，1543—1588），前藏堆隆地方（今拉萨市堆垄德庆县）人，4岁（1546年）时被认定为根敦嘉措的转世灵童，迎往哲蚌寺，接受高规格、严要求的寺院教育；7岁（1549）受沙弥戒；10岁（1552年）继任哲蚌寺法台（住持）；11岁（1553年）主持拉萨祈愿大法会；16岁（1558年）出任色拉寺法台；22岁（1564年）受比丘戒；之后，云游前后藏佛教圣地，并在扎什伦布寺、纳塘寺、萨迦寺等大僧院讲经传法，声望日隆；返回哲蚌寺后，修缮自己的府邸，更名"噶丹颇章宫"（dgav ldan pho brang）。

藏历第十绕迥铁龙年，即明万历八年（1580），第三世达赖喇嘛至理塘（li thang）、巴塘（vbav thang）和芒康（mar khams）等地传法，兴建理塘寺，又名长青春科尔寺（位于今四川甘孜州理塘县）；是年，受到云南丽江木氏土司的邀请，未能成行；翌年，至昌都强巴林寺讲经；万历十一年（1583），第三世达赖喇嘛至西宁，昌建塔尔寺弥勒殿和讲经院；万历十三年（1585），他亲赴蒙古地区，弘宣佛法，利乐众生；万历十五年（1587），在蒙古各部继续讲经传法，盟长皆带头皈依格鲁派；翌年，第三世达赖喇嘛在蒙古喀喇沁部牧场（喀尔敖图漠地方）圆寂，遗体在当地火化后，取舍利分别在蒙藏地区建塔纪念。[①] 哲蚌寺作为第三世达赖喇嘛的驻锡地，在寺内造银质灵塔供奉。

第四世达赖喇嘛·云丹嘉措（yon ldan rgya mtsho，1589—1616），出生于蒙古汗王家族，系俺答汗（阿勒坦汗）曾孙，成为达赖喇嘛世系中唯一的非藏族人。藏历第十绕迥水龙年，即万历二十年（1592），拉萨三大寺和地方官员代表往蒙古认定转世灵童；万历三十年（1602），三大寺复遣高僧赴蒙古迎请第四世达赖喇嘛进藏；翌年，在热振寺举行坐床典礼，后驻锡哲蚌寺，师从高僧系统修学佛法，并与第四世班禅·洛桑确吉

[①] （清）张其勤等编撰：《西藏宗教源流考》，拉萨，西藏人民出版社，1982年版，第60页。

坚赞（1570—1662）建立师徒关系；万历三十二年（1604），第四世达赖喇嘛主持拉萨祈愿大法会；万历四十二年（1614），第四世达赖喇嘛受比丘戒，出任哲蚌寺和色拉寺法台，继续推演格鲁派佛学思想和教规礼仪；万历四十四年（1616），第四世达赖喇嘛在哲蚌寺噶丹颇章宫英年早逝，遗体火化后，舍利分往蒙古喀尔喀和土默特部等地多处供奉，哲蚌寺造银质灵塔。

第五世达赖喇嘛，名阿旺罗桑嘉措（ngag dbang rgya mtsho，1617—1682），前藏琼结地方（今西藏山南地区琼结县）人；相继在第四世班禅·洛桑确吉坚赞座前受戒，即 6 岁（1622 年）时受沙弥戒，22 岁（1638 年）时受比丘戒。同时，第五世达赖喇嘛出任哲蚌寺和色拉寺法台，讲经传法，并广泛研修佛法，兼通藏传佛教新旧密法。

藏历第十一绕迥水龙年，即清顺治九年（1652），第五世达赖喇嘛应顺治帝诏迎，率西藏僧俗官员及蒙古护卫军三千余人进京朝觐。顺治十年（1653），达赖喇嘛辞归。是年四月，顺治帝命礼部尚书觉罗朗球、理藩院侍郎席达礼赍金册、金印。嗣后凡遇重要公文使用此印。

第五世达赖喇嘛力推格鲁派在整个藏区迅速发展，在前后藏（dbus gtsang，今西藏自治区境内）相继兴建 13 座寺院，其中 10 座为格鲁派寺院：耶日香·噶丹曲科寺（gays ru shangs dgav ldan chos vkhor，1645 年建）、噶丹曲科央孜寺（dgav ldan chos vkhor yang rtse，1648 年建）、噶丹松热林寺（dgav ldan gsung rab gling，1648 年建）、噶丹沃蒙林寺（dgav ldan vog min gling，1649 年建）、噶丹敦尼林寺（dgav ldan don gnyis gling，1649 年建）、噶丹协珠林寺（dgav ldan bshad sgrub gling，1654 年建）、噶丹特桑达杰林寺（dgav ldan thos bsam dar rgyas gling，1651 年建）、噶丹曲科林寺（dgav ldan chos vkhor gling，1669 年建）、噶丹桑额央孜寺（dgav ldan gsang sngags yang rtse，1647 年建）、噶丹培杰林寺（dgav ldan vphel rgyas gling，1651 年建）。① 前 8 座属传习五部大论、注重修学经律的显宗寺院，后 2 座归传承密宗四续、注重修持密法的密宗寺院。

第五世达赖佛喇嘛晚年专注于著书立说；门下有众多社会贤达弟子，以第司·桑结嘉措、第一世嘉木样活佛、第二世章嘉活佛和第一世哲布尊

---

① 第司·桑结嘉措：《格鲁派教法史——黄琉璃》（藏文），北京，中国藏学出版社，1989 年版，第 396—400 页。

丹巴呼图克图等为代表。自第五世达赖喇嘛后，历辈达赖喇嘛只是名义上担任哲蚌寺法台，不再实际住持寺院事务。

总之，哲蚌寺因受历辈达赖喇嘛的特别关照而持续发展，寺僧定额七千七，实际逾万人，位居拉萨三大寺之首，享有格鲁派第一大僧院之桂冠。格鲁派学富五车之高僧大德多出自哲蚌寺郭芒扎仓和罗赛林扎仓。所以，哲蚌寺系教法仪轨广传于多康地区，并产生了一脉相承之诸多著名寺院，以塔尔寺（sku vbum）、郭隆寺（dgon lung）、却藏寺（chu bzang）、赛柯寺（gser khog）、拉卜楞寺（bla brang bkra shes vkhyil）和拉莫德钦寺（la mo bde chen）等为代表。

一　塔尔寺传承

塔尔寺（sku vbum dgon，位于今青海省湟中县城），初建于明朝，兴盛于清朝。最初信众在宗喀巴降生地建造佛塔，以示纪念格鲁派创始人。后于藏历第九绕迥铁猴年，即明嘉靖三十九年（1560），当地高僧仁钦宗哲坚赞（rin chen brtson vgrus rgyan mtshan）建造一座静修禅房。明万历五年（1577），又增建一座弥勒殿，初具寺院规模。

藏历第十绕迥水鼠年，即万历四十年（1612），维赛嘉措（vod zer rgya mtsho）高僧遵循第四世达赖喇嘛旨意，创建显宗学院（mtshan nyid graw tshang），自任法台（住持），始按哲蚌寺教规，讲授显宗五部大论，并确定寺院称谓，即"格奔强巴林"（sku vbum byams pa gling），意为"十万弥勒佛洲"。后衍生汉语"塔尔寺"之名。

藏历第十一绕迥土牛年，即清顺治六年（1649），西纳·勒巴嘉措（zi na legs pa rgya mtsho）建立密宗学院（sngags pa graw tshang），其"所有仪轨、实践、讲闻等都与拉萨下密院的规定相同"。[①] 表明塔尔寺创建的密宗学院既是格鲁派正宗的密宗传承体系，也是一所正规、权威的密宗学院。

藏历第十二绕迥铁兔年，即清康熙五十年（1711），却藏·洛桑丹贝坚赞（chu bzang blo bzang bstan pavi rgyan mtshan）建立医药学院（sman pa graw tshang）；康熙五十七年（1718），时任法台的嘉堪布·洛桑顿智

[①] 智贡巴·官却丹巴热杰著，吴均等译：《安多政教史》（汉文版），兰州，甘肃民族出版社，1989年版，第154页。

（rgya mkhan po blo bzang don grub）遵照第七世达赖喇嘛意愿，建立"法舞"（vcham pa）学院；乾隆二十二年（1757），却藏·阿旺土丹旺秋（chu bzang ngag dbang thub bstan dbang phyug）扩建医药学院；嘉庆二十二年（1817），却西·洛桑丹贝尼玛（che shos blo bzang bstan pavi nyi ma, 1787—1859）建立时轮学院（dus vkhor graw tshang）。至此，塔尔寺已形成显密兼容并涉及大小五明学的大型寺院。

藏历第十三绕迥火猴年，即清乾隆四十一年（1776），格奔（今青海湟中县）西纳川拉科庄首领桑杰隆珠（sangs rgyas hlun grub）出资，由第三世土观·洛桑却吉尼玛（tuvu bkwan blo bzang chos kyi nyi ma, 1737—1802）和第三世阿嘉·洛桑绛央嘉措（Aa kyaw blo bzang vjam dbyangs rgya mtsho）共同主持，并依据圣童垒塔的传说，建造了一字排列之"善逝如意八宝塔"（bde gshigs mchod rten rnam brgyad）。这八座组合排塔成为塔尔寺的标志性建筑。

乾隆末期，塔尔寺进入鼎盛时期，寺僧达3600人，拥有显宗、密宗、时轮、医药和法舞五大学院。其中显宗学院学僧达1000人，采用哲蚌寺郭芒扎仓和色拉寺杰尊·却吉坚赞（rje btsun chos kyi rgyal mtshan, 1469—1544）的教程，主要攻读显宗五部大论；密宗学院学僧约有300人，主要遵循拉萨密宗下院教规，修持"密集生圆次第"（gsang vdus kyi bskyed rdzogs）等密宗四续。塔尔寺大众寺僧习惯赴拉萨哲蚌寺郭芒扎仓进修深造。

此外，塔尔寺的酥油花、堆绣（刺绣）和绘画（壁画），因工艺精巧，被誉为该寺"艺术三绝"，名扬海内外。对此，有学者作过专门解说：

> 塔尔寺展出酥油花，也是在正月十五晚上，形式与拉萨大昭寺墙外展出的酥油花灯类似，因此可以说塔尔寺酥油花是仿照拉萨举行正月祈愿法会从拉萨传来的。不过塔尔寺的酥油花经寺院艺僧年复一年的苦心钻研和刻意追求，又吸收了汉地面塑、泥塑工艺的若干技巧，因此在题材和工艺上有了很大发展，其工艺水平在藏区各寺院中居于最突出的地位。拉萨的酥油花是用酥油塑成花朵、珍宝图案等，排列在花牌上，拉卜楞寺的酥油花有塑造人物佛像的，但多是单个人物。塔尔寺的酥油花则发展到用酥油塑造大型组合式连环故事，每年一

台，题材不同。

"堆绣"是塔尔寺特有的一种拼绣工艺，用各色绸缎按设计的画面剪成所需要的形状，内垫羊毛、棉花等物使其鼓起，铺在布幔上，拼成各种佛像、花卉、鸟兽等，然后精心绣成。堆绣的题材大多是佛经故事和佛、菩萨像。其形式同于唐卡，但有强烈的立体感，生动传神，色泽鲜艳，别具风格。塔尔寺大经堂有一幅绣在三十多米长的布幔上的"十六尊者像"，可说是堆绣艺术的珍品。

塔尔寺的壁画数量众多，各个殿堂、活佛的噶尔哇、僧舍的墙壁上都绘有壁画。塔尔寺的壁画有的直接绘于墙壁上，有的绘于木板上，有的绘于巨大的布幔上，再悬挂到墙壁上，许多壁画还用绸布遮护，以保持其色泽长期不变。塔尔寺壁画中有藏族绘画的多种流派的作品，有西藏画师绘制的，有湟中一带民间画师绘制的，后期的画师以青海黄南五屯民间艺人为主。塔尔寺壁画的绘制对五屯绘画艺术的形成和发展起过重要的作用。[①]

塔尔寺内建立了近 80 名世系活佛府邸，以阿嘉活佛（Aa kyaw）、赛赤活佛（gser khri）、拉科活佛（bla kho）、却藏活佛（chu bzang）、赛多活佛（gser tog）、香萨活佛（shing bzav）、西纳活佛（zi na）、却西活佛（che shos）为代表，曾被清朝政府册封或授予呼图克图或诺们罕职衔。其中阿嘉活佛、赛赤活佛、拉科活佛为驻京呼图克图，担任京城雍和宫和山西五台山的掌印喇嘛。历辈阿嘉活佛为塔尔寺首席住持，有学者作过一一介绍：

一世阿嘉喜饶桑布（1633—1707），湟中县西纳川（今李家山乡柳树庄）人，出生在阿氏家族，故称阿嘉（家）活佛，先任塔尔寺居巴扎仓堪布，1686—1690 年任塔尔寺第十六任法台，负责扩建大拉让及大经堂。

二世阿嘉洛桑丹贝坚赞（1708—1767），大通县清平乡阿家村人，曾任塔尔寺居巴扎仓堪布，1746 年奉乾隆之命进京，驻锡雍和

[①] 引自陈庆英："青海塔尔寺调查"一文，载《藏学研究论丛》第六辑，拉萨，西藏人民出版社，1994 年版。

官。当年二月乾隆和章嘉·若必多吉在雍和宫按拉萨正月祈愿法会的例规举行祈愿法会，从内蒙古各旗征集僧人，从西藏等地召集讲经师，二世阿嘉大约即是奉旨进京担任雍和宫的讲经师。

三世阿嘉洛桑嘉央嘉措（1768—1816），郭密族贺尔加庄（贵德县贺尔加村）人，年轻时去拉萨色拉寺学经，八世达赖喇嘛授予他"额尔德尼班智达"称号。1785年进京朝见乾隆帝，被任为雍和宫掌印扎萨克喇嘛和多伦诺尔掌印喇嘛。1807年回塔尔寺任法台，不久奉命去外蒙古任四世哲布尊丹巴的经师。1811年加封"诺们罕"，1814年返回塔尔寺，1816年圆寂。

四世阿嘉意希克珠嘉措（1817—1869），贵德贺尔加村人，年轻时去北京，1853年回塔尔寺。1863年西北回民反清，他在六年中组织湟中一带藏族团练护寺，配合清军守卫西宁等地，1868年回民军与清军在塔尔寺交战，1869年他避居湟源时圆寂。道光十五年（1835）清朝赐给他"护国禅师"银印，他圆寂后西宁办事大臣豫师上奏，请求褒奖他练团保全寺院及地方的战功，清朝御赐匾额一方，追封为"贤能述道禅师"。从他开始，阿嘉活佛的转世灵童在雍和宫金瓶掣签确定。

五世阿嘉洛桑丹贝旺秋索南嘉措（1870—1909），贵德县贺尔加村人，幼年时因塔尔寺阿嘉噶尔哇被战火焚毁，由其徒众迎往多伦诺尔居住，后来到北京雍和宫，受慈禧太后及光绪帝优礼。清末回塔尔寺居住，1907年十三世达赖喇嘛驻锡塔尔寺时，严格整顿寺戒律，颁发新的寺规，而他喜欢饮酒驰马，与十三世达赖喇嘛不和，以致清朝派总兵马福祥来寺调解。

六世阿嘉洛桑隆多晋美丹贝坚赞（1910—1948），贵德县罗汉堂乡斗合隆村人，幼年时在塔尔寺学经，十几岁时到蒙古、北京等地，1926年受封为"述道贤能聪慧觉众普化禅师"，赠银印充任副扎萨克大喇嘛。国民政府时期由蒙藏委员会聘任为北平喇嘛寺庙整理委员会副主任委员，回青海后曾任青海省参议员、立法委员等职，曾任塔尔寺法台。1948年冬圆寂。①

---

① 引自陈庆英："青海塔尔寺调查"一文，载《藏学研究论丛》第六辑，拉萨，西藏人民出版社，1994年版。

阿嘉活佛在藏传佛教界尤其在广大信众中被普遍认为是宗喀巴大师父亲的转世活佛世系。同时，历辈阿嘉活佛受到清朝政府的重任，赐予各种封号和银印，并成为驻京呼图克图、札萨克大喇嘛，还受到达赖喇嘛的册封。因此，阿嘉活佛无论其宗教地位、社会声望，还是作为格鲁派创始人宗喀巴大师父亲的转世活佛，均在塔尔寺众多活佛世系中具有举足轻重的威望，他自然成为塔尔寺的首席住持活佛。

总之，在历史上，塔尔寺得到明清两朝的重视和扶持，加之第三世、第四世、第五世、第七世、第十三世达赖喇嘛和第六世、第九世班禅额尔德尼等高僧活佛光临塔尔寺朝礼、驻锡并传法，使其声誉、地位、影响以及规模等逐渐扩大，最终成为清代格鲁派六大寺院之一，在蒙藏地区具有深远的宗教影响。

二　郭隆寺传承

郭隆寺（dgon lung dgon，位于今青海省互助县五十乡境内），全称"郭隆强巴林寺"（dgon lung byams pa gling），后来由清朝皇帝以汉语赐名"佑宁寺"；所以，迄今通用"郭隆寺"和"佑宁寺"两个名称，如说藏语的藏族人称呼"郭隆寺"，而操持汉语的民众则称"佑宁寺"。该寺是安多地区最早传习哲蚌寺教法仪轨的根本道场，故有"湟北诸寺之母"之称。

藏历第十绕迥木龙年，即明万历三十二年（1604），第四世达赖喇嘛·云丹嘉措派遣嘉赛·顿悦却吉嘉措（rgyal sras don yod chos kyi rgya mtsho，生卒年不详）往安多地区兴建格鲁派寺宇，遂创建郭隆强巴林寺（dgon lung byams pa gling），开创安多地区讲听显宗之教规。[①] 翌年，在郭隆寺"举行神变大祈愿法会，由嘉赛活佛亲自主持，一切仪轨都符合曲科杰寺（chos vkhor rgyal）的要求"。[②] 而曲科杰寺则是第二世达赖喇嘛亲自在西藏林芝地区加查县境内创建的以密宗仪轨或法事活动为主的一座寺

[①] 土观·洛桑却吉尼玛著：《土观宗派源流》（藏文版），兰州，甘肃民族出版社，1984年版，第332页。

[②] 智贡巴·官却丹巴热杰著，吴均等译：《安多政教史》（汉文版），兰州，甘肃民族出版社，1989年版，第61页。

院,并与附近的拉姆拉措圣湖相得益彰,具有崇高而殊胜的宗教地位。

郭隆寺竣工后,嘉赛·顿悦却吉嘉措任第一届法台(住持),他以讲授佛学五部大论为学僧主课程,并在安多地区大力推演和弘扬格鲁派健全成熟的教法仪轨。《佑宁寺志》记载:

> 嘉赛·顿悦却吉嘉措在佛事活动方面,他曾任达布扎仓的堪布,向众僧宣讲佛法。后来来安多修建了以郭隆寺为首的十三座寺院,开辟修行地十三处,皆遵循律戒,讲学法相五部大论,学风经久不衰,直至今日。他从多麦返回西藏,在一次法会上,第四世班禅额尔德尼·洛桑确吉坚赞双手合十,频频点头,赞誉他"在安多地区建立讲修道场,多有弘法利民的无量功德"。①

当时,第四世班禅·洛桑确吉坚赞(1567—1662)既是藏传佛教界学富五车的佛学大师,也是格鲁派中名副其实的资深教主。因此,受到第四世班禅·洛桑确吉坚赞的高度赞扬,说明嘉赛·顿悦却吉嘉措在安多地区建造寺院、传授佛法等弘法事业上业已取得辉煌成就。

此外,第一世松巴活佛·丹却嘉措(dam chos rgya mtsho, ?—1651)在创建郭隆寺的过程中,一直留在嘉赛·顿悦却吉嘉措身边,做了大量协助性工作,成为郭隆寺创建者之一。而且,第一世松巴活佛·丹却嘉措还继任第二届法台(住持),为弘扬格鲁派的法脉传承以及推动郭隆寺的发展均做出了重要贡献。

藏历第十二绕迥铁虎年,即清康熙四十九年(1710),第二世章嘉活佛·阿旺洛桑却丹(lcang skya ngag dbang blo bzang chos ldan, 1642—1714)邀请拉卜楞寺第一世嘉木样活佛·阿旺尊智(vjam dbyang ngag dbang brtson vgrus, 1648—1721),在郭隆寺建立密宗学院(sngags pa grwa tshang),并依照拉萨密宗下院的教规,制定法事仪轨,郭隆寺遂形成为格鲁派显密兼容之大型寺院。

康熙年间,郭隆寺的住寺僧众竟达7700多人,其规模一度超过塔尔寺,拥有显宗(mtshan nyid graw tshang)、密宗(rgyud pa graw tshang)、

---

① 青海少数民族古籍丛书:《佑宁寺志》(三种),西宁,青海人民出版社,1990年版,第137—138页。

时轮（dus vkhor graw tshang）和医药（sman pa graw tshang）四大学院，以及章嘉活佛（lcang sky）、土观活佛（thuvu bkwan）、松巴活佛（sum pa）、却藏活佛（chu bzang）、嘉赛活佛（rgyal sras，又称王佛）即"五大囊钦"（nang chen）和"九小囊钦"等20余座世系活佛府邸，属寺达49座，遍布青海互助、大通、乐都和甘肃天祝、肃南、张掖等广大地域，甚至在新疆、东北地区亦有数座子寺。

藏历第十二绕迥木龙年，即清雍正二年（1724），年羹尧在平息青海罗卜藏丹津之乱中焚毁郭隆寺、赛柯寺等多座格鲁派寺院；同时，杀害郭隆寺僧众6000余人，使郭隆寺遭遇有史以来最大一次毁灭性灾难。之后，第七世达赖喇嘛、第三世章嘉国师和第三世土观活佛等联名上书雍正皇帝，请求修复在战乱中被毁寺院，清廷遂拨款渐次修复了被毁寺院群。譬如，雍正十年（1732），雍正帝敕令重建郭隆寺，赐额"佑宁寺"。同治五年（1866），郭隆寺再次毁于兵燹，寺僧锐减；后由第六世土观活佛·洛桑旺秋嘉措（thuvu bkwan blo bzang dbang phyug rgya mtsho，1839—1894）奉命重建，寺僧虽逐步增至1000余人，但寺院已元气大伤，无法与昔日的盛况相比。

郭隆寺自创建以来，始终遵循和传习哲蚌寺郭芒扎仓的显宗教程，寺院制度严格，学经风气极盛。尤其高僧活佛辈出，以第二世、第三世章嘉活佛、第二世、第三世土观活佛和第三世松巴活佛等为代表。首先，历辈章嘉活佛身为国师、驻京呼图克图，主要掌管京城、多伦诺尔等地的藏传佛教事务，他与达赖喇嘛、班禅额尔德尼和哲布尊丹巴呼图克图，并称"黄教四圣"或"清代四大活佛"；其次，土观活佛和松巴活佛等世系活佛，亦是驻京呼图克图，属于清代知名大活佛。他们对提升郭隆寺的宗教地位、加深寺院在信众心目中的威信，以及扩大寺院在藏传佛教界的知名度，皆起到了巨大作用。

三 却藏寺传承

却藏寺是安多北方格鲁派四大寺（byang gi dgon chen bzhi）之一。据《安多政教史》记载：藏历第十一绕迥土牛年，即清顺治六年（1649），哲蚌寺高僧却藏·南杰班觉（chu bzang rnam rgyal dpal vbyor，1578—1651）在安多奔隆扎喜塘（vbum lung bkra shes thang，今青海互助县境内）创建一座格鲁派新寺，命名"噶丹美居林寺"（dgav ldan mi vgyur gling），后来简称"却藏寺"（chu bzang dgon）。① 却藏寺学僧主要传习哲蚌寺郭芒扎仓教程，遂建立哲蚌寺系却藏寺传承。

根据《安多政教史》记载：

> 却藏·南杰班觉于藏历第十绕迥土虎年（1578）出生在西藏堆垄嘎来康萨（stod lung dkar leb khang sar）地方，父名索南贡保（bsod nams mgon po），母亲叫玛麻寨桑（ma ma bre seng）。却藏·南杰班觉小时候自作主张，瞒着家人偷偷跑到寺院，剃度出家，先在热瓦堆扎仓（raw ba stod graw tshang）拜达隆智巴·洛哲嘉措（stag lung brag pa blo gros rgya mtsho）为师，学习《摄类学》、《因明学》等佛学基础知识；后进哲蚌寺郭芒扎仓拜伊康·格勒隆智（gzhu khang dge lega lhun grub）为师，系统学习《中观》、《般若》、《律论》、《俱舍论》等，考取林色（gling bsre）学衔，并游学色拉寺、甘丹寺、扎什伦布寺、白居寺（dpal vkhor chos sde）、昂仁寺（ngam ring）等寺的显宗学院。②

却藏·南杰班觉创建却藏寺不久圆寂，其嗣法弟子寻访其转世灵童，首创"却藏"活佛世系。《安多政教史》记载：

> 南杰班觉的转世呼毕勒罕罗桑丹贝坚赞（blo bzang bstan pavi rgyal mtshan），于水龙年（壬辰）诞生，在赞布·端珠嘉措（btsan po don grub rgya mtsho）处出了家。曾在西藏求学，到泽塘（rtse thang）巡回辩经，于第五世达赖喇嘛处受近圆戒。任过塔尔寺密宗学院的法台。铁猴年（庚申）任郭隆寺堪布。从火鼠年（1696年，清康熙三十五年，丙子）四十五岁时起，任塔尔寺堪布十七年，曾呈报皇上，于土虎年（1698年，清康熙三十七年，戊寅），赐给塔尔寺"金轮金陀寺"，藏语意为"入菩提圣道之门"的匾额。建立了春季学期和坐夏学期中立宗辩经、祈愿法会中磋朗辩经等制度，整顿寺院的清规并

---

① 智贡巴·官却丹巴热杰：《安多政教史》（mdo smad chos vbyung）藏文版，兰州，甘肃民族出版社，1982年版，第86页。

② 同上书，第85页。

规定寺纪。铁蛇年（辛巳），制作了锦缎的狮子吼佛像。在青海赤巴（法台）叔叔达什巴图尔（bkra shes ba thur）王、济农（ju nang）官人、索南扎喜（bsod nams bkra shes）官人等施主们的赞助下，于土鼠年（戊子），修建了大金瓦寺（gser gdung chen movi lha khang），铁虎年（1710年，清康熙四十九年，庚寅），由济农官人修建了极为庄严的金瓦屋顶。第十二胜生火猴年（1716年，清康熙五十五年，丙申），第七世达赖喇嘛驻锡塔尔寺，给达赖喇嘛传授修习大威德大灌顶等密宗四部的灌顶、开许、经教、教授等许多教诫。水虎年（壬寅）为达什巴图尔王给大灵塔和他自己扩建的各项建筑开光，助顺缘白银两万两。[①]

第二世却藏·罗桑丹贝坚赞（chu bzang blo bzang bstan pavi rgyal mtshan，1652—1723），不仅在西藏佛教腹心地区求学深造并在宗教权威第五世达赖喇嘛（ngag dbang rgya mtsho，1617—1682）座前受近圆戒（比丘戒），从而成就为一代高僧活佛，而且，他返回安多故里后，前后担任塔尔寺、郭隆寺（佑宁寺）等格鲁派著名寺院住持，尤其在塔尔寺建立了立宗答辩和清规戒律等寺院仪轨及学经制度；同时，却藏·罗桑丹贝坚赞主持修建了塔尔寺标志性建筑大金瓦佛殿，还担任了第七世达赖喇嘛·格桑嘉措（skal bzang rgya mtsho，1708—1757）童年留住塔尔寺期间的经师，因而昂噶尔（Aang dkar）曾赞誉道：却藏·罗桑丹贝坚赞"是真正的薄伽梵、大威德和大雄，是第七世达赖喇嘛的顶庄严"！[②] 却藏·罗桑丹贝坚赞虽然其主要身份为第二世却藏活佛，即却藏寺寺主，但是他以弘扬整个格鲁派教法为己任，并高瞻远瞩地推动了格鲁派在安多地区进一步稳健发展。然而，却藏寺包括却藏·罗桑丹贝坚赞本人，在清雍正年间不幸遭遇巨大灾难。据《安多政教史》记载：

水兔年（癸卯）事变期间，嘉多（rgya rdog）寺院的喇嘛赛科巴（gser khog pa）浪达勒却杰（gling ta le chos rje）做军事首领，率

[①] 智贡巴·官却丹巴热杰：《安多政教史》（mdo smad chos vbyung）藏文版，兰州，甘肃民族出版社，1982年版，第86页。

[②] 同上。

领嘉多的部分藏军攻打汉族的城池，赞布赛钦然绎巴（btsan po se chen rab vbyams pa）带领他一派的许多僧徒，前去掠劫三眼井（san yan cing）等处的物资，被清军生俘。由于这人胡说八道，清军捣毁了广惠寺和却藏寺，百余名无辜的僧人被杀，大经堂和佛殿等被烧毁，夏科（zhaw khog）地区的三座声院、浩门河的嘉多寺、仙米（sems nyid）寺，霍若（ho rod）的扎底寺院等也遭受了很大的损失。"横行无羁，众受祸殃"。无论政教都受了这句谚语指出的遭遇。却藏仁波且（chu bzang rin po che）虽毫无罪过，但因彼师是广惠寺现任上师，遂受株连，以他为首的十七名老僧，被欺骗至衙门庄山上遭受火焚的惨祸。①

清雍正元年（1724），却藏寺因牵连罗卜藏丹津事件而被清军烧毁，第二世却藏·罗桑丹贝坚赞被极其惨烈地杀死。至雍正十年（1733），清朝敕令重建却藏寺，并赐名"广济寺"；乾隆三十年（1765），清廷又赐"广教寺"匾额，而且，在寺内许建一座九龙壁；之后，清廷再次赐予"祥轮永护"匾额一面。

第二世却藏·罗桑丹贝坚赞遇难后，其嗣法弟子很快就找寻到他的转世灵童。据《安多政教史》记载：

他的转世化身阿旺土丹旺秋（ngag dbang thub bstan dbang phyug），于木蛇年（1725年，清雍正三年，乙巳）诞生，与章嘉·若贝多杰（lcang skya rol pavi rdo rje）是昆季。五六岁时，即由丹增嘉措（bstan vdzin rgya mtsho）比丘教授诵经，在佑宁寺僧人松巴·彭措南杰（sum pa phun tshogs rnam rgyal）处受居士戒，命名为阿旺丹增华桑（ngag dbang bstan vdzin dpal bzang）。七岁时，在前世土观活佛·却吉嘉措写信严厉催促下才得以坐床。②

---

① 智贡巴·官却丹巴热杰著，吴均等译：《安多政教史》，兰州，甘肃民族出版社，1982年版，第89页。

② 智贡巴·官却丹巴热杰：《安多政教史》（mdo smad chos vbyung）藏文版，兰州，甘肃民族出版社，1982年版，第86页。

第二世却藏活佛的转世灵童在却藏寺坐床，正式成为第三世却藏活佛后，到赛柯寺（广惠寺），由敏珠尔·洛桑丹增嘉措任堪布，夏鲁瓦（zhaw lu ba）任规范师，授予沙弥戒，取名"阿旺土丹旺秋"。

第三世却藏·阿旺土丹旺秋（ngag dbang thub bstan dbang phyug，1725—1796）11岁始，在赛柯寺和郭隆寺经院，拜师系统学习显宗经论；18岁前往佛教圣地拉萨，拜见第七世达赖喇嘛·格桑嘉措（1708—1757），随后进哲蚌寺郭芒扎仓修学，努力求法，通达显密佛法。据《安多政教史》记载：藏历第十二绕迥木牛年（1745），却藏·阿旺土丹旺秋正好21岁，在布达拉宫日光寝宫，由第七世达赖喇嘛·格桑嘉措任堪布，阿里活佛（mngav ris sprul sku）任羯磨师（las slob），罗林喇嘛（blo gling bla ma）任屏教师（gsang ston），授予近圆戒（比丘戒），正式成为一名符合佛教戒律的比丘僧。①

藏历第十二绕迥土龙年，即清乾隆十三年（1748），却藏寺、赛柯寺和郭隆寺等又派遣使者前来迎接第三世却藏·阿旺土丹旺秋，请求他返回故乡弘法，第七世达赖喇嘛在布达拉宫设宴饯行，并授予他"显扬佛教额齐图额尔德尼诺们罕"（Aa chi thu Aearti ni no mon han）名号。② 返回安多故乡后，第三世却藏·阿旺土丹旺秋前后担任塔尔寺、郭隆寺等法台（住持），无论讲经传法还是建设寺院，均作出了重要贡献。

第四世却藏·洛桑土丹热杰（blo bzang thub bstan rab rgyas，1797—1858），遵循前辈求学惯例，曾赴西藏拜师修学深造；后又去拉卜楞寺参访，与第三世嘉木样·洛桑土丹晋美嘉措（blo bzang thub bstan vjigs med rgya mtsho，1792—1855）关系密切。

藏历第十四绕迥火虎年，即同治五年（1866），却藏寺再次毁于兵燹，直至光绪十三年（1887），方由第五世却藏活佛·洛桑土丹夏珠尼玛（chu bzang blo bzang thub bstan zhabs sgrub nyi ma，1859—1913）筹资修建复原，并建立显宗（mtshan nyid grwa tshang）和时轮（dua vkhor grwa tshang）两个学院，使中断多年的教法传承得以恢复。有学者认为，这一时期有"僧侣300余人，建有大小经堂、千佛殿、拉木桑佛堂、贤康（弥

---

① 智贡巴·官却丹巴热杰：《安多政教史》（mdo smad chos vbyung）藏文版，兰州，甘肃民族出版社，1982年版，第89页。

② 同上书，第91页。

勒殿）以及却藏、章嘉、赛赤、归化、丹斗、阿群、麻干、莲花、夏日、拉科十位活佛的府邸和都兰王的王府，共94个院落，设有显宗、密宗、时轮经院，采用西藏哲蚌寺教程，影响远及今海北州门源县的皇城、苏吉滩和刚察县，海西州的都兰、乌兰县以及新疆等地"①。总之，却藏寺与却藏活佛是紧密相连的，因而却藏活佛世系成为法定却藏寺寺主和首席住持。

四　赛柯寺传承

清顺治初年，第五世达赖喇嘛命哲蚌寺高僧赞普·顿珠嘉措（btsan po don grub rgya mtsho，1613—1665）前往安多地区传扬格鲁派教法仪轨，"做有利于众生的事业"。②赞普·顿珠嘉措抵达安多地区后，先后担任仙米寺（sems nyid dgon）、塔尔寺、郭隆寺等著名寺院法台（住持），规范寺僧戒律和学经教育制度。

顺治七年（1650），赞普·顿珠嘉措辞去郭隆寺法台，在赛钦洪台吉（se chen hung thvi ji）和额尔德尼戴青（Aerti ni tvi ching）的资助下，选择赛柯地方（gser khog，今青海大通县境内）建造一座新寺，命名"噶丹旦曲林寺"（dgav ldan dam chos gling）。该寺在其历史上曾产生并使用过多种称谓，诸如"赛柯寺"（gsar khog dgon）、"赞普寺"（btsan po dgon）、"郭芒寺"（sgo mang dgon）和"广惠寺"等。

赛柯寺竣工后，赞普·顿珠嘉措自任寺院法台（住持），他专门传授哲蚌寺郭芒扎仓教程；藏历第十一绕迥水蛇年，即清顺治十年（1653），第五世达赖喇嘛进京返藏途中，驻锡赛柯寺并讲经授法，该寺声誉倍增。据《安多政教史》记载：如此主持寺院十六年之后，于藏历第十一绕迥木蛇年，即清康熙四年（1665）圆寂，火化遗体时额骨上出现了大威德身像等。③赞普·顿珠嘉措去世后，由第一世敏珠尔活佛·赤列伦珠（smin grol vphrin las lhun grub，1622—1699）继任法台（住持），并建立显宗学院（mtshan nyid grwa tshang），注重加强寺院教育和寺僧戒律。据

---

① 蒲文成：《青海佛教史》，西宁，青海人民出版社，2001年版，第205页。
② 智贡巴·官却丹巴热杰：《安多政教史》（mdo smad chos vbyung）藏文版，兰州，甘肃民族出版社，1982年版，第96页。
③ 智贡巴·官却丹巴热杰：《安多政教史》（mdo smad chos vbyung）藏文版，兰州，甘肃民族出版社，1982年版，第97页。

《安多政教史》记载：

> 藏历木蛇年（1665），敏珠尔·赤列伦珠四十四岁，由墨尔根洪台吉（me rgan hung the ju）呈请，噶丹颇章政权授予他"敏珠尔诺们罕"（smin grol no mon han），遂返回赞普寺（赛柯寺）。而此时的赛柯寺，除了大经堂外，密咒院（sngags khang）只有围墙，走廊，数座僧舍，僧人仅有牧区卓增（vbrog btsun）等三四十人。于是敏珠尔·赤列伦珠修建了法相学院，重新招收僧众；编写《摄类学善说宝库》（bsdus graw rig gnas legs bshad bang mdzod）；讲授《般若》（phar phyin）；因而出现了许多明慧辩才学僧，寺僧发展至七八百人，寺院规模扩至大面积。[①]

由于赤列伦珠高僧得到西藏地方噶丹颇章政权的册封，享有"敏珠尔诺们罕"名号，而且他继任赞普·顿珠嘉措的弘法事业，对赛柯寺的建设和发展作出巨大成就。后辈敏珠尔诺们罕开始转世，追认赤列伦珠为第一世敏珠尔活佛，遂建立了敏珠尔活佛世系，他们自然成为赛柯寺的法定寺主或首席住持。

藏历第十二绕迥木龙年，即清雍正元年（1724），赛柯寺因牵连罗卜藏丹津事件被毁；雍正四年（1726），第二世敏珠尔·洛桑丹增嘉措（smin grol blo bzang bstan vdzin rgya mtsho，1700—1736）应诏进京，被雍正帝封为驻京呼图克图，驻锡京城西黄寺，其宗教地位，仅次于章嘉国师。在京期间，敏珠尔活佛向皇帝呈递了安多僧众可在本地区自由从事宗教活动的请求，并得到批准。藏历第十二绕迥火羊年，即清雍正四年（1727），第二世敏珠尔活佛自京城返回安多，其目的则是修复赛柯寺。据《安多政教史》记载：

> 途经鄂尔多斯、西宁等地，到达了彭措沟静修处。看到僧众用具不齐，他们身穿短褂，腰挂火镰，袈裟系于腰间前来集会。对于此景难以忍受，遂着手制定僧帽等着装必须合于僧规戒律。时夏鲁瓦尊者

[①] 智贡巴·官却丹巴热杰：《安多政教史》（mdo smad chos vbyung）藏文版，兰州，甘肃民族出版社，1982年版，第98页。

(rje zhaw lu pa) 居于波若 (phod rod) 地方, 乃敦请前来, 建立大经堂、密宗学院 (rgyud pa)、密咒学院 (sngags pa)、医学院 (gso rig) 等四个学院, 分别委任格贵 (dge bskos) 等僧职, 制定了寺院规章和诵经制度, 并严格贯彻执行, 开创了讲学新风气, 使寺院逐步兴盛起来。由于建立显密的立宗, 僧众高兴地说:"看到今天这样多的比丘集会, 讲授教程, 讲经说教, 真是升起了幸福的太阳。此时就是佛陀亲临, 也不过如此, 愿勿与这位活佛分离。"①

雍正元年（1724）, 年羹尧军队摧毁赛柯寺后, 寺院衰败不堪, 僧众一蹶不振。第二世敏珠尔·洛桑丹增嘉措, 从京城返回安多后, 积极修复赛柯寺。为此, 第二世敏珠尔活佛再次赴西藏广结法缘, 筹措寺院佛教供品。据《安多政教史》记载:

> 土鸡年（1729）, 新修复寺院落成, 经前后几次恳切地迎接后, 于铁猪年（1731）, 与珍贵的圣像、佛经和供器等一同返回。人们对于能迎请到如此珍贵的释尊造像, 感到惊奇。就在这一年, 雍正皇帝赐来修复寺院的经费、碑文及广惠寺 (kwan ho zi) 匾额等。从此以后, 直到木虎年（1734）, 寺院的讲学事宜都由尊者自己主持, 不论如何忙碌, 或者是天阴下雨, 从未中断过教学工作, 让各个班级轮流地向他立宗、问难、提出疑问; 对新出家的青年们教育更严, 及时表扬、指责, 还经常派人辅导、检查, 讲闻风气极为兴盛, 彼师也很谦虚地亲临辅导。②

雍正七年（1729）, 清廷向第二世敏珠尔活佛赐予大量金银, 命他重建赛柯寺; 同时, 雍正帝赐寺额"广惠寺"。可以看出, 第二世敏珠尔活佛为重现赛柯寺的昔日辉煌, 呕心沥血, 倾注了大量精力, 仅为建立和完善寺院教规和学经制度, 就付出了巨大的人力和物力。《安多政教史》记载:

---

① 智贡巴·官却丹巴热杰:《安多政教史》(mdo smad chos vbyung) 藏文版, 兰州, 甘肃民族出版社, 1982年版, 第102—103页。
② 同上书, 第103页。

从西藏带来秘书、画师、雕刻匠、泥塑匠、铁匠、浮雕匠、尼泊尔的金匠等他们都具备各种技艺，四年之内向各个扎仓配备了所需之物。委任美日然绎巴罗哲热觉（blo gros rab vbyor）为跳神舞指挥（vcham dpon），教授新旧跳神法和朱固江孜巴（rgyang rtse pa）阿阇黎实践的黑帽舞；由嘉美朵塘（rgyal me tog thang）人罗哲热洋（blo gros rab yangs）教授嘉（rgyal）之法螺吹奏法；并于赛柯寺、亚日寺（gayag ri）和朱固寺（vbru gu）各造弥勒佛像等广大供品。[①]

至此，赛柯寺基本上修复完毕，而且初具规模。首先，修葺建造原有的各个扎仓（学院），恢复了寺院教育，使每一位学僧按部就班地修学显密教法；其次，建立健全了寺院宗教仪轨，在寺内可以有章可循地举办各类法事活动和按时举行节日庆典。

藏历第十二绕迥木虎年（1734），雍正皇帝敕谕西宁钦差大臣令第二世敏珠尔活佛进京，临走前他在僧众法会上完整地讲授了《菩提道次第》和《密宗道次第》各一次，并向堪布（教长）夏鲁瓦委托了管理寺院权，还给乞求者发放了衣食等施舍后，于三月十七日动身起程，五月四日到达京城黄寺（lha khang chen mo）。初八日朝见了皇帝，恭请圣安。[②] 之后，在各地开展法事活动，弘法利民。然而，此次第二世敏珠尔活佛奉召进京后，再也没能返回故里赛柯寺，于藏历第十二绕迥火龙年（1736）在漠南蒙古多伦诺尔地方圆寂，时年37岁。

根据《安多政教史》记载：

第三世敏珠尔活佛·阿旺赤列嘉措出生在赛柯寺北面大雪山下拉雪捷隆（lha zhol skyer lung）地方，父名旦真杰（rta mgrin skyabs），母名博德（bho nghi），由大善知识洛桑班丹（blo bzang dpal ldan）授予居士戒，在章嘉·若贝多杰座前剃度出家。土兔年（1759），第三世敏珠尔活佛赴西藏求学，由章嘉·若贝多杰授予近圆戒（比丘戒），并得到现证佛（mngon byang）灌顶；在藏期间，第三世敏珠尔

[①] 智贡巴·官却丹巴热杰：《安多政教史》（mdo smad chos vbyung）藏文版，兰州，甘肃民族出版社，1982年版，第103—104页。

[②] 同上书，第104页。

活佛拜班禅·班丹益西（pan chen dpal ldan ye shes）、喇嘛强巴（bla ma byams pa）、热振阿然巴（raw sgreng sngags rams pa）等高僧活佛为师，广泛闻思显密教法知识；同时，在第二世嘉木样活佛座前聆受闻思路径、长寿灌顶和明王随许等广大教诲。[1]

由此可见，第三世敏珠尔活佛·阿旺赤列嘉措（ngag dbang vphrin las rgya mtsho, 1737—1785）同第六世班禅额尔德尼·班丹益西（1738—1780）、第三世章嘉国师·若贝多杰（1717—1786）、第二世嘉木样活佛·贡却晋美旺布（1728—1791）等高僧活佛之间有着深厚的宗教情谊和师徒传承关系。

第四世敏珠尔活佛·绛白却吉丹增赤列（vjam dpal chos kyi bstan vdzin vphrin las, 1789—1838）出生在安多乌兰牧热（Au lan mu ra）地方，父亲为牧民顿珠次丹（don grub tshe brtan），母亲名嘎姆吉（dkar mo skyid），由第三世土观·洛桑却吉尼玛活佛（1737—1802）认定为第三世敏珠尔活佛的转世灵童；在第三世却藏·阿旺土丹旺秋活佛（1725—1796）座前剃度出家；与第三世嘉木样活佛·洛桑土丹晋美嘉措（1792—1855）一起进哲蚌寺郭芒扎仓学习，结下了深厚的友谊；藏历第十四绕迥土鼠年（1828）被邀请到拉卜楞寺讲授《兜率上师瑜伽教导》（dgav ldan lha brgya mavi khrid）；藏历第十四绕迥金虎年（1830），第四世敏珠尔活佛终于撰写完成了《世界广论》（vdzam gling rgyas bshad）一书。这是一部藏传佛教人文地理学名著，在藏族文化史上颇有影响力，后世被翻译为英、法等多种文字。此外，他还撰有藏医药学方面的名著。第四世敏珠尔活佛在京城弘法之际圆寂，享年50岁。

第五世敏珠尔活佛·格桑土丹赤列嘉措（skal bzang thub bstan vphrin las rgya mtsho, 1839—1881）出生在安多仙米（sema nyid）地方；清朝"咸丰三年（1853）入朝晋谒，在京供职三年"，[2]后遵循前辈惯例，赴西藏在哲蚌寺郭芒扎仓学习。于"同治七年（1868）莅京供差。光绪元年（1875）回西宁本寺，光绪五年（1879）赴京供差。光绪七年（1881），

---

[1] 智贡巴·官却丹巴热杰：《安多政教史》（mdo smad chos vbyung）藏文版，兰州，甘肃民族出版社，1982年版，第105页。

[2] 释妙舟：《蒙藏佛教史》，南京，广陵书社，2009年版，第201页。

在多伦诺尔圆寂",① 享年 43 岁。

第六世敏珠尔活佛·格顿赤列达杰（dge vdun vphrin las dar rgyas，1883—1904）出生于安多赛柯（gser khog）地方；清光绪十三年（1887），"经理藩院具奏，在雍和宫掣签后，即请至西宁仓上学经。二十年（1894）十月十六日入都，二十五日瞻仰天颜，敕赐朝车驲马，掌管驻京喇嘛印务。二十一年（1895），恭逢皇太后万寿，钦赐紫疆。二十五年（1899），赴藏学经。旋于光绪二十九年（1903），奉旨赴京供职。三十年，赴多伦诺尔之汇宗寺，在彼圆寂，② 时年 22 岁"。

可以说，以敏珠尔活佛为寺主的赛柯寺，是清代创建并发展起来的格鲁派著名寺院，它与郭隆寺（佑宁寺）、却藏寺和夏琼寺一同享誉安多北方四大寺之桂冠。尤其是赛柯寺（广惠寺）在清代蒙藏地区具有广泛的宗教影响力，有学者作过比较细微的考述：

> （广惠寺）一直是青海湟北地区仅次于佑宁寺的格鲁派大寺，建有赞布、却藏、先灵、玛仓等活佛院，设有上下显宗、密宗、密咒、医明五大经院和总领全寺的大经堂，下辖今门源县境内的朱固寺、班固寺、二塘寺和加多寺，互助县的松番寺（亦称辛隆寺），大通县境内的张家寺、曲隆寺，甘肃天祝县境内的大宛寺、达隆寺等，共 9 座属寺，其香火庄有兴马（夏吾奈）、向化（阿藏）、新顺（加多）、归化（班固）、那童（那楞）5 个族分（部落），总称为广惠寺的"九寺五族"，其领地包括今大通、门源、祁连、互助四县的东峡、朔北、向化、宝库、桦林、南门峡、克图、仙米、朱固等地域，东西长约 200 里，南北宽约 30 里，另在新疆塔城地区也有其属寺和蒙古族信徒。③

赛柯寺在僧众学经和寺院教育上有自己的文化特色和具体的法脉传承。譬如，赛柯寺学僧主要遵循哲蚌寺郭芒扎仓教程，修学显宗五部大论；同时，又不拘泥于五部大论之佛学范围，提倡学僧广泛研习十明学，

---

① 释妙舟：《蒙藏佛教史》，南京，广陵书社，2009 年版，第 201 页。
② 同上书，第 202 页。
③ 蒲文成：《青海佛教史》，西宁，青海人民出版社，2001 年版，第 217 页。

并在人文科学领域多有学术造诣。所以，赛柯寺在文化领域尤其在弘传和研究藏医药学方面取得了突出成绩，并成为该寺的专业特长。

五 拉卜楞寺传承

藏历第十二绕迥火猪年，即清康熙四十六年（1707），哲蚌寺郭芒扎仓高僧嘉木样·阿旺尊智（vjam dbyang ngag dbang brtson vgrus, 1648—1721）应青海河南蒙古亲王察罕丹津再三敦请，率领阿旺扎西（ngag dbang bkra shes）、洛桑东珠（blo bzang don grub）等18名高徒返回故里。翌年，在桑曲河流域（今甘肃省甘南藏族自治州夏河县城）始建拉卜楞寺（bla brang bkra shes vkhyil）；至康熙五十五年（1716），相继建成大经堂（vdu khang chen mo）、显宗学院（mtshan nyid grwa tshang）和下密续学院（rgyud smad graw tshang），初具显密兼容之寺院规格，僧众系统研习显宗五部大论和修证密宗四续，始传承哲蚌寺郭芒扎仓和拉萨密宗下院教法仪轨。

嘉木样·阿旺尊智门下弟子众多，他圆寂后，嗣法弟子们寻访转世灵童，创立了嘉木样活佛世系，并追认嘉木样·阿旺尊智为第一世嘉木样活佛。嘉木样·阿旺尊智著作颇丰，以《宗义广论》（grub mthav rnam bshad）及《释量论辨析》（tshad ma rnam vgrel gyi mthav dpyod）、《现庄严论辨析》（bstan bcos mngon par rtogs pavi rgyan gyi mthav dpyod）、《入中论辨析》（dbu ma vjug pavi mthav dpyod）、《俱舍论注释》（chos mngon pa mdzod kyi dgongs vgrel）、《律经释难除误》（vdul bavi dkav gnas rnam par dpyad pa vkhrul spong blo gsal mgul rgyan）等五部大论注疏为代表。

藏历第十三绕迥水猴年，即清乾隆十七年（1752），第二世嘉木样活佛·贡却晋美旺布（dkon mchog vjigs med dbang po，1728—1791）赴西藏哲蚌寺郭芒扎仓研修五部大论，相继拜见第七世达赖喇嘛·格桑嘉措（1708—1757）和第六世班禅额尔德尼·班丹益西（1738—1780），聆受密宗灌顶、教敕及随许法。乾隆二十四年（1759），完成学业返回拉卜楞寺；翌年，就任寺院法台（住持），向僧众讲授中观、般若和戒律等佛学大论；同时，在拉卜楞寺建立了学衔考试制度。

藏历第十三绕迥水羊年，即乾隆二十八年（1763），第二世嘉木样活佛受第六世班禅额尔德尼·班丹益西重托，在拉卜楞寺仿后藏扎什伦布寺创建时轮学院（dus vkhor grwa tshang），始研习时轮金刚及天文历算等；

乾隆四十七年（1782），又按第八世达赖喇嘛·绛白嘉措（1758—1804）意愿，仿拉萨药王山建立医药学院，传承并研发藏医药学；乾隆四十九年（1784），再次赴西藏觐见第八世达赖喇嘛和第七世班禅额尔德尼，并广泛搜集佛教文献典籍，后运回拉卜楞寺，始建藏经殿；乾隆五十一年（1786），第二世嘉木样活佛在后藏扎什伦布寺向僧众讲授宗喀巴《菩提道次第广论》和《密宗道次第广论》；在前藏拉萨特向各大寺院高僧活佛传授《金刚鬘》（rdo rje phreng ba）等甚深密法教敕及随许法，赢得颇高声望；乾隆五十三年（1788），第二世嘉木样活佛仿照扎什伦布寺弥勒殿，在拉卜楞寺建造大金瓦殿，内供大型弥勒佛像，成为该寺标志性建筑。

藏历第十三绕迥水马年，即乾隆二十七年（1762），第二世嘉木样活佛出任郭隆寺第三十七届法台（住持）；乾隆三十年（1765），出任塔尔寺第三十届法台；乾隆五十四年（1789），出任夏琼寺第四十三届法台。第二世嘉木样活佛在各寺任职期间，严整寺规僧纪，规范寺院教育制度，传授《菩提道次第广论》及格鲁派密法教敕。

第二世嘉木样活佛的门下弟子遍及前后藏及多康等广袤区域，以第二世阿芒班智达·贡却坚赞、第三世贡唐·官却丹贝卓美等著名高僧活佛为代表。

第二世阿芒班智达·贡却坚赞（dpal mang pantita dkon mchog rgyal mtshan，1764—1853），安多大夏河源头桑科地方（今甘肃省甘南藏族自治州夏河县）人，6岁（1769）时认定为前辈阿芒活佛之转世灵童；清嘉庆九年（1804），第二世阿芒班智达·贡却坚赞升任拉卜楞寺法台（住持），始向显宗学院僧人主讲五部大论，并对其他僧众传授密宗仪轨及文化知识，提倡学僧研读第一世嘉木样活佛·阿旺尊智的《宗义广论》，全面掌握佛学知识。其门下弟子遍及多康地区（今甘青川藏区）。

第三世贡唐·官却丹贝卓美（gung thang dkon mchog bstan pavi sgron me，1762—1823），既是拉卜楞寺著名活佛，又是格鲁派一代高僧；乾隆四十七年（1782），第三世贡唐·官却丹贝卓美在第八世达赖喇嘛座前受比丘戒；乾隆五十一年（1786），他参加拉萨祈愿大法会立宗答辩，获得拉然巴（lha rams pa）格西学衔；乾隆五十六年（1791），他又遵照第二世嘉木样上师之命，赴安多阿坝（rnga ba）地区创建郭芒寺（sgo mang dgon，位于今四川阿坝县境内），担任住持，推演拉卜楞寺教法仪轨；乾隆五十七年（1792），第三世贡唐·官却丹贝卓美升任拉卜楞寺法台（住持），整肃僧纪，整顿学风，规范寺院教育，对寺院发展多有贡献。

藏历第十三绕迥土马年，即清嘉庆三年（1798），第三世贡唐·官却丹贝卓美卸任拉卜楞寺法台，担任（青海）郭隆寺法台；嘉庆八年（1803），他在拉卜楞寺始建贡唐宝塔（mchod rten mthong grol chen mo），该塔成为拉卜楞寺又一标志性建筑。

藏历第十四绕迥火牛年，即嘉庆二十二年（1817），第三世嘉木样·洛桑土丹晋美嘉措（blo bzang thub bstan vjigs med rgya mtsho，1792—1855）继任拉卜楞寺法台（住持），亲自讲经传法，主要教授显宗五部大论。藏历第十四绕迥金狗年（1850），第三世嘉木样活佛担任塔尔寺法台（住持），宣讲宗喀巴大师的《菩提道次第广论》。

尤其是第三世嘉木样活佛针对当时拉卜楞寺及其属寺具体情况，新制定的清规戒律，为各个寺院的健康发展具有重要意义。根据《嘉木样呼图克图世系》记载：

> （第三世嘉木样活佛）先后为不少寺院制定了寺规。如木鼠年（1804年甲子），为接管的西仓德钦群琅寺制定了寺规；火鼠年（1816年丙子），为阿木去乎寺的三个学院分别制订了院规；同年又为合作养丹夏尔寺制订了寺规；火龙年（1844年甲辰），为牟香贡萨尔寺制订了寺规；土鸡年（1849年己酉），为西仓噶萨尔寺制订了寺规；木虎年（1854年甲寅），为拉卜楞寺制订了新的清规。[①]

清规戒律一直是各个寺院包括僧团组织有序运转和健康发展的法律保障，它是在严格遵循律藏原则的前提下，结合本寺具体情况设计并制定的，因而有着可操作性等特点；同时，清规戒律又有它的针对性和灵活性，可以按不同地区、不同寺院，因地制宜地制定各种规则。所以，每个寺院的清规戒律，既有共同性又有差异性。譬如，拉卜楞寺的清规戒律：

> 沙弥比丘等严守戒律乃圣教之基础，凡入本寺之僧伽，必须禁绝邪恶、饮酒和偷盗。未获特许，妇女不得进入寺院。卖草、卖柴、乞

[①] 扎扎编著：《嘉木样呼图克图世系》，兰州，甘肃民族出版社，1998年版，第211页。

讨等妇女不准随时进寺；若是远道而来的妇女施主，必须报请执事僧点清数目，除白昼外，不准留宿；粉刷房屋时，除总务处，拉章官和总法台住所外，其他各官邸均不准由妇女施工；总务处招工除粪时，妇女只可从寺院外围巡礼道拉运，不得入寺除送。

僧伽内部不准射箭、掷骰的玩耍项目，不得着俗装、持武器外出；不准向明知身份的贼盗提供马匹、钱粮；不得暗中宰杀牛羊，若有在勒当至措奇范围无顾忌杀牲者，僧伽不得协助。绝不容许盗伐前山和曼达山林木等，俗人亦须受罚之。身为僧伽，不可存在家室，一旦建立家室，须按原订条例惩处。僧伽还俗立家者，不仅不准再行出家加入经院，亦不准充当随侍人员。加入僧会进行正常修习的僧伽之中，若有无所顾忌饮酒邪行者，一概开除寺籍，驱逐他地。

凡上述犯戒者及外来类似人员，不得做为拉章官随侍和其他官邸的随侍人员领取会供份子。原有随侍人员或其他官邸随侍人员之中，若在非规定时间内在僧舍留宿妇女和发现饮酒者，同样除名驱逐。

关于畜养骑乘，原先规定在噶然班（按：在显宗学院的最高级次）修学达30年以上资历者方可畜养，但鉴于此类高龄僧伽极为稀少，现改定凡入经院不满30年者不准畜养。除拉章官养狗两三条外，其他大小官邸一律不准养置门犬。担任总务处干事而请假或以欺骗手段请长假不参加法会的人增多，必将伤损法会、讲修，是故，除了持有印鉴证明进行长年闭修、终生闭修者及病员外，任何僧伽不得请假长期缺席法会、讲习和自由自在，必须参加法会和集体讲习。寺院会议成员的僧伽亦须按照先前惯例参加法会和集体讲习。除了各官邸和个别管家等外，参加正常法会和集体讲习的普通僧伽不得在僧舍内长期留住额外人员。僧伽不许作中买卖牛羊，不许倒卖面粉、糌粑等谋取利金，不许做各种生意。

清规之基础有赖于执事人员管理之优劣，所以，委托执事人员时，必须选择称职者造册上报；不得徇情弄私，不得依个人好恶行贿受贿，互相授受，滥竽充数。执事人员不得以私枉法，不得无视清规、宽大无度，如发生此种情形，须行从严追查处理。执事人员严格执行清规，任何人不得任意诬陷枉加恶名。关于发放份子标准和年龄规定，参阅附录执行。

总之，清规是一切之根本，会议务必遵照执行，极为重要。若执行者和遵循者任何一方，不按规定执行，或尊卑各方凭藉权势任意违犯者，则视情节轻重，进行追查处罚。请大众遵循，不得有违！①

以上引文详述的拉卜楞寺的清规戒律，是第三世嘉木样活佛按照第四世霍藏·晋美丹贝尼玛（hor gtsang vjigs med bstan pavi nyi ma）活佛的请求，专为拉卜楞寺制定的一项新的具有补充性质的清规。借此整顿和完善寺院日益松弛的组织纪律和规章制度，并加强寺院日常事务管理。这一清规戒律于藏历第十四绕迥木虎年（1854）在拉卜楞寺土丹颇章殿（thub bstan pho brang）拟定出台。

藏历第十五绕迥土兔年，即清光绪五年（1879），第四世嘉木样·格桑土丹旺秋（skal bzang thub bstan dbang phyug，1856—1916）在拉卜楞寺仿布达拉宫南杰扎仓创建喜金刚学院（kyee rdor graw tshang）；光绪二十四年（1898），第四世嘉木样活佛进京觐见光绪皇帝，并在雍和宫向僧众传授《白度母》（sgrol dkar）、《绿度母》（sgrol ljang）等教敕；他在返程中经过蒙古地区讲经弘法，加强了拉卜楞寺与蒙古地区业已建立的供施关系。

总之，拉卜楞寺除了嘉木样活佛世系之外，尚有四大金座活佛世系，即贡唐活佛（gung thang tshang）、德瓦活佛（bde ba tshang）、霍藏活佛（hor gtsang tshang）和萨木察活佛（zam tsha tshang），他们为扩大拉卜楞寺宗教影响和推广其法脉传承发挥着重要作用。清朝后期，拉卜楞寺已拥有3600多名寺僧、百余座属寺以及八大教区，并以教规完善、学科齐全、高僧辈出等享誉藏蒙地区，从而成为清代格鲁派六大寺院之一。

六 拉莫德钦寺传承

藏历第十一绕迥铁猴年，即清康熙十九年（1680），第三世拉莫活佛·阿旺罗桑丹贝坚赞（la mo ngag dbang blo bzang bsdan pavi rgyal mtshan，1660—1728）从西藏哲蚌寺郭芒扎仓完成学业，返回安多故里，主持古鲁寺（mgur dgon pa，位于今青海省黄南藏族自治州尖扎县境内），同时，他积极寻求新的弘法路径。根据《安多政教史》记载：

---

① 扎扎编著：《嘉木样呼图克图世系》，兰州，甘肃民族出版社，1998年版，第211—212页。

黄河岸古鲁寺创建三十七年后，即藏历水狗年（1682），由戴青囊索（davi ching nang so）负责后勤，在古鲁寺显宗学院的基础上，征收芒拉、巴雄、夏朵三地（mang vbal bya gsum），坝纳三部（sbra nag kha gsum），奔杰子孙（vbum rgyal bu rgyud），以及巴燕（化隆）以内的广大地域的僧税，选择新址创建了拉莫德钦曲林寺。后来，皇帝御赐了"dge tshogs gling"（聚善寺）的匾额；为期盼僧人增加而在寺院四方建造了四座佛殿。①

由青海和硕特蒙古首领戴青囊索出资，第三世拉莫活佛·阿旺罗桑丹贝坚赞主持，于康熙二十一年（1682）创建了拉莫德钦曲林寺（la mo bde chen chos gling），简称"拉莫德钦寺"（la mo bde chen dgon），位于今青海省黄南藏族自治州尖扎县囊科乡。在拉莫德钦寺建造过程中，将古鲁寺显宗学院及其僧众迁至新寺合并，遂形成一座显密兼容的正规格鲁派寺院。

拉莫德钦寺建成后，其学僧始传习哲蚌寺郭芒扎仓的教法仪轨，以修学显宗义理为重点。将原古鲁寺改为专门禅修密法和举办密集、胜乐和大威德仪式的密宗学院。实际上，两座寺院虽处于两地，但两者不分你我，以整体寺院相待。也就是说，新寺（拉莫德钦寺）与旧寺（古鲁寺）遥相呼应，相得益彰，共同构成了显密兼容、合而为一的综合性大型僧院。

藏历第十二绕迥木鸡年，即清康熙四十四年（1705），第三世拉莫活佛进京朝觐，康熙帝颁赐"察罕诺们罕"②诏书和"札萨克喇嘛"职衔。后来民间又将"察罕诺们罕"，以汉文译为"白佛"，藏文译为"zhabs drung dkar po"（夏茸尕布）。

藏历第十二绕迥火猴年，即康熙五十三年（1716），第七世达赖喇嘛·格桑嘉措（1708—1757）又将第三世拉莫活佛封为"阿齐图诺们罕"（Aa chi thu no mon han）。

---

① 智贡巴·官却丹巴热杰：《安多政教史》（mdo smad chos vbyung）藏文版，兰州，甘肃民族出版社，1982年版，第270页。

② 因"察罕诺们罕"在蒙语中意为"白佛"，在藏语系广大信徒中普遍称其为"夏茸尕布"（zhabs drung dkar po），与蒙语意义相同。

清朝在平息罗卜藏丹津事件后，在青海设立青海蒙古二十九旗，第三世拉莫活佛以察罕诺们罕旗一等台吉大喇嘛身份，成为安多（青海）尖扎、泽库、贵南、同德西部、贵德南部、化隆西部以及海北海晏等广大地区的政教领袖。

第四世拉莫活佛·洛桑土丹格勒坚赞（blo bzang thub bstan dge legs rgyal mtshan，1729—1796），出生在安多地区玛沁岗日（rma chen gangs ri）附近，由第七世达赖喇嘛认定为第三世拉莫活佛的转世灵童，在拉莫德钦寺坐床；他广拜高僧大德，系统修学格鲁派教法仪轨。第四世拉莫活佛在古鲁寺建造一座四层佛殿，供奉释迦牟尼佛像；遵循后藏扎西伦布寺的宗教仪轨，设立时轮金刚修供以及胜乐、密集和大威德仪式，使古鲁寺演变为纯粹的密宗学院或寺院。

第五世拉莫活佛·潘德旺秋克尊嘉措（phan bdevi dbang phyug mkhas btsun rgyal mtsho，1797－1831），出生在安多地区额热雪（dngul rawvi zhol）村落，由第七世班禅额尔德尼·丹贝尼玛（1782—1853）认定为第四世拉莫活佛的转世灵童，在拉莫德钦寺坐床；16岁赴西藏修学深造，20岁在第七世班禅额尔德尼座前受近圆戒（比丘戒）；返回安多故里后，为安多地区的政教事业发展作出一定贡献。

第六世拉莫活佛·阿旺却珠丹贝坚赞（Aa dbang mchog grub bstan pavi rgyal mtshan，1832—1872），出生在安多地区塔尔寺附近的弥聂热党（mi nyag ra lding）村落，由却杰赛康巴·洛桑丹增嘉措（chos rgyal gser khng pa blo bzang bstan vdzin rgya mtsho）等高僧活佛认定为第五世拉莫活佛的转世灵童，又说于清道光十六年（1837）在拉萨大昭寺举行金瓶掣签仪式最终确认，[①] 并在芒拉却藏（mang ravi chu bzang）坐床，其后迎请到塔尔寺修学佛法；20岁在第三世嘉木样活佛·洛桑土丹晋美嘉措（1792—1855）座前受近圆戒（比丘戒）；他在推动管辖政教事业发展的同时，尤其在他的后半生主要专注于密法修行，在佛教禅修领域获得一定证悟。

第七世拉莫活佛·根敦丹增诺布（la mo dge vdun bstan vdzin nor bu，1873—1927），出生在安多地区的却藏热罗唐（chu bzang raw lo thang）村落，由温杰塞（aon rgyal sras）和塔秀仁布切·根敦却迥嘉措（thar shul

---

① 详见《西藏研究》编辑部编：《清实录藏族史料》（八），拉萨，西藏人民出版社，1982年版，第3977页。

rin po che dge vdun chos skyong rgya mtsho）两位高僧认定为第六世拉莫活佛的转世灵童，在拉莫德钦寺坐床；他主要在本寺广拜高僧大德，系统修学五部大论。

第七世拉莫活佛是一位在弘法事业上有所作为的著名高僧。首先，第七世拉莫活佛修缮和扩建了拉莫德钦寺；其次，将位于黄河岸的古鲁寺迁移到距离黄河较远的安全地方重建；第三，修葺了位于西宁城内的三贤哲（mkhas pa mi gsum）古佛殿；第四，他曾两次进京，第一次进京觐见清光绪皇帝，第二次进京觐见大总统袁世凯。袁世凯授予他"光大明智汗王"（bkaang taa men tri han）职衔，并颁发了汉藏满蒙四体字的"广照大地的贤哲擦干诺们罕所辖寺庙之主呼图克图之印"（yangs pavi sa chen gsal bavi mkhas pachen po tsha gan no mon han gyi bla graw spyivi bdag po hu thog thuvi tham ga rgyal）。

总之，清代中后期，拉莫德钦寺发展迅速，拥有上千寺僧和四十多座属寺，并形成以拉莫·夏茸尕布、赛赤（gser khri）和智干仓（brag rgan tshang）三大活佛为代表的诸多活佛世系。而且，拉莫德钦寺住持由历辈三大活佛分别适时地接任，并统领属下寺院及所辖百姓。

第四节　色拉寺支系

藏历第七绕迥土狗年，即明永乐十六年（1418），宗喀巴著名弟子强钦却杰·释迦益西（byams chen chos rgyal，1354—1435）在拉萨近郊创建色拉特钦林寺（se ra theg chen gling，位于今西藏自治区拉萨市北郊），简称"色拉寺"（se ra dgon）。初建嘉扎仓（rgya graw tshang）、仲顶扎仓（vbrom steng graw tshang）、堆巴扎仓（stod pa graw tshang）和麦巴扎仓（smad pa graw tshang）四大扎仓（学院）。

明成化二年（1466），原哲蚌寺高僧贡钦洛卓仁青僧格（kun mkhyen blo gros rin chen seng ge）门下弟子年顿·班觉伦珠（gnyal ston dpal vbyor lhun grub，1427—1514），又新建一座名为切扎仓（byes graw tshang）的学院，在僧众中赢得较高声誉，嘉扎仓和仲顶扎仓等学僧纷纷并入，新学院迅速发展壮大。至清康熙四十四年（1705），已形成以麦巴（smad pa）、切（byes）和堆巴（stod pa）三大扎仓（学院）为主的寺院格局。

清康熙五十一年（1712），拉藏汗（1671—1717）昌建阿巴扎仓

(sngags pa grwa tshang，密宗学院），依照拉萨密宗下院教规制定法事仪轨。色拉寺遂发展演化为显密兼容之大型寺院。

清代中后期，色拉寺僧人定额五千五，最盛时达上万人，成为拉萨三大寺之一、格鲁派六大寺院之一。以切扎仓、麦巴扎仓、阿巴扎仓为代表的三大学院，为培养嗣法人才，推演法脉传承作出巨大成就，并在边远安多、康区产生诸多一脉相承之著名子寺。特别是色拉寺高僧杰尊·却吉坚赞（se ra rje btsun chos kyi rgyal mtshan，1469—1544）新编论著，成为色拉寺僧众研习显宗五部大论的主要教程，并在格鲁派寺院中受到普遍推崇和传习，对后世寺僧教育产生广泛影响。

一　甘孜寺传承

藏历第十一绕迥水虎年，即清康熙元年（1662），第五世达赖喇嘛门下弟子霍却杰·阿旺平措（hor chos rgyal ngag dbang phun tshogs，1644—？）奉第五世达赖喇嘛和蒙古固始汗之命，返回康区故里，在甘孜（dkar mdzes，今四川甘孜藏族自治州境内）自家霍尔土司（hor rgyal po）管辖内兴建甘孜寺（dkar mdzes bkra shes nor bu gling）、大金寺（dar rgyas gling）、杂贡萨扎西甘丹林寺（rdza dgon gsar bkra sges dgav ldan gling）、香阔觉日寺（shing khog lcog ri dgon）、孜仓甘丹林寺（rtsis tshang dgav ldan gling）、白利寺（be ri dgon）、康玛寺（khang dmar dgon）、扎觉寺（drag cog dgon）、桑珠寺（bsam grub dgon）、东郭寺（stong skor dgon）、扎郭寺又称炉霍县寿灵寺（drag mgo dgon）、娘喀尼寺（rnying mkhar mnyal dgon）、年措寺又称道孚县灵雀寺（gnyan mtsho dgon）13座格鲁派寺院。

其中甘孜寺（dkar mdzes dgon pa），全称为"大寺院甘孜扎西雪珠诺布林"（chos sde chen po dkar mdzes bkra shes bshad sgrub nor bu gling，意为大寺院甘孜吉祥讲修宝贝洲），位于今四川省甘孜藏族自治州甘孜县城西北，海拔3400米，距甘孜州州府康定约385公里。① 至于甘孜寺名称的由来，有学者作过考证：

> 甘孜寺是在藏历第十一绕迥阳水虎年即公元1662年由霍尔却

---

① 引自《藏学研究论丛》（8）中"甘孜寺简述"一文，西藏人民出版社，1996年。

杰·阿旺平措（hor chos rgyal ngag dbang phun tshogs）创建的，为格鲁派寺院。寺院得名为甘孜寺的原因是，当霍尔却杰·阿旺平措在该地区筹划兴建十三座格鲁派寺院时，为了抢在一个吉日动工，于是在一个占吉日即"skar vdzin"的日子（以前藏地习俗，要在某日举办某事而当日恰逢凶日时，就提前选择一个吉日预作举办状，以破除真正动工的那一天的凶兆）奠基动工，然后又拆除原先的屋基重新兴建，由于寺院第一次动工的日子是在占吉日"skar vdzin"，故得名为"skar vdzin dgon pa"，后来演变为"dkar mdzes dgon pa"（甘孜寺，字面意义为白色美饰寺院）。另外一种说法是，由于霍尔却杰是在有许多白色石头的地方兴建该寺，故得名为"dkar mdzes dgon pa"（白色美饰寺）。以甘孜寺为中心的一片地区后来得名为甘孜，即今天的甘孜县，后来甘孜又成为整个甘孜藏族自治州的总的地名，这当然是自治州成立时人为地将这一地名的范围扩大了。实际上包括甘孜县在内的甘孜州北部地区在历史上总称为"tre hor"或"tre bo、kre bo"，由于统治这一片地区的几家土司据说是出自霍尔（hor）王子的后裔，所以又常称为霍尔或炉霍地区。①

甘孜寺是霍却杰·阿旺平措首建的格鲁派中心寺院，寺内仿布达拉宫建立南杰扎仓（rnam rgyal grwa tshang）、仿拉萨密宗下院建立阿巴扎仓（sngags pa graw tshang，密宗学院）、仿拉萨三大寺建立参尼扎仓（mtshan nyid graw tshang，闻思或显宗学院）。后世密宗学院主要遵循拉萨密宗下院之教规，修学或举行法事仪轨；显宗学院僧众多采用色拉寺杰尊·却吉坚赞的教程，系统研习五部大论，因而成为以传承色拉寺系教法为主的子寺。正如有的学者所说：

> 参尼扎仓学习的显密教法的经论，依据的是拉萨色拉寺杰尊巴的教材进行教学，大多数的僧人在学完因明初阶的略本摄类学和中本摄类学（bsdus graw rigs lam chung ba dang rigs lam vbring ba）后前去西藏，进入拉萨哲蚌、色拉、甘丹三大寺中的任何一座，用三年或四年时间在那里学经，然后返回甘孜寺继续学习，也有少数僧人在拉萨继

---

① 引自《藏学研究论丛》（8）中"甘孜寺简述"一文，西藏人民出版社，1996年。

续学习一些年，直到学通五部大论取得格西学位。阿巴扎仓的僧人则是依照拉萨下密院所实行的修学方法，讲修密宗续部的各种本论经咒，特别是金刚舞步、坛城画线建造及诵咒。南杰扎仓的僧人主要是学习祈寿法事、酬补神灵、天女大灵器供等法事。不过一般的说法认为甘孜寺显密三个扎仓是联为一体的，阿巴扎仓的僧人数量多，所以在供斋僧茶饭时僧人都集中到阿巴扎仓去。①

甘孜寺的南杰扎仓、阿巴扎仓和参尼扎仓，即三大学院的修学科目及教学传承，虽各不相同，但均源自拉萨三大寺及上下密院的显密法脉，属于格鲁派嫡系传承。而且，在该派教法史上具有权威性。此外，甘孜寺为了加强寺院的清规戒律和僧众的组织纪律，前后拟定出台了有关的规章制度。有学者在"甘孜寺简述"一文中说：

> 甘孜寺的僧人不论老幼都必须遵守律藏经典所说的佛教的各种戒律，而且甘孜寺还制订了一些特别的寺院内部的规章（nang khrims），并写定为《规章黄册》（bcav yig ser po），僧人也必须遵守。如果有僧人违犯了戒律和规章，就要处以罚款或体罚。②

从历史上看，清代中后期，甘孜寺持续发展，可谓规模宏大、教规谨严，最盛时寺僧达3000人，并形成朗扎活佛（lam brag）、司加活佛（gzigs rgyab）、仲萨活佛（vphrungs gsar）、饶才活佛（rab tshal）、那仓活佛（nag tshang）、扎嘎活佛（brag dkar）、康萨活佛（khang gsar）、周朗活佛（vbrug langs）、布让那活佛（bu ram sna）9个转世活佛系统。其中，由历辈朗扎、司加和康萨三大活佛轮流主持甘孜寺的政教事务。

二 卓尼寺传承

藏历第十二绕迥木猪年，即清康熙三十四年（1695），卓尼·扎巴协珠（co ne grags pa bshad sgrub, 1675—1748）自安多家乡远赴西藏拉萨进

---

① 引自《藏学研究论丛》（8）中"甘孜寺简述"一文，拉萨，西藏人民出版社，1996年版。
② 同上。

修深造，初在色拉寺麦巴扎仓（smad pa graw tshang）研读五部大论，考取拉然巴（lha rams pa）格西学衔；后进拉萨密宗上院（rgyud stod grwa tshang），修学密法，终获殊胜成就。康熙四十六年（1707），返回安多故里，在卓尼噶丹协珠林寺（co ne dgav ldan bshad sgrub gling，又称"卓尼禅定寺"，简称"卓尼寺"，位于今甘肃省甘南藏族自治州卓尼县境内），向僧众讲经传法，同时整改寺院教育，规范寺规僧纪，力主推演色拉寺麦巴扎仓和拉萨密宗上院的教法仪轨。

康熙五十二年（1713），卓尼寺第十任僧纲·阿旺赤列嘉措（ngag dbang vphrin las rgya mtsho，1686—1738）随兄卓尼土司杨妆松赴京觐见康熙帝，遂封为"崇梵净觉禅师"，敕赐"禅定寺"匾额。返归故里后，尊奉帝谕，立誓建寺。康熙五十三年（1714），重建显宗学院（mtshan nyid graw tshang），任命卓尼·扎巴协珠为堪布，依照色拉寺麦巴扎仓制定教程；清雍正七年（1729），创建密宗学院（sngags pa graw tshang），又由卓尼·扎巴协珠担任堪布，遵照拉萨密宗上院设定教规；同拉萨色拉寺保持法脉传承关系。

藏历第十三绕迥水猴年，即清乾隆十七年（1752），卓尼·索南坚赞（bson nams rgyal mtshan）在卓尼寺建立天文历算学院（rtsis graw tshang），遂形成一座拥有包括显宗、密宗和法舞（vcham pavi graw tshang，建于1501年）四大学院的格鲁派大型寺院，鼎盛时寺僧达3000人，属寺达40多座。

卓尼寺作为清代安多地区大型寺院之一，高僧辈出，除卓尼·扎巴协珠等普通名僧外，尚有诸多高僧活佛，以第一世策墨林·阿旺慈臣（tshe smon gling ngag dbang tshul khrims，1721—1791）、第二世策墨林·阿旺绛白慈臣嘉措（tshe smon gling ngag dbang vjam dpal tshul khrims rgya mtsho，1792—1863）和第三世策墨林·阿旺洛桑丹贝坚赞（tshe smon gling ngag dbang blo bzang bstan pavi rgyan mtshan，1864—1919）为代表。他们按卓尼寺僧人惯例，先入本地卓尼寺学经，后赴拉萨色拉寺麦巴扎仓攻读五部大论，获取拉然巴（lha rams pa）格西学衔，继而转入拉萨密宗上院研修密法。值得提出的是，上述三位高僧活佛皆相继荣登甘丹寺（第六十一届、第七十三届、第八十六届）"赤巴"（法台）宝座，并升任噶厦政府摄政王，成为清代藏传佛教界身居高位的显赫人物。此外，卓尼寺高僧多有任职驻京呼图克图、雍和宫堪布（住持）和五台山黄庙（格鲁派）札萨克大喇嘛的履历；同时，卓尼寺的嗣法者在蒙古地区承担弘扬圣教之重任，并受到格外尊重。①

第五节　拉萨密宗学院系

拉萨密宗学院，是格鲁派学僧专门修学密宗教法仪轨的正规密宗学院。其创始人杰尊·喜热桑格，获得宗喀巴大师授予的密法传承后，初在后藏建立赛居（srad rgyud）密法传承，后在拉萨建立下密宗学院。之后，其弟子居钦·贡嘎顿珠在拉萨另建上密宗学院，遂形成既一脉相承又各自独立传承的三座鼎立的密宗学院。至17世纪，后藏的赛居密法传承中断，而前藏的拉萨上下密宗两院则继往开来，依然占据格鲁派密法传承的祖庭地位。

一　赛居密法传承

杰尊·喜热桑格（rje btsun shes rab seng ge，1382—1445）是宗喀巴大师众多高徒中颇有成就的知名弟子之一，尤以传扬宗喀巴密法传承著称。他主要建立独立自主的正规密宗学院，为当时格鲁派学僧专门修学和研习密宗教法仪轨，创造了最佳的客观条件。因此，杰尊·喜热桑格献身于格鲁派密宗事业的事迹，在藏文史书中不乏记载：

> 宗喀巴大师之弟子，犹如天覆地一般为数众多，其中亦产生了无与伦比的修持密法，并向他人宣讲者，可是真正得到《密集》（gsang vdus）口旨传授，成为密法的源泉者，便是善巧成就的喜热桑格。②

以上引文说明了杰尊·喜热桑格是宗喀巴大师众多门徒中最有资格传承格鲁派密宗法脉的嗣法弟子。而杰尊·喜热桑格又是如何成长为格鲁派密法传承第一人，藏文史书记载：

---

① 参见智贡巴·官却丹巴饶杰：《安多政教史》（mdo smad chos vbyung）藏文版，兰州，甘肃民族出版社，1982年版，第620页。

② 土观·洛桑却吉尼玛：《土观宗派源流》（thuvu dkan grub mthav）藏文版，兰州，甘肃民族出版社，1984年版，第334页。

他获得甚深的见地,拥有坚固的生圆禅定,得到本尊的加持,得到护法神的保佑。发大愿力,誓宏大师成就,不但掌握了大师的《密集》及《胜乐》(vkhor lo sdon pa)无余要门,而且得到许多他人未得的无有文字教授的要门。①

由此可知,杰尊·喜热桑格得到宗喀巴上师特意亲自传授的甚深密法,主要获得了代表父续密法的《密集》,亦得到了代表母续密法的《胜乐》;同时,他又聆受了宗喀巴大师的口传甚深密法。因此,杰尊·喜热桑格自然成就为传承宗喀巴大师密法的重要人物。特别是宗喀巴大师将杰尊·喜热桑格视为密法传承的掌门弟子,给他授权并嘱托弘扬格鲁派密法的重任。藏文史书记载:

宗喀巴大师向杰尊·喜热桑格授记说:你无需畏惧,我已将此法付与阎摩法王。你可前往后藏,那里有山如铃下覆之状,上有修大威德的瑜伽师,他当弘扬你的教法。又有山如仰卧的罗刹之上,住有夜叉女,彼亦能弘扬你的教法。②

杰尊·喜热桑格遵照宗喀巴上师的授记,于藏历第七绕迥火马年(1426)携同根敦珠巴(1391—1474)前往后藏地区,最初在强钦(by-ang chen)、纳塘(snar thang)、达那(rta nag)等地开讲格鲁派显宗教法,遂聚集众多学僧,形成一大扎仓(学院)规模。这个扎仓及其学僧后来成为根敦珠巴创建扎什伦布寺的基础。③ 同时,杰尊·喜热桑格在后藏积极寻求传扬格鲁派密法的机缘和环境,于藏历第七绕迥金猪年(1431)在达那(rta nag)山谷始讲《密集》,并产生一定影响。此时,杰尊·喜热桑格接到司都索南拜(si tu bsod nams dpal)和夫人释迦拜(shakya dpal)的邀请,并承诺担当施主,遂赴伦布孜寺(lhun po rtse)宣讲密法,应施主和该寺上师帕威·云丹嘉措(vphags vod yon tan rgya

---

① 土观·洛桑却吉尼玛:《土观宗派源流》(thuvu dkan grub mthav)藏文版,兰州,甘肃民族出版社,1984年版,第334页。

② 同上书,第335页。

③ 普觉·阿旺强巴:《四大寺及上下密院史》(graw sa chen po bzhi dang rgyud pa stod smad chags tshul pad dkar vphreng ba bzhugs so)藏文版,拉萨,西藏人民出版社,1989年版,第96页。

mtsho) 的请求，杰尊·喜热桑格依照宗喀巴大师的规制，在寺内建立了修曼荼罗法的事相和本续的讲听之规。之后，他又赴桑格孜（seng ge rtse）地方传法，取得了巨大效果。藏文史书记载：

> 当地土官夫人作他的施主，亦如伦布孜一样，在该寺中建立修曼荼罗法的事相和本续讲听之规。大师所预记的夜叉女即是此夫人。住在僧格孜时，应验了大师所说的"以后自己会明白"之语。喜热桑格由自己审定知道杜拿巴（vdul nag pa）能为成立赛居派助手。一日叙座，师前右序首座为根敦珠巴法主，他的下面即都迦瓦，左序首座为杜拿巴·班丹桑布（dpal ldan bzang po）。喜热桑格问杜拿巴："你的属相是什么？"答曰："属马。"师说："甚善，世间谚语说：牛死处马跳。你可往雅喜隆巴（gyag shi lung pa）弘扬密法"，遂将宗喀巴大师的衣帽授与他，杜拿巴说："这个应归根敦珠巴法主所得，请赐我宗喀巴大师的四疏合解的《密集疏》。"领受后，遂往雅喜隆巴，又名赛隆巴之尽头，有赛甘丹颇章（兜率宫），在此建立密续扎仓（rgyud kyi graw tshang），遂产生了藏堆（gtsang stod）密宗学院。①

上文引言描述了杰尊·喜热桑格命他的弟子杜拿巴·班丹桑布（dpal ldan bzang po）在后藏赛甘丹颇章（srad dgav ldan pho brang）建立密宗学院的经过。这座密宗学院便是"赛居密法传承"（srad rgyud）的前身，即格鲁派密宗法脉之一。

根据有关藏文史书，杰尊·喜热桑格在赛地官人赛·仁钦孜巴（srad rin chen rtse pa）的支持和资助下，在赛甘丹颇章向众多学僧宣讲密续教诫及相关仪轨，遂形成名为"堆居"（stod rgyud）或"赛居"（srad rgyud）的密宗学院，并将密宗学院委托给弟子杜拿巴·班丹桑布住持。② 实际上，赛居密宗学院或法脉传承是在杰尊·喜热桑格及其弟子杜拿巴·

---

① 土观·洛桑却吉尼玛：《土观宗派源流》（thuvu dkan grub mthav），兰州，甘肃民族出版社，1984年版，第337页。

② 普觉·阿旺强巴：《四大寺及上下密院史》（graw sa chen po bzhi dang rgyud pa stod smad chags tshul pad dkar vphreng ba bzhugs so），拉萨，西藏人民出版社，1989年版，第97页。

班丹桑布的共同努力下最终产生或形成的。

杜拿巴·班丹桑布之后，嗣法者相继有"绛央根顿培（vjam dbyangs dge vdul vphel）、多杰强·扎西帕（rdo rje vchang bkra shes vphags）、班钦·桑珠嘉措（pan chen bsam vgrub rgya mtsho）、居钦·尊哲帕（rgyud chen brtson vgrus）、克珠·多杰桑布（mkhas grub rdo rje bzang）、居钦·桑杰嘉措（rgyud chen sangs rgyas rgya mtsho）、居钦·贡却嘉措（rgyud chen dkon mchog rgya mtsho）、居钦·贡却雅培（rgyud chen dkon mchog yar vphel）等"。① 诸位赛居密法传承人，皆为证得密宗生圆二次第的大成就者。而赛居密法传承讲授的内容，在藏文史书中记载：

> 所讲本续主要者是《密集四疏》（vgrel ba bzhi sbrags）、《广略二注》（Tia ka che chung），都拿巴造的《金刚道序》（rdo rjevi lam bsgrigs）亦列入讲授之中。复讲有名的八大教授，即《密集五次第直观教授》（gsang vdus rim lngavi dmar khrid）、《胜乐罗直之二大教授》（bde mchog lo dril gyi khrid gnyis）、《大威德四次第瑜伽》（rdo rje vjigs byed kyi rnam vbyor bzhi rim）、《时轮六支瑜伽》（dus vkhor gyi sbyor drug）、《金刚手大轮四加持》（phyag rdor vkhor chen gyi byin rlabs bzhi ldan）、《那若六法》（naw ro chos drug）、《迁识引导开启金门法》（vpho khrid gser gyi sgo vbyed）等。中间曾停止讲《金刚手大轮四加持》及《迁识引导开启金门法》二法，专讲其余六种教授。以后遂有赛居传承教规的六大教授和居麦传承教规的八大教授之称。其余尚有分支教授，即《三个六十的教授》（drug cu ba gsum gyi khrid）、《幻轮引导》（vkhrul vkhor gyi khrid）、《护摩悉地海引导》（sbyin sreg dngos grub rgya mtshovi khrid）称为三要门（man ngag），《贡布大朵玛引导》（mgon povi gtor chen gyi khrid）、《白伞盖》（gdugs dkar）等四大禳解法教授等。此外，还有以《密集》、《胜乐》、《大威德》三尊的生圆二次第为主之各种密宗要门，以及《菩提道次第教授》（byang chub lam rim pavi khrid）等许多显密甚深教

---

① 土观·洛桑却吉尼玛：《土观宗派源流》（thuvu dkan grub mthav），兰州，甘肃民族出版社，1984年版，第337—338页。

授,均在此系中传承。①

赛居密法传承至居钦·贡却雅培时期,遇到后继无人的困境,长期没有找到合格的嗣法人。当这位密宗高僧80岁高龄时,恰逢第一世嘉木样·协贝多杰(vjam dbyang bzhad pavi rdo rje,1648—1721,又名阿旺尊智)前去求法;又在81岁之际,第二世章嘉·阿旺洛桑却丹(ngag dbang blo bzang chos ldan,1642—1714)和唐萨巴·俄珠嘉措(thang sag pa dngos grub rdo rje)前往求法。居钦·贡却雅培将赛居密法中主要部分《密集》灌顶和本续解说、二次第引导等传授给他们。不久,居钦·贡却雅培圆寂。三位高僧成为赛居密法传承的承袭者,同时,他们聆受下密院和温萨耳传之密法,并将诸法脉融会贯通在一系之中。其中"嘉样协贝多杰和阿旺洛桑却丹二人,将此密法教授撰写成文后在教内公开流通;而唐萨巴·俄珠嘉措撰写了《大威德生圆二次第》(vjigs byed kyi bskyed rdzogs)等密宗著作。"② 因此,包括赛居密法在内的格鲁派密宗法脉,得以在格鲁派寺院及高僧中不断传承和弘扬。藏文史书记载:

> 此后,又出现成就者·嘉央德威多杰(vjam dbyangs bde bavi rdo rje)、格曼巴·顿悦克珠(gur smon pa don yod rdo rje)、杰普布觉巴钦布(rje phur bu lcog pa chen po)、赤钦·阿旺却丹(khri chen ngag dbang mchog ldan)、法王·格桑嘉措(rgyal ba skal bzang rgya mtsho)、章嘉·若贝多杰(lcang skya rol pavi rdo rje)等传承人,他们将格鲁派密宗法脉弘扬传播到更加广大的地域范围。③

上文引言中的法王·格桑嘉措是指第七世达赖喇嘛·格桑嘉措(1708—1757)、章嘉·若贝多杰是指第三世章嘉活佛·若贝多杰(1717—1786)。至此,形成于后藏地区的赛居密法传承,完全融入前藏和多康(mdo khams)等地区盛行的格鲁派主流密宗法脉之中,它作为一

---

① 土观·洛桑却吉尼玛:《土观宗派源流》(thuvu dkan grub mthav),兰州,甘肃民族出版社,1984年版,第338页。
② 同上书,第339页。
③ 同上书,第339—340页。

支相对独立的并具有主导地位的法脉源头已经不复存在。

二　下密宗院传承

根据东噶·洛桑赤列的考证：藏历第八绕迥水牛年（1433），杰尊·喜热桑格在甘丹构建讲授密续之教规，随之出现了前藏"下密宗院"（rgyud smad）之称谓。在此基础上，杰尊·喜热桑格师徒在前藏建立了按春夏秋季分别讲授各类密法的不少场所。①

杰尊·喜热桑格在后藏传扬宗喀巴大师密法的同时，不时到前藏讲经闻法。曾前往甘丹寺，在克珠杰（1385—1438）座前专门聆听《时轮》（dus vkhor）和《大威德》（vjigs byed）密法，特别是他在前藏拉萨一带寻求新的弘传密宗的环境。最初在甘丹寺讲授《密集疏释》（rgyud vgrel），从而奠定了专门讲授密法的教学基础。之后，在曲弥隆（chu mig lung）建立夏季法会，在拉萨、桑鄂卡（gsang sngags mkhar）和甘丹寺建立冬季法会，并构建了专门讲授密宗教法仪轨的机制，遂形成拉萨下密宗学院的前身。藏文史书记载：

> 善巧成就者杰尊·喜热桑格建立赛居密法传承系后，复赴前藏，建立居麦扎仓，广讲本续之王，主要有《密集》及《八大教授》等，广为弘传，宗喀巴大师的密法教授遂得显扬。继杰尊·喜热桑格后，居巴·金巴贝（rgyud sbyin pa）绍承法位，宏扬密法讲听之规，他撰有密续疏释。其后，能够绍隆此密宗法脉的大德甚多，所撰课程等著作亦不少，其中以达布·南喀扎（dawgs po nam mkhav grags）的《密集生圆二次第》（gsang vdus bskyed rdzogs）弘传最广。②

杰尊·喜热桑格在前藏建造讲授密法场所的同时，制定严格的研修密法的教规，学院住持推行"堪布"（mkhan po）制，向密宗弟子系统教授密宗义理及法事仪轨，从而形成居麦扎仓（rgyud smad grwa tshang，下密

---

① 东噶·洛桑赤列编纂：《东噶藏学大辞典》（dung dkar tshig mzdod chen mo），北京，中国藏学出版社，2002年版，第714页。

② 土观·洛桑却吉尼玛：《土观宗派源流》（thuvu dkan grub mthav），兰州，甘肃民族出版社，1984年版，第340页。

宗院）的八大密法教程，又称"八大教授"（khrid chen brgyad），并与赛居密法传承的"六大教授"（khrid chen brgyad）一脉相承。

杰尊·喜热桑格在他的晚年时期，还专门著书立说，给当时和后世学人留下重要作品。主要有《集量论释》（rnam vgrel Tia ka）、《观见导论》（lta khrid）、《根本续疏》（rtsa rgyud Tia ka）等。① 同时，杰尊·喜热桑格门下有许多著名弟子，即智者·根敦珠巴、帕威·云丹嘉措（vphags vod yon tan rgya mtsho）、居巴·金巴贝（rgyud pa sbyin pa dpal）、杰莫朗贝瓦（rje smon lam dpal ba）、杜嘎纳二人（vdul dkar nag gnyis）等。② 他们都是精通显密、德学兼优的大师级密宗高僧，为推动格鲁派密法的进一步发展作出了突出贡献。根据藏文史书记载：

> 此外，尚有桑布扎西（bzang po bkra shes）多次讲授《密集疏释》（rgyud vgrel）；上座·顿珠贝（gnas brtan don grub dpal）在洛扎建立讲解《密集明炬论》（sgron gsal）之教规；法主·达瓦坚赞（chos rje zla rgyan）在尼邓（nyi ldings）和宗曲（rdzing phyi）讲授续部密法。后来多康地区（mdo khams）发展出许多传承拉萨上下密宗学院法脉的密宗扎仓（学院），使宗喀巴大师的《密集》（vdus pa）讲授之规，推广到四方，在辽阔的区域发展兴盛。③

在藏区各地涌现一代又一代卓有成就的密宗传承人，他们不但宣讲密法，而且建造密宗学院，将源于宗喀巴大师的格鲁派密宗传承，不断向四面八方传播和推演，逐渐遍及前后藏和多康等整个藏族地区。土观·洛桑却吉尼玛曾对诸多密宗嗣法者，尤其对杰尊·喜热桑格作了高度评价：

> 建立扎什伦布寺显宗大讲院基础的功臣，亦是杰尊·喜热桑格。特别是他在后藏和前藏创建续部讲听之教规，至今依然在延续兴盛，

---

① 土观·洛桑却吉尼玛：《土观宗派源流》（thuvu dkan grub mthav）藏文版，兰州，甘肃民族出版社，1984年版，第341页。
② 同上。
③ 同上。

传承不绝。法主·耶桑孜瓦（chos rje yid bzang rtse ba）曾说："宗喀巴大师弟子中纳塘巴·喜热桑格的佛教事业之兴隆，无有能相比者。"这一赞扬名副其实。①

杰尊·喜热桑格在弘扬格鲁派密法的过程中起到重要的作用。他之后，拉萨下密宗院的上师即堪布法位，由其弟子居巴·金巴贝（rgyud pa sbyin pa dpal）接任，继续推演格鲁派密宗法脉。按照格鲁派史书记载：

从此，讲授密续之上师依次有多杰强（居巴）·金巴贝、居巴·贡嘎顿珠（rgyud pa kun dgav don grub）、哲沃·扎西坚赞（kre bo bkra shes rgyal mtshan）、雪多巴·喜饶桑布（zho stod pa shes rab bzang po）、苏拉·嘎居巴（su ra dkav bcu ba）、罗本慈桑（slob dpon tshul bzang）、却杰·却迥嘉措（chos rgyal chos skyong rgya mtsho）、坚赞桑布（rgyal mtshan bzang po）、却扎桑布（chos grags bzang po）、达布·南喀札（dags po nam mkhav grags）、却杰·强巴嘉措（chos rgyal byams pa rgya mtsho）、阿里巴·扎西桑布（mngav ris bkra shes bzang po）、多杰强·根敦坚赞（rdo rje vchang dge vdun rgyal mtshan）、藏堆·南杰贝桑（gtsang stod rnam rgyal dpal bzang）、达隆札巴·洛哲嘉措（stag lung brag pa blo gros rgya mtsho）、吉沃瓦·阿旺曲扎（spyil bu ba ngag dbang chos grags）、赛康古杰·阿旺确吉坚赞（gsal khang sku skye ngag dbang chos kyi rgyal mtshan）、贡布·丹增勒协（kong po bstan vdzin legs bshad）、达布·却杰扎西（dags po chos rgyal bkra shes）、阿里·班丹坚赞（mngav ris dpal ldan rgyal mtshan）、潘布·丹曲南杰（vphen po dam chos rnam rgyal）、雪巴·洛桑顿悦（zhogs pa blo bzang don yod）、阿里·洛桑南杰（mngav ris blo bzang rnam rgyal）、雪达·阿旺诺布（zhogs mdav ngag dbang nor bu）、桑耶瓦·喜饶嘉措（gsang ye ba shes rab rgya mtsho）、鲁本弥尼·洛哲嘉措（klu vbum mi nyag blo gros rgya mtsho）、桑罗·金巴嘉措（bsam blo sbyin pa rgya msthao）、甘丹雪巴·班觉嘉措（dgav ldan zhol pa

---

① 土观·洛桑却吉尼玛：《土观宗派源流》（thuvu dkan grub mthav）藏文版，兰州，甘肃民族出版社，1984年版，第341页。

dpal vbyor rgya mtsho)。

现在由郭芒拉瑟·顿珠嘉措（sgo mang bla zur don grub rgya mtsho）讲授主课《四合注疏》（vgrel ba bzhi sbrags）、副课《五次第明炬》（rim lnga gsal sgron）、《生起次第成就海》（bskyed rim dngos grub rgya mtsho）、克珠杰的《大威德生圆次第》（vjigs byed bskyed rdzogs）、达布·南喀札的《密集生圆次第》（gsang vdus bskyed rdzogs）、《本续注疏》（rtsa rgyud kyi tiaw kka）、《密集五次第》（gsang vdus rim lnga）等，学僧约 300 名。[①]

以上引文中诸位高僧是格鲁派密法在前藏地区传宗接代和发扬光大的代表性人物，自居巴·金巴贝（15 世纪）至郭芒拉瑟·顿珠嘉措（17 世纪），历时 200 多年，他们不断完善和健全格鲁派学僧研修密宗的课程和教规，最终在拉萨古城形成以拉萨下密宗院为中心的前藏密宗传承系。由于拉萨下密宗院是在前藏多处密宗讲修院的基础上逐步建立起来的密宗主寺，在其具体建立时间上，迄今尚未找到文献依据，很难得出准确无误的定论。

根据东噶·洛桑赤列的考证，16 世纪之前，前藏密宗传承系以甘丹寺为中心，约在 16 世纪下半叶在拉萨城内建立相对独立的密宗学院，随之其中心移入新的密宗学院，成为格鲁派的正统密宗学院，史称"班丹居麦扎仓"（dpal ldan rgyud smad grwa tshang），即吉祥下密宗学院（位于今西藏拉萨老城区）。17 世纪，甘丹寺第五十届赤巴（金座法台）恰扎·根敦平措（bya bral dge vdun phun tshogs）在担任拉萨下密宗院堪布（住持）期间，新建了下密宗院大经堂。[②] 使下密宗院的规模扩大，规格提升，俨然成为一座密宗大僧院。

拉萨下密宗院下设擦瓦（tsha ba）、赛贡（gser kong）、安多（Aamdo）、寨霍（tre hor）、嘉绒（rgyal rong）五个康参（khang tshan）。其中，赛贡康参属下又有卓弥（vbrog mi）、丹玛（ldan ma）等十六个弥参

[①] 第司·桑结嘉措：《格鲁派教法史——黄琉璃宝鉴》（dgav ldan chos vbyung beetvurya ser po），北京，中国藏学出版社，1989 年版，第 100—101 页。

[②] 东噶·洛桑赤列编纂：《东噶藏学大辞典》（dung dkar tshig mzdod chen mo），北京，中国藏学出版社，2002 年版，第 714—715 页。

（mi tshan）；安多康参属下有夏琼（bya khyung）、藏巴（gtsang pa）等四个弥参；寨霍属下有甘孜（dkar mdzes）、札巴（rdza pa）等；嘉绒康参属下有打箭炉（dar mdo）等。每个康参由一名长老僧人（spyi rgan）具体负责。①

拉萨下密宗院的组织制度十分完善，其住持实行堪布制，下设喇嘛乌仔（bla ma dbu mdzad）、强真（byang vdren）、格贵（dge skos）、果聂（dkor gnyer）、东堪（dung mkhan）等职位，分工明确。堪布主管教法；喇嘛乌仔，意为主持人，他主管教规；强真，意为领腔师，他负责诵经等仪式；格贵负责僧纪等；果聂，意为管家，他负责饮食等；东堪，意为乐官，他负责乐团。

三 上密宗院传承

上密宗院是指拉萨上密宗学院，藏语称"居堆巴扎仓"（rgyud stod pa graw tshang），亦称"桑钦居扎堆巴"（gsang chen rgyud graw stod pa），意即大密续部上学院。实际上，这一称谓是相对于拉萨下密宗院而命名的。拉萨上密宗院亦系下密宗院传承，由杰尊·喜热桑格和居钦·金巴贝的著名弟子居钦·贡噶顿珠（rgyud chen kun dgav don grub，1419—1486）创建。按照藏文史书记载：

> 居钦·贡噶顿珠于藏历第八绕迥土猪年（1419）在后藏江孜乃宁（gnas rnying）地方出生，幼年在纳塘寺剃度出家，学习各种教法；在根敦珠巴座前学习《释量论》（tshad ma rnam vgrel）；在前藏格培（dge vphel）地方拜杰尊·喜热桑格为师修学《本续》（rtsa rgyud）第七章以上释论和五次第法；在哲蚌寺拜堪钦·班洛（mkhan chen dpal blo）学习《中观》、《般若》、《律论》和《现观庄严论》等大论。尤其拜居巴·金巴贝为师，系统修学了《密集》注疏和教授，从而成长为精通显密教法的大学者，遂入拉萨下密宗学

---

① 东噶·洛桑赤列编纂：《东噶藏学大辞典》（dung dkar tshig mzdod chen mo），北京，中国藏学出版社，2002年版，第716页。

院，研修密法。①

藏历第八绕迥的木猴年（1464），当居钦·贡噶顿珠46岁时，拉萨下密宗院堪布居钦·金巴贝和居巴·扎桑瓦相继圆寂，众学僧推举居钦·贡噶顿珠继任堪布，但乌泽·顿悦（dbu mdzad don yod）等实权派另任命扎西坚赞为新的堪布。为此，学院内部产生矛盾，居钦·贡噶顿珠领取"六臂怙主"唐卡（Phyag drug pavi zhal thang）和嘎巴拉（ka pav la）法器，便前往前藏上部静修地，欲另立炉灶。《土观宗派源流》记载：

> 曾仅见过杰尊·喜热桑格之面的乃宁巴·贡噶顿珠亦来居麦，从金巴贝听闻续释及教授。金巴贝后扎桑瓦继任，二师先后一年逝世，理应由贡噶顿珠继任上师，因乌泽·顿悦等推举哲乌·扎西坚赞继任上师。贡噶顿珠心中略有不满，遂取密宗院供奉的贡布怙主画像和嘎巴拉赴前藏上部。最初师徒6人，后渐次增为32人，恰巧合了《密集》诸尊数目的缘起。②

居钦·贡噶顿珠将门下32名师徒作为殊胜的缘起，向他们开讲续部《密集》（gsang vdus）法门。1464年，居钦·贡噶顿珠离开下密宗院，偕同甘丹寺强孜扎仓高僧贡噶扎西前往位于前藏上部的强巴林寺担任住持，讲授佛经，并在隆霄（klung shod）一带化缘，推广佛法善业，获得显著成效，尤其在续部《密集》及利他事业等方面成绩斐然。大约历时10年以后，下密宗院堪布扎西坚赞升任为甘丹寺强孜扎仓（byang rtse graw tshang）法王后，上师喜饶桑布遂派使者到隆霄地方邀请居钦·贡噶顿珠担任下密宗院堪布，但他托梦决定，没有接任下密宗院堪布职位，而继续留在原地讲授密法。土观·洛桑却吉尼玛说：

> 扎西坚赞后，虽曾迎请居钦·贡噶顿珠担任下密宗院上师，辞而

---

① 普觉·阿旺强巴：《四大寺及上下密院史》（graw sa chen po bzhi dang rgyud pa stod smad chags tshul pad dkar vphreng ba bzhugs so），拉萨，西藏人民出版社，1989年版，第100页。

② 土观·洛桑却吉尼玛：《土观宗派源流》（thuvu dkan grub mthav），兰州，甘肃民族出版社，1984年版，第340页。

未往，他在此处开讲续部《密集》。年复一年，僧徒日众。居钦·贡嘎顿珠自任上师讲授密法13年，遂产生卫地的居堆巴扎仓。①

上文中的"卫地的居堆巴扎仓"（rgyud stod pa graw tshang）是指前藏的上密宗院。其创立时间，史书认为：是在居钦·贡嘎顿珠56岁那年，即藏历第八绕迥木马年（1474）建立，② 具体坐落在墨竹工卡境内，至1476年，已初具规模。创建上密宗院之后，居钦·贡嘎顿珠遵循杰尊·喜饶桑格和居钦·金巴贝二位上师的教规，严守佛教戒律，亲自住持上密宗院，讲授密法达13年之久。

藏历第八绕迥木蛇年（1485），拉萨河泛滥，危及拉萨城内百姓的生命财产安全。当时彭萨·达隆巴（vbon sa stag lung pa）迎请贡嘎顿珠举行禳灾法事活动，第二天洪水减退，避免了一场自然灾害。彭萨·达隆巴将拉萨小昭寺封赐给上密宗院作为奖赏。

藏历第八绕迥火马年（1486），贡嘎顿珠在前藏上部强巴林寺圆寂，享年68岁，遗体火化后，出现许多舍利。之后，因没有及时确定密宗院上师人选，密法授课中断两年，第三年即1488年，墨竹工卡嘉玛（rgya ma）地方人，拉旺仁钦（lha dbang rin chen，1446—1516）高僧升任上师职位，成为上密宗院的第二任堪布，至1499年卸任。他住持上密宗院并讲授密法达12年，于藏历第八绕迥火鼠年（1516）在沃纳寺（vod snavi dgon）圆寂，享年71岁。

拉萨上密宗院第三任堪布为却丹罗哲（chos ldan blo gros，1458—1511），他于1499年继任堪布，住持上密宗院达13个年头，即藏历第九绕迥金羊年（1511）在噶蔡寺（ka tshal dgon）圆寂，享年54岁。

第四任堪布为班禅·索南扎巴（pan chen bsod nams grags pa，1478—1554），他于1512年继任上密宗院堪布，至1524年卸任。班禅·索南扎巴在13年的堪布任期内，主讲续部生圆密法，改善学僧生活条件，新建大经堂，为上密宗院的建设和发展作出了巨大贡献。

---

① 土观·洛桑却吉尼玛：《土观宗派源流》（thuvu dkan grub mthav），兰州，甘肃民族出版社，1984年版，第340—341页。

② 普觉·阿旺强巴：《四大寺及上下密院史》（graw sa chen po bzhi dang rgyud pa stod smad chags tshul pad dkar vphreng ba bzhugs so），拉萨，西藏人民出版社，1989年版，第101页。

实际上，班禅·索南扎巴是一名大有作为的格鲁派高僧，他于藏历第九绕迥土牛年（1529），荣登甘丹寺第十五届赤巴（金座法台），任职8年后卸任。之后，他又相继担任哲蚌寺、色拉寺大堪布。与此同时，班禅·索南扎巴著书立说，在藏传佛教界影响颇大，撰有《密集生圆次第导论·贤者喜悦》（gsang ba vdus pavi bskyed rdzogs kyi khrid yig mkhas pavi yid vphrog）、《般若要义·明灯》（phar phyin spyi don yum don gsal bavi sgron me）、《中观要义·明灯》（dbu mavi spyi don zab don gsal bavi sgron me）、《新旧噶当派教法史·意饰壮美》（bkav gdams gsar rnying gi chos vbyung yid kyi mdzes rgyan）、《律分别说·经论骄阳》（vdul bavi rnam bshad lung rigs nyi ma）、《中观辨析·奥义明灯》（dbu mavi mthav dpyod zab don yang gsal sgron me）、《释量论疑难解说·义理明示》（tshad ma rnam vgrel gyi dkav vgrel dgongs pa rab gsal）、《律藏史》（vdul bavi chos vbyung）《俱舍论释》（mngon pa mdzod gyi vgrel ba）、《新红史》（deb ther dmar po gsar ma）、《续部概论》（rgyud sde spyi rnam）、《阿毗达磨集论注疏》（mngon pa kun btus kyi vgrel pa）等著作。

此外，班禅·索南扎巴圆寂后，嗣法弟子寻找转世灵童，建立了阿里转世活佛系统（mngav ris sprul sku rin po che），追认班禅·索南扎巴为第一世阿里活佛，第二世为索南益西旺布（bsod nams ye shes dbang po，1556—1592），第三世为阿旺索南格勒白桑（ngag dbang bsod nams dge legs dpal bzang，1594—1614），第四世为珠古扎巴坚赞（sprul sku grags pa rgyal mtshan，1619—1656）。

班禅·索南扎巴之后，拉萨上密宗院相继由官德·南喀坚赞（sgom sde nam mkhav rgyal mtshan）、尊者·贡却曲培（rje dkon mchog chos vphel）等高僧住持。

藏历第十二绕迥金兔年（1711），蒙古和硕特部拉藏汗又颁发了将小昭寺及其所属经堂等永久性归属上密宗院的文书。随后小昭寺逐渐演化为上密宗院的中心寺院。

拉萨上密宗院下设安多（Aa mdo）、扎巴（grags pa）、普康（phu khang）、弥聂（mi nyag）和荣巴（rong pa）五个康参（khang tshan）；平日寺僧约200人。

拉萨上、下密宗两院，既一脉相承，又独立传法。两座学院的教程均依据宗喀巴大师的《密宗道次第广论》（sngags rom chen mo）和格鲁派高僧大德的密宗论著，主要传习和研修密宗四续及其《密集》（gsang vdus）、《胜乐》（bde mchog）和《大威德》（vjigs byed）本尊（yid dam）密法。

可以说，拉萨上、下密宗两院的相继创建，为格鲁派学僧提供了传承、弘扬、研习和修持密宗教法仪轨的专门场所，并与拉萨三大寺相得益彰，共同确立了格鲁派显密宗的祖庭权威；其嗣法传承者在各地建立密宗寺院，或在大型寺院中设立密宗扎仓（学院），使格鲁派的密宗法脉传承得以发扬光大。所以，拉萨上、下密宗两院在格鲁派乃至藏传佛教寺院教育史上占有重要地位。

四　昌都强巴林寺传承

藏历第八绕迥火蛇年，即明正统二年（1437），史称宗喀巴边远六大弟子之一的麦·喜热桑布（smad shes rab bzang po，1395—1457）从拉萨返回康区故里，在昌都地方（chab mdo，今西藏自治区昌都地区昌都镇）创建昌都强巴林寺（chab mdo byams pa gling），成为格鲁派在康区弘法的第一座寺院。昌都强巴林寺在其初期阶段，相继建立林堆扎仓（gling stod graw tshang）、林麦扎仓（gling smad graw tshang）、努林扎仓（nub gling graw tshang）、库久扎仓（khu byug graw tshang）和绛热扎仓（lcang ra graw tshang）五大学院，并设定以研习显宗五部大论为主、修习密宗四续为辅的显密兼容的教学体制。

昌都强巴林寺的管理体制，最初是堪布（mkhan po）负责制，根据《昌都强巴林寺志》（chab mdo byams pa gling gi gdan rabs）记载：

麦·喜热桑布创建强巴林寺后，自任堪布，住持寺院达21年，成为强巴林寺第一任堪布（住持）；第二任堪布为香雄巴·却旺扎巴（zhang zhung pa chos dbang grags pa，1404—1469）；第三任堪布为堆隆巴·粗顿南喀贝（stod lung pa mtshuur ston nam mkhav dpal ba，？—1471）；第四任堪布为济仲·喜热贝泽（rje drung shes rab dpal brtsegs，1427—1507）；第五任堪布为济仲·贡嘎贝瓦（rje drung kun dgav dpal ba，1451—1514）；第六任堪布为济仲·贡嘎班丹（rje drung kun dgav dpal ldan，1457—1540）；第七任为堪布济仲·贡嘎罗哲（rje drung kun dgav blo gros，1483—1566）；第八任堪布为济仲·

阿仁巴根敦扎西（rje drung sngags rim pa dge vdun bkra shes, 1486—1557）；第九任堪布为济仲·弥悦宁布（rje drung mi gyo snying po, 1497—1564）；第十任堪布为济仲·喜热旺布（rje drung shes rab dbang po, 1500—1586）；第十一任堪布为济仲·嘉央希念（rje drung vjam dbyangs bshes gnyen, 1502—1569）；第十二任堪布为济仲·拉旺却吉坚赞（rje drung lha dbang chos kyi rgyal mtshan, 1537—1603）；第十三任堪布为第三世达赖喇嘛·索南嘉措（rgyal ba bsod nams rgya mtsho, 1543—1589），虽住持时间仅六个月，但其讲经传法给当时及后世留下深远影响。①

藏历第十绕迥木马年，即明万历二十二年（1594），第三世帕巴拉·通瓦顿丹（mthong ba don ldan, 1567—1604）荣登第十四任堪布（住持）宝座后，历代帕巴拉活佛开始掌控强巴林寺，成为第一大活佛和寺主。其前世两代帕巴拉活佛分别为第一世帕巴拉·德钦多杰（vphags pa lha bde chen rdo rje, 1439—1487）和第二世帕巴拉·桑杰（vphags pa lha sangs rgyas, 1507—1566）。

藏历第十绕迥木龙年，即明万历三十二年（1604），第二世希瓦拉·桑杰迥奈（zhi ba lha sangs rgyas vbyung gnas, 1543—1620）成为第十五任堪布；第十六任堪布为第四世帕巴拉·却吉嘉布（chos kyi rgyal po, 1605—1643）；第十七任堪布为第四世嘉热活佛·阿旺赤列桑布（lcags ra sprul sku ngag dbang vphrin las bzang po, 1607—1667）；第十八任堪布为第三世希瓦拉·却吉坚赞（zhi ba lha chos kyi rgyal mtshan, 1625—1717）。

第五世帕巴拉·嘉瓦嘉措（vphags pa lha rgyal ba rgya mtsho, 1644—1713）成年后，接任第十九任堪布职位。他在主持寺院事务期间，仿布达拉宫南杰扎仓，在自己府邸创建定额232名僧人的"南卓扎仓"（rnam grol graw tshang），制定以修持密宗教法、举行密宗仪式为主的教规。同时，将原五大扎仓扩建为八大扎仓（学院），即密集扎仓（gsang vdus）、时轮扎仓（dus vkhor）、大威德扎仓（vjigs byed）、喜金刚扎仓（kyee rdor）、毗卢遮那扎仓（kun rig）、胜乐扎仓（bde mchog）、大轮扎仓

---

① 杰尊·强巴却扎：《昌都强巴林寺志》（chab mdo byams pa gling gi gdan rabs），昌都印刷厂铅印本，第515—518页。

(vkhor chen)、无量寿扎仓（tshe dpag med），总称"八大密宗修持院"（sgrub grwa brgyad），法事仪轨遵循拉萨密宗下院教规。强巴林寺始转型为以奉行密宗教法仪轨为主的大僧院。

第二十任堪布为第五世嘉热·阿旺丹增伦珠（lcags ra sprul sku ngag dbang bstan vdzin lhun grub，1671—1727）。

藏历第十二绕迥土狗年，即清康熙五十七年（1718）第六世帕巴拉·晋美丹贝嘉措（vjigs med bstan pavi rgya mtsho，1714—1754）幼年接任堪布职位，成为第二十一任堪布。清康熙五十八年（1719），康熙帝封第六世帕巴拉·晋美丹贝嘉措为呼图克图，颁发"阐讲黄教额尔德尼呼图克图"之印。第六世帕巴拉·晋美丹贝嘉措住持寺院达 37 年。

第二十二任堪布为第四世希瓦拉·格勒嘉措（zhi ba lha dge legs rgya mtsho，1720—1799），住持寺院达 21 年。

藏历第十三绕迥火猴年，即清乾隆四十一年（1776），第七世帕巴拉·益西晋美班丹旦贝贡布（ye shes vjigs med dpal ldan bstan pavi mgon po，1755—1794）接任堪布职位，成为第二十三任堪布。

第二十四任堪布为第三世贡多活佛（dkon rdor sprul sku）·洛桑却勒南杰（blo bzang phyogs las rnam rgyal，1762—1839），住持寺院 10 年。

藏历第十三绕迥木牛年，即清嘉庆十年（1805），第八世帕巴拉·洛桑晋美班丹旦贝尼玛（blo bzang vjigs med dpal ldan bstan pavi nyi ma，1795—1847）接任堪布职位，成为第二十五任堪布，住持寺院达 43 年。

第二十六任堪布为第五世希瓦拉·洛桑顿珠嘉措（blo bzang don grub rgya mtsho，1800—1863），住持寺院 14 年。

藏历第十四绕迥水狗年年，即清同治元年（1862），第九世帕巴拉·阿旺洛桑晋美丹贝坚赞（ngag dbang blo bzang vjigs med bstan pavi rgyal mtshan，1849—1900）接任堪布职位，成为第二十七任堪布，住持寺院达 39 年。

第二十八任堪布为第六世希瓦拉·阿旺钦热丹增赤列（ngag dbang mkhyen rab bstan vdzin vphrin las，1864—1923），住持寺院 18 年。[①]

清代中后期，昌都强巴林寺发展迅速，规模宏大，平时寺僧就达 3000 人，拥有属寺 130 多座，遍布昌都、类乌齐、左贡、察雅、丁青、

[①] 参见杰尊·强巴却扎：《昌都强巴林寺志》（chab mdo byams pa gling gi gdan rabs），昌都印刷厂铅印本，第 519—522 页。

八宿、江达和波密等地；并形成帕巴拉（vphags pa lha）、希瓦拉（zhi ba lha）、嘉热（lcags ra）、贡多（dkon rdor）和智塘加热（gru thang rgya ra）等大活佛转世系统。其中帕巴拉活佛为法定寺主，当他尚处幼年期时，由希瓦拉、嘉热和贡多三位世系活佛轮流代理掌管政教事务。强巴林寺以传承拉萨密宗下院的教法仪轨为主；其僧众习惯赴拉萨三大寺和密宗下院进修深造。

五　松赞林寺传承

藏历第十一绕迥土羊年，即清康熙十八年（1679），第五世达赖喇嘛派遣门下高僧在边远建塘（rgyal thang，今云南迪庆藏族自治州香格里拉县）筹建格鲁派大僧院。寺院是在原孜夏寺（rtsi bzhag dgon）遗址上建造，至康熙二十年（1681）竣工。第五世达赖喇嘛赐名"甘丹松赞林寺"（dgav ldan sum rtsen gling），并命琼杰巴·阿旺南杰（vphyong rgyas pa ngag dbang rnam rgyal）担任堪布（住持），管理本寺及其属寺宗教事务。初期寺僧约500人，僧众习惯赴拉萨色拉寺、哲蚌寺和甘丹寺三大寺院的颇康（phod khang）系科修学深造。甘丹松赞林寺主要遵循拉萨密宗上院教规，以修持密集金刚等密宗教法、奉行密宗仪轨为主，下属支寺众多。[①] 清雍正二年（1724），赐名"归化寺"；清乾隆年间，钦定寺僧1226人，最盛时逾越定额。按照有关文献记载：

　　松赞林寺自建寺以来，由于受到清政府和历代达赖喇嘛以及当地土官的支持，逐渐发展成为中甸政治、经济、文化的中心，掌握着中甸地方的政教实权。历史上噶丹松赞林寺与西藏达赖喇嘛和三大寺有着密切的关系。自五世达赖喇嘛以后的每一代达赖喇嘛坐床，噶丹松赞林寺都要选一名迪巴、一名念巴去敬贺，参加坐床典礼，噶丹松赞林寺设有达赖坐床基金，有专人管理经营。每当有新一代达赖坐床时，就动用此资金去祝贺。如十四世达赖喇嘛坐床时的赴藏敬贺迪巴是尼西江茂迪巴、念哇是东旺纳拉念哇。回赐的礼品也相当丰厚。凡新剃度为僧的沙弥、转世活佛，都要在本寺学经，尽十年沙弥义务。

[①] 参见第司·桑结嘉措：《格鲁派教法史——黄琉璃宝鉴》（dgav ldan chos vbyung beetvurya ser po），北京，中国藏学出版社，1989年版，第457页。

十年后要到拉萨三大寺受比丘戒后，返回本寺进行政教事务，也有继续留在三大寺学经，争取得到格西学位，凡转世活佛都要在三大寺求学，直至取得拉然巴格西学位，在三大寺布施僧众，承认转世活佛名位，方能回寺当活佛。①

总之，甘丹松赞林寺持续得到清朝历代皇帝和云南巡抚的赏赐，以及得到地方土司和拉萨三大寺的扶持，其宗教势力和社会影响范围逐步扩大，至清末已成为云南藏区第一大格鲁派寺院和藏传佛教政教文化中心。

六 夏琼寺传承

夏琼寺（bya khyung dgon）始建于藏历第六绕迥土牛年，即元至正九年（1349），全称"吉祥夏琼特钦永丹达杰林寺"（dpal ldan bya khyung theg chen yon tan dar rgyas gling，位于今青海省化隆县查甫乡境内），最初以噶当派寺院自居，后改宗格鲁派。由于宗喀巴大师早年在夏琼寺拜却杰·顿珠仁钦（chos rje don grub rin chen）为师剃度出家，该寺在民间享有"格鲁派祖寺"之誉。

藏历第十绕迥水猪年，即明天启三年（1623），夏琼寺第九届法台（住持）却杰·丹巴仁钦（chos rje bstan pa rin chen）建立显宗学院（mtshan nyid grwa tshang），始系统传习显宗五部大论，成为安多地区较早系统修学显宗教理的名寺。后因事中断，终未恢复。

藏历第十三绕迥火兔年，即清乾隆十二年（1747），拉萨密宗下院高僧俄然巴·阿旺扎西（sngags rams pa ngag dbang bkra shes）在甘丹赤巴·阿旺却丹的鼓励下，在夏琼寺筹建密宗学院（sngags pa graw tshang）。翌年，正式建立并开课，始系统修学密宗四续及教法仪轨；乾隆二十年（1755），密宗学院又得以扩建，初具规模。

藏历第十三绕迥水龙年，即乾隆三十七年（1772），第三世却藏·阿旺图丹旺秋（1725—1796）出任夏琼寺第三十九届法台，他用重金扩建大经堂（一百二十八根柱子）和新建却藏活佛府邸。尔后，历辈却藏活佛成为夏琼寺寺主。在民间虽有夏琼寺为郭隆寺子寺之说，但终究未能在

---

① 勒咱·扎拉：《康藏名寺——噶丹松赞林寺》，昆明，云南民族出版社，1997年版，第16页。

社会上得到普遍认可。乾隆五十三年（1788），乾隆帝亲自给夏琼寺赐汉、藏、蒙、满四体"法净寺"匾额。

藏历第十三绕迥火蛇年，即清嘉庆二年（1797），塔尔寺第三世西纳活佛·慈臣达杰（zi na tshul khrims dar rgyas, 1734—1802）出任夏琼寺第四十六届法台，创建藏医药学院（sman ba graw tshang），内设天文历算及医药学等科目；嘉庆七年（1802），噶普·洛桑顿珠（rka phug blo bzang don grub）出任医药学院堪布（住持），采纳密宗上师阿旺索南（ngag dbang bspn nams）的建议，将医药学院改建为时轮学院（dus vkhor graw tshang），主要研习时轮金刚法并涉及天文历算等五明学（rig gnas lnga）学科，其中仍保留医药学内容。

至清朝末期，夏琼寺拥有密宗学院、时轮学院及活佛府邸 25 座和属寺 25 座，寺僧达 1000 人。其学僧主要遵循拉萨密宗下院教规和色拉寺杰尊·却吉坚赞教程，以研修密宗为主，传习显宗为辅。

夏琼寺以历史悠久、戒律严谨和名僧辈出而闻名，以第五十四届甘丹赤巴·阿旺却丹（ngag dbang mchog ldan, 1677—1752）、第五十八届甘丹赤巴·阿旺曲扎（ngag dbang chos grags, 1707—1778）、第六十六届甘丹赤巴·阿旺年智（ngag dbang snyan grags, 1746—1824）等高僧为代表，声誉甚隆；并与郭隆寺（佑宁寺）、赛柯寺（广惠寺）和却藏寺（广教寺）齐名，成为安多（今青海及甘肃藏区）北方四大寺之一。

第六节　温萨耳传密法系

所谓"温萨耳传密法"（dben sa snyan brgyud）系，是指格鲁派密宗的重要法脉源流，也是格鲁派二大密法传承之一。具体而言，是"以耳传与《幻化大经卷》（sprul pavi glegs bum）为主的宗喀巴大师显密教授的各种精华，首先得到传授者即朵丹·降贝嘉措和克珠杰大师。又由他们二人次第相传到温萨巴师徒之间，遂称为温萨耳传"。[①] 该密法传承在其历史上经过了三个发展演进阶段。

[①] 土观·洛桑却吉尼玛著，刘立千译：《土观宗派源流》，北京，民族出版社，2000 年版，第 176 页。

一　甘丹寺时期的耳传密法

温萨耳传密法，其法脉源于宗喀巴大师，实际建构者为朵丹·绛白嘉措（rtogs ldan vjam dpal rgya mtsho，1356—1428）。根据藏文史籍，朵丹·绛白嘉措乃是唯一获得宗喀巴显密要义及《幻化经卷》（sprul pavi glegs bum）的亲传弟子。① 他以修持宗喀巴大师亲口传授的密法为终身目标，尤其以宗喀巴大师亲手传与的《幻化经卷》为依托，成为推演宗喀巴密宗耳传法脉的第一人。《如意宝树史》记载：

>朵丹·绛白嘉措出生于朵麦（安多）宗喀谷地，赴前藏后，师从宗喀巴大师、邬玛巴（dbu ma pa）、雪隆措卡瓦（zhol lung mtsho kha ba）、达隆译师（stag lung lo tsa ba）、京俄瓦（spyan snga ba）、扎察堪布根敦仁钦（dge vdun rin chen）、班丹喇嘛（dpal ldan bla ma）的弟子云丹桑布（yon tan bzang po）等，广闻佛法，时常显见文殊，生起显密的贤妙证悟，宗喀巴大师曾让他向文殊请问疑难。此外，他因食柏树籽苦修而人称"柏树籽师"，享年七十三岁去世，其转世次第有嘉赛希热培（rgyal sras shes rab vphel）、顿悦却吉坚赞（don yod chos kyi rgyal mtshan）等。②

宗喀巴大师奉文殊授记避世修行时期，分初、中、末三个阶段，收纳弟子传授密法。朵丹·绛白嘉措便是中期收纳的八大清净眷属弟子之一，也是朵麦地方（mdo smad，安多）的四位门下弟子之一。可以说，朵丹·绛白嘉措不仅是宗喀巴大师的重要门徒，而且是格鲁派温萨耳传密法的传承第一人。《土观宗派源流》记载：

>至于温萨教传的起源，初有朵丹·绛白嘉措和有缘善根的弟子五六人，在日沃甘丹寺，曾叩问文殊及宗喀巴上师，获得很多授记。又

---

① 土观·洛桑却吉尼玛：《土观宗派源流》（thuvu dkan grub mthav）藏文版，兰州，甘肃民族出版社，1984年版，第342页。
② 松巴·益西班觉：《佛教如意宝树史》（dpag bsam ljon bzang）藏文版，兰州，甘肃民族出版社，1992年版，第486页。

文殊及宗喀巴大师所讲耳传殊胜之教授，名为《幻化经卷》，其中少分粗义，亦曾传与克珠杰。而《幻化经卷》全部妙义，则惟传与上师朵丹·绛白嘉措一人，未传授给任何其他人。①

源于宗喀巴大师的耳传密法，在后藏不少静修地兴盛之后，被称为"温萨念居"（dben sa snyan brgyud）法脉，意为"温萨耳传密法"或"静修地耳传密法"。上文引言中"温萨教法"是指这一密法传承。朵丹·绛白嘉措获得宗喀巴耳传密法后，倾注毕生精力，在前后藏（dbus gtsang）各地静修处修证，身体力行，遂在密宗修持领域取得成就，成为颇有建树的密宗高僧。同时，朵丹·绛白嘉措向他求法的弟子传授这一耳传密法，从而建立了格鲁派温萨耳传密法系（dben sa pa snyan brgyud），并得以繁衍勃兴，成为格鲁派主要密宗法脉传承之一。

此外，在宗喀巴大师耳传密法传承中尚有三位著名弟子，他们分别是夏鲁巴·勒巴坚赞（zhaw lu pa legs pa rgyal mtshan，1375—1450）、却杰·罗哲却迥（chos rje blo gros chos skyong，1389—1463）和帕索·却吉坚赞（ba so chos kyi rgyal mtshan，1402—1473），史称"持有文殊耳传法脉源头之三位金座弟子"。② 由于三位高僧先后荣登第四任（夏鲁巴·勒巴坚赞）、第五任（却杰·罗哲却迥）和第六任（帕索·却吉坚赞）甘丹寺"赤巴"（甘丹寺金座法台），故后人称他们为宗喀巴大师密法传承中的"金座弟子"。其中，帕索·却吉坚赞成为传承格鲁派密宗耳传法脉中的承前启后的关键性人物。根据《土观宗派源流》记载：

  克珠杰之后，荣登金座法台的是法力自在的夏鲁巴·勒巴坚赞；之后，却杰·罗哲却迥继任法台。这位高僧专长《续部》（rgyud），尤其精通《时轮》（dus vkhor），著有《时轮大疏补遗》（dus vkhor Tiaka chen gyi kha skong）。继他之后的金座法台是克珠杰之弟帕索·却吉坚赞，他依止朵丹·绛白嘉措，成为宗喀巴大师密法耳传教授之

---

① 土观·洛桑却吉尼玛：《土观宗派源流》（thuvu dkan grub mthav）藏文版，兰州，甘肃民族出版社，1984年版，第341—342页。
② 松巴·益西班觉：《佛教如意宝树史》（dpag bsam ljon bzang）藏文版，兰州，甘肃民族出版社，1992年版，第488页。

主。他撰有《中观见引导》（lta khrid）与《时轮生圆次第修法》（dus vkhpr gyi bskyed rdzogs）等。①

克珠杰和朵丹·绛白嘉措，皆是帕索·却吉坚赞的主要导师，但在宗喀巴耳传密法传承上，唯有朵丹·绛白嘉措一人成为权威传承者。史书曰："帕索·却吉坚赞从克珠杰亲领其所掌握的教授，尤其从朵丹·绛白嘉措座前领受了全部教授。"② 因此，朵丹·绛白嘉措之后，帕索·却吉坚赞自然成为格鲁派密宗耳传法脉的教主。其成长经历，有关文献记载：

> 宗喀巴大师之弟子、卫藏十教炬之一，后藏七代文殊之第五代，即帕索·却吉坚赞于藏历第七绕迥水马年（1402）出生在后藏拉堆绛之多雄地方。父系绛巴地方官员，名扎西贝桑；母亲名卓杰姆普詹（vbrog rgyal mo bu vdren）。有兄弟三人，他排行第二，长兄为克珠杰·格勒贝桑。少年时，即追随宗喀巴师徒，尤以长兄克珠杰为经师，经长期闻思总摄三藏四续之大藏佛典，成为饱学之士，能领悟宗喀巴大师不共之要义。在桑浦下院讲经闻法数年。然后向经师克珠杰、朵丹·绛白嘉措等求教诸多甚深法导引。前往后藏伦之地方，长期住在帕索伦珠德钦，故名帕索·却吉坚赞。在彼处向众有缘弟子遍施正法甘露之法雨。在夏堆森格附近建日沃德钦静修处（ri khrod）。此后，又建造多处以德钦立名之静修地（dben gnas）。帕索·却吉坚赞六十一岁时，遵照根敦珠巴的安排，从夏堆地方迎至扎什伦布寺，与至尊根敦珠巴详谈佛学。③

帕索·却吉坚赞是继嘉曹杰·达玛仁钦、克珠杰·格勒贝桑、夏鲁巴·勒巴坚赞、却杰·罗哲却迥之后，荣登甘丹寺"赤巴"（金座法台）的佛学大师。而甘丹寺"赤巴"职位，在藏传佛教界特别在格鲁派中具有宗教权威性。据有关文献记载：

---

① 土观·洛桑却吉尼玛：《土观宗派源流》（thuvu dkan grub mthav）藏文版，兰州，甘肃民族出版社，1984年版，第319页。
② 同上书，第342页。
③ 民族图书馆编：《藏文典籍目录》（shes byavi gter mdzod bar cha）中册，北京，民族出版社，1989年版，第278页。

>   当他（帕索·却吉坚赞）临去前藏之际，根敦珠巴吩咐道："此次是去登宗喀巴大师之法座，我当叩拜，不必还礼。"于是偕随从顶礼。后渐次来到甘丹寺，于藏历第七绕迥水羊年，继承宗喀巴大师之法位，广泛传授出家戒律以及灌顶、传承、教导和教诫等，因而教证之正法，在甘丹寺日益炽盛。①

帕索·却吉坚赞具有双重身份，既是担任甘丹寺"赤巴"的佛学大师，又是传承格鲁派耳传密法的著名人物。首先，他作为格鲁派祖寺的住持，即甘丹寺"赤巴"，圆满完成了宗教事业。正如文献记载：

>   在甘丹寺大经堂造狮子吼金质佛像，以及建造历代法台像等身语意依附供品甚多，担任甘丹寺赤巴（法台）十年。后由洛卓丹巴法王继任第七代赤巴法位。七十二岁即第八绕迥水蛇年（1473）十二月十五日，在甘丹寺绛林（byang gling）圆寂。遗体火化后，骨灰分置于甘丹寺宗喀巴灵塔右侧之第三座银塔与桑昂喀寺灵塔等之内。②

其次，帕索·却吉坚赞作为传扬格鲁派耳传密法的承前启后的关键性人物，他在未上任甘丹赤巴前，就已饱学宗喀巴佛学思想，并在桑浦寺热瓦麦（ra ba smad）学院讲授经论；之后，前往后藏的荣楞帕索（rong lhun ba so）地方实修密法，证悟胜乐甚深禅定（ting nge vdzin zab mo）境界，人称"帕索"（ba so）尊者。③ 帕索·却吉坚赞在传承这一密宗耳传法脉过程中作出了突出贡献，特别在有生之年培养了数位合格的嗣法者。正如文献记载：

>   特别是他（帕索·却吉坚赞）培育了许多传承宗喀巴大师耳传

---

① 民族图书馆编：《藏文典籍目录》（shes byavi gter mdzod bar cha）中册，北京，民族出版社，1989年版，第278页。
② 同上。
③ 第司·桑结嘉措：《格鲁派教法史——黄琉璃宝鉴》（dgav ldan chos vbyung beetvurya ser po）藏文版，北京，中国藏学出版社，1989年版，第73页。

法的有缘成就者弟子，其中以多麦巴·却吉多杰（mdo smad pa chos kyi rdo rje）、堆隆巴·班丹多杰（stod lung pa dpal ldan rdo rje）、康巴·多杰贝（khams pa rdo rje dpal）为代表。①

帕索·却吉坚赞亲自培养的上述三位密宗弟子，史称"金刚三兄弟"（rdo rje mchad msum），② 他们在格鲁派密宗温萨耳传发展史上有着很高的宗教地位。由于密宗戒律极其严格，当时帕索·却吉坚赞仅选中三位上乘弟子，在向他们传授密法的过程中又提出了苛刻的要求，并规定了严格的纪律。正如文献记载：

> 帕索·却吉坚赞除了仅向三人具备条件者传授此密法外，没有对其他人传授，而且，他向三位弟子警告：倘若遇见真正出世之合格有缘弟子，只允许向一二人传授此密法。除此之外，不能向任何人透露有关耳传密法的片言只字。同时，设定本尊、空行、护法之灌顶和誓言，以严加守护密宗戒律。③

帕索·却吉坚赞的三位金刚弟子中最终由多麦巴·却吉多杰继承了上师法位，将此密法成功地传给下一代嗣法者，因而他在格鲁派耳传密法传承史上发挥了重要作用。故后人在其名前加上"珠钦"（grub chen）两字，即"大成就者"，尊称"珠钦·却吉多杰"（grub chen chos kyi rdo rje），意为"大成就者·却吉多杰"。其生平事迹，在藏文文献中有较详记述：

> 珠钦·却吉多杰（1457—?）的祖籍为东方安多宗喀，即宗喀巴大师诞生地。父名贡嘎杰布（kun dgav rgyalpo）、母亲叫贝宗（dpal vdzom），是一对朝圣者夫妇，曾前往前后藏朝圣。珠钦·却吉多杰就是在朝圣途中降生，日期为藏历火牛年（1457），地点是后藏达那

---

① 民族图书馆编：《藏文典籍目录》（shes byavi gter mdzod bar cha）中册，北京，民族出版社，1989年版，第278页。
② 土观·洛桑却吉尼玛：《土观宗派源流》（thuvu dkan grub mthav）藏文版，兰州，甘肃民族出版社，1984年版，第342页。
③ 同上。

多杰丹（rta nag rdo rje gdan）。他11岁时跟随父母去格鲁派祖庭甘丹寺朝佛，时逢帕索·却吉坚赞担任甘丹赤巴。这位高僧见到小男孩顿觉非同一般，而且，与梦境中由金刚瑜伽母预示的完全一致，便向小孩父母捐送他们所需的丰厚的物资，并请求夫妇俩将小男孩留给他培养。这对夫妇十分高兴地将小孩送给了帕索·却吉坚赞。从此，这位男孩成为时任甘丹赤巴的帕索·却吉坚赞的掌上养子和门下弟子，为他剃度出家，授戒传法，取名却吉多杰。当却吉多杰打好文化和佛学基础后，帕索·却吉坚赞给他传授重要密法。首先，传授宗喀巴大师的菩提道次第要义；其次，传授密集、胜乐、大威德和时轮四续及相关灌顶等金刚乘入门法；最后，特意传授宗喀巴的文殊耳传密法。同时，将《幻化大经卷》（sprul pavi glegs bam chen mo）亲自传与却吉多杰，并教导严守密宗戒律及今后在静修地实践的重要性。①

帕索·却吉坚赞将《幻化大经卷》亲自传授给弟子珠钦·却吉多杰。这标志着珠钦·却吉多杰已确立为格鲁派耳传密法的第三代传承人，前辈朵丹·绛白嘉措为第一代传承人，帕索·却吉坚赞为第二代传承人。

珠钦·却吉多杰在甘丹寺亲近慈父般的上师帕索·却吉坚赞，专心修学密法达五年之后，遵循上师的教导，开始了他云游各地朝圣、学法和坐禅的宗教生涯。先拜各地知名高僧，广泛研习佛教经论；后在各地静修处专心致志地坐禅观修，其实践成就感与日俱增；最后在后藏的白玛坚（pad ma can）静修地驻足长时段修行，遂奠定了耳传密法在后藏建立静修中心之基础。特别是珠钦·却吉多杰在后藏静修地发现并招收一名嗣法者，又将耳传密法及《幻化大经卷》传授于他。这位门下高徒便是后来大名鼎鼎的温萨巴·洛桑顿珠。

二　温萨静修地时期的耳传密法

宗喀巴大师的文殊耳传密法，是在温萨巴·洛桑顿珠（dben sa pa blo bzang don grub，1505—1566）高僧时期，正式命名为"温萨耳传密法"

---

① 详见永增·益西坚赞：《道次师承传》（lam rim bla ma brgyud pavi rnam thar）藏文版，拉萨，西藏人民出版社，1990年版，第442页。

传承，而且，他本人也是后藏温萨地方人。所以，当他在藏传佛教密宗领域取得成就后，人们在其名前冠以"温萨巴"（dben sa pa）名号，意为"温萨人"。同时，温萨巴·洛桑顿珠在后藏建造温萨寺，开创温萨耳传密法发展之新途径。故其"温萨巴"名号，又蕴含"温萨耳传密法大成就者"之意。其生平事迹，在藏文文献中有较详记述：

温萨巴·洛桑顿珠于藏历第八绕迥木牛年（1505）生于后藏也如德杰且玛林丰附近拉空地方之温萨（dben sa），父名索南多杰，出身于东氏（mdongs）家族，母名贝宗吉。甫诞生即能诵六字真言，母认为降生即能言，绝非好事，乃用破垫蒙其头，因之言语迟钝，最初取名贡波嘉（mgon po skyabs），幼时远弃放荡之行，五六岁时，在别人难以找到之地洞里，呆了数日，让人一再寻找，诸如此类，在孩提时即十分喜爱修行之处，十一岁时，在拉孜瓦·扎巴顿珠尊前出家，赐名洛桑顿珠。轨范师策仁巴（tshul rin pa）去哲蚌寺，彼为随从受学诸法行，在杰·拉日瓦尊前闻菩提道次第等经论，又赴修行地日沃格培，从法王洛卓坚赞受诸多灌顶传经，是年冬，抵札什伦布寺，从绛央洛桑上师（bshes gnyen）、法王土登朗杰、至尊嘉却（skyabs mchog）闻习显密之灌顶传经及经论等。十七岁，患天花。一日，在门口见一诵缘起赞之白胡须比丘，迎入室内，请求摄受，彼即应允，乃为其根本上师，得全部不共耳传之教诫，其教证功德日增。上述所云之比丘乃传授宗喀巴大师之精要究竟教授耳传口诀及经典之至尊却吉多杰，上师极力护持、传授灌顶令其远离戏论，在修行地修甚深道精要瑜伽法，毫不放松，精进不间，故常作金刚跏趺坐，因而身上有溃烂之处，仅敷以牛粪灰烬，不作其他治疗，却依然发奋修持，精于禅定。二十余岁，在称为宁玛派大贤哲贾瓦雍（rgyal ba gayung）之修行地扎嘉沃多杰宫（brag rgya bo rdo rjevi pho brang），彻悟密集教授要义，于梵藏诸贤哲之论著，不仅能背诵如流，而且熟知梵语等若干种语言。有次去绒地（rong phyogs），萨迦达钦多杰林巴及强钦之诸轨范师、金才之善知识、达那之大译师等在喀如聚会，谈论声明，并言及格鲁派人不谙声明，时温萨巴洛桑顿珠至，以梵语讲授般若八千颂，咸皆不能作答，极为恼恨，虽以恶言恶语相加，然而大师仍百般忍让，毫不动容。至后藏，在修行地白玛坚（pad ma can）长期修行，专心静虑，恰扎一切智（即大成就师却吉多杰）之随从中有十余名得道弟子，念及温萨巴乃其首要弟子，授以耳传手册及幻化经函，使绍承法位。在该地首次向信徒讲经传法，另在许多修道地几次私自为众人讲经。因之，遍于雪山丛中之僻静处，此乃温萨巴讲经传法所致。三十三岁时，在哲蚌寺大经院，以达赖根敦嘉措为亲教师、戒师拉旺仁钦为羯摩师、哲蚌寺领腔师为屏教师，在适数之虔诚僧众中受具足戒。至拉萨，在大小昭寺两尊释迦佛像前为弘扬佛教，饶益众生而祈愿。至色拉寺，在达赖根敦嘉措前敬聆珠嘉传规（grub rgyal lugs）之长寿导引等诸多灌顶传经后，前往后藏。在格培堪布·勒白洛卓尊前敬聆禁食斋戒及其教理。有一时期，去色顶敬聆班钦·绛曲洛卓、阿里大译师朗杰所授密集根本续明灯论等诸多教诫，并且在修行地扎嘉多杰宫、耶玛达斯、朗钦、葛扎、白朗觉莫拉日山（pa snam jo mo lha ri）等地山寺中一意修行。在卫日顶（dbus ri rtse）建温寺（dben mgon），向来自多康、阿里、卫藏等有缘之虔诚徒众宣讲深广佛法，俗人民众诚心诚意所献供养与财物分文不取，凡此等等仰慕大师功德，而如群蜂聚集之僧徒遍布各地，难以尽述。简略言之，其主要弟子有一切智勒巴顿珠、绛敦·桑丹沃色、杰·洛卓朗杰、法王格勒朗杰、桑杰坚赞、法王阿旺扎巴、贡敦法王绛央结波、扎西坚赞、法王洛巴·洛卓朗杰、堪钦·罗桑嘉措等。总之，向僧俗大众宣讲深广正法，传法嗣于至尊上师桑杰益西。藏历第九绕迥火虎年（1566）六十二岁时圆寂。[①]

温萨巴·洛桑顿珠17岁时（1521年），在后藏扎西宗（bkra shes td-zong）附近的噶摩曲宗（vgar mo chos rdzong）巧遇珠钦·却吉多杰，并对他产生深深的敬仰之心，而珠钦·却吉多杰上师也看出他是一个难得的人才，遂向温萨巴·洛桑顿珠系统传授了菩提道次第要诀以及胜乐、密集和大威德等口传密法，尤其是珠钦·却吉多杰在十余名弟子中将《幻化大经卷》特意传递给温萨巴·洛桑顿珠。因此，温萨巴·洛桑顿珠成为格鲁派第四代温萨耳传密法的传承人。

[①] 民族图书馆编：《藏文典籍目录》（shes byavi gter mdzod bar cha）中册，北京，民族出版社，1989年版，第485—486页。

温萨巴·洛桑顿珠是一名精通显密佛法的高僧，在各地静修地不仅专注于观修，而且向广大信众讲经说法，传扬佛学思想。同时，他于33岁时在哲蚌寺受具足戒，成为一名远离世俗社会、不染世俗尘埃的比丘僧。特别是他在后藏的白朗觉莫拉日山长期观修时，在卫日顶（dbus ri rtse）上建造温（萨）寺（dben mgon），格鲁派耳传密法终于在后藏地区有了自己固定的观修场所。温萨寺的建立，标志着格鲁派耳传密法进入有序传承和正规发展的新纪元。

温萨巴·洛桑顿珠培养了众多嗣法者，以上引文中提名道姓的弟子就不下十余名，但正式成为其传承人的只有克珠·桑杰益西一人。

克珠·桑杰益西（mkhas grub sangs rgyas ye shes，1525—1590），亦是后藏人，其生平事迹，在藏文文献中有记载：

> 温萨巴·洛桑顿珠之弟子桑杰益西于藏历第九绕迥木鸡年（1525）生于后藏亚德（gtsang gayag sde）地方。父名喇嘛仁钦，母名却丹，有四子，他最幼。十岁时，在云丹桑布尊前受居士戒，取名曲嘉多杰。此后修习仪轨实修法及法行。在帕索伦珠德钦寺云丹桑布座前受沙弥戒，取名桑杰益西。十五岁至扎什伦布寺，在尊珠坚赞座前学习历算；在达那巴·更敦洛桑座前学习因明。十八岁，在学毕中观、因明后，赓即学习般若和律藏。二十六岁，任扎什伦布寺掌堂师（chos khrims），护持寺院的清规戒律。六十六岁，于藏历第十绕迥铁虎年（1590）十一月十四日逝世。他是班禅·洛桑却吉坚赞的根本上师。[①]

克珠·桑杰益西作为格鲁派第五代温萨耳传密法的传承人，他在26岁前已经系统学习了佛教显宗五部大论，后在扎什伦布寺大僧院担任重要僧职，为推动扎什伦布寺的有序发展做出积极贡献。从克珠·桑杰益西高僧的生平事迹中可以知晓，温萨耳传密法的嗣法者很注重对佛教显宗教理的系统修学和研习。正因为有了一代代高僧的不懈努力，方使这一密法步入广阔的发展之路，其法脉传承不绝。

---

① 民族图书馆编：《藏文典籍目录》（shes byavi gter mdzod bar cha）上册，成都，四川民族出版社，1984年版，第219页。

三　扎什伦布寺传承

藏历第八绕迥火兔年，即明正统十二年（1447），宗喀巴大师的著名弟子根敦珠巴（dge vdun grub pa，1391—1474）在后藏地区创建扎什伦布寺（位于今西藏自治区日喀则市内），并首任寺院"赤巴"（住持）长达38年之久。他推行修学佛法必须遵循道次第的教规，注重对佛教三律仪的修持，要求僧人恪守清规戒律。

根敦珠巴佛学知识渊博，通晓藏、蒙（八思巴文）、梵三种文字，故世人称其为"遍知一切者"（thams can mkhyen pa），又"因兴衍黄教，远近之人，心悦诚服"。[①] 后被追认为第一世达赖喇嘛。

至清代扎什伦布寺逐步取代温萨寺或温萨静修地，成为传承温萨耳传密法的中心寺院。以第四世班禅·洛桑确吉坚赞、多杰增巴·官却坚赞、第五世班禅额尔德尼·洛桑益西、智却·洛桑南杰、永增·益西坚赞等高僧及活佛为嗣法代表人物。

第四世班禅·洛桑确吉坚赞（pan chen blo bzang chos kyi rgyal mtshan，1567—1662），于藏历第十绕迥金牛年（1601）应邀担任扎什伦布寺第十六届"赤巴"（住持），遂将格鲁派密宗法脉温萨耳传系从后藏温萨静修地（dben sa sgrub gnas）或温萨寺（dben dgon）引入扎什伦布寺，始建密宗学院（sngags pa graw tshang），设立完整的显密兼容的教育体系，从而取消了扎什伦布寺学僧先前赴拉萨上下密院（lha sa rgyud stod smad graw tshang）进修深造的惯例。自藏历第十绕迥水牛年（1613）始，第四世班禅连续六年主持拉萨祈愿大法会，期间首创授予拉然巴（lha rams pa）格西学衔的制度。

自第四世班禅·洛桑确吉坚赞始，班禅额尔德尼活佛世系成为扎什伦布寺法定寺主（住持），该寺亦为历代班禅额尔德尼活佛驻锡地。

第四世班禅·洛桑确吉坚赞圆寂后，其嗣法弟子多杰增巴·官却坚赞（rdo rje vdzin pa dkon mchog rgyal mtshan，1612—1687）成为格鲁派密宗温萨耳传系中又一位承前启后的关键性人物。他继任扎什伦布寺密宗学院堪布（住持）后，始向僧众公开传授大威德生圆二次第等密法，为推广

---

① （清）张其勤等编撰：《番僧源流考》，拉萨，西藏人民出版社，1982年版，第1页。

温萨耳传系密法做出巨大贡献。① 其门下著名弟子有第五世班禅额尔德尼·洛桑益西、章嘉·阿旺洛桑却丹、多杰增巴·格勒饶杰、多杰增巴·洛桑贡布、嘉样加措和丹增赤列等众多著名高僧活佛。

第五世班禅额尔德尼·洛桑益西（pan chen blo bzang ye shes，1663—1737）和智却·洛桑南杰（grub mchog blo bzang rnam rgyal，1670—1741）两位高僧，乃扎什伦布寺同一代继承和发扬密宗温萨耳传法脉的著名嗣法者。前者（第五世班禅额尔德尼）推行宗喀巴显密兼容和菩提道次第佛学思想，尤其推崇根敦珠巴在扎什伦布寺最初制定的三律仪（别解脱、菩萨和密宗）戒学，整顿寺院清规戒律，使该寺教规与拉萨三大寺相一致。此外，第五世班禅额尔德尼在多事之秋向第六世达赖喇嘛、第七世达赖喇嘛授戒传法，力主格鲁派高层活佛有序转世。后者（智却·洛桑南杰）一生寻访藏区佛教名山胜地闭关修行，倾注对宗喀巴显密兼容佛学思想的证悟，传扬格鲁派道次第修学仪轨；培养了大批嗣法弟子，其中以永增·益西坚赞高僧为代表。

永增·益西坚赞（yongs vdzin ye shes rgyal mtshan，1713—1793）乃一代继承和发扬温萨耳传系密法的高僧，尤为以传授显密宗道次第法（mdo sngags lam gyi rim pa）著称，曾在哲蚌寺藏巴大殿（gtsang pavi tshogs chen）专为20多位格西级高僧开讲道次第法，首开向公众传授此法之惯例。他每次讲经，听众逾千人，座前闻法者超十万，受戒弟子达万人。乾隆四十七年（1782），他担任第八世达赖喇嘛经师直至圆寂，长达12年，期间受到乾隆帝的嘱托、赞许和册封。

第六世班禅额尔德尼·洛桑班丹益西（pan chen blo bzang dpal ldan ye shes，1738—1780）精通显密教法，尤其长于传授《菩提道次第广论》、《无量寿经》和《时轮金刚经》等。乾隆三十年（1765），遵循乾隆帝谕旨，"班禅额尔德尼年齿长成，经典淹洽，复教导达赖喇嘛经卷，理宜加恩册封"，② 担任第八世达赖喇嘛经师。

乾隆四十三年（1778），第六世班禅额尔德尼前往热河（承德），参加乾隆帝七十大寿庆典，途经之处，蒙古王公、札萨克等，均皆筵宴，极

---

① 永增·益西坚赞：《道次师承传》（藏文），拉萨，西藏人民出版社，1990年版，第563页。

② 《清高宗实录》卷七四九。

为欣喜。乾隆帝命在热河仿建扎什伦布寺，赐名"须弥福寿之庙"，专供第六世班禅额尔德尼入觐时居住。

乾隆四十五年（1780），第六世班禅额尔德尼一行抵达热河，乾隆帝以首次朝觐礼，在避暑山庄万树园盛宴宴赏。万寿之日，班禅大师率领诸高僧在内佛堂祝诵《无量寿经》，奉献七珍八宝及长寿画卷，亲自向皇帝施无量寿佛大灌顶，以示洗涤尘世，进入佛境；且每日率领僧众在"妙高庄严"殿为乾隆帝诵经祝福。第六世班禅额尔德尼在热河期间，本地僧众聆听讲经，内外札萨克、喀尔喀、土尔扈特、杜尔伯特蒙古王公、札萨克、台吉等，前来献礼叩拜。第六世班禅额尔德尼为答谢乾隆帝恩崇，命其高徒洛桑顿珠（blo bzang don grub）带领二十余僧人留住须弥福寿之庙，以按后藏扎什伦布寺密乘仪轨作法，传习经律教理，本地僧人180名随之学经。当年，第六世班禅额尔德尼至京城居西黄寺，不久在驻锡地染天花逝世。对于班禅大师在京不幸逝世，乾隆皇帝极为悲痛，他命理藩院护送舍利金龛西归后藏扎什伦布寺，并在京城西黄寺建造"清静化城塔"，装藏第六世班禅额尔德尼衣履经咒等，供四方信众瞻仰。

第二章　其他宗派支系

　　藏传佛教诸宗派开始形成于11世纪，依次产生宁玛派（rnying ma pa）、噶当派（bkav gdams pa）、萨迦派（sa skya pa）、玛尔巴噶举派（mar pa bkav brgyud）、香巴噶举派（shangs pa bkav brgyud）、达布噶举派（dwags po bkav brgyud）、噶玛噶举派（karma bkav brgyud）、帕主噶举派（phag gruvi bkav brgyud）、拔绒噶举派（vbav rom bkav brgyud）、蔡巴噶举派（tshal pa bkav brgyud）、智贡噶举派（vbri gung bkav brgyud）、达隆噶举派（stag lung bkav brgyud）、周巴噶举派（vbrig pa bkav brgyud）、雅桑噶举派（gayav bzang bkav brgyud）、绰浦噶举派（khro phu bkav brgyud）、秀赛噶举派（shug gseb bkav brgyud）、耶巴噶举派（yer pa bkav brgyud）、玛仓噶举派（smar tshang bkav brgyud）、觉囊派（jo nang pa）、希解派（zhi byed pa）、觉域派（gcod yul pa）、布鲁派（bu lugs）、普东派（bo dong lugs）和格鲁派（dge lugs pa）共24支大小不等的宗派和学派。

　　特别是15世纪初形成的格鲁派，对藏传佛教诸宗派的持续产生画上了圆满的句号。而进入有清一代，藏传佛教诸宗派的文化生态格局基本定型，各个宗派的势力范围基本定位，以格鲁派、宁玛派、噶举派、萨迦派和觉囊派五大宗派为代表，它们遍布整个藏族地区。其中格鲁派传入蒙古地区及内地局部，成为清代藏传佛教中最具影响力和最为兴盛的宗派，并主导其他派系。

第一节　宁玛派系

　　宁玛派（rnying ma pa），是藏传佛教主要宗派之一，其法脉传承源于"前弘期"（8世纪），后人称"旧派"（rnying ma），以区别于"后弘期"

形成的"新派"（gsar ma）。宁玛派内部有远传经典（ring brgyud bkav ma）、近传伏藏（nye brgyud gter ma）和甚深净相（zab mo dag snang）三大法脉传承系。实际上，主要流布前两系，后一系依附于前二系，并没有形成独立的寺院传承体系。至清代远传经典传承支系亦趋向萎缩，唯有近传伏藏传承支系兴隆昌盛。

一 远传经典支系

远传经典支系，早于近传伏藏支系。在藏地经过初、中、后三个发展阶段，成为宁玛派中历史最为悠久、法脉最为正统的一支派系。它以弘传《幻变经》（sgyu vphrul）、《集经》（vdus pa mdo）和《心品》（sems phyogs）三部经典为标志。[①] 初期以聂·咱那格玛热（gnyags dzanya na ku ma ra, 8世纪人）为代表，中期以努·桑杰益西（gnubs sangs rgyas ye shes, 772—867）为代表，后期以"三索尔"（zur gsum）为代表。[②]

"三索尔"分别为索波切·释迦琼奈（zur po che shakya vbyung gnas, 1002—1062）、索琼·喜绕札巴（zur chung shes rab grags pa, 又名"德夏·嘉奥巴"bde gshegs rgy bo pa, 1014—1074）和索·释迦桑格（zur shakya seng ge, 又名"桑德·卓浦巴"gsang bdag sgro phug pa, 1074—1134）。经"三索尔"师徒相承弘传，尤其是桑德·卓浦巴培养众多嗣法弟子，使远传经典支系传播区域进一步扩大。其中得意门徒赞敦·卓维贡波（vdzam ston vgro bvi mgon po, 12世纪人）传法于噶当巴·德协·喜绕僧格，该法系始传入多康地区（mdo khams），后史又称"康区传承系"（khams lugs）。

噶陀寺传承

噶当巴·德协·喜绕僧格（ka dam pa bder gshegs shes rab seng ge, 1122—1192），多康布泊岗（spu vbor sgang）或称"赛康"（gser phang）地方人，[③] 青年时期赴前藏潘域（vphan yul）系统修学《幻变经》和《心品》等教法，成为远传经典教法得究竟之高僧。

[①] 土观·洛桑却吉尼玛：《土观宗派源流》（藏文），兰州，甘肃民族出版社，1984年版，第62页。

[②] 郭若扎西：《郭扎佛教史》（藏文），北京，中国藏学出版社，1990年版，第242页。

[③] 同上书，第305页。

噶当巴·德协·喜绕僧格学成后，返回故里传扬宁玛派教法。藏历第三绕迥土兔年（1159），他在噶特（ka thil）地方创建噶陀多杰丹寺（ka thog rdo rje gdan），意为"噶陀金刚座"寺，简称"噶陀寺"（ka thog dgon，位于今四川甘孜藏族自治州白玉县境内）。噶当巴·德协·喜绕僧格在噶陀寺广招教门弟子，传授《幻变经》、《集经》和《心品》等远传经典支系教法，同时讲解《慈氏五论》（byams chos sde lnga）、《入菩萨行》（spyod vjug）等经论，遂自成一体，形成噶陀寺传承。噶陀寺既是"后弘期"宁玛派在康区传播本宗教法的第一寺，又为传承远传经典支系教法的中心寺院。

噶陀寺传承在其发展演进中经历前、中、后三个不同时期。前期为13代上师传法阶段，主要讲授远传经典支系教法。

中期为13代仲巴（drung pa）世系住持传法阶段。噶陀寺高僧南喀僧格（gnam mkhav seng ge）在青年时代曾赴卫藏洛扎（lho brag）地方亲近大掘藏师·热那林巴（ratana gling pa，1403—1482）学法，获得弘法授记和领受伏藏教主地位，返乡后在噶陀寺开讲伏藏南传支系的教法，成为第一代仲巴（drung pa）上师。后经12位传人，至南喀嘉措（gnam mkhav rgya mtsho），噶陀寺从单纯传承经典支系教法的专门寺院演化为兼顾伏藏支系教法的综合性寺院。

后期为高僧大德随缘住持传法时代。这一时期噶陀寺以传授伏藏法为主、传承经典支系为辅，[1] 并产生诸多本地掘藏师（gter ston）。其中著名掘藏师主要有掘藏师·德都多杰（gter ston bdud vdul rdo rje）和隆赛·多杰宁波（klong gsal rdo rje snying po）。

掘藏师·德都多杰（1615—1672），康区德格地方人，6岁进隆珠顶寺（lhun grub steng dgon），在德格大成就者·贡嘎嘉措（kun dgav rgya mtsho）座前落发出家，取名贡嘎索南曲帕（kun dgav bsod nams chos vphags），始修习萨迦派教法经典，并探究其要义。后往慕桑（rmugs sangs）精舍，从贡却坚赞（dkon mchog rgyal mtshan）前闻受大圆满之甚深密法，多有领悟。之后，赴前藏师从娘波（nyang po）大成就者·扎西茨丹（bkra shes tshe brtan）领受成熟解脱之教诫，并在扎格（brag dkar）静修处节食坐禅，专修脉气明点之瑜伽法，终得究竟。后又亲近大持明者·嘉

---

[1] 郭若扎西：《郭扎佛教史》（藏文），北京，中国藏学出版社，1990年版，第751页。

村宁布（rig vdzin chen mo vjav tshon snying po），领受伏藏法之灌顶、教授、秘诀等甚深法，修持金刚橛法，获得掘藏授记，旋往拜见邬金丹增（Ao rgyan bstan vdzin）大师，给他授予金刚上师职位。29 岁始，在玉措仁钦扎（gayu mtsho rin chen brag）、布日扎宗（spu ri brag rdzong）等地发掘伏藏法；42 岁始，在噶陀寺传授伏藏法，培养诸多嗣法弟子。①

隆赛·多杰宁波（1625—1682），又名噶陀巴·绛曲坚赞（ka thog pa byang chub rgyan mtshan），前藏贡布奈囊（kong po gnas nang）地方人，22 岁入噶陀寺进修，拜师闻思大圆满法；28 岁亲近掘藏师·德都多杰为师，求教如何发掘伏藏之秘诀；至 32 岁获得发掘伏藏之标签；34 岁始在凯莫居多杰扎（khe mi vgyur rdo rje brag）和理塘南钦扎（li thang gnam chen brag）等地发掘伏藏；晚年在噶陀寺传授伏藏法，培养诸多嗣法弟子，为弘扬伏藏法作出巨大贡献，在噶陀寺伏藏法传承史上具有崇高地位。②

清代噶托寺一直受到当地德格土司的重视和扶持，使其不断发展壮大，高僧大德相继涌现，嗣法弟子遍及安多、康区等广大地域，下属子寺竟达百余座，在整个藏族地区享有较高的宗教声誉和社会知名度。

二　近传伏藏支系

近传伏藏支系，是宁玛派最重要的教法传承，其法脉可上溯至"前弘期"（8 世纪）。相传由莲花生大师等高僧将吐蕃佛教中最甚深之密宗典籍、佛像及法器等封存于各地秘密处，并命名为"伏藏"（gter ma）；至"后弘期"（12 世纪）相继产生具有传奇色彩的"百名大掘藏师"和"千名小掘藏师"。他们不但大量发掘了"伏藏"法，而且建寺专门传授此法，遂形成"伏藏"法传承支系。近传伏藏支系，又分伏藏北传子系和伏藏南传子系。

（一）伏藏北传子系

伏藏北传子系（byang gter），由大掘藏师仁增果丹·俄珠坚赞（rig vdzin rgod ldem dngos grub rgyal mtshan，1337—1409）建立。他在 19 岁时

---

① 杜笃·益西多吉：《杜笃教史》（藏文），四川，四川民族出版社，1996 年版，第 483—487 页。

② 布达拉宫图书馆编：《宁玛派文献目录》（藏文），铅印本，第 30 页。

发掘《五库》（mdzod lnga）等大量伏藏经典，并整理编纂后传授这一法典，遂形成伏藏北传子系。后来以多杰扎寺（rdo rje brag dgon）、佐钦寺（rdzogs chen dgon）等为传承这一法脉的代表性寺院。

1. 多杰扎寺传承

多杰扎寺传承始于北方主·扎西道杰（byang bdag bkra shes stobs rgyal，1550—1602）高僧。其人原为后藏北方没落贵族后裔，自幼受到良好文化教育和宗教熏陶，从后藏失去家族地方特权后辗转到前藏，专门研习宁玛派的教法仪轨，尤其精研大圆满法，成为宁玛派一名大成就者，被人们尊称为"仁增钦摩·旺波戴"（rig vdzin chen mo dbang povi sde），成名后他在前藏琼结（vphyong rgyas）等地传教。最初组建一支私立游方教团，命名"埃旺觉格"（Ae lwang lcog sgar），主要传扬伏藏北传子系教法。[①] 仁增钦摩·旺波戴圆寂后，其子仁增·俄格旺波继任教主，传承这一法脉。

仁增·俄格旺波（rig vdzin ngag gi dbang po，1580—1639）出生后，被父亲认定为上师仁增勒丹·都觉多杰（rig vdzin legs ldan bdud vjoms rdo rje，1488—1569）的转世灵童，倍得关照，并在智贡法王平措（dpal vbri gung pa chos rgyal phun tshogs）座前落发出家，取法名"俄旺仁增多杰却杰丹贝坚赞白桑波"（ngag dbang rig vdzin rdo rje chos rgyal bstan pavi rgyal mtshan dpal bzang po）。他自幼随父学法，游历各地朝圣和传法，直至父亲兼上师去世。尤其是仁增·俄格旺波在雅隆协扎（yar lung shel brag）和琼结等静修处长期闭关坐禅，[②] 通达和娴熟教证二法，成为胜任家父教法传承法位的高僧活佛。

藏历第十一绕迥铁马年，即明崇祯三年（1630），仁增·俄格旺波在前藏雅鲁藏布江北岸的金刚崖（rdo rje brag）下建立固定的学院，至此北方主·扎西道杰组建的"埃旺觉格"教团已拥有一座稳定的寺院，遂命名为"多杰扎寺"（rdo rje brag dgon），意为"金刚崖寺"（位于今西藏山南地区贡嘎县境内）。该寺因传承伏藏北传子系教法而成为其祖庭。

仁增·俄格旺波圆寂后，其嗣法弟子寻访转世灵童，正式创立"仁增钦摩·多杰扎"（rig vdzin chen mo rdo rje brag）活佛世系，追溯仁增果

---

① 郭若扎西：《郭扎佛教史》（藏文），北京，中国藏学出版社，1990年版，第674页。
② 同上书，第675页。

丹·俄珠坚赞（1337—1409）为第一世活佛、仁增勒丹·都觉多杰（rig vdzin legs ldan bdud vjoms rdo rje，1488—1569）为第二世活佛、仁增·俄格旺波为第三世活佛。

第四世仁增钦摩·多杰扎活佛为班玛赤列（pad ma vphrin las，1641—1718），他出生在一户贵族世家，4岁时被认定为仁增·俄格旺波的转世灵童；6岁迎入多杰扎寺坐床，是年，在第五世达赖喇嘛座前落发出家，取法名"班玛赤列·特却旺格杰布"（pad ma vphrin las theg mchog dbang gi rgyal po）；19岁在第五世达赖喇嘛座前受近圆戒（比丘戒）。① 他贯通藏传佛教各宗派教法，尤为娴熟宁玛派的教法仪轨，并与格鲁派寺院及高僧保持亲密关系。清康熙五十七年（1718），蒙古准噶尔军队入侵西藏，多杰扎寺被焚毁，第四世仁增钦摩活佛遇害。

第五世仁增钦摩·多杰扎活佛，名格桑班玛旺秋（skal bzang pad ma dbang phyug，1719—1771），出生于康区邦颇岗（khams spom vbor sgang）地方，4岁时被认定为第四世仁增钦摩·多杰扎活佛的转世灵童，迎入多杰扎寺坐床，是年，在第七世达赖喇嘛座前落发出家，取法名"格桑班玛旺秋·久麦珠贝戴"（vjigs med grub pavi sde）；21岁时，在第七世达赖喇嘛座前受近圆戒（比丘戒）；24岁时，在贡布普曲（kong po）地方举行藏区太平之降魔仪式；44岁时，赴洛扎（lho brag）新开辟宗教圣地和发掘伏藏法；49岁始游方康区传法；52岁时，在桑耶寺主持举行寺院维修竣工之开光仪式。特别是第五世仁增钦摩·多杰扎活佛在继承和弘扬伏藏北传子系教法的同时，又维护和推动了伏藏南传子系教法的发展，使其成为仁增钦摩·多杰扎活佛世系中最具声望和威信的一代高僧活佛。

总之，多杰扎寺及其仁增钦摩·多杰扎活佛世系一直受到西藏地方政府的重视，尤其得到第五世达赖喇嘛的扶持，因而寺院兴隆昌盛，鼎盛时期寺僧达2000人。清康熙五十七年（1718），多杰扎寺被准噶尔军队焚毁，后又得以重建。其规模虽不及从前，但依然保持伏藏北传子系的祖庭地位，宗教影响遍及西藏、青海、四川、甘肃、云南地区及尼泊尔、不丹、锡金等邻国地区。至清末，多杰扎寺寺主仁增钦摩·多杰扎活佛已转世至第九世，名为土丹念尼多杰（thub bstan mnyam nyid rdo rje，1886—1932）。

---

① 布达拉宫图书馆编：《宁玛派文献目录》（藏文），铅印本，第271页。

2. 佐钦寺传承

佐钦寺传承是伏藏北传子系重要法脉之一，其创立者为宁玛派高僧，名白玛仁增（pad ma rig vdzin，1625—1697）。他出生于康区类乌齐（khams ri bo che）地方，自幼广拜高僧大德，系统修学宁玛派经典支系和伏藏支系教法，并在甚深密宗领域获得殊胜证悟，成为一代大圆满法教主。

藏历第十一绕迥水兔年，即清康熙二年（1663），功成名就的白玛仁增赴前藏，参拜大昭寺、桑耶寺、多杰扎寺、敏珠林寺、青浦（mchims phu）、桑日（zangs ri）、咱日（tsa ri）、洛扎（lho brag）、耶巴（yer ba）、南措（gnam mtsho）等藏传佛教名寺或圣地。所到之处，兼顾个人求法修行与向信众讲经说法。后受到第五世达赖喇嘛的赞许，称其为当今名副其实之大圆满法成就者，鼓励其返回东部康区传教，利乐有情众生。康熙二十三年（1684），他终于返回康区，在德格一带开展传教活动。

藏历第十一绕迥木牛年，即康熙二十四年（1685），白玛仁增得到以德格土司桑杰丹巴（sangs rgyas bstan pa）为首的地方领主们的资助，始建宁玛派大僧院（位于今四川甘孜藏族自治州德格县境内），命名"邬金桑丹曲林"（Ao rgyan bsam gtan chos gling）寺，弘传以"康卓宁提"（mkhav vgro snying thig，意指"空行心髓"）为主的大圆满法，故该寺简称"佐钦寺"（rdzogs chen dgon pa，意指"大圆满之寺院"）。寺院竣工后，求法者纷至沓来，寺僧迅速增至1500多人。

白玛仁增主持佐钦寺达十几年，门下弟子数千人，遍及大半个藏区，其中不乏著名人物。出现犹如太阳、月亮、星星般的三大心传弟子，前者为伏藏大师仁增·尼玛扎巴（rig vdzin nyi ma grags pa，尼扎寺住持）；中间乃大成就者第一世奔洛·南喀沃赛（nam mkhav vod zer，佐钦寺转世活佛）；后者是大成就者第一世协庆·然绛巴（zhe chen rab vbyams pa，协庆寺住持）。白玛仁增圆寂后，嗣法弟子寻访转世灵童，建立由转世活佛继任寺主的教规制度，追认白玛仁增为该寺第一世佐钦法王和金刚上师，享有"佐钦法王"、"大成就者"等尊号。第二世佐钦法王，名居麦特却丹增（vgyur med theg mchog bstan vdzin，1699—？）。

第三世佐钦法王·俄东丹增桑布（nges don bstan vdzin bzang po，1759—1792）于藏历第十三绕迥土猪年，即清乾隆四十四年（1779）创建佐钦寺修行院，并设立伏藏法之修供仪轨，使佐钦寺成为大圆满法的修证中心。

第四世佐钦法王·牟居南喀多杰（mi vgyuir gnam mkhav rdo rje, 1793—1871）于藏历第十四绕迥土猴年，即清道光二十八年（1848）命其大弟子桑周·班玛扎西乔（seng phrug pad ma bkra shes mchog）和嘉赛·贤潘塔耶（rgyal sras gzhan phan mthav yas）创建佐钦寺熙日森佛学院（shrvi seng chos grwa），在广泛吸纳格鲁派、萨迦派和噶举派修学经验的基础上，开设系统研习显密义理的教程，并注重对十明学的全面学习。同时，嘉赛·贤潘塔耶在担任熙日森佛学院堪布期间，建立健全佛教戒律制度，使佐钦寺成为宁玛派的别解脱戒和菩萨戒的授受中心。

第五世佐钦法王，名土丹却吉多杰（thub bstan chos kyi rdo rje, 1872—1932），他曾受到第十三世达赖喇嘛的册封，成为宁玛派中享有"呼图克图"职衔的高僧活佛。

总之，佐钦寺作为宁玛派六大寺院之一，它拥有一百多座属下子寺，主要分布在四川阿坝、甘孜和青海玉树、果洛等广大区域。

（二）伏藏南传子系

伏藏南传子系（lho gter），由大掘藏师·热那林巴（gter bdag rat na gling pa, 1403—1482）建构。他将以娘·尼玛维赛（nyang nyi ma vod zer, 1124—1192）为首发掘的"上部伏藏"和古茹·却吉旺秋（gu ru chos kyi dbang phyug, 1212—1273）为主发掘的"下部伏藏"，以及后人包括他本人发掘的伏藏整理汇编，自成体系，遂形成"伏藏南传子系"。主要以敏珠林寺、白玉寺等为传承这一法脉的代表性寺院。

1. 敏珠林寺传承

敏珠林寺（smin grol gling）的法脉传承，源于大掘藏师·热那林巴，相传其转世者为珠古·纳措仁卓（sprul sku sna tshogs rang grol, 1494—1570）。这位高僧活佛是前藏洛扎（lho brag）地方人，他于藏历第九绕迥木羊年，即明嘉靖十四年（1535），在前藏扎囊（gra nang）地方创建达杰曲林顶（dar rgyas chos glings dengs）静修院（ri khrod），[①] 招收求解脱者近五百人，修习伏藏南传子系教法，其中不少人取得成就。其后由珠古·丹增扎巴（sprul sku bstan vdzin grags pa, 1536—1597）住持静修院。在此之前界定为转世活佛主持传承这一法脉之时期；之后，则转入由单一

---

① 郭若扎西：《郭扎佛教史》（藏文），北京，中国藏学出版社，1990年版，第698页。

家族高僧一脉相承之时代。

珠古·丹增扎巴的大弟子,名叫克主·多俄丹增(mkhas grub mdo sngags bstan vdzin, 1576—1628),他没有受近圆戒(比丘戒),以居士身份自居,并有家室妻儿。他继承上师法位后,将其甚深密法主要传授给自己的儿子仁增钦摩·赤列隆珠(rig vdzin chen mo vphrin las lhun grub, 1611—1662),使其成长为伏藏南传子系的教主,从而开创家族高僧传承这一法脉的教规。

仁增钦摩·赤列隆珠也以居士身份自居,其子名德达林巴·居美多杰(gter bdag gling pa vjigs med rdo rje, 1646—1714),是一名出类拔萃的人才,他继承父尊的教主法位后,成为推动伏藏南传子系教法蓬勃发展的著名高僧。尤其是德达林巴·居美多杰成就为一代掘藏大师,他于18岁时在雅玛隆(gayav ma lung)地方发掘《持明意要》(rig vdzin thugs thig)等伏藏;22岁时在协扎(shel brag)地方发掘《阎魔摧敌》(gshin rje dregs vjoms)等伏藏;31岁时从奥嘎扎(Ao dkar brag)地方发掘有关忿怒金刚(gur drag)、金刚萨埵(rdor sems)等伏藏密法。

藏历第十一绕迥火龙年,即清康熙十五年(1676),德达林巴·居美多杰在前藏扎囊(gra nang)地方创建正规寺院,命名"邬金敏珠林"(Ao rgyan smin grol gling)寺(位于今西藏山南地区扎囊县札切乡境内),寺内设立讲经院和修行院,主要传授伏藏南传子系教法,最初仅8名寺僧,逐步增至近300人,遂成为伏藏南传子系祖庭。

德达林巴·居美多杰在敏珠林寺内建造大型佛塔,并用金汁抄写《甘珠尔》500部。这位高僧曾一度入住布达拉宫,与第五世达赖喇嘛互为师徒,共同研习藏传佛教各宗密法仪轨。

德达林巴·居美多杰是敏珠林寺的第一代教主,其子班玛居麦嘉措(pad ma vgyur med rgya mtsho, 1686—1718)接班成为第二代教主。而班玛居麦嘉措以出家僧人身份生活而无家室子嗣,因而第三代教主由其弟仁钦南杰(rin chen rnam rgyal, 1694—1758)继任。仁钦南杰在准噶尔军队洗劫敏珠林寺时幸免于难,后得西藏郡王颇罗鼐(pho lha bsod nams stobs rgyas, 1689—1747)的资助,主持修复敏珠林寺,使寺院又焕发昔日的辉煌。仁钦南杰的儿子居麦班玛丹增(vgyur med pad ma bstan vdzin, 1737—?)成为第四代教主,其子居麦赤列南杰(vgyur med vphrin las rnam rgyal)为第五代教主,其子居麦班玛旺杰(vgyur med pad ma dbang rgyal）为第六代教主，其子桑杰贡嘎（sangs rgyas kun dgav）为第七代教主，其子耶星旺杰（yid bzhin dbang rgyal）为第八代教主，此人无子，由其弟德钦却珠（bde chen mchog grub）继任第九代教主，其子幼年夭折。由此敏珠林寺中断家族世袭教主之传统。

清代中后期，敏珠林寺产生了晋美林巴（vjigs med gling pa，1729—1798）等许多贯通十明学①的高僧大德，遂该寺演变成为一座具有浓郁藏族传统文化氛围的著名寺院，尤其以藏文书法、历算、医学享誉整个藏区。西藏噶厦政府中不少俗官常到该寺学习文化知识；同时，敏珠林寺选派精通历史、佛学、文艺、医药和天文历算的高僧，担任布达拉宫僧官学校教师，以及到曼孜康（sman rtsis khang，藏医研究院）负责研究历算和编写修订《藏历年表》（lo tho）等。

2. 白玉寺传承

藏历第十一绕迥木兔年，即清康熙十四年（1675），德格土司在其领地白玉南杰孜（dpal yul rnam rgyal rtse）地方新造佛教大殿，收编当地僧众，组建一座正规僧院，命名"白玉南杰强曲林寺"（dpal yul rnam rtyal byang chub gling），后通称"白玉强曲林寺"（dpal yul byang chub gling），简称"白玉寺"（dpal yul dgon，位于今四川省甘孜藏族自治州白玉县境内）。寺院初具规模后，定编寺僧为500人，并经多方荐举，终将宁玛派高僧仁增·更桑喜饶（rig vzin kun bzang shes rab，1636—1698）聘任为寺院住持，② 完善寺院教规和加强僧人戒律，向寺僧传授从沙弥戒至近圆戒（比丘戒）的完整戒律；制定出家僧人不沾酒肉等的严格教规。

仁增·更桑喜饶作为白玉寺第一代住持，临终前将寺院住持法位授予其侄子兼徒弟的班玛隆珠嘉措（pad ma lhun grub rgya mtsho），使他成为白玉寺第二代住持法位继承者；第三代为班玛诺布（pad ma nor bu），他在位期间，在各地建寺传教，相传白玉寺子寺增至百余座，并拥有上千处静修院；第四代为噶玛扎西（karma bkra shes），他潜心修法，证悟有成，曾被清朝乾隆皇帝召见，册封国师尊号，并赐一玉匣，内装"天"字金印及八件珍宝。噶玛扎西圆寂后，嗣法弟子寻访转世灵童，始由转世活佛

---

① 即修辞学、辞藻学、韵律学、戏剧学、星象学、工艺学、医学、声律学、正理学和佛学。

② 郭若扎西：《郭扎佛教史》（藏文），北京，中国藏学出版社，1990年版，第759页。

相继担任白玉寺住持。[①]

总之，白玉寺的法脉传承，最初源于噶陀寺，后又转向大圆满"康卓央德"（mkhav vgro yang tig）密法教规；同时对噶玛噶举派教法多有吸纳，并形成自己的教法仪轨。史称康区有噶陀寺和白玉寺两大法脉传承。此外，宁玛派甚深净相传承中的天法意藏（gnam chos thugs kyi gter kha），由持明大师·仁增牟居多杰在禅定中证悟后公开传播，并形成一支法脉传承，亦由白玉寺继承发扬，使其相传不断。故白玉寺在宁玛派诸多寺院中具有一定影响力，鼎盛时期寺僧达3000人，下属子寺数百座，遍及康区、安多和前藏等广大区域。

第二节　噶举派系

噶举派（bkav brgyud pa），是藏传佛教主要宗派之一。该派支系繁多，初有香巴噶举派（shangs pa bkav brgyud）和达布噶举派（dwags po bkav brgyud）两系，前者逐渐衰微，唯后者兴隆发达，逐渐衍生出四大支系：噶玛噶举（karma bkav brgyud）、蔡巴噶举（tshal pa bkav brgyud）、拔绒噶举（vbav rom bkav brgyud）和帕主噶举（phag gru bkav brgyud）。至清代，蔡巴噶举派和拔绒噶举派相继衰微没落。

帕主噶举派中又衍生出八小支系：智贡噶举（vbri gung bkav brgyud）、达隆噶举（stag lung bkav brgyud）、周巴噶举（vbrig pa bkav brgyud）、雅桑噶举（gyav bzang bkav brgyud）、绰浦噶举（khro phu bkav brgyud）、秀赛噶举（shug gseb bkav brgyud）、耶巴噶举（yer pa bkav brgyud）和玛仓噶举（smar tshang bkav brgyud），遍布整个藏族地区。史称噶举派四大支、八小支。其中，在清代有较大影响者，为噶玛噶举派、达隆噶举派和智贡噶举派。

一　噶玛噶举派

噶玛噶举派（karma bkav brgyud pa），是噶举派四大支之一，由都松钦巴（dus gsum mkhyen pa，1110—1193）高僧创立。都松钦巴于藏历第三绕迥火牛年（1157）在康区昌都噶玛地方创建噶玛拉顶寺（karma lha

---

[①] 郭若扎西：《郭扎佛教史》（藏文），北京，中国藏学出版社，1990年版，第763页。

steng dgon，又称噶玛丹萨寺，karma gdan sa dgon）；藏历第三绕迥土鸡年（1189），他又在前藏堆垄德庆（stod lung sde chen）地方建造楚普寺（mtshur phur dgon），遂形成上下两座祖寺。嗣后楚普寺不断扩建，成为噶玛巴黑帽系活佛驻锡地，以噶玛噶举派祖庭自居。

明末清初，藏区政局急剧变迁，噶玛噶举派受到一定影响。清顺治元年（1644），噶玛噶举派黑帽系活佛第十世噶玛巴·却央多杰（chos dbyings rdo rje，1604—1674）前往云南丽江沐天王（土司）府避难静养，期间倡建文峰寺（vjang ri smug po）、福国寺（vog min rnam grol）、指云寺（nges don phun tshogs）、玉峰寺（bkra shes chos vphel）、普济寺（thar pavi lam vdzin）、兴化寺（theg chen dar rgyas）、达摩寺（dar rgyas）、林昭寺（bkra shes dgav tshal）、普化寺（khra vgur）、安抵寺（sngags vphel）、来运寺（gung rab rgyas）、兰经寺（bkra shes rab brtan）和达普寺（stag phu）十三座噶玛噶举派寺院，① 晚年又返回西藏楚普寺度过。顺治十年（1653），第十世噶玛巴·却央多杰应诏进京，却未能成行；顺治十六年（1659），清廷遣使向他致书并颁给印章。

第十一世噶玛巴·益西多杰（ye shes rdo rje，1677—1701），安多果洛（Aa mdo mgo log）人，在世期间修缮不少噶玛噶举派寺院。

第十二世噶玛巴·绛曲多杰（byang chub rdo rje，1703—1732），康区德格（khams sde dge）人，曾云游尼泊尔、印度等地朝圣修行；同时，调解不丹等藏内纠纷，对社会安定多有贡献；清雍正九年（1731），应召与噶玛噶举派红帽系第八世活佛·却吉顿珠（chos kyi don grub）一同进京，觐见雍正皇帝；翌年，两位活佛因水土不服，先后在京城圆寂。

第十三世噶玛巴·杜堆多杰（bdud vdul rdo rje，1733—1797），西藏撒仲地方人，精通中观、阿毗达磨、毗奈耶及喜金刚续等显密经典。19岁时在司徒活佛座前受比丘戒，专修那洛六法（na ro chos drug）和大手印法。据传第十三世噶玛巴·杜堆多杰兼懂兽禽语言，因而能将佛法要义传达给动物世界；他曾云游尼泊尔朝礼，受到尼泊尔国王及臣民的盛情迎送。此外，第十三世噶玛巴·杜堆多杰发掘秘密伏藏，晚年一直隐居专修密法，获得甚深证悟。

第十四世噶玛巴·特却多杰（theg mchog rdo rje，1798—1871），康区

---

① 参见噶玛降村编著：《藏族万年大事记》，北京，民族出版社，2005年版，第167页。

类乌齐（khams ri bo che）人，他不仅精通藏传佛教新、旧密法，而且在诗歌修辞和语言文学领域颇有造诣。清道光二十二年（1842），清廷封赐他"如来大宝法王西天自在佛吉祥噶玛巴十四世妙乘金刚"之尊号。

第十五世噶玛巴·喀觉多杰（mkhav bskyod rdo rje，1872—1923），前藏堆垄德庆（stod lung sde chen）人，他对藏族传统文化具有浓厚兴趣，长于作诗歌咏。第十五世噶玛巴活佛曾应第十三世达赖喇嘛的邀请，在拉萨城郊建造一座佛殿，并在此主持举行祈愿世界和平安乐之法会。

此外，藏历第十二绕迥火羊年，即清雍正五年（1727），第十二代德格土司却杰·丹巴泽仁（chos rgyal bstan pa tshe ring，1687—1738）邀请噶玛噶举派第八世司徒活佛·却吉琼奈（si tu chos syi vbyung gnas，1699—1774），在德格土司辖区主持建造一座噶举派大僧院，命名"八邦寺"（dpal spungs dgon，位于今四川甘孜藏族自治州德格县境内），遂成为德格土司五大家庙之一和历代司徒活佛的驻锡地。八邦寺的外观结构融入了格鲁派与噶举派寺院的建筑风格，享有康区"小布达拉宫"之称，最盛时寺僧达800人。

第八世司徒活佛·却吉琼奈担任八邦寺寺主职位后，寺院发展迅速，宗教威望渐盛，很快成为藏区第二大噶玛噶举派中心寺院，其属寺遍及安多康区广大地域。各地噶举派僧人，乃至不丹、尼泊尔等地学僧，皆喜欢远足到八邦寺进修深造。因此，在安多康区噶玛噶举派僧人中形成一种不成文的规矩和惯例，先入八邦寺住修三年后，方有资格赴西藏楚普寺受比丘戒。

八邦寺除了寺主司徒活佛之外，尚有贡珠（kong sprul）、温根（dbon rgan）、钦泽（mkhyen brtse）三大活佛世系。而且，八邦寺历代高僧活佛，以学识渊博，虔心修法，并推崇传统文化知识等学风，在藏族地区享有崇高威望。其中第八世司徒活佛·却吉琼奈更是一名具有代表性的人物，他阅历丰富，博学多才，在著书立说、培养弟子以及弘扬藏族文化等方面作出巨大贡献，成为清代噶玛噶举派中最杰出的高僧活佛。特别是有清一代，噶玛噶举派高僧活佛在政教事务中逐步淡出，他们大多倾向于对藏族传统文化的全面研究，主要涉及语言文学、绘画艺术、天文历算、哲学逻辑等领域。

二　达隆噶举派

达隆噶举派（stag lung bkav bgyud），是噶举派八小支系之一，由达隆塘巴·札西贝（stag lung thang pa bkra shes dpal，1142—1210）创立。此人青年时期师从帕木主巴修学帕主噶举派的教法仪轨，后于藏历第三绕迥铁鸡年（1180）得到地方领主的资助，在前藏彭波达隆（vphan po stag lung）地方创建一座寺院（位于今拉萨市林周县境内），命名"达隆寺"（stag lung dgon），遂立宗传法，称"达隆噶举派"。该派以注重僧人戒律、严整寺院教规而著称。清代达隆噶举派高僧活佛多次调解西藏政教派系和地区之间的纷争，在藏区政教界享有一定声望。

达隆塘巴·札西贝的再传弟子桑杰威（sangs rgyas vod，1251—1294）曾赴康区传法，于藏历第五绕迥火牛年，即元至元十四年（1277）在类乌齐地方建造一座新寺，遂命名"类乌齐寺"（ri bo che dgon，位于今西藏昌都地区类乌齐县境内），后其教法仪轨自成一体，独自传承。清代文献记载：类乌齐寺，察木多西北，系由草地进藏径路。其地则高峰耸峻，一水环流，筑土为城，周二百余丈，内建大寺一座，佛像经堂，巍焕整齐。① 类乌齐寺，因地处康藏要道，颇受历代中央王朝与地方政府的关照。藏历第十二绕迥土猪年，即清康熙五十八年（1719），清朝大兵进西藏，类乌齐地区僧俗人民投诚归顺。雍正四年（1726），会勘地界，将类乌齐地方赏给达赖喇嘛；雍正九年（1731），颁给其法台活佛印信，其印文曰协理黄教诺们罕之印，系清字、蒙古字、唐古特字，三样篆文。②

可见类乌齐寺作为康区最具影响力的达隆噶举派的著名寺院，掌控着地方政教权力，并拥有下属子寺58座，主要分布在昌都、玉树、甘孜和迪庆等康区，宗派信徒甚众。

总之，前藏彭波的达隆寺和康区的类乌齐寺，是达隆噶举派的两座祖庭寺院，史称"达隆噶举派上下两大主寺"，即"雅塘寺"（yar thang dgon，指上达隆寺）和"玛塘寺"（mar thang dgon，指下类乌齐寺）。两座寺院僧众各保持在三四千人，其中不乏名僧大德。而且，形成以达隆寺、类乌齐寺为首的达隆噶举派活佛世系，其转世传承相沿不断。

---

① （清）松筠撰：《卫藏通志》，拉萨，西藏人民出版社，1982年版，第518页。
② 同上。

三 智贡噶举派

智贡噶举派（vbri gung bkav brgyud），是噶举派八小支系之一，由帕木主巴大弟子觉巴久丹贡布·仁钦贝（skyob pa vjig rten mgon po rin chen dpal，1143—1217）创立。此人于藏历第三绕迥土猪年（1179），在前藏智贡（vbri gung）地方将一座小庙扩建为正规寺院，遂命名为"智贡提奥蒙绛曲林"（vbri gung mthil vog min gling），简称"智贡提寺"（vbri gung mthil dgon，位于今西藏拉萨市墨竹工卡县境内）。觉巴久丹贡布·仁钦贝严于律己，他不但遵循佛教戒律，戒酒忌荤，而且讲授显密教法，颇有创意，遂形成自成一系的智贡噶举派。当时跟随觉巴久丹贡布·仁钦贝学法的人数甚多，号称闻法弟子约五万，受戒者逾十万。

觉巴久丹贡布·仁钦贝去世后，智贡提寺住持职位，由智贡家族接任并开始世袭，元朝时期封该家族为智贡万户长，成为西藏地区新兴的政教合一的地方势力。依附智贡地方势力的智贡提寺盛极一时后，至明代逐渐衰落，清初智贡地方又归属第五世达赖喇嘛管辖，遂智贡提寺及其高僧大德转入纯宗教事业领域，始建智贡噶举派的活佛转世制度。

智贡提寺第一任住持为堪钦·古热瓦（mkhan chen gu ra ba，1154—1221）；第二任住持为温顿·索南札巴（dbon ston bsod nams grags pa，1199—1247）；第三任住持为京俄·札巴炯奈（spyan snga grags pa vbyung gnas，1175—1255）；第四任住持为炯·多杰扎巴（gcung rdo rje grags pa，1210—1278）；第五任住持为托卡瓦·仁钦桑格（thog kha ba rin chen sen-gge，1226—1284）；第六任住持为参杰巴·扎巴索南（mtshams bcad pa grags pa bsod nams，1238—1286）；第七任住持为觉努·多杰益西（jo snubs rdo rje ye shes，1223—1293）；第八任住持为多杰仁钦（rdo rje rin chen，1278—1315）；第九任住持为多杰嘉布（rdo rje rgyal po，1284—1350）；第十任住持为却吉嘉布（chos kyi rgyal po，1335—1407）；第十一任住持为顿珠嘉布（don grub rgyal po，1369—1427）；第十二任住持为仁钦旺杰（rin chen dbang rgyal，1394—?）；第十三任住持为仁钦白桑（rin chen dpal bzang，1421—1469）；第十四任住持为仁钦却杰白桑布（rin chen chos rgyal dpal bzang po，1449—1484）；第十五任住持为贡噶仁钦白桑布（kun dgav rin chen dpal bzang po，1475—1527）；第十六任住持为仁钦平措却吉杰布（rin chen phun tshogs chos kyi rgyal po，1509—1557）；第

十七任住持为仁钦南杰却吉扎巴坚赞白桑布（rin chen rnam rgyal chos kyi rgyal mtshan dpal bzang po，1519—1576）；第十八任住持为索南拜吉嘉措（bsod nams dpal gyi rgya mtsho，1527—1570）；第十九任住持为乔勒南杰（phyogs las rnam rgyal，生卒年不详）；第二十任住持为却杰平措扎西（chos rgyal phun tshogs bkra shes，1547—1602）；第二十一任住持为扎西平措札巴坚赞（bkra shes phun tshogs grags pa rgyal mtshan，1574—1628）；第二十二任住持为贡却仁钦（dkon mchog rin chen，1590—1654）；第二十三任住持为仁增曲札，或名贡却平措（rig vdzin chos grags sam dkon mchog phun tshogs，1595—1659）。

智贡提寺第二十二任住持贡却仁钦去世后，寻访转世灵童，建立了却仓系（che tshang）活佛转世制度；第二十三任住持仁增曲札去世后，寻访转世灵童，又形成了琼仓系（chung tshang）活佛转世制度。仁增曲札擅长藏医药学，发明许多药物配方，治病救人，深受百姓拥戴，医学著述颇丰。

智贡提寺第二十四任住持为贡却赤列桑布（dkon mchog vphrin las bzang po，1656—1718），他是贡却仁钦的转世灵童，成为却仓系首位转世活佛；第二十五任住持为贡却赤列顿珠（dkon mchog vphrin las don grub，1704—1754），他是仁增曲札的转世灵童，因而成为琼仓系首位转世活佛；第二十六任住持为贡却丹增卓堆（dkon mchog bstan vdzin vgro vdul，1724—1766），他是贡却赤列桑布的传世化身；第二十七任住持为贡却丹增却吉尼玛（dkon mchog bstan vdzin chos kyi nyi ma，1755—1792），他是贡却赤列顿珠的传世化身；第二十八任住持为贡却丹增赤列南杰（dkon mchog bstan vdzin vphrin las rnam rgyal，1770—?），他是贡却丹增卓堆的传世化身。

清代中后期，智贡噶举派的政教势力和社会影响逐步弱化，甚至没落，其活动仅限于纯宗教范围；其法脉传承、活佛转世和嗣法弟子，则一如既往地维持和延续，并在一定程度上得以演进发展。

第三节　萨迦派系

萨迦派（sa skya pa），是藏传佛教主要宗派之一。由昆氏·贡却杰布（vkhon dkon mchog rgyal po，1034—1102）于藏历第一绕迥水牛年

（1073）创立。其法脉源于卓弥·释迦益西（vbrog mi shwakya ye shes，993—1074）译师；后经贡噶宁布（kun dgav snying po，1092—1158）、索南孜摩（bsod nams rtse mo，1142—1182）、扎巴坚赞（grags pa rgyal mtshan，1147—1216）、萨班·贡噶坚赞（kun dgav rgyal mtshan，1180—1251）和八思巴（vgro mgon vphags pa，1235—1280）即萨迦五祖发扬光大；以推崇、阐扬和修持道果法而著称。该派势力自明朝始萎缩，至清代其政教事业已趋向衰落，主要在佛学领域多有贡献。萨迦派寺院遍布整个藏族地区，以萨迦寺（sa skya dgon，位于今西藏日喀则萨迦县城）为教派祖庭和中心寺院。

萨迦派教主自创宗以来，实行家族世袭制。至元朝后期（1324）萨迦派内部又分离为细脱（gzhi thog）、仁钦岗（rin chen sgang）、拉康（lha khang）和都却（dus mchod）四大拉章（bla brang），各领属民、土地与教权。到了明朝中期，前三个拉章世袭断绝，唯有都却拉章独家掌控萨迦派的法王职权，其后都却拉章又分成彭措颇章（phun tshogs）和卓玛颇章（sgrol ma）两家，由两家嫡系轮流担任法王一职，在名誉上统领萨迦派系，实际上其号召力和掌控范围十分有限。

萨迦派历来学僧大德辈出，宗派内部形成诸多学派，既有显宗与密宗二大学派，又有多个密法传承。显宗方面，由雅楚·桑杰拜（gayg phrug sangs rje dpal，1350—1414）开创专门修学显宗义理之教规，其弟子荣敦·玛威僧格（rong ston smra bavi seng ge，1367—1449）成为其发扬光大者。藏历第七绕迥木兔年（1435），荣敦·玛威僧格在前藏彭波（vphan po）地方创建那烂陀寺（na len dra，位于今拉萨市林周县境内），建立了系统研习显宗教理之教学机制，向僧众传授《释量论》（tshad ma rnam vgrel）、《现观庄严论》（mngon par rtogs pavi rgyan）、《中观》（dbu ma）、《俱舍论》（mngon pa mdzod）、《三律仪论》（sdom gsum rab tu dbye ba）等经论。那烂陀寺常住僧众维持在700～1000人之间，其中学有所成的高僧陆续在各地建寺传法。因而那烂陀寺拥有一脉相承之许多子寺，在藏传佛教界具有一定的佛学影响力。

在密宗方面，萨迦派内部形成鄂尔（ngor lugs）、宗巴（rdzong lugs）和察尔（tshar lugs）三大法脉传承。其中，鄂尔系（ngor lugs）传承，由鄂·贡嘎桑布（ngor kun dgav bzang po，1382—1456）建立。藏历第七绕迥土鸡年（1429），鄂·贡嘎桑布在后藏日喀则的鄂尔（ngor）地方创建爱旺寺（Ae lwang chos ldan，位于今西藏日喀则地区康马县境内），专门传授萨迦派密法，从而建立鄂尔系密法传承。后世鄂尔系密法成为传播区域最为广大的萨迦派密法传承。清代以日喀则爱旺寺、德格贡庆寺（dgon chen）为代表。

宗巴系（rdzong lugs），又有前宗巴系和后宗巴系之分。其法脉源于丹巴·索南坚赞（bstan pa bsod nams rgyal mtshan，1312—1375）高僧，后由宗巴·贡噶坚赞（rdzong pa kun dgav rgyal mtshan，1382—1446 年）高僧继承并极力推广，遂形成前宗巴系（rdzong ba snga rabs，或称沫舍系，mus srad pa）；此外，土敦·贡嘎南杰（thu ston kun dgav rnam rgyal，1432—1496）于藏历第八绕迥木猴年，即明天顺八年（1464）在前藏创建贡嘎多杰丹寺（gong dkar rdo rje gdan，意为金刚座寺，位于今西藏山南地区贡嘎县境内），以此作为传教中心讲授宗巴系传承密法，并有所创新和发展。故史称"后宗巴系"（rdzong ba phyi rabs），或又称"贡嘎系"（gong dkav ba）密法传承。

察尔系 tshar lugs），为萨迦派嫡系密法传承，并有耳传密法之称。由察钦法王·洛色嘉措（blo gsal rgya mtsho，1501—1561）建立，虽在教内外享有权威性，但其传播范围不及鄂尔系密法传承。清代以后以藏日喀则的萨迦寺及其周边下属子寺为代表。

根据历史文献，康区萨迦派寺院大都是在清代生成发展起来的。由于历代德格土司（sde dge rgyal po）提倡各宗派共同发展的理念，平等扶持各宗派寺院建设，使这一地区的宗教不分派系，均得到良好的发展空间。同时，德格土司家族有一传统家规，弟兄有二：其一世袭土司职位并兼任法王；其一出家为僧，接任贡庆寺（dgon chen，家庙）住持。

贡庆寺作为德格土司之家庙，它有着较为悠久的发展历史。藏历第八绕迥火虎年，即明正统十一年（1446），第一代德格土司·扎西桑格（bkra shes seng ge）邀请其宗教上师唐东杰布（thang stong rgyal po，1361—1485）到德格地区，遵循萨迦派教规在辖区内建立一座佛学院，命名"楞珠顶曲札"（lhun grub steng chos grwa），额设 108 名寺僧。明末清初，第六代德格土司噶玛松（karma srung）又大兴土木，扩建该佛学院，至第八代土司贡嘎平措时期竣工，蔚然成一座大型藏传佛教僧院，尊称"贡庆寺"（dgon chen，意即"大寺"或"主寺"）；其教法仪轨遵循并沿袭萨迦派鄂尔系密法传承，故其学僧习惯赴后藏爱旺寺研修深造。清代贡庆寺俨然成为康区第一大萨迦派寺院，僧人最多时可达1500人，平常亦能保持在700人以上。

藏历第十二绕迥土鸡年，即清雍正七年（1729），第十二代德格土司却杰丹巴泽仁（chos rgyal bstan pa tshe ring，1687—1738）始建德格印经院（sde dge par khang），后经几代土司、历时数十年方圆满竣工，命名为"扎西郭芒巴康却佐钦摩"（bkra shes sgo mang par khang chos mdzod chen mo），意即"吉祥多门大经库印经院"。该印经院集贡庆寺与民居建筑形式为一体，具有浓厚的地方藏式建筑风格。

宗萨寺（rdzong gsar dgon），为康区第二大萨迦派寺院。该寺历史久远，其前身为一座苯波教庙宇，后依次演变为宁玛派、噶当派和萨迦派寺院。藏历第五绕迥木猪年，即元至元十二年（1275），元朝帝师八思巴途经此地，为该寺新落成的佛殿开光并赠送依怙佛像等供品，因其机缘而改宗为萨迦派寺院。

清代宗萨寺归属德格土司管辖，迎请后藏爱旺寺第二十任堪布·班却坚赞（dpal mchog rgyal mtshan）住持，并在寺内建立鄂尔系之教法仪轨，遂成鄂尔系密法传承寺院。之后，宗萨寺相继产生三大活佛系统，即刚纳（sgang sna bla brang）、阿里（mngav ris bla brang）和钦泽（mkhyen brtse bla brang）活佛世系，在寺内建立三大活佛府邸，并制定三位活佛轮流住持宗萨寺的教规。

至清代末期，钦泽活佛世系的宗教威信和社会影响渐盛，其声望逐步盖过前两位活佛，成为宗萨寺的首席住持者。钦泽活佛世系，始于绛央·钦泽旺波（vjam dbyangs mkhyen brtse dbang po，1820—1892）高僧。当时，绛央·钦泽旺波积极联络藏传佛教各派高僧，编纂了一套包容各宗派经论的综合性的显密教理丛书。[①] 以此作为实际行动，大力倡导没有宗派观念或偏执一方的无宗派的圆教思想，对当下和后世产生了极其深远的影响。

结古寺（skye rgu dgon），又为清代康区较有影响力的一座萨迦派寺院（位于今青海省玉树藏族自治州结古镇），相传其前身是一座苯波教庙宇，公元8世纪吐蕃高僧毗茹札那赴康区传播佛法之时，将其改宗为佛教

---

① 即《修法全集》（sgrub thabs kun btus）14册、《道果法》（lam vbras）25册、《续部总集》（rgyud sde kun btus）32册等。

寺院，遂成为一座古老的宁玛派名寺。

藏历第五绕迥木猪年，即元至元十二年（1275），元朝帝师八思巴途经康区，并向古老宁玛派寺院赠送一副佛祖唐卡，因之新建一座萨迦派大殿；后来于藏历第七绕迥土虎年，即明洪武三十一年（1398），萨迦派高僧喜饶坚赞（shes rab rgyal mtshan, 1376—?）前往该寺，在当地领主的资助下，将其改建为萨迦派的正规寺院，遂命名为"结古顿珠林寺"（skye rgu don grub gling），简称"结古寺"（skye rgu don）。

至清代结古寺已形成大型寺院，建筑规模宏大、僧纪教规严谨、高僧学者辈出，成为玉树北部地区的萨迦派中心寺院，鼎盛时期寺僧逾千人，并形成其学僧赴后藏爱旺寺修习鄂尔系密法的惯例。此外，结古寺相继产生扎武迈根（gravu mer rgan）、文保坚贡（dbon po skyabs mgon）、嘉那珠古（rgya nag sprul sku）三大活佛世系。其中第一世嘉那珠古·多丹强曲帕旺（rtogs ldan byang chub vphags dbang）是结古寺在多方面作出杰出贡献的代表性人物，他在青年时代长期游方峨嵋山、五台山等内地佛教圣地，坐禅静修，不但精通汉语，而且着装酷似和尚袈裟，晚年返回结古寺后，独创多项丰富多彩的"法舞"剧目；同时，建造了蔚为大观的"嘛呢石经墙"（ma ni rdo kha）。

第四节　觉囊派

觉囊派（jo nang pa），是藏传佛教宗派之一。其法脉源于后藏人裕摩·弥觉多杰（yu mo mi bskyod rdo rje，11 世纪人）。此人首创藏传佛教中观"他空见"（gzhan stong）学说思想，其后传扬者络绎不绝，遂形成一个学派传承；至第六传弟子贡邦·突杰尊哲（kun spangs thugs rje brtson vgrus, 1243—1313）时期，将其学派发展成为拥有寺院实体性的一支宗派，名"觉囊派"。之后，嗣法者相继出现了强桑·嘉瓦益西（byang sems rgyal ba ye shes, 1257—1320）、凯尊·云丹嘉措（mkhas btsun yon tan rgya mtsho, 1260—1327）、多朴巴·喜饶坚赞（dol po ba shes rab rgyal mtshan, 1292—1361）、洛咱瓦·罗哲拜（lo tsa ba blo gros dpal, 1299—1353）、乔勒南杰（phyogs las rnam rgyal, 1306—1386）、聂温·贡嘎拜（nya dbon kun dgav dpal, 1345—1439）、贡噶卓乔（kun dgav grol mchog, 1507—1569）和多罗那他（da ra na tha, 1575—1634）等著名人物。其中

多朴巴·喜饶坚赞和多罗那他两位高僧，更为弘扬觉囊派教法仪轨作出了巨大贡献，因而他俩在觉囊派发展史上有崇高地位。

多罗那他之后，觉囊派又从发展鼎盛渐趋衰落。至清初觉囊派在前后藏地区（今西藏自治区境内）已销声匿迹。然而，觉囊派高僧在多康（mdo khams）局部地区（今四川与青海部分藏区）建寺弘法，使觉囊派的法脉传承终究没有中断，相沿至今。

根据文献记载，藏历第七绕迥木蛇年，即明洪熙元年（1425），仲·热纳室利（drung rrna shri，1350—1435），又名噶西巴·仁钦拜（dkav bzhi pa rin chen dpal），遵照上师乔勒南杰的重托，在多康壤塘地方（vdzam thang，今四川省阿坝藏族自治州壤塘县境内）创建吉祥壤塘寺（dpal vdzam thang chos sde），传扬觉囊派教的法仪轨。其后，却杰·嘉瓦桑布（chos rje rgyal ba bzang po，1419—1482）、策居·热纳格德（tshes bcu rrna kwirti）和阿盖·尼玛维塞（Aa rge nyi ma vod zer）等嗣法弟子，不断扩建寺宇，逐渐形成却杰寺（chos rgyal dgon，壤塘寺）、策居寺（tshe bcu dgon，1456年建立）和藏哇寺（gtsang ba dgon，1730年建立）三座鼎立的僧院，并产生却杰（chos rje）、策居（tshes bcu）和藏哇（gtsang pa）等活佛转世系统，其宗派影响渐次在周边地区扩展。

其中，于藏历第十二绕迥铁狗年，即清雍正八年（1730）建立的藏哇寺（gtsang ba dgon），逐渐发展成为觉囊派直系法脉传承的中心寺院，其宗教影响不断扩大，在四川阿坝藏族自治州和青海果洛藏族自治州等周边地区产生许多下属支系寺院。至清代末期，觉囊派寺院已经达到30多座，主要分布在多康（mdo khams）局部地区。

第三章 经典文献

藏传佛教的经典文献，始于公元7世纪，是伴随佛经翻译而产生并形成规模的。后经藏族学僧的相承编纂和著书立说，其数量不断增加，内容不断丰富，学科范围不断扩大，主要涉及佛教历史、大小乘经论、经典注疏、教法仪轨、显密义理、寺志典章、僧传游记、道歌文学、哲学思想、天文历算、藏医药学、建筑绘画、修行次第、宗教节日等诸多领域。

特别是藏传佛教大型寺院相继兴建印经院，为经典文献的印行和推广创造了良好的客观条件，清代以拉萨印经院、卓尼印经院、塔尔寺印经院、拉卜楞寺印经院和德格印经院等为代表。同时，藏传佛教高僧大德辈出，他们在佛教典籍整理和文献研究领域推陈出新，呈现出前所未有之佛学盛况。其中，以大藏经、藏外经典、史籍僧传、寺志游记等最具代表性。

第一节 藏文《大藏经》

藏文《大藏经》（bod yig gyi bkav bstan vgyur），与汉文、巴利文《大藏经》相同，是一切佛教经典的总汇，分为经、律、论三藏。佛陀亲自传授的教法称为经，佛陀亲自教导的教诫称为律，其嗣法弟子研习经律之注疏称为论；同时，藏文《大藏经》又是藏传佛教典籍总集的通称，由《甘珠尔》（bkav vgyur，正藏）和《丹珠尔》（bstan vgyur，副藏）两部分构成，前者为经藏和律藏部分，后者为论藏部分。藏文《大藏经》共收入佛教初、中、晚期经论4 570多部。内容除佛教经、律、论三藏及密宗四续外，尚有文法、诗歌、美术、逻辑、天文、历算、医药、工艺等。其中佛教密宗和因明量论经典十之七八在汉文和巴利文大藏经中阙如，可谓弥足珍贵。

一 《甘珠尔》和《丹珠尔》部

《甘珠尔》（bkav vgyur）部，是佛祖释迦牟尼的言教，后经他的弟子们六次结集、记诵而编撰集成文字，又名佛部，或称正藏，收入经、律和密典三个部分，包括律部、般若、华严、宝积、经部、续部及总目录七大类，共 108 部（函）。不同的《甘珠尔》版本略有差异，但体例大致相同。例如，德格版《甘珠尔》共 108 部（函），其总目录分为九大类：

第一编：律部（vDul Ba）

第二编：般若部（Shes Phyin）

第三编：华严部（Phal Chen）

第四编：宝积经（dKon bRtsegs）

第五编：经部（mDo Sde）

第六编：十万怛特罗部（Rgyud vBum）

第七编：古怛特罗（Rnying Rgyud）

第八编：时论经疏（Dus vKhor vgrel bShad）

第九编：陀罗尼集（gZungs vDus）

《丹珠尔》（bstan vgyur）部，是印藏佛教大师、学僧、译师对《甘珠尔》部所作注疏及论著之集成，又名祖部，或称副藏，分为赞颂、续部、般若、中观、经疏、唯识、俱舍、律部、本生、书翰、因明、声明、医方明、工巧明、修身部、杂部、阿底峡小部集、总目录十八类，共 225 部（函）；内容涉及哲学、文学、艺术、语言、逻辑、天文、历算、医药、工艺和建筑等，堪称藏学百科全书。

《丹珠尔》部的不同版本略有差异，但体例大致相同。例如，德格版《丹珠尔》（bStan vGyur）共 232 部（函），包括十明学科。其总目录如下：

第一编：礼赞部（bStod Tshogs）

第二编：怛特罗部（Rgyud）

第三编：般若部（Shes Phyin）

第四编：中观经（dBu Ma）

第五编：经疏部（mDo vGrel）

第六编：唯识部（Sems Tsam）

第七编：阿毗达磨部（mNgon Pa）

第八编：律部（vDul Ba）

第九编：本生部（Skyes Rabs）

第十编：书函部（Spreng Yig）

第十一编：因明部（Tshad Ma）

第十二编：声明部（Sgra mDo）

第十三编：医方明部（gSo Rig Pa）

第十四编：工巧明部（bZo Rig Pa）

第十五编：修身部（Thun Mong Ba Lugs Kyi bStan bCos）

第十六编：杂部（Sna Tshogs）

第十七编：阿底峡小部集（Jo Bovi Chos Chung）

第十八编：目录部（DKar Chag）

二 藏文《大藏经》版本

藏文《大藏经》，早在公元8世纪就开始编纂成形，直至近现代依然不停地修订和刻印，陆续问世了多种版本。吐蕃时期（公元8—9世纪），相继汇编了《丹噶玛》（ldan dkar ma）、《青浦玛》（mchims phu ma）、《庞塘玛》（vphang thang ma）三部不同的《大藏经》及其目录，此为藏文《大藏经》雏形，以手抄本或抄写本形式流传。

14世纪，在后藏纳塘寺重新编纂藏文《大藏经》，问世了藏传佛教后弘期史上第一部较完整的善本，后世称其"纳塘古版"；1410年，依据纳塘古板在南京刻印了《甘珠尔》部，史称"永乐版藏文《大藏经》"，印本大部分用朱砂或云硃刷印，亦称赤字版；1605年，续刻了《丹珠尔》部，史称"万历版藏文《大藏经》"。明代相继问世的永乐版和万历版在藏文《大藏经》发展史上具有里程碑意义。从此，藏文《大藏经》版本结束手抄本形式而进入木刻版时代。

有清一代，是藏文《大藏经》的繁荣时期，先后雕造或刻印了理塘版、北京版、卓尼版、德格版、纳塘新版等不同版本，而且，其中大多版本为《甘珠尔》和《丹珠尔》两部俱全的全套《大藏经》。

理塘版藏文《大藏经》，是在明末至清初年间刻印完成的。东噶·洛桑赤列在其《藏文文献目录学》中考证说：

在藏族地区首先刻版印制《甘珠尔》，是在第十绕迥土鸡年（1609），第六世红帽系活佛却吉旺秋住在杂日措噶时，接受了丽江土司索南热丹提出的刻印一套《甘珠尔》并由西藏提供一个可靠底本的请求，先将以前第悉帕木竹巴的阐化王札巴迥乃时期经过桂译师宣努贝和噶玛巴米觉多吉、红帽系的京俄却吉扎巴等人多次校订过并存放在琼结秦瓦达孜的一套甘珠尔送给了丽江土司，以此为底本刻印了一套甘珠尔（从开始到结束用了15年）。在考察这部《甘珠尔》的目录是由谁编制的时候，我恰逢参加在西德召开的藏学讨论会，看到了印度达兰姆萨拉图书馆负责人扎西才让编纂的大藏经抄编刻版历史，其中写道，他自己为了进行藏文图书馆方面的研究，去过噶伦堡、达吉岭、岗拖等地方，1976年在锡金王巴涅阿丁的私人图书馆藏里，看到有50页藏文草体古旧抄本短经，质量很好，题目为《丽江土司所造存于理塘大寺的佛说甘珠尔目录》，此目录是第六世红帽系活佛却吉旺秋于1611年编制的。这套《甘珠尔》有108函。以前，拉萨大昭寺楼上南面甘珠尔佛殿里存有理塘硃印本的《甘珠尔》，108函，每函都有绸缎的书包，每两包放在一个木箱里，据说这是丽江土司索南热丹献给大昭寺的开印样本。把丽江土司刻制的《甘珠尔》印版称为理塘硃印版的原因是，固始汗去世后，他的侄子坎卓洛桑丹迥担任巴塘、理塘、中甸等地的总管时，发动了反对当时西藏地方政权的战乱，以达赖汗为首的蒙藏军队平息了叛乱后，将丽江的甘珠尔印版迎请到理塘寺，因此，通常称之为理塘硃印版。①

东噶·洛桑赤列教授对理塘版《甘珠尔》部的刻印经过作了详细考证，明末清初（1628—1644）年间，由云南丽江纳西族土司木增赞助，噶玛巴红帽系第六世活佛·却吉旺秋主持刻印的《甘珠尔》部，则是藏族地区问世的第一部刻印版《大藏经》。该版本只有《甘珠尔》部，没有《丹珠尔》部，它藏于理塘寺，故称"理塘版"。

北京版藏文《大藏经》，又名嵩祝寺版。清康熙二十二年（1683），依据西藏夏鲁寺写本大藏经在北京嵩祝寺刊刻，康熙年间仅完成《甘珠

---

① 东噶·洛桑赤列著，陈庆英译：《论西藏政教合一制度/藏文文献目录学》，北京，中国藏学出版社，2001年版，第93页。

尔》部；至雍正二年（1724）续刻《丹珠尔》部。《蒙古佛教史》记载：

> 此后，由文殊菩萨戏化为人主的世宗雍正皇帝迎请其父皇的福田土观活佛、浊世众生的依怙章嘉活佛、教法之主噶勒丹锡埒图活佛等大德，结为施主与福田，敬奉三宝，弘扬黄帽派的教法。他利益佛法的情形，前文已经述及。雍正皇帝本人还对中观见地进行体验，以大慈悲心及政教合一之法规使天下臣民得到安乐。他还将大藏经《丹珠尔》重新刻版印行，受到贤哲们的赞扬，使吉祥利乐遍于各方。①

根据汉文文献，康熙二十年（1681年），《圣祖重刻〈番藏经〉序》称："祝颂两宫之景福，延万姓之鸿庥，番藏旧文，爰加镌刻。"经过十多年，藏文《甘珠尔》部刊刻完成。世宗雍正皇帝又续刻藏文《丹珠尔》部。乾隆二年（1737年），将《甘珠尔》和《丹珠尔》重新整理出版，史称乾隆修补版，又因刻于北京，称"北京版藏文《大藏经》"。②

卓尼版藏文《大藏经》，是在安多卓尼寺（位于今甘肃临潭县境内）刻印的，故称其名。先刊刻《甘珠尔》部，自康熙六十年（1721）至雍正九年（1731），历时10年完成，共108部（函）；之后，《丹珠尔》部，自乾隆十八年（1753）刻印，至乾隆三十七年（1772）完成，历时19年，共209部（函）。

德格版藏文《大藏经》，是在康区德格印经院（位于今四川甘孜德格县城）刻印的，故称其名。自清雍正八年（1730）刻印，至乾隆二年（1737）完成。其中《甘珠尔》部为理塘版的复刻，《丹珠尔》部是依据夏鲁寺写本大藏经，并增补布敦目录所收之典籍而刻印的。其全套木刻版本，均藏于德格印经院。

纳塘新版藏文《大藏经》，是由第七世达赖喇嘛·格桑嘉措（1708—1757）和西藏地方官颇罗鼐郡王（1689—1747）主持，以纳塘古版和布敦·仁钦珠汇集存放于夏鲁寺的《甘珠尔》和《丹珠尔》作为底本刻造

---

① 固始噶居巴·罗桑泽培著，陈庆英、乌力吉译注：《蒙古佛教史》，台北，全佛文化事业有限公司，2004年版，第165页。

② 翁连溪："乾隆版满文大藏经刊刻述略"一文，载《故宫博物院院刊》2001年第6期。

的。新版《甘珠尔》部完成于雍正八年（1730），共102部（函），经版5万余块；《丹珠尔》部完成于乾隆七年（1742），共225部（函），经版7万余块。纳塘新版藏文《大藏经》全套木刻版本，均原藏于纳塘寺，今已不存。它以刻工精湛，校勘优良，被誉为最佳版本。

第二节　蒙文与满文《大藏经》

清代的译经，主要是国内各族文字的互译。雍正初年北京黄寺土观呼图克图第一世奉命将藏文藏经《甘珠尔》部分译为蒙文。又乾隆六年到十四年（1741—1749）译成蒙文《丹珠尔》全部。乾隆三十八年至五十五年（1773—1790）又译藏文大藏经为满文。乾隆七年（1742）工布查布在北京依藏文佛典译成汉文的有：《造像量度经》、《造像量度经解》、附撰《造像量度经引》及《续补》各一卷；《弥勒菩萨发愿王偈》、《药师七佛供养仪轨如意王经》各一卷；稍后阿旺札什继译《修药师仪轨布坛法》、《白救度佛母赞》各一卷；嘎卜楚萨木丹达尔吉译《极乐愿文》一卷、萨穆丹达尔吉译《释迦佛赞》一卷。[①] 可以说，蒙文与满文大藏经的相继翻译、刻造和问世，是在清代诸位皇帝的直接倡导和扶持下逐步完成的，在中国各民族文化交流史上有着积极的影响。

一　蒙文《大藏经》

蒙文《大藏经》的翻译、编纂、校勘、刻造，以及最终印刷问世，是一个漫长的历史过程，经历了元、明、清三朝。元大德年间（1297—1307），奉成宗帝之命，在萨迦派喇嘛、帝师扎巴俄色（grags pa vod zer, 1246—1303）的主持下，由藏、蒙、回鹘和汉族学僧参与，开始将藏文《大藏经》翻译成蒙古文，但当时究竟翻译了多少经卷，迄今未能找到明确的文献记载，暂且阙如。蒙古族学者利用多语种文献资料，对蒙文《大藏经》的产生过程作了具体的考证：

在蒙古集中人力物力大量翻译佛典应当在明末清初。最突出的成就体现在把印藏佛典之大集成——经律论三藏——藏语和蒙古语习称

[①] 中国佛教协会编：《中国佛教》第一辑，北京，知识出版社，1980年版，第123页。

为《甘珠尔》、《丹珠尔》，先后全部被翻译、编纂、校勘并以雕版刻印出版上面。①

明万历年间（1573—1620），蒙古地区兴起笃信佛教的热潮，土默特部阿勒坦汗及其子孙们积极倡导翻译藏文《大藏经》，拉开了用蒙文翻译重要佛教经典的序幕。而且，这一佛经翻译成为蒙古地区长期付诸实施的文化工程。有学者认为：

> 实际上《甘珠尔》的翻译早在土默特阿勒坦汗时期就已提到议事日程。《蒙古源流》讲述锁南嘉措和阿勒坦汗相互赐封名号，然后谈论要做的善事，蒙方阿勒坦汗发誓在青城用金银宝物创制释迦牟尼像，博硕克图吉囊（boshogtu zhing）表示兴建三时寺院，斯沁洪台吉（sechen hong taizhi）决心用金银珠宝制造108函《甘珠尔》。他们为弘扬佛法出力的誓言，诸如兴建寺院与塑造佛像已经兑现，至于《甘珠尔》是否翻译了，《蒙古源流》没有明确交代。然而《阿勒坦汗传》上明确记述着："其后那木岱彻辰汗、钟根哈敦、鸿台吉三人，按经教之制奉行尊圣可汗之政，使以蒙古语翻译佛师所说百八《甘珠尔》经。于是锡勒图固什绰尔吉、阿优希阿难答满珠锡里固什等，与杰出三万户的译者贤能，自黑虎年至红羊年间，将一切经文全部译出，美妙得体地纳入卷册之中。"这个记载告诉我们，《甘珠尔》翻译是在阿勒坦汗之后，于"黑虎年至红羊年"间即壬寅明万历三十年至三十五年（1602—1607）的五六年里完成的。②

在以上《阿勒坦汗传》中提到的那木岱彻辰汗（1586—1607在位）、钟根哈敦（1550—1612）、鸿台吉是继承阿勒坦汗未竟佛教事业的三位著名人物，在他们的提议和赞助下，由锡勒图固什绰尔吉（1564—1625）领导蒙古右翼三万户译经师，自1602年至1607年，将藏文《甘珠尔》部

---

① 乌力吉巴雅尔：《蒙藏关系史大系·宗教卷》，拉萨、西藏人民出版社，北京、外语教学与研究出版社，2001年版，第304页。

② 同上书，第305页。

翻译成为蒙古文,在短时间内完成了一项浩大的文化工程。不过,锡勒图固什绰尔吉此前于 1592 年到 1600 年之间,已经翻译完了十二卷本的藏文《般若波罗蜜多经》。① 至于蒙古人放弃萨满教,改信藏传佛教,并集中精力翻译佛经的境况,在藏文史书中多有记述:

> 土默特汗王阿勒坦时,佛王第三世索南嘉措等众多圣士至霍尔地区,对蒙古人所谓"供翁公",似同外道行为,杀牲以为祭祀等邪法大都予以革除,但现今尚存部分余习。一切知永丹嘉措生于蒙古地区,使佛法在霍尔地区得进一步的传播,诸霍尔人成为卫藏格鲁派的主要施主。之后希图国师(shri thu gu shrawi)译三部般若经为蒙文。②

以上引文中的"希图国师"是指锡图固什绰尔吉,这位大德在用蒙文翻译佛经的过程中作出了具有开创性的贡献,许多不同文种的史书都记载了他的事迹。在土默特阿勒坦汗及其子孙传扬佛法、翻译佛经的同时,还有察哈尔林丹汗亦十分重视藏文《大藏经》的翻译工程,他视《甘珠尔》部为"三宝之一",曾经召集贡噶敖斯尔等 33 名高僧学者,翻译《甘珠尔》部。有学者考证说:

> 明代土默特阿勒坦汗时期翻译、编纂的《甘珠尔》是由锡图固什绰尔吉、阿优希阿难答满珠锡里固什为首三万户的译者贤能完成的。另据学者研究,知道参与这次翻译的还有却嘉木苏。与此相比,人们对林丹汗时期参加《甘珠尔》翻译的翻译者的情况知道得多一些。当时是由贡噶敖德色尔、萨木丹僧格固什和达尔汗喇嘛灌顶国师为首的 33 人完成这项工程的。其中有:岱贡达云西古固什 70 篇,贡噶敖德色尔 54 篇,玛底德热锡日跋德热托因绰尔吉 54 篇,萨木丹僧格 31 篇,额尔德尼洪津 13 篇,噶尔玛道卜桑 10 篇,阿难答固 7 篇,

---

① 参见乔吉:《蒙古佛教史——北元时期(1368—1634)》,呼和浩特,内蒙古人民出版社,2008 年版,第 91 页。

② 松巴·益西班觉著,蒲文成、才让译:《如意宝树史》,兰州,甘肃民族出版社,1994 年版,第 796—797 页。

贡噶拜桑达尔汗南苏 6 篇，额尔德尼岱固什南苏 5 篇，托因桑如卜绰尔吉 4 篇，楚勒特木托因 4 篇，瑜珈固什绰尔吉 4 篇，莫尔根岱灌顶固什 3 篇，辛跋托因 2 篇，翁则德喇嘛 2 篇，迈达里灌顶固什 2 篇，噶卜久莫尔根岱固什 2 篇，朝格图固什绰尔吉 2 篇，锡饶僧格 1 篇，阿德那满达 1 篇，扫德巴嘉木苏托因 1 篇，贡噶达尔汗额尔德尼岱固什 1 篇，洪津乌巴锡 1 篇。《金鬘》说林丹汗时期翻译的《甘珠尔》为 113 函，是在如同蓝色天空的琉璃纸上，用日月般金银颜色写就的。上述译师们在青城的大昭寺，以宾都斯琴温古召请的《甘珠尔》为蓝本，仅用半年时光竣工。这一点令人生疑。据统计，藏文大藏经"依德格版为例，全书共四千五百六十九个编号（内甘珠尔一千零八个编号，丹珠尔三千四百六十一个编号）"。设想一个编号代表一个独立的经典，那么，半年内林丹汗手下 33 位译师，每人平均翻译 33 个经典，这么大的量，似乎不可能，要说抄写，还可相信。所以，实际情况很可能是：译师们把阿勒坦汗时期译出的蒙文《甘珠尔》与宾都斯琴召请的藏文《甘珠尔》进行对照，没有译的补译，译文有误的加以纠正，然后把它重新编排并用金粉缮写的。①

可以认为，蒙古察哈尔林丹汗当时主要是组织有关翻译家，将《甘珠尔》中尚未译成蒙文的部分进行了翻译。这是一项补充性翻译工程，于 1629 年完成，特别是当时用金粉善写而成，史称"金字蒙文大藏经"。虽然许多史书均称：察哈尔林丹呼图克图汗时，以贡噶沃色为首的众译师翻译了全部《甘珠尔》，② 但是事实上并没有重新完整翻译。有学者说：回顾蒙文佛经翻译从无到有从小到大，从口译若干咒语到笔译全部大藏经为止，经历了几个世纪。如果说当初蒙古人的翻译还是多依赖他人的被动行为，那么，翻译《甘珠尔》，特别是 17 世纪翻译、审核和刻印《丹珠尔》的时候，蒙古自己的佛经翻译队伍已经相当壮大，完全胜任大型经

---

① 乌力吉巴雅尔：《蒙藏关系史大系·宗教卷》，拉萨，西藏人民出版社，北京，外语教学与研究出版社，2001 年版，第 306—307 页。

② 松巴·益西班觉著，蒲文成、才让译：《如意宝树史》，兰州，甘肃民族出版社，1994 年版，第 797 页。

典的翻译出版。①

现存蒙文《大藏经》版本，大多是在清代整理和刻印的。正如松巴·益西班觉所说："满清圣祖康熙帝时藏文的《甘珠尔》、《丹珠尔》同霍尔文（蒙古文）的《甘珠尔》相校勘，并予刊印。"② 又如《蒙古佛教史》记载：

> 康熙皇帝迎请以甘丹赤巴·阿旺洛追嘉措为首的讲法修行的众多高僧大德，广利佛法。又为慈悲护佑天下众生特别是蒙古的全部人众，召集了许多学者对译成蒙文的大藏经《甘珠尔》部分进行了校勘、厘定，并刻版印行，使众多具有信仰和法缘之人得到教法的各种布施，心愿满足，使佛陀的教法成为永远不会消亡的胜利幡幢。③

清康熙二十二年（1683），奉康熙之命，和硕裕亲王福全主持，北京净住寺达喇嘛乌拉特固什毕力昆达赖、阿巴噶德木楚克、乾清门侍卫喇喜等喇嘛和学者，又将《甘珠尔》部再次校审后，汇编成108函（部），于1720年木刻印刷。④

蒙文《大藏经》的另一部分《丹珠尔》部，是在乾隆年间完成的。松巴·益西班觉说："康熙的孙子乾隆皇帝时期，以章嘉活佛、噶丹赛赤活佛二师为首的众善巧、译师将藏译印度学者所作论典全集《丹珠尔》翻译为霍尔文（蒙古文），并刊印行世，从而广开法施百门，成熟希冀果实。"⑤ 这在《蒙古佛教史》也有具体描述：

> 雍正皇帝之子即文殊菩萨化身的乾隆皇帝发扬历辈先祖的善规，

---

① 乌力吉巴雅尔：《蒙藏关系史大系·宗教卷》，拉萨、西藏人民出版社，北京，外语教学与研究出版社，2001年版，第306页。
② 松巴·益西班觉著，蒲文成、才让译：《如意宝树史》，兰州，甘肃民族出版社，1994年版，第797页。
③ 固始噶居巴·罗桑泽培著，陈庆英、乌力吉译注：《蒙古佛教史》，台北，全佛文化事业有限公司，2004年版，第165页。
④ 又说康熙五十六年（1717年）康熙帝颁谕制作蒙文《甘珠尔》部，经版历三年寒暑告竣。
⑤ 松巴·益西班觉著，蒲文成、才让译：《如意宝树史》，兰州，甘肃民族出版社，1994年版，第797页。

对全体臣民十分仁慈，一心使众生平安利乐，尽力服事佛法，特别是黄帽派的教法。他为了利益众生特别是蒙古之臣民，下令说："如今佛法在蒙古地方广为弘扬，圣祖康熙皇帝下令将《甘珠尔》全部译成蒙文并刻版印行，但《丹珠尔》以前未曾全部译成蒙文，故命章嘉活佛若必多吉及噶勒丹锡埒图活佛杰尊洛桑丹贝尼玛二人主其事，将疏释佛陀教语之《丹珠尔》全部译成蒙文。"二位上师遵照皇上旨意，主持其事，在翻译之前，因广大蒙古各地的语言虽大致相同，但微小的差异仍有许多，特别是翻译经典所用的词汇未曾统一厘定。各位译师按自己的意愿安立不同的词语，以致闻思经典的僧人们难以理解，故向皇帝奏闻，统一译经所用词语然后刻版印行之好处，皇帝大喜即下令照此办理。①

乾隆六年至十四年（1741—1749），第三世章嘉呼图克图·若贝多杰（1717—1786）和噶勒丹锡勒图呼图克图·洛桑丹贝尼玛二人，奉乾隆皇帝之命，又将藏文《丹珠尔》部译成蒙文。当时参与此项文化工程的人员还有达赖固什阿格旺丹丕勒、唐古特官校总督官布扎布，西黄寺札萨克喇嘛却音丕勒多尔济、隆福寺札萨克喇嘛丹僧却德尔、净住寺达喇嘛毕力昆达赖，以及由蒙古各地选派来的200余名喇嘛和学者，历时7年，终于将225部（函）藏文《丹珠尔》，全部译成蒙古文，并与雍正初年译刻的蒙文《甘珠尔》部合成为一部完整的蒙文《大藏经》，在北京净住寺印刷发行。

总之，蒙古文《大藏经》包括《甘珠尔》和《丹珠尔》的最后编译、校勘、审定和刻印，均是按照北京版藏文《大藏经》完成的。它的分类、函数、种类，完全与北京版藏文《大藏经》相同：《甘珠尔》经为108部（函）；《丹珠尔》经为225部（函）。编目、分类、种类也相同。譬如，现存蒙古文《甘珠尔》部的目录分为：秘密经、大般若经、第二般若经、第三般若经、诸般若经、大宝积经、华严经、诸品经、律师戒行经等10类。

---

① 固始噶居巴·罗桑泽培著，陈庆英、乌力吉译注：《蒙古佛教史》，台北，全佛文化事业有限公司，2004年版，第165页。

二 满文《大藏经》

满文《大藏经》，清代又称《国语大藏经》，它是以藏文《甘珠尔》部为底本，并参照汉文、蒙文《大藏经》翻译、雕刻和印行，是清代"康乾盛世"的文化产物，在某种程度上代表着中国雕版印刷及装帧版式的最高水平。

满文《大藏经》的翻译、雕刻和印行，是在乾隆皇帝的提议和关照下完成的。乾隆三十八年（1773），《四库全书》开馆纂修，满文《大藏经》是与《四库全书》几乎同步推出的又一项浩繁艰巨的文化工程，乾隆视其与《四库全书》、"十全武功"之记述同等重要，它也是满族文化史乃至整个清代文化史中的大事。[①] 为此，乾隆皇帝在译刻满文《大藏经》的过程中倾注了不少精力。据《章嘉国师若必多吉传》记载：

> 文殊大皇帝认为，自己出身的满族人口众多，对佛教获得信仰者也为数不少，但是语言文字与别族不同，以前也没有译为满文之佛教经典。若将佛说《甘珠尔》译成满文，实在是造福于后代之善举，遂命章嘉国师将《甘珠尔》译成满文。从学府中成绩优异人员和在京喇嘛中选择通晓语言文字者，与几名学识精深的和尚一起开始翻译经卷。[②]

以上引文在《乾隆朝上谕档》中亦有完全相同的记载，在此不必重复引述。引文中文殊大皇帝是指乾隆皇帝，他当时考虑到藏文、汉文和蒙文三种语的佛教《大藏经》已经刻印发行，唯有满文《大藏经》尚未翻译刊行，理应补缺这一文化空白，遂下谕旨，建立清字经馆，翻译满文《大藏经》，尽快实现这一宏愿。《清实录》记载：

> 乾隆三十八年（1773），乾隆皇帝又谕：大藏汉字经画刊行已

[①] 翁连溪：《乾隆版满文大藏经刊刻述略》，载《故宫博物院院刊》2001年第6期。
[②] 土观·洛桑却吉尼玛著，陈庆英、马连龙译：《章嘉国师若必多吉传》，北京，民族出版社，1988年版，第331页。

久，而蒙古字经亦俱翻译付锓，惟清字经文尚未办及。揆之阐教同文之义，实为阙略。因特开清字经馆，简派皇子、大臣于满洲、蒙古人员内择其通晓翻译者，将藏经所有蒙古字、汉字两种悉心校核，按部翻作清文。并命章嘉国师董其事。每得一卷即令审正进呈，候朕裁定。今据章嘉国师奏称："唐古忒甘珠尔经一百八部俱系佛经，其丹珠尔经内有额讷特珂克得道大喇嘛等所传经二百二十五部。至汉字甘珠尔经则西方喇嘛及中国僧人所撰全行列入。今拟将大般若、大宝积、大集华严、大般涅槃、中阿含等经及大乘律全部翻译。其五大部支派等经八种，并小乘律皆西土圣贤撰集，但内多重复，似应删繁就简。若大乘论、小乘论共三千六百七十六卷，乃后代祖师在此土撰述，本非佛旨，无庸翻译"等语。所奏甚合体要，自应照拟办理。粤自白马驮经，梵文始传震旦，其间名流笔授展转相承，虽文字语言未必即与竺乾悉协，然于佛说宗旨要不失西来大义。逮撰集目录者，以经、律、论区为三藏，于是大乘、小乘，哀集滋繁。且于佛经外，兼取罗汉、菩萨所著赞明经义者，以次类编入部。在西土诸佛弟子，尚系亲承指授，或堪羽翼宗风。洎乎唐宋以降，缁徒支分派别。一、二能通内典者，辄将论疏语录之类，觊得续入大藏，自诩为传灯不坠，甚至拉入塔铭志传，仅取铺张本师宗系，乖隔支离，与大慈氏正法眼藏去之愈远。殊不思此等皆非佛说真言，列入续藏内已为过分，岂可漫无区别！如章嘉国师所云，实释门之公论也。昔我皇考曾命朕于刊刻全藏时，将续藏中所载丛杂者量为删订。嗣朕即位后，又令大臣等复加校核，撤去开元释教录，略出辨伪录、永乐序赞文等部。其钱谦益所著楞严蒙钞一种，亦据奏请毁撤。所有经板书篇均经一体支汰，期于澄阐宗门。兹清字经馆正当发凡起例之始，如不立定规条，致禅和唾余剿窃，亦得因缘贝夹，淆乱经函，转乖敷扬内典之指，可将章嘉国师奏定条例清单，交馆详晰办理。并传谕京城及直隶各寺院，除现在刊定藏经毋庸再为删削外，嗣后凡别种语录著述，只许自行存留。倘有无识僧徒，妄思哀辑汇录诡称续藏名目而欲窜淆正典者，俱一概永行禁止。庶几梵文严净，可以讨真源而明正见。但此事关系，专在释教，毋庸内阁特颁谕旨。著交与该管僧道处行知各处僧纲司，令其通饬僧众人等永远遵行。①

乾隆三十八年（1773），乾隆帝降旨，特开清字经馆，翻译刊刻满文《大藏经》。清字经馆位于宫中西华门内，设置之始，选派人员包括总裁4人，副总裁3人，提调官5人，纂修官9人，收掌官18人，阅经总裁1人，阅经副总裁4人，办理经咒喇嘛4人，校对喇嘛4人，总校僧人2人，诸经僧4人，共96人（原文如此）。其中总裁有和硕质亲王永瑢、多罗义郡王永璇、太子太保文华殿大学士和珅副总裁为吏部尚书金简及西藏著名高僧章嘉呼图克图国师等，他们皆精通经史，博学多闻，这使满文《大藏经》的翻译、刊刻在人力上有了可靠的保障。②

在具体造刻满文《大藏经》时，乾隆皇帝采纳了章嘉·若贝多杰国师的建议，参照藏文《大藏经》中的《甘珠尔》部（108函）翻译。这正好是佛教三藏中的经和律部分，属于佛陀所言，即正藏。而在满文《大藏经》中没有翻译《丹珠尔》部，因它属于三藏（经律论）中的论之部分，认为论之部分是后人所撰述，而非佛陀所言。当时拟定将大般若、大宝积、大集华严、大般涅槃、中阿含等经及大乘律全部翻译；其他归于五大部支派的重要经典，以采取删繁就简的办法翻译之。此外，依据翻译家们所掌握的语种，将藏经所有蒙古字、汉字两种悉心校核，按部翻作清（满）文。

特别是乾隆皇帝为使译经工程顺利进行，他又下谕旨，先编译了八卷本的《四体合璧大藏全咒》，据《清实录》记载：

> 乾隆三十八年（1773），乾隆帝又谕：大藏经中咒语乃诸佛秘密心印，非可以文义强求，是以概不翻译。惟是咒中字样，当时译经者仅依中华字母约略对音，与竺乾梵韵不啻毫厘千里之谬，甚至同一汉字亦彼此参差。即如纳摩本音，上为诺牙切，下为模倭切，而旧咒或作曩谟，或作奈麻，且借用南无者尤多，皆不能合于正。其他牵附乖离类此者，难以缕数。尝命获亲王选择通习梵音之人，将全藏诸咒详

---

① 西藏研究编辑部编：《清实录藏族史料》（四），拉萨，西藏人民出版社1982年版，第1896—1898页。

② 翁连溪：《乾隆版满文大藏经刊刻述略》，载《故宫博物院院刊》2001年第6期。

加订译，就正于章嘉国师。凡一句一字，悉以西番本音为准，参之蒙古字，以谐其声，证之国书，以正其韵，兼用汉字，期各通晓，编为四体合璧大藏全咒。使呗唱流传，唇齿喉舌之间无爽铢黍，而于咒语原文一无增省。且按全藏诸经卷帙编次字样，并为标注，以备检查。书既成，序而寿之，列为八函，兹装潢藏工，著交该处，查明京城及直省寺院向曾颁过藏经者，俱各给发一部。俾缁流人众展卷研求，了然于印度正音本来如是，不致为五方声韵所淆，庶大慈氏微妙真言，阐扬弗失，不可谓非震旦沙门之幸。若僧徒等因传习已久，持诵难以遽调，惮于改易字音者，亦听其便。将此传令各僧众等知之。①

佛教《大藏经》中的咒语部分，既是佛经中最难掌握的深奥语言，又是佛经翻译中的一大难题。所以，乾隆皇帝十分重视对咒语的正确音译，拟定"凡一句一字，悉以西番本音为准，参之蒙古字，以谐其声，证之国书，以正其韵，兼用汉字，期各通晓"的方案，严格执行。而《四体合璧大藏全咒》八卷本的编译和问世，是清朝政府在中国各民族文字翻译史上取得的巨大学术成果，它不仅在当时的佛经翻译中起到了重要作用，而且为后世留下了极为珍贵的文化资源。

在乾隆皇帝的严格要求下，译经工作进展顺利。特别是乾隆皇帝在日理万机的国事中抽出宝贵时间，对满文《大藏经》中的每一函译稿，都要亲自审阅，并作出修订。土观·洛桑却吉尼玛赞叹道：

> 每译完一函由章嘉国师详加校审，逐卷进呈皇上审阅。皇上在审阅中又更正其中一些有疑惑及不妥当之处。皇上悉心审阅后，还要作译记。因此经过多年，始告全部译成。大皇帝是统治天下转大力法轮的君主，自然要勤于政事，他如处理国政一样地不但详阅《甘珠尔》经，而且能推敲句意，加以订正，如此行止，实乃大智大圣者之功业也。他将佛法当作众生的利乐根本，极其重视翻译佛经，使公正之人

---

① 《西藏研究》编辑部编：《清实录藏族史料》（四），拉萨，西藏人民出版社，1982年版，第1895—1896页。

莫不油然而生敬仰之意。①

乾隆皇帝和第三世章嘉活佛，为满文《大藏经》的翻译，倾注了他们晚年的不少心血和精力。无论是编选内容、建构体例，还是逐字逐句推敲和润色，都是先由第三世章嘉活佛设计和审定，之后，呈送乾隆皇帝审阅核准。

满文《大藏经》的翻译，是一项浩大的文化工程，在章嘉国师的主持下，自乾隆三十八年（1773）开始，经过18年的努力，至乾隆五十五年（1790年），方全部完成，部分经卷印刷成帙，在乾隆八旬寿辰之时作为寿礼呈给皇帝，乾隆大喜，并欣然作序（《御制清文翻译大藏经序》或称《清文翻译全藏经序》）云：

为事在人，成事在天。天而不佑，事何能成；人而不为，天何从佑。然而为事又在循理。为不循理之事，天不佑也。予所举之大事多矣，皆赖昊乾默佑，以致有成，则予之所以感砚奉行之忱，固不能以言语形容，而方寸自审，实不知其当何如也。武功之事，向屡言之，若夫订四库全书，及以国语译汉全藏经二事。胥举于癸巳年六旬之后，既而悔之，恐难观其成，越十余载，而全书成。兹未逮二十载，而所译汉全藏经又毕藏。夫耳顺古稀，已为人生所艰致，而况八旬哉。兹以六旬后所创为之典，逮八旬而得观国语，大藏之全成，非昊乾嘉庇。其孰能与于斯！而予之所以增惕钦承者，更不知其当何如矣。至于国语译大藏，恐人以为惑于祸福之说。则不可不明示其义。夫以祸福趋避教人，非佛之第一义谛也。第一义谛佛且本无，而况于祸福乎？但众生不可以第一义训之，故以因缘祸福引之由渐入深而已，然予之意，仍并不在此。盖梵经一译而为番，再译而为汉，士一译而为蒙古，我皇清至中国百余年，彼三方久属臣仆，而独阙国语之大藏可乎。以汉译国语，俾中外胥习国语，即不解佛之第一义谛，而皆知尊君亲上，去恶从善，不亦可乎。是则朕以国语译大藏之本意，在此不在彼也。兹以耄耋观事，实为大幸。非溺于求福之说，然亦即

---

① 土观·洛桑却吉尼玛著，陈庆英、马连龙译：《章嘉国师若必多吉传》，北京，民族出版社，1988年版，第331页。

蒙天福佑。如愿臻成所为，益深畏满休惕儆戒而已耳。是为序。乾隆五十五年二月初一日。①

满文《大藏经》，共有108部（函），收录了699种佛教经典，共计2535卷；分为五大部类：①五大部诸经选收般若部各经22函，610卷；宝积部1经，6函，120卷；大集部1经，1函，30卷；华严部1经，8函，80卷；涅槃部2部，2经，42卷。②五大部外诸重单译经17函，206部，444卷。③密部经轨仪法陀罗尼等16函，322部，404卷。④小乘经及集传等20函，155部，460卷。⑤小乘律16函，11部，345卷。而大乘律、大乘论及小乘论全部未曾收录。

满文《大藏经》的版式，参照了藏文《大藏经》，为贝叶夹装，经页双面朱印，每页长73厘米，宽24.5厘米，其装帧精美，包括版画和插图，均凸显高超艺术风格。有学者对满文《大藏经》的装潢、版画及插图等作过全面介绍：

> 满文《大藏经》共108函（夹），每函经叶数量不等。多者，《大集经》第一卷728叶，最少者《华严经》第四卷173叶，每函由经叶、内层护经板、内经衣、外层护经板和外层经被组成，经叶朱色双面印刷，长73厘米，宽24.5厘米，由内层上、下护经板、外层上、下护经板保护。内层上、下护经板皆为木质外包金黄色织锦面制成，长73.7厘米，宽24.6厘米，厚2.3厘米，其中内上层经板装饰最为庄严华丽，板面分别由金、黄、红三层精制的织锦覆盖。中间凹进部分正中呈现泥金满文书顶礼佛、顶礼法、顶礼僧的敬语，及本函（夹）第一部经名、卷数，两侧各彩绘图像鲜明独具风格的佛菩萨像一尊，每尊佛像右下角书藏文、左下角书满文书佛菩萨名号，又在两尊佛像的框边由右至左以汉、蒙、藏、满四体文字用直书方式恭题该函（夹）第一部经名及经叶数。内下层经板的板面绘四至五尊护法神图像，每尊像的右下角以藏文、左下角以满文直书该佛名号，右框边以汉文、左框边以满文恭题该函（夹）的第一部经名。整函经叶全部依顺序码放整齐，经叶的四周呈现出八吉祥图案，两端一拼成喷

---

① （清）松筠撰：《卫藏通志》，拉萨，西藏人民出版社，1982年版，第147—148页。

焰摩尼图，一拼成火焰图，火焰图中又拼成该函第一部经名字样，这样不但美丽整齐，而且利于经叶码放，经叶一旦码放错乱或丢失，四周图案即错乱，利于发现及保管。外层上护经板长 77.5 厘米，宽 27.5 厘米，高 3.7 厘米，底平，上为弧形，为木质红漆描金制成。版面凸起，四框正中由左至右以泥金绘出胜利幢、金鱼、宝瓶、妙莲、右旋海螺、磐肠、宝伞、金轮八吉祥图案。为便于搬运及收藏保护，内层经叶、经板要用丝质黄色的经衣包囊起来，再用外层经板上下保护，并用长约 25 米的经带把整部经函捆扎起来，外面再用 1.5 米见方的绸面黄色丝棉经被包囊，用黄色笺条粘于包囊外，注明该函卷数，就成为一部完整的经函（夹）。①

满文《大藏经》的装帧极为精美，无论是构图绘画还是诸像造型，均庄重富丽、生动活泼，十分鲜明地凸现了藏传佛教文化的特质。据统计，仅在经夹板上所绘神佛像就达 700 多尊，无疑为清代藏传佛教造像艺术之瑰宝。

满文《大藏经》刻印完毕后，刻板存于清字经馆中。嘉庆四年（1799），刻板又移存于紫禁城午门楼上。当时满文《大藏经》仅印行 12 部，分别供奉在西藏布达拉宫、扎什伦布寺、北京宗镜大昭之庙、香山宝谛寺、故宫英华殿、雍和宫、承德殊像寺、普陀宗乘之庙、须弥福寿之庙、盛京法轮寺、多伦诺尔汇宗寺、五台山镇海寺。

三　其他译经文献

清代"康乾盛世"，国力强盛，文化繁荣。在先后刊刻印行藏文、汉文、蒙文和满文《大藏经》的同时，还曾编纂多语种词典和辞书，并在各文种之间互译重要佛经。《蒙古佛教史》记载：

> 由章嘉活佛编订了《正字法——学者之源》一书，书中有前言，翻译佛经之规则，以及般若、中观、阿毗达磨集论、阿毗达磨俱舍论、戒律、教派、密法、因明学、声明学、工巧明、医方明、古今文字等章，对各种词语均以藏蒙两种文字对照，这以前未曾有过的新创

---

① 翁连溪：《乾隆版满文大藏经刊刻述略》，载《故宫博物院院刊》2001 年第 6 期。

翻译工具书,仅此一项功德,就使蒙古众生永远难以计量。这样,与以前西藏菩萨王臣们在世时,诸位译师班智达将佛经从印度文译成藏文的办法相同,厘订了译语,然后由章嘉活佛与噶勒丹锡埒图活佛为主,其他许多精通佛典的高僧大德以及精通两种语文的译师参加,从阴铁鸡年(1741)十月十五日开始翻译,至阴水狗年(1742)十一月十五日全部完成,进呈皇上审阅。乾隆皇帝大喜,大加赞扬,对参与翻译人员赐给了无数酬金和物品,并由皇帝的御库出资刻印,颁发给蒙古各个地方,成为佛法永不消亡的圣缘。①

第三世章嘉·若贝多杰国师精通梵文、藏文、蒙古文、满文和汉文等多种语言文字,他除了主持翻译蒙文和满文《大藏经》外,还编纂了不少大型工具书,如《正字法》(dag yig mkhas pavi vbyung gnas)、《五体清文鉴》等。这些工具书是从翻译佛经的具体实践中总结、酝酿和编辑出来的,它们不仅在当时的翻译工作中起到了指导作用,而且对后世翻译事业亦产生了积极影响。

清代诸位皇帝都很重视各民族语言文字之间的双向交流,相互学习,并取长补短,以期共同繁荣昌盛。这种多民族多文化共同发展的理念,在佛经翻译上表现得尤其突出。乾隆皇帝在《御制楞严经序》中云:

> 三藏十二部皆出自天竺,流通震旦。其自西达东,为中途承接者,则实乌斯藏天竺,即所谓厄讷特克乌斯藏,即所谓图伯特也。故今所译之汉经,藏地无不有,而独无楞严。其故以藏地有所谓浪达尔玛罕者,毁灭佛教,焚毁经典,时是经已散失不全。其后虽高僧辈补苴编葺,以无本莫敢妄增。独补敦祖师曾授记是经当于后五百年,仍自中国译至藏地,此语乃章嘉呼图克图所诵梵典,炳炳可据。朕于几政之暇,每爱以国语翻译经书,如易书诗及四子书无不藏事,因思皇祖时曾以四体翻译心经,皇考时曾慢而行之,是楞严亦可从其义例也,咨之章嘉呼图克图国师,则如上所陈。且曰:心经本藏地所有,而楞严则藏地所无,若得由汉而译清,由清而译蒙古,由蒙古而译图

---

① 固始噶居巴·罗桑泽培著,陈庆英、乌力吉译注:《蒙古佛教史》,台北,全佛文化事业有限公司,2004年版,第166页。

伯特，则适合补敦祖师所授记也，虽无似也，而实不敢不勉焉。因命庄亲王董其事，集章嘉国师及傅鼐诸人悉心编校，逐卷进呈，朕必亲加详阅更正；有疑，则质之章嘉国师。益始事则乾隆壬申，而译成于癸未，庄亲王等请叙而行之。朕惟楞严者，能仁直指心性之宗旨，一落言诠，失之远矣，而况译其语，且复序其译哉。然思今之译，乃直译佛语，非若宋明诸僧义疏会解，哓哓辩论不已之为。譬诸饥者与之食，渴者与之饮，而非拣其烹调、引导其好嗜也，则或者不失能仁微心辨见妙谛。俾观者不致五色之迷目，于以阐明象教，嘉惠后学，庶乎少合皇祖皇考宣扬心经之义例乎。乾隆二十八年十月十八日。①

同时，加强满文的实际应用，采取了不少措施。由于清廷重视用满文译经讲法，清代不少满人贵族在翻译佛经方面多有贡献。譬如，裕恩，号容斋居士，为清朝贵族。他好读佛典，通达额纳特阿克、西洋、藏、蒙、回及满汉等文字。曾校读大藏，凡佛典有新旧数译者，或校归一是，或并存之（龚自珍《己亥杂诗》自注）。校刊有新译《金刚经》一卷（从藏文本译出）行世。他又精通密宗布坛法仪及佛相方位，刻有《药师七佛供养仪轨经》一卷（阿旺查什《重刻药师七佛供养仪轨经序》）。②

乾隆四十八年（1783），乾隆皇帝又颁发谕旨，将盛京（今辽宁沈阳市）皇宫的正门——大清门以及永陵、福陵、昭陵"所有下马木牌，俱着改用石碑，携刻清（满）、汉、蒙古、西番（藏）、回子（维吾尔）五体字，以昭我国家一统同文之盛"（王先谦《东华录》卷三）。根据乾隆皇帝的旨意，清朝政府还官修了《五体清文鉴》和《西域同文志》两部汉、满、蒙、维、藏五体文字对照大型辞书。还组织一批藏、汉族高僧和佛教学者，对勘藏、汉文大藏经，根据藏文《甘珠尔》、《丹珠尔》译成《满文大藏经》，并在前代基础上完成《蒙文大藏经》的编译。③

简而言之，乾隆皇帝出于统治阶级的利益和立场，致力于保存和弘扬满族的语言文字和文化习俗。他在位期间曾编辑翻译了大量的满文书籍，如《钦定清汉对音字式》、《新旧清语汇书》、《御制五体清文鉴》、《五体

---

① （清）松筠撰：《卫藏通志》，拉萨，西藏人民出版社，1982年版，第146—147页。
② 中国佛教协会编：《中国佛教》第一辑，北京，知识出版社，1980年版，第132页。
③ 张羽新、刘丽楣等著：《藏族文化在北京》，北京，中国藏学出版社，2008年版，第6页。

字书》、《满蒙文鉴》、《满蒙汉三和切音清文鉴》、《御制增订清文鉴》等。这些书籍的编辑出版，既为当时满族文化的发展，也为满文《大藏经》的翻译、刊刻和使用奠定了基础。鉴于佛教文化尤其是藏传佛教文化对清帝国的影响，为争取控制西藏并收服蒙古各部，乾隆朝还修建了众多的寺庙，在部分寺庙中由满族人出家做喇嘛、任住持，颂满文佛经，从而加大了满文佛经的需要，促进了满文《大藏经》的译刻。[①]

第三节　藏外经典

藏外经典，是指藏文大藏经《甘珠尔》和《丹珠尔》之外的藏传佛教重要经典文献。其数量远远超过大藏经，内容极为广博，涵盖了藏传佛教诸宗派的显密教理仪轨。藏传佛教各个宗派拥有大量的藏外经典，清代以格鲁派、宁玛派、噶举派和萨迦派最具代表性。

一　格鲁派藏外经典

格鲁派自创立以来，一直推崇宗喀巴（tsong kha pa）、嘉曹杰（rgyal tshab rje）和克主杰（mkhas grub rje）三师徒所撰之经论，将其作为学僧遵循和修学的宗派教理仪轨。至清代格鲁派各大寺院又兴建印经院，除了大藏经外，大量印制宗喀巴三师徒文集，使其普及面进一步扩大。凡格鲁派寺院皆有收藏或供奉宗喀巴三师徒的不同版本的文集。

《宗喀巴全集》共十九函（卷），一百四十余部（篇），有拉萨、哲蚌寺、扎什伦布寺、塔尔寺和德格等不同木刻版流行。其中显宗论著以《菩提道次第广论》（byang chub lam rim chen mo）、《菩提道次第略论》（byang chub lam rim bsdus pa）、《中论广释》（dbu ma vgrel chen）、《入中论释·密意胜明》（dbu ma la vjug pavi rnam bshad dgongs pa rab gsal）、《辨了义不了义论·善说心要》（drang ba dang nges pavi don rnam par phye bavi bstan bcos legs bshad snying po）、《现观庄严论广释·善说金鬘》（mngon par rtogs pavi rgyan vgrel ba dang bcas pavi rgya char bshad pa legs bshad gser phreng）、《〈根本中论〉释·正理大海》（dbu ma rtsa bavi tshig levur byas pa shes rab ces bya bavi rnam bshad rigs pavi rgya mtsho）、《菩萨戒品释》

[①] 翁连溪：《乾隆版满文大藏经刊刻述略》，载《故宫博物院院刊》2001年第6期。

(byang chub sems dpavi tshul khrims kyi rnam bshad)、《律经本论笔记》(vdul ba mdo rtsa bavi zin bris) 等为代表；密宗论著以《密宗道次第广论》(sngags rim chen mo)、《密续之王密集教授五次第明炬论》(rgyud kyi rgyal po dpal gsang ba vdus pavi man ngag rim pa lnga rab tu gsal bavi sgron me)、《一切续部之王吉祥密集本续广释品义摄论》(rgyud thams cad kyi rgyal po dpal gsang ba vdus pavi rtsa bavi rgyud rgya char bshad pavi bsdus don)、《密集根本释明灯》(dpal gsang ba vdus pavi rtsa bavi rgyud kyi vgrel ba sgron ma gsal ba) 等为代表。

  《嘉曹杰文集》，以德格木刻版为准，共计八函，包括《中观宝鬘论要义》(dbu ma rin chen phreng bavi snying povi don gsal bar byed pa)、《入中论要义》(dbu ma la vjug pavi bsdus don)、《四百论释》(bzhi brgya pavi rnam bshad)、《现观庄严论释》(rnam bshad snying po rgyan bzhugs so)、《大乘宝性论释》(theg pa chen po rgyud bla mavi tivkka)、《善说对法海论心要》(legs par bshad pa chos mngon rgya mtshovi snying po bzhugs)、《入菩萨行论释》(byang chub sems dpavi spyod pa la vjug pavi rnam bshad)、《量经释》(tshad ma mdovi rnam bshad)、《释量论解说》(tshad ma rnam vgrel gy rnam bshad)、《量决定论大疏》(bstan bcos tshad ma rnam nges kyi tivka chen dgongs pa rab gsal)、《吉祥密集妙吉祥金刚曼荼罗仪轨成就穗》(dpal gsang ba vdus pa vjam pavi rdo rjevi dkyil vkhor gyi cho ga dngos grub kyi snye ma zhes bya ba)、《吉祥密集难点笔记》(dpal gsang ba vdus pavi dkav gnad zin bris)、《密集上师传承祈祷经》(dpal gsang ba vdus pavi bla rgyud kyi gsol vdebs)、《时轮二次第道实践法》(dpal dus kyi vkhor lovi lam rim pa gnyis ji ltar nyams su len pavi tshul)、《时轮根本续修行品笔记》(dus vkhor rtsa bavi rgyud kyi sgrub thabs levu zin bris) 等显密经论。

  《克主杰文集》，共计十二函，包括《因明七论疏》(tshad ma sde vdun gyi rgyan yid kyi mun sel)、《释量论广释》(rgyas pavi bstan bcos tshad ma rnam vgrel gyi rgya cher bshad pa rigs pavi rgya mtsho)、《三律仪建立之要义》(sdom pa gsum gyi rnam par bzhag pa mdor bsdus)、《甚深空性明论》(zab mo stong pa nyid kyi de kho na nyid gsal bar byed pa)、《续部总论》(rgyud sdevi spyivi rnam gzhag)、《吉祥大威德金刚生起次第论》(dpal rdo rje vjigs byed chen povi bskyed rim gyi rnam gzhag gsal bavi gtsug rgyan)、《金刚大威德十三尊生起次第疏》(dpal rdo rje vjigs byed lha bcu gsum mavi bskyed rim rnam par bshad pa)、《密续王密集生起次第论》（rgyud kyi rgyal po dpal gsang ba vdus pavi skyed rim dngos grub rgya mtsho)、《密集圆满次第笔记》（dpal gsang ba vdus pavi rdzogs rim gyi zin bris)、《密集妙吉祥金刚十九尊修行》（gsang vdus vjam dpal rdo rje bcu dguvi sgrubs thabs)、《密集曼荼罗仪轨》（gsang ba vdus pavi dkyil vkhor gyi cho ga)、《吉祥密集修法仪轨口诵》（dpal gsang ba vdus pavi sgrubs thabs cho gavi ngag vdon)、《吉祥密集息怒烧施法》（dpal gsang ba vdus pavi zhi bavi sbyin sreg)、《胜乐金刚铃传规身曼荼罗生起次第》（bde mchog dril bu lus dkyil gyi bskyed rim)、《喜金刚九尊曼荼罗仪轨》（dpal kyee rdo rje lha dguvi dkyil vkhor gyi cho ga)、《喜金刚随祷仪轨》（kyee rdo rjevi zur vdebs kyi cho ga)、《喜金刚矍誓愿》（dpal kyee rdo rjevi mchod vphreng gi dam bcav)、《吉祥时轮经大疏》（dpal dus kyi vkhor lovi vgrel chen)、《时轮经大疏智能品解说》（dus vkhor tivaka chen las ye shes levuvi tivakka)、《时轮曼陀罗仪轨阐释》、（dus kyi vkhor lovi dkyil vkhor gyi cho gavi vgrel bshad)、《时轮无垢光疏广释世间品释》（dpal dus kyi vkhor lovi vgrel chen dri med vod kyi rgya cher bshad pa)、《时轮无垢光疏修行品释》（dus vkhor tivaka chen las sgrub thabs levu)、《时轮曼荼罗诸本尊供养仪轨》（dus kyi vkhor lovi dkyil vkhor gyi lha tshogs la mchod pavi cho ga)、《时轮身语意曼荼罗绘线法》（dus kyi vkhor lovi sku gsung thugs kyi dkyil vkhor gyi thig rtsa)、《吉祥二品续解说》（dpal brtag pa gnyis pavi rnam par bshad pa)、《时轮六支瑜伽根本偈》、《时轮六支瑜伽教授导引》等显密经论。

格鲁派高僧大德所撰之各类论著，亦是该派教理的辅助性教程。第一世达赖喇嘛·根敦珠巴（dge vdun grub pa）的《入中论释》（dbu ma vjug pavi rnam bshad)、《释量论疏》（rnam vgrel gyi rnam bshad)、《毗奈耶要义》（dam pavi chos vdul ba mthav dag gi snying povi don legs par bshad pa)、《别解脱戒经注疏》（so thar gyi mdovi rnam bshad)、《俱舍论释》（mdzod tivakka thar lam gsal vbyed)、《入中论要义明镜》（dbu ma vjug pavi bstan bcos kyi dgongs pa rab tu gsal bavi me long)、《白度母不共随许法》（sgrol dkar gyi thun mong ma yin pavi rjes gnang)、《绿度母修心法》（sgrol ljang gi sgrub thabs)、《密集仪轨略论》、《朵玛仪轨明义》（legs ldan nag povi gtor chog)、《大乘修心教授》（theg chen blo sbyong gi gdams pa）和《时轮生圆二次第笔记》（dpal dus kyi vkhor lovi rim gnyis kyi zin bris）等；第二世

达赖喇嘛·根敦嘉措（dge vdun rgya mtsho）的《辨了义不了义论释难》（drang nges dkav vgrel）、《教派总论》（grub mthav rgya mtsho）、《佛名号经注释》（mtshan brjod kyi rgya cher bshad pa）等，在佛学领域颇有建树，受到广大学僧的青睐。

特别是宗喀巴大师的《菩提道次第广论》和《密宗道次第广论》等显密经论，被格鲁派学僧推崇为本宗派的教理圣典，形成专门教授此类经论的师徒传承，如无师徒相承，不可随意宣讲或误传。

二 宁玛派藏外经典

宁玛派的藏外经典，内容丰富，种类繁多，但多系密宗经典。其数量之多，在藏传佛教诸宗派中居首位；建立的是以《旧续十万怛特罗》（rnying ma rgyud vbum）和《大宝伏藏》（rin chen gter mdzod）两大传世经典集成为主，同时选取本宗派高僧大德撰述之有关名著为辅的经典体系。

《旧续十万怛特罗》源于公元8世纪的《集经》（vdus pa mdo）、《幻变经》（sgyu vphrul）和《心品》（sems phyogs）三部旧密续，嗣法者传习不断，至12世纪汇编成册，以手抄本形式流通。清代后期产生木刻版，流布范围推广，影响区域扩大。

德格第十六代土司萨旺·德噶桑布（sa dbang bde dgav bzang po, 1778—1850）去世后，由其夫人茨旺拉姆（tshe dbang lha mo）代理土司执政，在此期间，她资助和聘请高僧编纂刻印以宁玛派为主的各宗派重要典籍。由八邦寺高僧贡珠·云丹嘉措（kong sprul yon tan rgya mtsho, 1817—1899）主持，广泛搜集宁玛派各大寺院藏书《旧续十万怛特罗》之不同手抄本，重新对勘编纂成册，在德格印经院刻制木刻版印行，共二十六函（部），四百一十四种（类）。包括《大圆满菩提心遍作王》、《金刚庄严续教密意集》、《一切如来大密藏猛电轮续》、《一切如来遍集明经瑜伽成就续》、《胜密藏决定》、《释续幻网密镜》、《决定秘密真实性》、《圣方便羂索莲花鬘》、《幻网天女续》、《秘密藏续》、《文殊轮》、《秘密续》、《后续》、《胜马游戏续》、《大悲游戏续》、《甘露》、《空行母焰燃续》、《猛咒集金刚根本续》、《世间供赞修行根本续》等重要密法经典。

《大宝伏藏》，乃宁玛派"伏藏"法之大集成。初以手抄本流传，后于清末产生木刻版，广泛流通，普及面进一步扩大。同治六年

(1867),贡珠·云丹嘉措始将百余名掘藏大师所获之伏藏经典汇编成套;光绪二年(1876),在八邦寺问世了《大宝伏藏》木刻第一版,共六十二函(卷),多系密宗经论,遂宁玛派寺院及高僧纷纷购置供奉,成为宁玛派重要藏外经典;宣统元年(1909),第十五世噶玛巴·喀觉多杰始校勘并撰写《〈大宝伏藏〉总目录》,又在德格印经院刻印第二版《大宝伏藏》。

此外,德格印经院隆重推出《隆钦饶绛巴全集》木刻版,包括《宁提雅悉》(snying thig ya bzhi)、《隆钦七藏》(klong chen mdzod bdun),以及《大乘诀论如意宝库注疏》、《如意库义授金刚心》、《法界库注疏》、《续部王幻变根本续》、《大圆满心性菩萨道》、《大圆满心性息》、《大乘师》、《大圆满摩诃摩衍息》、《大乘正确法》、《密义妙音》、《格言海》等重要经论。

其中《宁提雅悉》包括的《喀卓宁提》(mkhav vgro snying tig)、《布玛宁提》(bi ma snying thig)、《喇嘛洋提》(bla ma yang tig)和《赛摩洋提》(zab mo yang tig)四部伏藏根本经典,则是宁玛派学僧主要修习的深奥密宗教理。

《隆钦七藏》又称《七宝藏论》,为隆钦饶绛巴撰述之经论,由《胜乘藏》(theg mchog mdzpd)、《实相藏》(gnas lugs mdzod)、《要门藏》(man ngag mdzod)、《宗派藏》(grub mthav mdzod)、《如意藏》(yid bzhin mdzod)、《句义藏》(tshig don mdzod)、《法界藏》(chos dbyings mdzod)七部名著构成,被后世宁玛派学僧奉为本宗圣典,成为僧众必修的教理课程。

清末宁玛派名僧辈出,他们以著书立说为伴一生,遂产生诸多传世之作。著名佛学家咱班珠·晋美却吉旺波(rdza dpal sprul vjigs med chos kyi dbang po,1808—1887)所撰《普贤上师言教》(kun bzang bla mavi zhal lung)一书,被宁玛派学僧推举为至宝经典著作,成为该派普及面最广的教理名著。此外,德格印经院推出宁玛派后起之秀居弥庞·绛央南杰嘉措(vju mi pham rnam rgyal rgya mtsho,1846—1912)的全集木刻版,共三十二函(部),内容广泛,涉及佛学、因明、医药、历算和文艺等,成为清末宁玛派僧人倾心推崇的时尚藏学百科全书,各寺院及高僧争相购置收藏,影响渐盛,甚至波及藏传佛教其他宗派及其学僧。

三　噶举派藏外经典

噶举派的教理以达布拉杰（dwags po lha rje，1079—1153）的经典论著为主导，他作为该宗派的祖师，后世嗣法弟子整理其全集，共五函（部）如《道次第解脱庄严论》（lam rim thar rgyan）、《胜道宝鬘论》（lam mchog rin po chevi phreng ba）、《大手印教授论》（phyag rgya chen po-vi man ngag）和《会传广论》（tshogs chos chen mo）等。其中《道次第解脱庄严论》成为噶举派四大支八小支系共同推崇的教理圣典，与格鲁派《菩提道次第广论》相媲美。该名著主要讲述了噶举派的教法理论的历史渊源及其演进过程；同时，阐释了噶当派菩提道次第论与弥拉日巴大手印密法相互交融、相辅相成的教理体系，尤其明确了修学佛法的方法与途径。因此，《道次第解脱庄严论》在噶举派教法仪轨的形成和发展史上发挥了承前启后之关键性作用。

此外，噶举派提倡对《那若六法》（na ro chos drug）的专门修学。《那若六法》包括《拙火》、《幻身》、《光明》、《梦境》、《迁识》和《中阴》六部，它作为密宗圆满次第之经典，其理论依据均源于《密集金刚续》、《胜乐金刚续》、《喜金刚续》、《时轮金刚续》、《金刚空行母续》和《怖畏金刚续》等根本密续。

清同治三年（1864），贡珠·云丹嘉措编写完成其鸿篇巨制《诸乘总摄经教大宝藏三学善说论》（theg pavi sgo kun las btus pa gsung rab rin po chevi mdzod bslab pa gsum legs par ston pavi bstan bcos shes bya kun khyab），简称《知识总汇》（shes bya kun khyab），并在八邦寺印制木刻版问世。其结构体系分十品：一是所化刹土情器世间立因品；二是能化大师云何兴化品；三是圣教正法建立品；四是契经、真言、明处弘传源流品；五是增上戒三律仪广辨品；六是明处乘等听闻品；七是思维发起增上慧品；八是观修成就增上定理趣品；九是证受地、道行趣品；十是究竟解脱果位品。该书详细阐述佛教小乘、大乘和金则乘三乘教理，以及藏传佛教各派在闻、思、修、果方面的观见和修习仪轨；同时，对梵藏语言文字（声明），逻辑推理和认识论（因明），工艺美术（工巧明），身心养育、延年益寿和治疗疾病（医方明），以及修辞、辞藻学、声律学、歌舞、天文历算（五小明）作了系统论述，成为藏传佛教高僧在十明学领域取得的最高研究成果，其影响极为深远。

此外，贡珠·云丹嘉措汇编三部密续经论，即《教诫藏》（gdams ngag rin po chevi mdzod）、《口传密咒藏》（bkav brgyud sngags mdzod）和《不共秘密藏》（thun mong ma yin pvi sngags mdzod），亦是噶举派的主要藏外经典之一。其中《教诫藏》汇集了藏区大小各派修行传承之灌顶、教诫、窍诀等精义，以及本尊坛城，气脉明点等方便法门；《口传秘密藏》汇集了新派所传之胜乐、喜金刚、密集等无上续部的灌顶、教诫、坛城以及旧派的金刚橛等密法类；《不共秘密藏》为贡珠·云丹嘉措本人发掘《三根本密意集》、《秘密心要父教母教》等伏藏汇编而成。

四　萨迦派藏外经典

萨迦派的藏外经典，主要以《萨迦五祖全集》（sa skya gong ma rnam lngvi gsung vbum）、《道果宝训》（lam vbras gsung ngag rin po che）及密宗金法类构成。清雍正十二年（1734），德格印经院完成浩繁的《甘珠尔》刻板工程，随之刻印《萨迦五祖全集》，至乾隆元年（1736）竣工，共十五函（部），包括萨迦第一祖·贡噶宁布的《喜金刚本续释难》、《喜金刚二品释义》、《金刚帐续录》、《喜金刚本续二品释难》、《胜乐本续注疏》，萨迦第二祖·索南孜摩的《入菩萨行释论》、《入法门论》、《金刚座六法》、《密续总建立论》、《喜金刚本续二品解说》、《喜金刚修法注释》、《喜金刚曼陀罗弟子成熟灌顶仪轨》、《胜乐轮供养法》，萨迦第三祖·扎巴坚赞的《大乘阿毗达磨摄义法相论》、《菩萨戒律二十颂解说》、《密续现观论》、《喜金刚续二品解说》、《度母修法及赞颂》、《金刚橛现观论》、《金刚橛修法》、《毗卢遮那仪轨》，萨迦第四祖·贡噶坚赞的《量理宝藏论》、《三律仪论》、《格言宝藏论》、《教理善说论》、《智者入门论》、《声明入门论》、《中观发心仪轨》、《甚深道上师瑜伽法》、《致雪域诸瑜伽行者教诫》和萨迦第五祖·八思巴的《彰所知论》、《菩提道心要》、《道果传承仪轨》、《密续现观略论》、《喜金刚现证法》、《喜金刚曼陀罗仪轨》、《时轮曼陀罗现观法》、《吉祥胜乐供养仪轨》、《胜乐修法次第明解》、《度母十七尊曼陀罗修法》、《吉祥密集不动金刚曼陀罗仪轨》、《无量寿修法》、《密续目录》、《菩提道心要》、《居士、沙弥及比丘必修仪轨》、《金刚帐怙主及眷属随许法》等重要显密经论。

道果法（lam vbras），作为萨迦派独有之不共密法，其传承源远流长，可上溯到印度大成就者布瓦巴（bir wa pa），此法脉辗转传入藏区后，为萨迦派祖师所继承，并得以弘扬，最终成为该派不共殊胜之法门。至清代伴随木刻版的兴起，道果法的流布范围进一步拓展。萨迦派高僧绛央·钦泽旺波（1820—1892）在德格宗萨寺编纂道果法集成丛书，名《道果宝训》（lam vbras gsung ngag rin po che），又称《甚深法道果宝藏》，并在德格印经院刻制木刻版发行，共二十五函（部），包括《道果法传承师传记》、《密续王吉祥喜金刚广释》、《道果宝训讲义明灯》、《道果教诫宝藏》、《道果法灌顶仪轨》、《道果法问答录》及道果法释义《黄本》、《红本》、《黑本》、《蓝本》等显密经论，其内涵丰富，自成体系，成为该派寺僧或学僧自始至终坚持研习和修持的重要教程。

据佛教史家所讲，吉祥萨迦派所传显密之法，多至不可计数，仅密法四续之灌顶，要门教授，实修事相等，就难以尽数。其中十三种金法（gser chos bcu gsum），即三类《空行法》（mkhav spyod skor gsum）、三类《大红法》（dmar chen skor gsum）、三类《小红法》（dmar chung skor gsum）以及《无死金刚天女法》（vchi med rdo rje lha mo）、《红财神法》（dzam dmar）、《狮面母法》（seng gdong ma）和《黑文殊法》（vjam dpal nag po），是萨迦派不许外出寺门教授的耳传甚深密法。加之《狮子吼法》（seng ge sgra），又有十四种金法之说。此外，《金刚鬘灌顶》（rdo rje phreng ba）、《密集法》（gsang vdus vphags lugs dang ye shes zhabs lugs）、《时轮法》（vdus vkhor）、《喜金刚法》（kyee rdor）、《胜乐金刚法》（bde mchog）、《金刚橛法》（phur pa）等，均为本宗特色传承密法，相沿不断。[①]

五　德格印经院藏经版

德格印经院（sde dge par khang），享誉海内外，创建于清代中期。它虽归属萨迦派贡庆寺，但在搜集、刻板和印刷文献典籍方面，不限于萨迦一派，容纳藏传佛教诸宗，包括苯波教。德格印经院刻印的文献典籍，除大藏经《甘珠尔》和《丹珠尔》外，主要有各宗派的代表性经论，例如：宁玛派的《旧续十万怛特罗》（rnying ma rgyud vbum）、《大宝伏藏》（rin chen gter mdzod）、《隆钦饶绛巴全集》（klong chen rab vbyams pavi gsung

---

[①] 土观·洛桑却吉尼玛：《土观宗派源流》（藏文），兰州，甘肃民族出版社，1984年版，第193页。

vbum)、《居弥庞·绛央南杰嘉措全集》(vju mi pham rnam rgyal rgya mtshovi gsung vbum) 等；噶当派的《父法子法》(bkav gdams pha chos bu chos) 等；萨迦派的《道果释义》(lam vbras don vgrel)、《萨迦五祖文集》(sa skya gong ma lnga yi gsung vbum) 等；噶举派的《道次第·解脱庄严论》(lam rim thar rgyan)、《达布拉杰文集》(dags po lha rjevi gsung vbum) 等；格鲁派的《宗喀巴文集》(tsong kha pavi gsung vbum)、《第司桑结嘉措文集》(sde srid sangs rje rgya mtshovi gsung vbum) 等；觉囊派的《百行论》(spyod pa rgya rtsa)、《多罗那他文集》(taa ra naa thavi gsung vbum) 等；苯波教的《黑白花龙经》(klu vbum dkar nag khra gsum)、《辛饶弥沃文集》(gshen rab mi bo chevi gsung vbum) 等，内容涉及因明、哲学、历史、传记、地理方志、医药、历算、语文、诗词等多领域，其中收藏《汉区佛教源流记》(rgya nag chos vbyung)、《印度佛教史》(rgya gar chos vbyung) 等珍贵稀有之史书。

德格印经院除了26万余块文献典籍的木刻版外，还拥有《释迦牟尼神变祈愿图》、《释迦牟尼佛十二弘化图》、《藏传佛教八派修行教理图》、《莲花生大师八种神变图》、《鄂尔派坛城图》、《毗卢遮那修法图》、《极乐世界图》、《狮面空行母图》、《皈依解脱图》、《燃灯佛图》、《药师八如来图》、《文殊菩萨图》、《救八难度母图》、《不动金刚佛图》、《不空羂索观世音图》、《喜金刚师承图》、《大白伞盖图》、《金刚萨埵图》、《大威德金刚图》、《千手千眼观世音图》、《四臂观世音图》、《绿度母图》、《白度母图》、《十六罗汉图》、《六长寿图》、《四兽和睦图》、《二十五君臣图》、《格萨尔王调服妖魔鬼怪图》、《掘藏师传图》、《唐东杰布图》、《萨班·贡噶坚赞图》、《宗萨·绛央钦则图》等宗教及民俗艺术方面的木刻画版。德格印经院居藏区印经院之首，是清代搜集和保存藏族传统优秀文化的宝库。

第四节 史籍僧传

史籍和僧传在藏传佛教典籍中占很大比重，各宗派高僧或学僧都有撰述佛教历史包括宗派史的学术传统，且相沿不衰，故史籍类著作极其庞杂而繁多。同时，各派嗣法弟子又有为上师及前辈大德立传的传承惯例，因而其数量，亦相当可观。

一 史籍类

清代藏传佛教史籍类著作大量问世，其中不乏名著大作。第五世达赖喇嘛·阿旺嘉措（ngag dbang rgya mtsho, 161—1682）所著《西藏王臣记》（deb ther dpyid kyi rgyal movi glu dbyang）是一部富有珍贵资料的历史专著；同时，又是一部古典文学名著。它以文学手法叙述了藏族有史以来直至清代的西藏历代王统及有关历史事件。

清康熙三十七年（1698），第司·桑结嘉措（sde srid sangs rgyas rgya mtsho, 1653—1705）所著《格鲁派教法史·黄琉璃》（dgav ldan chos vbyung beetvury ser po）问世。该书纵向阐述了格鲁派的历史沿革、高僧生平等；横向描述了格鲁派在各个地区的分布情况、僧尼人数等；同时，详细介绍了格鲁派各大寺院的组织机构、宗教仪轨、建筑风格、经济状况等，为后人研究格鲁派提供了重要的史料依据。

清乾隆十三年（1748），安多（青海）郭隆寺第三世松巴活佛·益西班觉（sum pa ye shes dpal vbyor, 1704—1788）所著《如意宝树史》（chos vbyung dpag bsam ljon bsang）问世。该书系统叙述了佛教源远流长的发展演进历史，包括佛教在印度、汉地、藏区和蒙古四大地区的流传，重点介绍了佛教在藏蒙地区传播及兴盛之缘由与情形。其内容丰富，并汇集大量史料，矫正前人著作中出现的年代等诸多谬误之处，对研究印度佛教史、藏传佛教史、蒙古政教史等提供了重要的资料，在海内外享有名著之誉，被译为多种文字，颇受学术界重视。

乾隆中期，蒙古族佛学家、翻译家和语言学家贡布嘉（mgon po sky-abs，在汉文中又写为工布查布，其生卒年不详）所著《汉区佛教源流记》（rgya nag chos vbyung），是一部专门论述汉地佛教历史的藏文名著，其内容建构在五个方面：前言、第一章（略说汉地人文地理及历史）、第二章（讲述何时产生何等佛教人士）、第三章（描述渐次传播佛教经典情景）和结语。作者精通藏、汉、蒙、满四种文字，长期在理藩院供职，担任过"西番学总管"等官职，其学术成果主要有《汉区佛教源流》（藏文撰述）、《造像度量经》（藏译汉）以及《蒙藏合璧大辞典》、《天文历法》、《金刚寿陀罗尼经》、《无二尊胜经》等。

清嘉庆六年（1801），郭隆寺第三世土观活佛·罗桑却吉尼玛（(thu-vu bkwan blo bzang chos kyi nyi ma, 1737—1802）所撰《一切宗派渊源及

教理善说晶鉴》（grub mthav thams cad kyi vbyung khungs dang vdod tshul ston pa legs bshad shel gyi me lung），简称《土观宗派源流》（thuvu bkwan grub mthav）问世。全书分五品：第一品，简要陈述印度各种宗教哲学派别及佛教各派的演进历史及思想学说；第二品，主要考述藏传佛教前弘期和后弘期以及宁玛派、噶当派、噶举派、希解派、萨迦派、觉囊派、格鲁派和苯波教等各派历史，尤其对各派教理、仪轨和学说等作了深度阐述；第三品，简略描述汉地儒释道等各种宗教、哲学派别之源流及思想；第四品，叙述佛教弘传于西域、蒙古等地的情形；第五品，作为论著结尾，讲述了编著此书的主客观条件及宗旨等前因后果。

清同治四年（1865），格鲁派高僧扎贡巴·官却丹巴热杰（brag dgon pa dkon mchog bstan pa rab rgyas, 1801—?）历时33年完成了巨著《安多政教史》，原名《多麦教法史》（mdo smad chos vbyung）。该书在引用大量第一手藏文资料的基础上，对安多藏区包括甘肃陇南白龙江流域之武都、文县、迭部、舟曲等处，以及洮河流域的卓尼、临潭、岷县、临洮、和政、康乐、碌曲等处，大夏河流域之临夏、永靖、夏河、合作等处，河西走廊、四川的松潘、阿坝、大小金川等处，青海之黄河、湟水、隆务、大通诸河流域各处藏传佛教大小寺院的建立与发展，各地政教合一实体的形成与兼并，中央政府与地方各政体的关系，著名人物的成长与重点部落的形成及其历史作用，均作了详尽记述。同时，对各大寺院内设立的扎仓（学院）、教学制度、课程设计、班级学位、僧人数目、法会仪轨，以及活佛府邸、寺院经济、溪卡庄园等作了介绍。

同治十二年（1873），宁玛派高僧郭若扎西（gu ru bkra shes）所著《郭札佛教史》（gu bkrvi chos vbyung）问世。全书分八章，对佛祖释迦牟尼的诞生及传法、佛教在印度及藏区的弘传、新旧密宗的产生、伏藏法的发掘及伏藏师的生平事迹等作了详细描述，尤其对宁玛派的教法源流、法嗣传承、主要寺院和宗教仪轨进行了重点论述；同时，对大小五明学的内涵及发展亦作了概述。该书是宁玛派最权威的宗派史文献，后世学者将其作为研究宁玛派历史的重要依据。

清光绪十七年（1891），格鲁派高僧晋美仁贝多杰（vjigs med rig pavi rdo rje）所撰《蒙古佛教史》（hor gyi chos vbyung bzhugs so）问世。该书依据汉、藏、蒙等多种文字史料，对藏传佛教在蒙古地区传播和发展的情形作了较详描述；同时介绍了八思巴、宗喀巴、历代达赖喇嘛和班禅额尔德尼等高僧活佛的生平事迹。该书是后人研究清代蒙古地区藏传佛教及汉藏满蒙等多民族文化交流方面的重要史料文献。

二 僧传类

清代藏传佛教高僧辈出，各类传记，空前繁荣，大量印制问世，其数量之多，数不胜数。僧传中有自传和他人所撰之两种体裁。自传体以《第五世达赖喇嘛·阿旺罗桑嘉措自传》、《第五世班禅额尔德尼·洛桑益西自传》、《夏嘎巴·措周仁卓自传》、《贡珠·云丹嘉措自传》等为代表，其数量相对较少，但其内容详细入微，语言朴实生动。

他人所撰之高僧活佛传记，数量繁多，不胜枚举，尤以活佛世系传记为最多。在此仅选清代问世的代表性传记作介绍：班钦·索南扎巴著《第二世达赖喇嘛·根敦嘉措传》，第五世达赖喇嘛著《第三世达赖喇嘛·索南嘉措传》和《第四世达赖喇嘛·云丹嘉措传》，第司·桑结嘉措著《第六世达赖喇嘛·仓央嘉措传》，章嘉·若贝多杰著《第七世达赖喇嘛·格桑嘉措传》，第穆呼图克图·洛桑土丹晋美嘉措著《第八世达赖喇嘛·绛白嘉措传》。

第五世班禅额尔德尼著《第四世班禅·洛桑确吉坚赞传》，贡却·晋美旺布著《第六世班禅额尔德尼·班丹益西传》，吉色·洛桑晋巴著《第七世班禅额尔德尼·丹贝尼玛传》，永增·丹增旺杰著《第八世班禅额尔德尼·丹贝旺秋传》，第五世嘉木样·丹贝坚赞著《第九世班禅额尔德尼·洛桑图丹确吉尼玛传》。

色麦堪布·札巴克珠著《历代甘丹赤巴传》，土观·却吉尼玛著《章嘉·若贝多杰传》，多仁·丹增班觉著《多仁班智达传》，第二世阿芒班智达·贡却坚赞著《第三世贡唐·官却丹贝卓美传》，第三世贡唐·官却丹贝卓美著《第二世嘉木样·贡却晋美旺布传》（vjam dbyangs bzhad pa vjigs med dbang povi rnam thar）和《第三世土观·洛桑却吉尼玛传》（thu-vu bkwan chos kyi nyi mavi rnam thar），第二世嘉木样·贡却晋美旺布著《第一世嘉木样·阿旺尊智传》，堪布·阿旺图丹嘉措著《第三世嘉木样·洛桑晋美嘉措传》，贡珠·云丹嘉措著《绛央钦泽旺布传》（vjam dbyangs mkhyen brtse dbangpovi rnam thar）等。

第五节　各派杂著论丛

清代藏传佛教各宗派高僧活佛，大多倾心于著书立说，其内容博涉佛学、哲学、伦理、道德、政治、经济、文学、艺术、历史、地理、考古、天文、历算、医学、建筑、舞蹈、音乐、饮食等人文社会及自然科学领域，总量不可计数，其中不乏名著大作。

一　格鲁派高僧及其名著

格鲁派为藏传佛教第一大宗派，寺院林立，学僧、名僧、高僧及活佛不断涌现。随之大量问世各类藏文名著或传世之作。

第五世达赖佛喇嘛·阿旺罗桑嘉措（1617—1682）在格鲁派教法研究领域取得很高造诣；同时，对宁玛派、萨迦派等格鲁派之外的其他宗派的密法，亦有独到的修学心得；他在晚年又专心于著书立说，撰有三十余卷论著，以《诗镜论》（snyan ngag me lung dkav vgrel）、《西藏王臣记》（rgyal rabs dpyid kyi rgyal movi glu dbyangs）、《入中论明辨》（dbu ma la vjug pa gsal bar byed pa）、《拉萨大昭寺志》（1645）等为代表，流传颇广。

第四世班禅·洛桑确吉坚赞（1570—1662）在藏传佛教界具有崇高的宗教地位，他不仅德高望重，而且佛学知识渊博，撰有《吉祥时轮本续广释》（dpal dus kyi vkhor lovi rtsa bavi rgyud kyi rgyas vgrel）、《金刚鬘大曼陀罗修法》（rdo rje phreng bavi dkyil vkhor chen povi sgrub thabs）、《怙主龙树五次第解说》（mgon po klu sgrub kyis mdzad pavi rim pa lngavi rnam par bshad pa）和《供养上师仪轨》（bla ma mchod pavi cho ga）等权威著作。

第五世班禅额尔德尼·洛桑益西（1663—1737）撰有《菩提道次第直观教导》（byang chub lam gyi rim pavi dmar khrid）、《显密甚深法之教授、随许及指导实录》（mdo rgyud zam movi chos kyi lung rjes gnang dbang khrid thob yig）等经论名著。

第一世嘉木样·阿旺尊智（1648—1721）是清代藏传佛教格鲁派名僧，在佛学领域获得很高成就，撰有《吉祥大威德本尊源流》（dpal rdo rje vjigs byed kyi chos vbyung）、《律经释难除误》（vdul bavi dkav gnas rnam par dpyad pa vkhrul spong blo gsal mgul rgyan)、《现观庄严论辨析》(bstan bcos mngon par rtogs pavi rgyan gyi mthav dpyod)、《般若波罗蜜多辨析》(shes rab kyi pha rol tu phyin pavi mthav dpyod)、《入中论辨析》(dbu ma vjug pavi mthav dpyod)、《俱舍论注释》(chos mngon pa mdzod kyi dgongs vgrel)、《了义不了义辨析》(drang ba dang nges pavi don rnam par vbyed pavi mthav dpyod)、《释量论辨析》(tshad ma rnam vgrel gyi mthav dpyod)、《宗派广论》(grub mthav rnam bshad) 等传世之作。

第二世嘉木样·贡却晋美旺布 (1728—1791) 撰有许多经论和高僧上师传记,撰有《宗义宝鬘》(grub mthav rin chen phreng ba)、《般若八品摄义论》、《入中论探究》、《第一世嘉木样·阿旺尊智传》、《塔尔寺志·珍珠鬘》等论著。其中《宗义宝鬘》成为后世格鲁派学僧推崇的热门畅销著作。

第二世阿芒班智达·贡却坚赞 (1764—1853) 是一名博学多智、精通大小五明学的学问僧,撰有《经庄严论释》(mdo sdevi rgyan gyi vgrel ba)、《汉藏蒙土四民族史略》(rgya bod hor sog gi lo rgyus nyung ngur brjod pa)、《拉卜楞寺志》、《密宗四续概论》等名著。

第三世贡唐·官却丹贝卓美 (1762—1823),在显密宗佛学领域造诣颇高,且在语言、诗词等文化艺术方面亦有深厚的功底。他不但著述了《了义不了义注疏》(drang nges kyi mchan)、《阿赖耶识辨析》(kun gzhivi mthav dpyod)、《缘起论辨析》(rten vbrel gyi mthav dpyod)、《四圣谛注释》(bden pa bzhivi rnam bshad) 等深奥哲理性的佛学论著,还撰有《水与树之格言》(chu dang shing gi bstan bcos)、《老幼散文》(rgan byis vbel gtam)、《上师赞》(rje bla ma bstod pa)、《吠陀母赞释》(rig byed mavi bstod vgrel) 等脍炙人口的文学作品,在时贤和后世藏学界产生较大影响。

卓尼·扎巴协珠 (1675—1748) 为卓尼禅定寺承前启后之佛学家,撰有《中观本智论释》(dbu ma rtsa ba shes rab gyi rnam bshad)、《菩提道次第广论要义》(byang chub lam rim chen movi don gyi snying po)、《菩提道炬论释》(byang chub lam gyi sgron mevi vgrel ba)、《俱舍论注释》(chos mngon pa mdzod kyi rnam bshad)、《现观庄严论注释》(mngon rtogs rgyan gyi vgrel ba)、《胜乐本续注疏》(bde mchog rtsa rgyud kyi vgrel ba) 和《四续密法要义注疏》(rgyud sde rnam bzhivi dgongs vgrel) 等显密宗经论。

永增·益西坚赞 (1713—1793) 作为格鲁派著名的高僧大德,他给后人留下了许多名著,诸如《正法毗奈耶源流史》(dam pavi chos vdul bavi byung tshul)、《大悲观音修法解说》(thugs rje chern povi sgrub thabs kyi rnam bshad)、《圣十六尊者传记》(vphags pa gnas brtan bcu drug dang bcas pavi rtogs pa brjod pa)、《甘丹大手印法讲义耳传妙道明灯》(dgav ldan phyag rgya chen povi khrid yig snyanrgyud lam bzang gsal bavi sgron me)、《吉祥大威德密法耳传教授》(dpal rdo rje vjigs byed kyi zab khrid vjam mgon snyan rgyud man ngag)、《道次第讲义》(lam rim gyi khrid yig)、《菩提道次第师承传·佛教庄严宝鬘》(byang chub lam rim bla ma brgyud pavi rnam thar)、《本生三十四释义·大乘明灯》(skyes rabs so bzhi pavi vgrel chen)、《一百五十赞注释·阐明妙道大宝灯》(bstod pa brgya lnga bcu pavi vgrel ba)、《事续教义阐释·贤哲喜宴》(bya rgyud don gsal)、《大乘修心讲义》(theg chen blo sbyong chen mo)等佛学名著。

喀尔喀·阿旺班丹(khal kha ngag dbang dpal ldan,1806—1859),蒙古族高僧,撰有《宗派广论注释》、《入中论句释》、《般若要义注释》等佛学著作。

此外,普觉·阿旺强巴(1682—1762)撰有《格鲁派四大寺及上下密院志》(grw sa chen po bzhi dang rgyud pa stod smad chags tshul pad dkar vphreng ba bzhugs so),土观·洛桑却吉尼玛(1737—1802)撰有《佑宁寺志》(chos sde chen po byams pa gling gi dkar chag),第六世赛多·洛桑慈臣嘉措(1845—1915)撰有《塔尔寺志》(sku vbum byams pa gling gi gdan rabs),等等。

二 宁玛派高僧及其名著

清代宁玛派高僧辈出,其中不乏无宗派思想观念之著名人物。他们兴趣广泛,博学多闻,游访名山圣地,既专注于闭关修行,又倾心于著书立说,对寺院学僧和社会名流影响颇大。

夏嘎巴·措周仁卓(zhabs dkar pa tshogs drug rang grol,1781—1851),安多热贡地方(今青海黄南藏族自治州同仁县)人。其一生过的都是苦行僧的生活,而且在他身上有着诸多颇具传奇性的故事,可与噶举派瑜伽师弥拉日巴相媲美。他圆寂后,嗣法弟子寻访转世灵童,在雅玛扎西其寺(今青海同仁县境内)建立夏嘎巴活佛世系。夏嘎巴·措周仁卓的代表作首推《夏嘎巴自传》(zhabs dkar pvi rnam thar)和《夏嘎巴道歌》（zhabs dkar pvi mgur vbum），两书寓意深刻，通俗易懂，脍炙人口，流传颇广，在佛学与文学界享有盛誉。

咱班珠·晋美却吉旺波（rzda dpal sprul vjigs med chos kyi dbang po，1808—1887），康区北部格则（dge rtse）地方杰托（rgyal thog）家族门人，他尚处幼年时期就被宁玛派高僧多珠钦·晋美赤列维赛认定为班格·桑丹平措（dpal dge bsam gtan phun tshogs）的转世灵童。咱班珠·晋美却吉旺波的前半生拜师求法，博学多闻，后半生以闭关修行、讲经说法为主，在旷野山洞静修长达十几年，期间撰写了《普贤上师言教》（kun bzang bla mavi zhal lung）。该书被宁玛派学僧推崇为至宝经论，遂成为宁玛派普及面最广的教理名著。此外，他还著有《佛法与世法了知论》、《功德宝藏要义阐释》、《般若波罗蜜多教授现观庄严论总义》、《大圆满隆钦宁提前行讲义》等名作。

居弥庞·绛央南杰嘉措（vju mi pham vjam dbyangs rnam rgyal rgya mtsho，1846—1912），出生于康区德格附近的雅曲党琼（ya chu ding chung）地方（今四川甘孜藏族自治州石渠县），为清末宁玛派著名高僧和藏传佛教佛学家。他6岁始学习文化知识；10岁时精通读写，能作短文；12岁在宁玛派桑阿曲林寺（gsang sngags chos gling）出家为僧；18岁云游拉萨宗教圣地，返乡后拜绛央钦泽旺布（vjam dbyangs mkhyen brtse dbang po，1820－1892）等高僧为师，研习印度大小五明学（rig gnas che chung bcu），成为学富五车的文化大师，尤其娴熟医药学、历算学、工巧学和内明佛学，在藏传佛教学术研究领域有很高造诣，著述颇丰，代表作有《国王修身论》（rgyal po lugs kyi bstan bcos）、《医方明教授选集》（gso ba rig pavi man ngag gccs bsdus）、《诗镜释·妙音海》（snyan ngag me long gi vgrel pa dbyangs can dgyes pavi rol mtsho）、《集量论注疏》（tshad ma kun las btus pavi mchanvgrewl）、《中观根本颂注释》（dbu ma rtsa bavi mchan vgrel）、《入中论注释》（dbu ma la vjug pavi vgre ba）、《续经窍诀之忏悔释文》（rgyud lung man ngag gi tshig don bshad pa）、《大乘经庄严论要义》（theg pa chen po mdo sdevi rgyan gyi dgongs don rnam par bshad pa）、《俱舍论注释》（mngon pa mdzod gyi bstan bcos kyi vgrel pa）、《现观庄严论注释》（shes rab mngon rtogs rgyan gyi mchan vgrel）、《宝性论注释》（theg pa chen po rgyud bla mavi bstan bcos kyi mchan vgrel）、《如来藏总义狮子吼》（bde gshegs snying povi stong thun chen mo seng gevi nga ro）、《辩中边论注释》

(dbu dang mthav rnam par vbyed pavi bstan bcos kyi vgrel pa)、《时轮大疏》(dus vkhor vgrel chen) 等。

其中《国王修身论》成为藏区畅销书，在社会上产生了广泛影响。该书主要阐述何以贤明国君、谨慎自重、注意言行、坚定精进、平等待人、护佑百姓、遇事磋商、以计制胜、以财积福、守规循道、心念佛法、遵奉十善法、以佛法治国等为人处世的道理。

此外，贡钦·晋美林巴（kun mkhyed vjigs med gling pa, 1729—1798），亦是清代颇有名望的宁玛派高僧。他的佛学论著及观见在教内外影响很大，以《旧译续集大宝论释》（snga vgyur rgyud vbum rtogs brjod）、《法言集》（gtam gyi tshogs）、《功德大宝藏经》和《功德大宝藏经广释》等为代表作。

三　噶举派高僧及其名著

清代噶举派高僧在修学和实践藏传佛教教理仪轨的同时，又倾注于藏族十明学的广泛研习和推演方面，因而他们在藏族传统文化研究领域多有贡献。

第八世司徒·却吉琼奈（si tu chos kyi vbyung gnas, 1699—1774）是清代噶玛噶举派的代表性人物。他身为八邦寺活佛、高僧和学僧，一生孜孜不倦，研习十明学，在藏族传统文化尤其在梵文、声明学、藏文文法、藏医药学、藏式绘画等领域卓有成就，在教内外甚至得到格鲁派高僧的高度评价，堪称一代宗教文化巨匠。撰有《入声明论》、《声明论释》、《梵藏对照名相述论》、《梵文语法入门》、《天文历法宝鬘》、《德格〈甘珠尔〉目录》、《俱舍论广释》、《了义大手印祈愿释义》、《上师瑜珈法与本尊修诵法》、《噶玛冈仓教法传承史》、《大司徒自述传记》等名著。

清乾隆九年（1744），司徒·却吉琼奈完成《司徒文法广释》（si tu vgrel chen）一书，被后人奉为藏文文法权威性著作，流传颇广；乾隆二十六年，他在八邦寺建立医学院，成为康区藏医药教学研究基地，特别是在临床经验基础上撰述的医学著作《天花疗法》（vbrum bcos），颇受藏医界推崇。此外，司徒·却吉琼奈独创八邦寺"噶日"（dkar ris）画派，其壁画及唐卡成为康区画派代表。

贡珠·云丹嘉措（kong sprul yon tan rgya mtsho, 1813—1890），噶玛

噶举派著名学问僧，他撰有《量学》、《吉祥金刚橛根本续品注释》、《金刚橛修法》、《时轮三密曼陀罗入坛灌顶仪轨》、《吉祥金刚童子曼陀罗仪轨》、《八大菩萨及其坛城修供仪轨》、《大手印四加行与四正行次第导论》、《大圆满密义母子教规合一导释》等名著。

杰·官却赤列桑布（rje dkon mchog vphrin las bzang po，1656—1718），智贡噶举派高僧，他撰有《桑杰林巴遗教》、《导师本生百行传》、《八十大成就师证道集》等名著。

四 萨迦派高僧及其名著

萨迦派高僧绛央·钦泽旺波（1820—1892）是清代萨迦派高僧或学问僧中的代表性人物，他撰有《莅临雪域之译师及班智达名录》（gangs can gyi yul du byon pavi lo pan rnams kyi mtshan tho rags rim）、《雪域新旧密宗传承略讲》（gangs can bod kyi yul du byon pavi gsang sngags gsar rnying gi gdan rabs mdor bsdus）、《书信导论》（vphrin yig dper brjod）、《新伏藏及法器等圣物汇集名录》（gter gsar dam rdzas sogs rten rab vbyams phyogs vsdus kyi bzhugs byang）、《赞颂祈祷集》（gsol vdebs smon lam）、《法言集》（gtam gyi tshogs）、《宗乘类别明释》（theg pavi rnam dbye gsar bar byed pa）、《四谛与缘起》（bden bzhi dang rten vbrel）、《修行次第》（sgom rim）、《金刚瑜伽母那若空行加持法》（rje btsun rdo rje rnal vbyor ma na ro mkhav spyod kyi byin rlabs bya tshul）、《三怙主曼陀罗仪轨》（rigs gsum spy-ivi dkyil vkhor）等名著。

与此同时，他积极与其他派别的高僧或学僧沟通和交流，倡导无有偏向、圆融无碍的圆教思想，并与他人合作编纂以融会贯通各宗派教法仪轨之大型丛书，以《教诫藏》（10册）、《续部总集》（32册）、《道果法》（17册）、《大宝伏藏》（64册）、《道歌汇编》（8册）等为代表。

萨迦·贡嘎罗哲（kun dgav blo gros，1729—1783），亦是清代萨迦派高僧。他一生讲经闻法，禅定修行，昌建佛像、佛塔及印行佛经，实为萨迦派一代宗师。其论著颇丰，代表作有《深广经藏闻法录》、《圣光明无垢清净仪轨作法次第》、《吉祥喜金刚修法明解》、《吉祥金刚童子护摩仪轨》、《无量寿佛九尊增益护摩法》、《吉祥金刚橛念修法明解》、《金刚杵与金刚铃之解说》等。

第四章 教理学说

藏传佛教具有一整套体系化的教理和严谨自主的学说传统。各个宗派不但有自己的教理建构和学说立场，而且形成百花齐放、百家争鸣的文化氛围，使得藏传佛教在佛学研究领域长期呈现繁荣景象。有清一代也不例外，各个宗派学者型高僧辈出，他们潜心研究，著书立说，佛学成果累累。特别在教义、宗义学、密续学和因明学等领域多有学术贡献。

第一节 各派核心教义

藏传佛教各宗派在遵循佛教经论、严守佛教戒律的基础上，建立各自的教理仪轨和修持次第，并形成各个宗派的核心教义。在历史上，噶当派倡导"三士道"（skyes bu gsum gyi lam gyi rim pa）法，宁玛派推崇"大圆满"（dzogs pa chen po）法，萨迦派重视"道果"（lam vbras）法，噶举派专注"大手印"（phyag rgya chen po）法，觉囊派弘传"时轮六支行"（dus vkhopr sbyor drug）法，格鲁派注重"显密圆融"（mdo sngags zung vdrel）、"生圆次第"（skyes rdzogs kyi rim pa）道。清代以格鲁派、宁玛派、噶举派和萨迦派等为代表。

一 格鲁派核心教义

格鲁派的核心教义体现在宗喀巴大师的显密佛学思想体系之中。这一佛学体系的核心思想，是"缘起性空"（rten vbrel stong nyid），认为宇宙一切万法皆为缘起性空，假立安名，从而否定恒常不变、绝对本有的事物。由于一切法自性本空，故业果等缘起之法，方能了知自性本空；如果自性不空，则不能生起业果等作用。又由于了知缘起之力，才能了知自性本空。这是由于自性空，方能缘起有；因为缘起有，所以自性空。

格鲁派在见修方面，认为释迦牟尼开创的佛教正法，归根结底，是由理论教义和实践证验构成，因而一切"教"的正法，则摄在经、律、论三藏之中；一切"证"的正法，又摄在戒、定、慧三学之中。故三藏不可偏废，三学必须全面修习。凡是立为佛教正法者，其见、修、行三者不可违背三藏教法；自心行持，也要随顺三学证法。同时，具备方便智能双运之道以及空性大悲之觉悟。使僧众做到对于经藏，多闻深思，在大小乘的三学上，认真修习；对于律藏尽力修习，通达戒、定二学；对于论藏不断研习，获取通晓诸法性相的智能。因为戒学是佛教的根本、修法的基础；而定学是约束自心，避免散逸的途径；慧学则是增长智能、不昧于解脱之道。故无戒不定，无定不能生慧。同时，以菩提心和六度作为从闻、思、修进入境、行、果的途径方法，倡导修习佛法，先发菩提心，继以修十地、行六度，并守菩萨戒，由显入密，以显为因，以密为果，依此亲证无我性空，达到佛果境界。

简而言之，格鲁派的基本教义中始终贯穿着缘起性空的佛学思想，其目的在通达中道实相，证悟缘起性空之理，从而断除人法二执，不起惑业，中断生死流转，最终获得不生不灭的圆满境界。

二 宁玛派核心教义

"大圆满"法（rdzogs pa chen po），是宁玛派自成体系的核心教义，由心部、界部和教授部构成。心部，以求直观能缘心性的明空本净之实相，即直观心性本空。无论见到任何外境都是自心所为，而心性现为自然智能，倘若离开这个自然智能，再没有其他更好的法可求。

心部（sems sde）所说的心是从体、相、用三个方面来认识的。心体纯净、心性（相）光明、心量（用）周遍。此乃一个完整的心，是一个真心。修心在于照此当下明空本净之妙觉，让它宽坦任运，随它妄念境相起伏变化，不去辨别是非善恶，不破不立，只保任此觉空赤露。[①] 其目的使其真心变为既明又空的体性，以至于达到一种非空非有的状态，即空有二者统一于一心。这一见修，体现不堕二边之中观正见。

[①] 土观·洛桑却吉尼玛：《土观宗派源流》（藏文），兰州，甘肃民族出版社，1984年版，第72页。

按心部的真心即佛心、人人具有佛心之观点，是不承认其他宗派提出的空有必须双运的说法，以为空有本自圆融，不必再用什么双运之类的手段或途径。

界部（klong sde），是指一种法性境界。认为一切法性均不会超出普贤境界，而普贤境界等于佛的境界。以此破斥离开普贤境界的一切法性，并指出光明是佛与众生共同具有的心性。光明所显现的一切境界，都是自然显现的，有其自身的本有明相。故以光明来显现佛的智能德相等境界。

界部，不同于心部的地方，在于心部只求悟心体的空无有相，而界部在无心的基础上特别重视对光明的修习，在光明中清净法性境界。

教授部（man ngag sde），为大圆满法之核心。它提出"体相本净、自性顿成、大悲周遍"三种概念。[①] 体相本净，指实相本体，无生空寂，是为了空无别；自性顿成，指空性妙相，无碍明现，是为明空无别；大悲周遍，指空性妙德，能现染净诸相，是为现空无别。

宁玛派认为随无明之力，起各种杂念，且顿生分别，名为心；不随无明之力所染，远离二取戏论，照了此明空而又无有可取的空寂者，名为觉性。故先要定知境为心，知心为空，知空为无二双融。而心的行相，现有的部分是轮回；心的体性，空寂的部分则是涅槃。故以永离取舍、双融无分别的智能，将轮回涅槃等一切法均归于无有空或执的法性中，并用轮回涅槃无二分别的灵明智性来现证法性境界。[②]

三　噶举派核心教义

噶举派的基本教义，同其他宗派相一致，推崇中观思想尤其守持月称中观应成派观见。由于噶举派注重上师传承及其密法的实修，"大手印"（phyag rgya chen po）法成为其独有的核心教法仪轨。所谓"大手印"并非指密法修持中之手结印契，乃为修持密法取得成就、证悟和智能的一种象征，如自性、实相、菩提、法身、真如等。

"大手印"法涉及显密修行法，土观·洛桑却吉尼玛指出：显宗"大手印"，是就心体之上，专一而住，修无分别，令成住分；而密宗"大手

[①] 土观·洛桑却吉尼玛：《土观宗派源流》（藏文），兰州，甘肃民族出版社，1984年版，第73页。

[②] 同上书，第72页。

印",是指风息入住,融于中脉后所生的大乐光明,为无上瑜伽续中精要之法。① 其中密宗大手印法,教理体系繁杂,并有多种支分。在修行方面主要有四种瑜伽法(rnal vbyor bzhi):

1. 专一瑜伽(rtse gcig rnal vbyor),专注内心,名为专注。它是一种初期修炼方法,能使修炼者心神凝聚,增长知觉的敏锐。

2. 离戏瑜伽(spros brel rnal vbyor),由悟内心离诸戏论,名为离戏论。以妙观察智为基础并通过内省分析,以不偏于空有以见实相的中道观想,达到明心见性、通达无上菩提为目的。

3. 一味瑜伽(ro gcig rnal vbyor),由悟心境一味,名为一味。以化心物为一元,为一整体,不可分离。以睡与梦为喻,认知一切幻想为心所示现。最终除去无明,恢复自性光明。

4. 无修瑜伽(sgom med rnal vbyor),由离有相而修,名为无修。这一密法是四瑜伽法中的最高阶段。修炼者如能进入这一阶段的修炼,所修之密法能够运用自如,可证得俱生大手印,达到无余涅槃之境界。

除大手印法外,噶举派尚提倡对"那若六法"(na ro chos drug)的专门修习。"那若六法",源于印度那若巴大师传承密法,故名。大手印法和那若六法相辅相成,互为补充。"那若六法"由六种循序渐进、由浅入深的修持密法构成:

1. 拙火成就法(gtum mo),以引发修炼者的乐空俱生智能,获得金刚总持果位;

2. 幻身成就法(sgyu lus),以引发修炼者的现空无别俱生智能,成就圆满报身佛;

3. 梦境成就法(rmi lam),以引发修炼者的觉空俱生智能,证悟空无自性之真如;

4. 光明成就法(vod gsal),以引发修炼者的明空俱生智能,获得究竟了悟实相之报化二身果位;

5. 中阴成就法(bar do),以引发修炼者的三世俱生智能,获得究竟解脱;

6. 迁识成就法(vpho ba),以引发修炼者的无分别俱生智能,取得

---

① 土观·洛桑却吉尼玛:《土观宗派源流》(藏文),兰州,甘肃民族出版社,1984年版,第144页。

佛身成就。

四　萨迦派核心教义

　　萨迦派是一支百花齐放、百家争鸣的派别。萨班·贡噶坚赞和荣敦（rong ston）等高僧及其追随者宣扬中观自续派观见，而仁达瓦·勋努洛哲（red mdav ba gzhon nu blo gros）等高僧则持中观应成派思想，甚至后辈学僧中既有持唯识观点者，也有崇尚觉囊派"他空见"（gzhan stong）思想的，同时亦有不少修持宁玛派"大圆满"法的高僧大德。该派核心教义，或不共观见，有"道果法"（lam vbras）。其内容又有显密之分：

　　显宗方面，既包含龙树中观思想，又涉及弥勒佛学观见。以"首破非福，中破我执，后破一切见"来凸显中观思想。

　　首破非福（bsod nams min pa dang por zlog）：以生死过患、暇满难得、无常、业果等佛学思想，劝导人们厌恶世俗一切现象，珍惜短暂人生并及时投身于佛法事业。

　　中破我执（bar du bdag ni zlog pa）：劝导信众破除一切由于妄想及无明所造成的迷惑现象或虚幻无实的观念。先认清所要破除对象的本质，后进入破除我执的实质性阶段。

　　后破一切见（tha mar lta zhig kun zlog pa）：劝导信众破除由执实和妄想的行为所产生的业及烦恼。而执实和妄想又是戏论和执相的意识特性所导致，故断除戏论和执相为根本对象。

　　遵循弥勒之佛学观见，即破除一切邪念，领悟非有非无的境界。在深刻理解"二执"本性的基础上，最终彻底破除"二执"。所谓"二执"是指主体和客体的意识中产生的"所执"和"能执"，而出现"能执"和"所执"的两极分化，则会导致妄想、执实、戏论、执相等邪念的产生。这些邪念又是引发恶业产生的根源，故破除"二执"为修行之重要对象。

　　密宗方面，通过系统修行，悟证人心的明空双运、生死涅槃无别等特征；认识本元俱生智能之心的实相，达到佛我同一的境界。其修行过程：初找人心之一般性质；次寻"明心"成"空心"之途径；后认清"明空双运"（gsal stong zung vjug）之奥妙；最终证悟心之无位置、无颜色、无形状、无实体等本性特征。萨迦派认为，心有两大特性：第一，心被一团迷乱所缠绕；第二，心之本性则为本元俱生智能。故未知自心者为生死，而了知者为涅槃。

由于心无始以来同迷乱为伴，人们一般不能了悟心的俱生智能之特性，一旦了悟心之本元俱生智能之特性，就会自然领悟生死涅槃无别，获得佛果。因而提出"成境为心、成心为幻、成幻为无自性"的修行观见。这一观修说明以心否定境的存在，又以幻否定心的存在，再以缘起否定幻的实有，最后统一在"生死涅槃无别"之见，并验证相互不相违背之理，而悟证这一境界，则无法用语言表达，只有在其修炼实践中方能真正觉验到它。

五 觉囊派核心教义

觉囊派的教理基础是"他空见"（gzhan stong）佛学思想。而"他空见"这一佛教学说，在藏传佛教诸多宗派中颇为孤立，唯有觉囊派坚持中观他空见，成为一家之言，其余宗派皆奉行中观自空见，即中观应成派思想。

至于"自空"（rang stong）和"他空"（gzhan stong）的区别，主要是在认识上出现的问题，即世俗谛和胜义谛二谛之间的异同点。如世俗诸法均由因缘而生，而缘生不会有自体，故称世俗假有，也就是所谓的万物自空。觉囊派认为，这是通过人的错误的认识或分析把本来存在的实体说成"空"，从而否定了其绝对存在的实体；但是胜义法性则是永恒不变的真实，为智能观照之境，即胜义有。也就是说，胜义谛无体，无喻，远离一切戏论，故说胜义谛是指胜义谛实。

觉囊派认为，涅槃是常住法，非前无而现在始有；涅槃无烦恼，无明烦恼者无涅槃。凡是修菩萨心，禅定智能，执守戒律者就可以断除无明烦恼，能看见涅槃。关于他空见的佛学思想在《了义海论》（nges don rgya mtsho）中作了全面的阐释，如他空胜义谛是恒常不变，周遍一切情器世界，与如来藏同一意义，而如来藏为万法之根，绝对不能空。当然，觉囊派也承认有空性，但是这一空性是有条件的，只能是因缘生法，是虚妄不实的，正如无自体是自空，属于世俗谛；而胜义谛自体不空，因而是他空。

进一步讲，空就是心的存在本身，光是语言，这二者的统一就是"觉"（心）。这种划分法与三身的划分相同；心的真实存在就是具有无限精神潜力的身（法身）、光明是受用身，其表现形式是化身。一旦当升华的智能（智神）出现时，幻觉现象就停止了；如果相反而表现出了幻觉现象，那么神智就会中断。事物的世界是无实的，事物仅仅是一些现象，而现象又仅仅是由心造成的。任何从事冥想的人事实上都是不存在的，大家可以冥想的某种东西也是不存在的，因为冥想者和被冥想物都仅仅是思想的一种发光的特征。

我们所看到的、联想到的和想象到的一切实际上都是一些名字和称呼，而不是指具有一种真实存在的现实和一种可以对心施加影响的存在。这种心是空，但在这一方面也是光明，它可以照亮具体的物品，因此我们可以把它视作在生死轮回内外表现出的一切基础。这是把两种不同的观点（这二者又属于同一类别）同时置于此的一种错误。这仅仅是由于它们似乎是产生了义谛和胜谛两种真谛的两种情况。因为它们二者事实上是一个整体，所以它们形成了其统一性的先决条件，即是一种简单想象的存在，而不是一种实质基础的存在。

值得说明的是，心之空并不是一种消极的空，因为绝对的空本身并不反对应被否认的某些东西，它是"他空见"，这就足够了。虽然在纯粹经验中的可知物仅仅是一些名词和术语，大家还是错误地承认它由于诞生和指导经验界的义谛而具有一种真实的存在。

总之，自体不空是如来藏，而如来藏是指法性、觉性、佛性，必须依靠六支瑜伽（sbyor drug）法来证验。因此，六支瑜伽法便成为觉囊派僧人的主要修行仪轨，每位准出家僧人都要在各自的寺院闭关三年，专门修炼六支瑜伽法。六支瑜伽法分别为收摄（sor sdud）、禅定（bsam gtan）、受命（srog rtsol）、持气（vdzin pa）、集中（rjes dren）和三摩地（ting vdzin）。其中收摄是把修炼者的心灵从外在尘世中收摄回来，完全地进入三空境界；禅定帮助修炼者将心灵提升到永恒喜悦宁静的境界；受命使修炼者将全身风息引入中脉，并运用宝瓶气将风息固定在中脉中，不让流向左右二脉，在静坐中得到自然的喜悦；持气也称持风，修炼此法修炼者能够调和神经系统，控制生命能量；集中又称随念，它使修炼者的心灵专注于一处并与宇宙连接，得到源源不断的能量；三摩地将修炼者的空色（身）与大乐（心）融成一味，并进入乐空双运（bde stong zung vjug）的定境。

第二节 宗义学

清代藏传佛教宗义学渐盛，尤为格鲁派高僧活佛专门研究，著书立说，推演宗义学发展，使其成为佛学领域一门显学。代表作有嘉木样·阿旺尊智的《宗义广论》（grub mthav chen mo）、章嘉·若贝多杰的《章嘉宗义学》（lcang skya grub mthav）和嘉木样·贡却晋美旺波的《宗义宝鬘论》（grub mthav rin chen vphring ba）。

清康熙二十八年（1689），第一世嘉木样·阿旺尊智（1648—1721）所撰《宗义广论》问世，将藏传佛教宗义学研究进一步拓新和深化。全书分十三品：第一品，宗义概论；第二品，批驳断见；第三品，驳数论等派常见；第四品，驳梵天等派常见；第五品，驳遍入天等派常见；第六品，驳自在天等派常见；第七品，驳裸形派常见；第八品，建立有部观见；第九品，建立经部观见；第十品，建立唯识宗观见；第十一品，建立中观自续派观见；第十二品，建立中观应成派观见；第十三品，解答果位金刚乘之疑难问题。其内容广博，在批判古印度数论派等外道各派学说观见的前提下，主要梳理和阐述了佛教有部、经部、唯识、中观和金刚乘等大小乘宗派思想。

清乾隆十二年（1747）始，章嘉·若贝多杰（1717—1786）撰写《章嘉宗义学》，该书一问世，就在藏传佛教界引起很大反响，尤其是对推动宗义学持续发展产生积极影响，被后辈学者评价为藏传佛教宗义学研究领域取得的最高学术成就。其内容结构丰富而严谨：首先，从批判的角度揭示古印度数论派、梵天派、遍入天派、伺察派、自在天派、胜论派、正理派等外道学说之谬误；其次，站在佛教的立场分述说一切有部、经部、唯识宗和中观派之思想观见，以因、道、果之逻辑关系作为理论切入点，并广泛引用龙树、无著、世亲、圣天、陈那、法称及宗喀巴之经论，论证佛教四大宗派义理之连贯性和差异性，重点阐述中观自续派和中观应成派之佛学思想。

乾隆三十八年（1773），第二世嘉木样·贡却晋美旺波（1728—1791）在第一世嘉木样·阿旺尊智的《宗义广论》的基础上，又编撰完成了《宗义宝鬘论》一书。该论著内容简明扼要，故称其为"宗义略论"，或"佛教四宗概论"，说明这部论著具有宗义学的提纲挈领之性质。

从比较的视角阐述外宗（道）之见地与内宗（佛教）之义理，并界定两者之本质区别，认为至心皈依佛法僧三宝者，名为"内宗"（nang pa），至心皈依世间天神者，则是"外宗"（phi rol pa）；尤其重点论述佛教四宗之教理思想，既综述说一切有部、经部、唯识宗和中观派之佛学观见，又分述中观自续派和中观应成派之深奥哲学要义。

第三节 密续学

密宗（gsang sngags），是佛教主要宗系之一，在其发展演进史上又形成几个支系传承，如"唐密"、"东密"和"藏密"等传承，且在不同区域内流传至今。正如徐梵澄先生所说："佛教密宗，在唐末宋初，在吾华颇盛。其流入日本者，谓之'东密'；其入西藏者，通称'藏密'。而西藏亦多自印度直接传入者，故至今犹存。"① 从佛教三大语系来看，密宗主要在藏语系和汉语系佛教即北传大乘佛教派系中流传。

一 密宗概念释疑

在藏语系和汉语系两大语系中对"密宗"造有许多别称，如汉文佛教文献中常出现"密续"、"密乘"、"秘密乘"、"密咒乘"、"真言乘"等称谓，且有不少权威学者对其作专门阐释，在此可举一例："此宗特色，在念诵咒语，即所谓'真言'。"② 尤其是密宗在藏传佛教中得到重视，赋予其深奥义理，成为佛教中之精华，冠以"金刚乘"（rdo rje thegs pa）、"果乘"（vbras buvi thegs pa）等尊称，使其居于至尊地位。

对于"密宗"（gsang sngags）命名如此之多的别称或尊称，藏传佛教高僧曾经作过较详细的阐释。第四世班禅·洛桑确吉坚赞（pan chen blo bzang chos kyi rgyal mtshan，1567—1662）作为一代格鲁派密宗大师，曾对"金刚乘"（rdo rje thegs pa）这一概念作了解释，他认为"密宗之所以称为'金刚乘'有其深奥的道理。首先，大乘义理无所不全地归纳于六波罗蜜多；其次，六波罗蜜多又浓缩在方便与智能之中；最后，方便与智能合而为一者，乃是菩提心。而菩提心为金刚萨埵之甚深禅定，即金刚

---

① 徐梵澄：《徐梵澄集》，北京，中国社会科学出版社，2001年版，第205页。
② 同上。

也。故'密宗'称'金刚乘'"。①

至于"果乘"(vbras buvi thegs pa)概念之阐释,更富于理论性和逻辑性。噶举派高僧布顿·仁钦珠(bu ston rin chen grub,1290—1364)曾讲道:"佛教虽有三乘,但以'经藏'(sde snod)分类为二,即小乘大藏经和大乘大藏经。而大乘大藏经又包含了'因乘'(法相宗)与'果乘'(密宗)经论。"② 也就是说,大乘显宗教理被列入"因乘"(rgyu yi thegs pa)范畴,以作为密宗修学之理论基础,只有进入"果乘"实修阶段方为"即身成佛"之最高大法。不难看出,因乘与果乘之建立,既理顺了显宗与密宗之关系,又构筑了藏传佛教之修学体系,即先学因乘(法相宗)教理,后修果乘(密宗)实践,终究获得觉悟或成就佛果。

可以认为,密宗(gsang sngags)这一概念是相对于显宗(mdo phyogs)而提出来的,其含义在于显宗为佛教共法,而密宗为不共之法。所以,藏传佛教以造众多别称或尊称来凸显密宗所具有的殊胜之特质。

二 新旧密法之界定

从密宗发展史的角度看,藏传佛教中产生旧密和新密两大传承。至于新旧密法之界定,清代格鲁派高僧土观·洛桑却吉尼玛(thuvu bkan chos kyi nyi ma,1737—1808)曾指出:"在显教方面,无新旧之分,新旧二派之说,乃是纯粹以密教宏传情形来划分的。对于这个新旧划分,其说法颇不一致,最普遍的说法,是指以班智达弥底(pandita smri ti)来藏以前所译续部,称为旧派密续;仁钦桑布译师始所译续部,则名为新派密续。"③ 有认为班智达弥底(pandita smri ti)进藏(10世纪末)前所译密续经典均属"旧密"范畴;大译师仁钦桑布(rin chen bzang po,958—1055)肇始所译密续经典皆归"新密"范围。而从藏传佛教宗派的角度去界定,唯有宁玛派承载着旧密传统,其余诸宗派均属于新密传承。也就是说,宁玛派所推崇或实践的密法可认定为肇始于公元8世纪的旧密传承,而格鲁

---

① 洛桑确吉坚赞等撰:《大密金刚乘教法贤者嘉言集》(gsang chen rdo rje theg pvi chos skor legs bshad phyogs bsdebs),藏文铅印本,第6—7页。

② 布顿·仁钦珠:《续部总论》(rgyud sde spyi rnam)藏文,西宁,青海民族出版社,2001年版,第5页。

③ 土观·洛桑却吉尼玛:《宗派源流》(thuvu bkwan grub mthav)藏文版,兰州,甘肃民族出版社,1984年版,第55—56页。

派、噶举派、萨迦派和觉囊派等宗派推崇、传承和实践的密法均属起始于10世纪末的新密体系。

后来萨迦派高僧绛央·钦泽旺波（1820—1892），对以上新旧密续界定又作了补充性说明：所谓的旧译密法，在显宗中无有新旧之分，甚至在下三续中亦没有新旧之分，主要是在金刚乘无上续中出现，即从班智达弥底进藏前所译内三续及其分支等密典，为旧译密法，号称"旧密"。① 而"下三续"（事续、行续和瑜伽续）不存在新旧之分；仅在无上瑜伽续领域方成立新旧密续之界定。

三 密宗教主之辨析

藏传佛教新密和旧密两系在追溯密宗的历史渊源上，既有诸多共同的观点，又有较小的分歧。宁玛派高僧隆钦饶降巴（klong chen rab vbyams pa, 1308—1363）在其《胜乘藏》（theg mchog mdzod）中对密宗传播途径作过考述：

> 在何时何地如何产生续部呢？是由教祖三身合一而传播。其情形是：以法身加持本义而宣示，以报身明净自性而传授，以化身修辞言语并现实相而讲说。续部产生地有三：第一地，为法身佛地。在法界大宫殿，教祖普贤法身佛向智能海眷属或徒众，以无时间概念、无言语文字而宣示大圆满自性法；第二地，为报身佛地。在密严刹土（色界十七天的最上层报身佛土名），教祖报身大日如来佛向五佛、虚空自在母等五佛母、地藏等菩萨、婀娜多姿等女菩萨，以及充满虚空之自显坛城等眷属或教徒，以六字之音或不言而喻之巧妙示现大乘佛法之无上类品，当时正处于智能自显的时代；第三地，为化身佛地。在兜率天（六欲天之一），教祖金刚总持显现金刚萨埵智能幻身，向出世之善缘者、诸菩萨、成就者、智能空行者，以及入世之神、龙、人、阿修罗、食香者（dri za）等无数眷属或徒众，讲授不可思议之显密教法，其时代始于无限寿命直至百岁寿命之间。②

---

① 绛央·钦泽旺波：《雪域藏区出现的新旧密法史略之美妙莲花园》，木刻版，第45页。
② 隆钦饶绛巴：《胜乘藏（品）》（theg mchog mdzod）即《隆钦七藏》（klong chen mdzod bdun）之一，德格印经院木刻版，第393—396页。

由此可见，旧派即宁玛派在讲述密宗传承乃至整个佛法源流时，极力强调普贤法身的元始教祖地位。通过普贤法身佛宣示大圆满法来降低其他佛祖的身份地位，并结合三身说将报身和化身二佛始终处于第二或附属地位，从而凸现法身佛的不可动摇的神圣地位。

而新派即格鲁派、噶举派、萨迦派等宗派又对普贤法身说作出新的阐释，如宗喀巴大师（tsong kha pa，1357—1419）在《密宗道次第广论》（sngags rim chen mo）中提出："为利益化机众生而真实显现形体之佛不是法身，而是色身之两种。虽以解深密之智能修法身、以广大之方便修色身，但脱离方便之智能或隔阂智能之方便，均不能成就法身或色身二身。故方便与智能不可分离或缺一不可之观点，乃是大乘诸宗派之共同思想。"[1] 同时，他对"色身"作了进一步阐述："色身之本性乃圆满觉悟诸佛之圆满受用也，而化身之性相显现为化机有缘人而成为色形之主宰。"[2] 显而易见，在所谓的"色身"中已包含了报身和化身。所以，宗喀巴大师的二身说，虽可等同于宁玛派的三身说，但其中只是强调了法身不可显现为实相的道理，却没有明确指出法身可表以神格化或拟人化的普贤。又如"根据《现观庄严论》（mngon rtogs rgyan）记载：逾越第九地之智能，则是何某住何地？此乃住菩萨之十地也，故第十地为佛地，而金刚总持住十一地。觉悟佛乃十地之自在者；大日如来为获得殊胜之道者；持金刚者是第十一地之自在者"。[3] 这里虽然提到了金刚总持和大日如来等密宗教主，但是依然未提及在宁玛派无上内三乘中大力彰显的密宗大教祖普贤法身佛。然而，新密从佛性或法性的角度对普贤法身及其境界作了深入细微的解说，认为法身可细化为二十七种，大致能体现九种境界。如法身之法身，法身之报身，法身之化身。在法身之三身中虽有时空概念，但不可言表；虽有法性境界，但没有任何实相显现。在报身之法身、报身之报身、报身之化身中开始出现佛号或实相，如报身之法身为大日如来佛（rnam par snang mdzad），其性体裸露，内外透明，没有前后身之分；报身之报身为诸佛主，没有具体名号或实相描述；报身之化身为五方佛。在

---

[1] 宗喀巴：《密宗道次第广论》（sngags rim chen mo）藏文版，西宁，青海民族出版社，1995年版，第20页。

[2] 同上书，第31页。

[3] 同上书，第36页。

化身之法身、化身之报身、化身之化身中已有明确的诸佛出现，如化身之法身为吉祥金刚总持，化身之报身为吉祥金刚萨埵，化身之化身为释迦牟尼。① 可以看出，在法身本性或本智中分化出来的诸佛中只出现两位法身佛，即报身之法身大日如来和化身之法身金刚总持，而未提及法身之法身普贤佛，可有他的佛位，从而明确了三位法身佛的同一体和差异性，如法身三佛在本质自性上是一致的，而在阶位境界上有所区别。

四 密宗"四续"或"六续"之说

藏传佛教经论中称密宗文献为"续"（rgyud）或续部，而藏文"rgyud"（续）字，有相续、连续之意，与汉文"续"字含义相符。这一藏传密宗术语产生之时间，可上溯至公元8世纪。吐蕃时期编纂的大藏经目录《庞塘目录》（dkar chag vphang thang ma）中已出现"sngags kyi rgyud la"（密咒续）这一概念。② 此外，同时期问世的《丹噶目录》（ldan dkar gyi dkar chag）中亦列有"密咒续"部，与《庞塘目录》基本相同，故彼此可印证公元8世纪确已出现"密续"这一概念。然而，藏传佛教前弘期即吐蕃时期尚未建立起严格意义上的密宗四续或六续等密宗理论和修学体系。

14世纪，布顿·仁钦珠（bu ston rin chen grub, 1290—1364）在《丹噶目录》、《青浦目录》（mchims phuvi dkar chag）、《庞塘目录》、《纳塘丹珠尔目录》（snar thang gi bstan vgyur dkar chag）以及各大译师编撰的文献目录的基础上，重新编纂了藏文大藏经目录。此次纂修的目录对以前大藏经目录既有删减又有增补。③ 主要将佛教三藏经论严格区分为两大类，即显宗类和密宗类，其文献以"经"（mdo）与"续"（rgyud）分别命名，显宗经典称"经"，密宗经典名"续"。

与此同时，布顿·仁钦珠对藏译佛经作了进一步阐述："仁钦桑布（rin chen bzang po, 958—1055）精通显密教法，他邀请班智达·项达哈嘎热瓦马（shrang nghw ka ra lwa rma）等外籍高僧翻译显宗经论和密宗四

---

① 详见东嘎·洛桑赤列编著：《东嘎藏学大辞典》（dung dkar tshig mdzod mo）藏文版，北京，中国藏学出版社，2002年版，第835页。

② 《庞塘目录》（vphang thang dkar chag）藏文版，北京，民族出版社，2003年版，第23页。

③ 布顿·仁钦珠：《布顿佛教史》（bu ston chos vbyung）藏文版，北京，中国藏学出版社，1988年版，第314页。

续。"① 此乃藏传佛教高僧较早提出"密宗四续"（rgyud bzhi）这一概念的实例。首先，布顿·仁钦珠在严格界定"经"部和"续"部的前提下，将"续"部粗略分类为事续、行续、瑜伽续和大瑜伽续，初步建立四续体系；之后，又在大瑜伽续中分类出三续，即方便续（又称父续）、智能续（又称母续）和无二续。② 开创了藏传佛教密宗四续或六续之学说。

以格鲁派为代表的新派，将密续典籍大致分为四类（续）：事续、行续、瑜伽续和无上瑜伽续。宗喀巴大师在《密宗道次第广论》（sngags rim chen mo）中全面阐述了密宗四续的修习次第、仪轨方法、法器使用、本尊种类，以及密法传承和各派密宗典籍。后期藏传佛教新派包括清代格鲁派学僧基本上遵循宗喀巴的四续分类法，并在事续、行续中主讲灌顶、律仪、承事、四支念诵等外在仪轨；瑜伽续中分述佛、金刚、宝生、莲花四部悉地修法；无上瑜伽续中解说四种灌顶等各类甚深仪轨及生起、圆满次第成就法。其圆满次第中又分说父续、母续和无二续，以密集、大威德等为父续，胜乐、喜金刚等为母续，时轮金刚等为无二续。在无上瑜伽续中形成父续（pha rgyud）、母续（ma rgyud）和无二续（ngo bo gnyis med kyi rgyud）三支密法传承。

萨迦派将密宗修持法分为共法与不共法二类。共法有《金刚鬘》（rdor phreng）、《百种成就法》（sgrub thabs brgya rtsa）、《成就法海》（sgrub thabs rgya mtsho）、《纳唐百法》（snar thang chos brgya rtsa）等，可向教内外公开灌顶、开许并修习；不共法分说事续、行续、瑜伽续和无上瑜伽续。事续部有如来、莲花和金刚等三部共同的灌顶，以及每部各自的主尊、部主、佛母、顶髻、忿怒尊、忿怒女神、使者、财神等五十多种法类的灌顶、教授及开许；行续部有如来部的部主"文殊五尊"的灌顶及开许；瑜伽续部有《净化恶趣十二坛城》、《普明》（kun rig）、《金刚手摧毁死主》等多种法类的灌顶、教授及开许；无上瑜伽续部，则包括父续、母续和无二续三类。父续以《密集》、《文殊金刚》、《观自在》等灌顶及传承为主；母续以《胜乐》、《金刚亥母》、《作明佛母五本尊》、《无量寿佛》、《大悲观自在》、《二十一度母》等灌顶及传承为主；无二续以《喜

---

① 布顿·仁钦珠：《布顿佛教史》（藏文），北京，中国藏学出版社，1988年版，第201页。

② 同上书，第278—308页。

金刚》、《时轮金刚》、《无我佛母十五尊》、《宝帐护法》、《降魔金刚手》、《白智能母》等身语意之圆满灌顶及传承为主。

宁玛派作为藏传佛教旧派代表，提出了与新派略有不同之观见，将密续经典分为六类（续）：外三续（事续、行续和瑜伽续）和内三续（生起摩诃瑜伽、教敕阿努瑜伽和大圆满阿底瑜伽）。外三续注重外在身体力行，内三续注重内在心与气的修炼。故在无上瑜伽续上形成自己独特的见修，其教理核心则是极为推崇的《大圆满法》（rdzogs pa chen po）。土观·却吉尼玛认为：若释其字义，说现有世界，生死涅槃，所包含的一切诸法，悉在此灵明空寂之内，圆满无缺，故名圆满；再无较此更胜的解脱生死方便，故名为大。① 并指出有情众生无始本生之清净心性，则为佛心或法性，人们可通过依法修行，使心体不受任何污染而置于空明之境界，获得"涅槃寂静"，实现"即身成佛"。

从修行道次第的角度看，《大圆满法》分前行与正行，正行中又分生起次第和圆满次第；在圆满次第中又分为乐空、明空和智能圆满次第；在智能圆满次第中再分为心部、界部和教授部，完成大圆满法建构的整个修行次第过程，获得普贤法身境界。

总之，藏传佛教各宗派在遵循佛教三藏、严守佛教戒律的基础上，建立各自的道次第学和教法仪轨，从而形成以四续（事续、行续、瑜伽续和无上瑜伽续）或六续（外三续与内三续即生起摩诃瑜伽、教敕阿努瑜伽和大圆满阿底瑜伽）为理论基础的密宗修学体系。尤其是事续、行续、瑜伽续和无上瑜伽续四部（续），既是构建密宗道次第的理论基础，亦是藏传佛教各派僧众必须遵循的密宗修持教理。

第四节　因明学

因明学（tshad ma rig pa），源于印度佛学之中，后在藏地得以传承并创造性地发展推演，不但列入格鲁派五部大论或其他宗派的大论之一，而且成为藏族十明学之主要组成部分，在藏传佛教各宗派的修学和研习过程中发挥重要作用。

---

① 土观·洛桑却吉尼玛：《土观宗派源流》（藏文版），兰州，甘肃民族出版社，1984年版，第70页。

从历史上看，藏传佛教学僧运用和发挥陈那《集量论》（本论）和法称《释量论》（释论）等因明学的逻辑思维和推理路径，破除印度外道四派学说，确立佛教内道四派观见，以期实现建立中观应成派思想的宗旨。故因明学被誉为开启藏传佛教知识宝库大门的金钥匙，并作为一种探求真理的方法论和知识论，颇受广大学僧重视，他们著书立说，力推因明学发展。

藏传佛教学僧在因明学领域取得的学术成果，主要有注疏类、原创性和综合性论著。前者对陈那与法称因明学经典进行注疏，以俄·罗丹喜绕（rngog blo ldan shes rab，1059—1109）的《量抉择论释难》（tshad ma rnam par nges pavi dkav bvi gnas rnam par bshad pa）为代表；原创性为藏族学僧独创的摄类学，以恰巴·却吉僧格（cha pa chos kyi seng ge，1109—1169）的《量论摄义祛蔽论》（tshad mavi bsdus pa yid kyi mun sel）为代表；后者在前人成果基础上又进一步深化了因明学研究，以萨班·贡噶坚赞（sa pan kun dgav rgyal mtshan，1182—1251）的《量理宝藏论》（tshad ma rigs gter）为代表。

至有清一代，藏传佛教因明学在原有基础上持续发展，以格鲁派为代表的藏传佛教寺院，成为其发扬光大之中心基地。广大学僧通过寺院教育并系统修学五部大论，从而推进了因明学的深入研究，尤其在摄类学研究领域形成诸多学说派系，以"赞普堆札"（btsan po bsdus grwa）、"赛堆札"（bse bsdus grwa）和"堪钦堆札"（mkhan chen bsdus grwa）等学派为代表。

青海赛柯寺敏珠尔法王·赤列龙珠（smin grol vphrin las lhun grub，1622—1699）在赛柯寺教授藏传量论的同时，撰写《摄类善说宝库》（rig gnas legs bshad bang mdzod）等摄类学教程性论著，后辈学僧继承并传授这一教程，遂形成"赞普堆札"（btsan po bsdus gra）学派。

甘肃拉卜楞寺高僧赛·阿旺扎西（bse ngag dbang bkra shes，1678—1738）在寺院传授藏传量论的同时，撰写《量论密意广释·智者项饰》（tshad mavi dgongs don rtsa vgrel mkhas pvi mgul rgyan）等摄类学教程性论著，遂形成"赛堆札"（bse bsdus gra）学派。

青海隆务寺堪钦·根敦嘉措（mkhan chen dge vdun rgya mtsho，1679—1765）在寺院教授藏传量论的同时，撰写《摄类学教理善说·日光汇聚》（bsdus grwavi legs bshad grangs med skal bzang gi blo gros kyi pad tshal bzhad pavi lung rigs kyi nyi ma zhes bya ba bzhugs so）等摄类学教程性论著，遂建立"堪钦堆札"学派。

清朝末期，第十三世达赖喇嘛经师普觉·强巴嘉措（phur lcog byams pa rgya mtsho，1825—1894）撰写《摄类理路开启幻钥》（tshad mavi bsdus grwa rigs lam vphrul gyi lde mig）等摄类学教程性论著，后辈学僧传习这一教程，遂形成"雍增堆札"（yongs vdzin bsdus gra）学派。

清代除格鲁派外，其他宗派高僧对因明学亦作过深入系统的研究，涌现出了许多专家，问世了不少藏传量论名著。噶举派高僧贡珠·云丹嘉措（1813—1890）及其《量学》（tshad ma rig pa）、觉囊派高僧土登·格勒嘉措（1844—1904）及其《摄类学论·悟道宝灯》（bsdus grvi spyi don rin chen sgron me）、宁玛派高僧居弥庞·南杰嘉措（1846—1912）及其《释量论释难·善说宝藏》（tshad ma rnam vgrel gyi gzhung gsal bor bshad pa legs bshad snang bavi gter）等最具有代表性和广泛影响。

摄类学（bsdus grwa），是对因明学要义进行分门别类、归纳概括的专门学科，为初学法相理论者的必修课程。它在藏传佛教与其他一切外道之判教界定中发挥"为破邪论，安立正道"的推理作用，尤其在考取藏传佛教格西（dge bshes）学衔中成为必备的答辩技巧和思维公式。

摄类学之理论体系，由小理路、中理路和大理路三大部分构建，由浅入深，循序渐进。小理路（rigs lam chung ba）：自辨别红白颜色等开始，逐步认识因明或量论术语概念，其推论短小精悍；中理路（rigs lam vbring po）：则是如何认识事物之过程，对相违及相属等矛盾进行分析，扩展其量理知识；大理路（rigs lam chen po）：则是进入应成论式之辩论阶段，通过辩论途经，揭示思想认识中的诸种错误，其理路艰深，推论繁杂。

摄类学之理路中贯穿驳他宗、立自宗、断除诤论三种程序，即提出问题、表述观点和得出结论。

驳他宗（gzhan lugs dgag pa），是以量学理论为基础，以应成辩论形式，反驳他人错误观点，使他人祛除疑惑，获得正理的论证。

立自宗（rang lugs bzhag pa），是论述立论者自己的观点，主要遵循和引用陈那的《集量论》和法称的《释量论》等量学经典著作之思想观见。

断除诤论（rtsod pa spong ba），专为破除他人疑惑、消除诤论而设，是以立论者的立场，表述自己的理论观点，驳斥对方提出的种种谬论。

摄类学之内涵结构，包含心理与因理两方面。心理（blo rig）是从认识论的角度阐述因明学的内涵及心理认识（心理学）；因理（rtags rig）从逻辑学的角度阐述因明学的现量与比量两个概念（逻辑学）。

因明学，即藏传量论的终究目的，推理论证"行善破邪、因果报应、解脱苦恼、涅槃寂静"等佛学理论概念。同时，以法称因明学为主，主张外境实有，承认客观存在，并在认识事物过程中注重佛教量学作用，形成一种独具特色的因明理论体系。

第五章 仪轨制度

清代藏传佛教仪轨制度，包括僧职戒律、堪布制度、寺院教育、法会仪式等。藏传佛教在寺院内设置不同级别的僧官职衔，共同治理寺内外的宗教事务，维持僧团组织秩序，开展各项宗教活动；僧众戒律，是依据佛教律经而制定的，推崇说一切有部戒律，以格鲁派戒律传承为正统或范例，被藏传佛教其他宗派所认可；堪布制度，又是藏传佛教历史较为悠久的寺院管理模式，经久不衰；寺院教育，经过不断创新、逐步完善，已形成自己的独特风格；法会仪式，则是维系宗教神圣性的外在表现形式，在各个寺院颇受重视并按期隆重举行。

第一节 僧职戒律

藏传佛教格鲁派兴起后，寺院组织机构和管理制度，在原有基础上进一步完善，建立健全了寺院内部的各类僧职，严格规定僧众的佛教戒律。清代藏传佛教寺院的僧职戒律，以哲蚌寺、色拉寺、甘丹寺、扎什伦布寺、塔尔寺和拉卜楞寺等为范例。

一 僧职

清代哲蚌寺享有拉萨三大寺之一、格鲁派六大寺或九大寺之一、[1] 藏传佛教第一大僧院等多种富丽堂皇的桂冠。其内部机构由措钦（tshogs chen）和郭芒（sgo mang）、罗赛林（blo gsal gling）、德阳（bde yangs）、

---

[1] 拉萨的甘丹寺、哲蚌寺、色拉寺，日喀则的扎什伦布寺，昌都的强巴林寺，青海的塔尔寺，甘肃的拉卜楞寺，四川的甘孜寺，云南的松赞林寺。

阿巴（sngags pa）、四大扎仓（gra tshang），① 以及许多康参（khams tshan）和众多弥参（mi tshan）组成，并分措钦、扎仓、康参和弥参四级部门。

一级部门为"措钦"（tshogs chen），内部设立"赤巴"、"措钦吉瓦"、"措钦夏奥"、"措钦翁则"等不同级别的僧官职衔，共同治理整个寺院的内外政教事务。

赤巴（khri pa），即"法台"或称"总法台"，是掌管全寺一切宗教活动和内外事务的总负责人。其宝座设在寺院大经堂之内，每当举行重大法会时均要亲临就座。而"赤巴"一职，由寺院扎仓（学院）中推举具有渊博佛学知识、德高望重的高僧堪布来担任；任期没有严格规定，历史上曾出现由大活佛长期担任"赤巴"职位的现象。

措钦吉瓦（tshogs chen spyi ba），负责管理全寺财物和后勤工作，充当寺院大管家角色。

措钦夏奥（tshogs chen zhal ngo），为寺院高级司法僧官，全面执行各项清规戒律，并负责僧纪纠察工作，同时有权审理寺院所属百姓的纠纷案件等。

措钦翁则（tshogs chen dbu mdzad），负责安排以寺院大经堂为中心举行的各类宗教活动，包括主持日常性宗教仪式和大型法会。

二级部门为四大扎仓（graw tshang，学院），实行"堪布"负责制。"堪布"（mkhan po）一职，相当于汉传佛教寺院中的方丈或大和尚，应具备渊博的佛学知识，故担任"堪布"职位者，大都已获得格西学衔。

格贵（dge skos），又名纠察僧官、掌堂师，掌管扎仓僧众的名册和纪律。各大寺院"格贵"在巡视僧纪时，习惯随身携带铁杖，故有"铁棒喇嘛"之俗称。除级别有差外，其职责与"措钦夏奥"基本相同。

翁则（dbu mdzad），掌管各个扎仓经堂内的诵经功课和宗教仪轨。由于"翁则"常要在法会上指导僧众诵经或亲自领诵经文，故担任这一僧职者，必须熟悉各类经文且声音宏亮、清晰。除级别有差外，其职责与"措钦翁则"相一致。

郭聂（dkor gnyer），掌管扎仓内所有财物，故名扎仓管家或寺院管理

---

① 哲蚌寺最初有七大扎仓，即罗赛林扎仓、德阳扎仓、郭芒扎仓、阿巴扎仓、夏果日扎仓、杰巴扎仓和杜瓦扎仓，后来夏果日扎仓、杰巴扎仓和杜瓦扎仓合并到罗赛林扎仓成为四大扎仓。

员。除级别有差外，其职责与"措钦吉瓦"相近。

三级部门称"康参"（khang tshan），为各个扎仓管辖机构。郭芒扎仓下属有16个康参，分别是哈东康参、桑罗康参、贡日康参、巴德康参、恰热康参、扎聂康参、日扎康参、曲桑康参、切巴康参、阿里康参、松曲康参、泰布康参、达布那康参、嘎新康参、鲁本康参、雄巴康参。

罗赛林扎仓合并夏果日扎仓、杰巴扎仓和杜瓦扎仓后，其下属有24个康参，分别是擦瓦康参、社霍康参、工布康参、普冈康参、年日康参、藏巴康参、弥雅康参、邦布康参、泽当康参、措康康参、洛巴康参、乌堆康参、嘉绒康参、帕热康参、绒布康参、杰巴康参、扎巴康参、丹巴康参、白土康参、果乌康参、聂果康参、郎康参、古格康参、嘉康参。[①]

"康参"的组织结构以同乡僧人为基础，以故乡地名为各自"康参"的称谓。故各个"康参"具有不同区域性特征，其管理体制类似于各个扎仓，采取堪布负责制。

四级部门称"弥参"（mi tshan），为各个"康参"下属单位。郭芒扎仓哈东康参下属有9个弥参，分别为赞布弥参、霍弥参、居切弥参、土尔扈特弥参、措帕弥参、郭隆弥参等；桑罗康参下属有兰巴弥参、年布弥参、喀尔喀弥参和鹏都弥参4个弥参。此外，又有博巴府弥参和嘎东弥参2个弥参是没有归属任何康参的独立弥参。[②] 各个"弥参"作为哲蚌寺基层组织单位，其内部实行"格干"（dge rgan，指师傅或老师）负责制。倘若"弥参"为寺院社会中之家庭，"格干"则扮演家长之角色。

二 戒律

藏传佛教僧众戒律，遵循佛教律经传承，推崇说一切有部戒律。功德光造《律经本论》（vdul ba mdo rtsa ba），唯有藏文译本，以说一切有部律藏中十七事与"辨阿笈摩"中所说别解脱戒为基础，于每一事、戒之后有所补充。内容依未受戒者如何受戒，受戒后如何防止犯戒，以及如何奉行出家人的生活行持等次第而建构。初论十七事中出家事；次释"辨阿笈摩"中比丘、比丘尼戒；后讲十七事中其余十六事，分为净治学处、

[①] 恰白·次旦平措等：《西藏简明通史》（藏文，中册），拉萨，西藏古籍出版社，1990年版，第378页。

[②] 同上书，第379页。

依乐住缘、作事方便、还净忏悔、所依卧具等五类。故《律经本论》成为藏传佛教各宗派公认的一切律藏之本母，各宗高僧对其注疏、讲解，尊为"律经"，严格守持奉行。以措那巴·西热桑布（mtsho sna ba shes rab bzang po）、《律经注疏·日光藏论》（vdul ba mdo rtsa bavi mchan vgrel nyi mvi vod zer）、根敦珠巴《律经密意释·宝鬘论》（dam pavi chos vdul ba mthav dag gi snying povi don legs par bshad pa rin po chevi phreng ba）等为代表。

藏传佛教戒律传承初有三系，下部戒律传承系（smad vdul）：由龙树（klu sgrub）——寂护（zhi ba vtsho）——七觉士（sad mi vdun）——约格琼（gayo dge vbyung）——拉钦·贡巴绕赛（bla chen dgongs pa rab gsal）——鲁梅（klu mes）——钦·南卡扎（mchims gnam mkhav grags）——根敦珠巴（dge vdun grub pa）等相承；上部戒律传承系（stod vdul）：由班钦·达摩波罗（pan chen ngharma paw la）——祥雄·杰维喜饶（zhang zhung rgyal bavi shes rab）等相承；喀切班钦戒律传承系（pan chen sdom rgyun）：由喀切班钦·释迦室利（kha che pan chen shakya shria）——仁达瓦（red mdav ba）——宗喀巴（tsong kha pa）——根敦珠巴（dge vdun grub pa）等相承。

根敦珠巴继承二系戒律传承，形成藏传佛教中最权威的戒律传承，在诸宗派中占有主导地位。清代以历代班禅额尔德尼、达赖喇嘛和甘丹赤巴等高僧活佛为代表，他们被认为是这一戒律传承在格鲁派中推演和发扬光大者。

藏传佛教僧众的戒律，因年龄性别不同而有所差异，大致分七类：格聂、格聂玛、格策、格策玛、格隆、格隆玛和格罗玛。

格聂（dge bsnyen），即"优婆塞"、"近事戒"，俗称"居士戒"，领受"三归五戒"，居留俗家之男信徒。

格聂玛（dge bsnyen ma），即"优婆夷"、"近事女戒"，俗称"女居士戒"，领受"三归五戒"，居留俗家之女信徒。

格策（dge tshul），即沙弥，又名"勤策男"等，出家并守护沙弥十戒或三十六戒，为未满20岁的出家僧侣。

格策玛（dge tshul ma），即沙弥尼，又名"勤策女"等，出家并领受沙弥三十六戒，为未满20岁的出家尼僧。

格隆（dge slong），即比丘僧，又名"净乞食"，领受二百五十三条戒，为20岁以上出家僧侣，享有崇高持戒威信。

格隆玛（dge slong ma），即比丘尼，又名"乞净食女"，领受三百六十四条戒，为20岁以上出家尼僧，享有较高持戒威信。

格罗玛（dge slob ma），即式叉摩耶，领受介于沙弥尼与比丘尼之间戒律，为比丘尼候选资格之出家尼僧。

藏传佛教僧尼，自幼受近事戒，皈依佛教三宝，守持五戒，并接受佛教启蒙教育；至七八岁剃度出家，领受沙弥戒（十戒），进寺拜师，开始学经修法；至20岁有资格领受比丘戒（二百五十三戒），成为合格的受戒出家僧侣。无论僧尼均以不杀生、不偷盗、不邪淫、不妄语、不饮酒、不非时用食、不听视歌舞、不涂香脂和不坐高宽大床等"十戒"为基本戒律准则。

就具体而言，当一名孩童离开父母和家庭，到寺院过宗教生活，便是出家；按藏传佛教的教规，出家的最佳年龄段为6至9岁之间。小孩出家进寺院后，跟随一位师傅识字读经，不急于剃度和受戒。在寺院生活、学习一两年后，能够适应寺院生活，对学习文化或学经有较强的兴趣者，即可剃度。剃度是指剃去尘缘之发，隔断与世俗的因缘关系。

由于剃度和受戒几乎在同一时期进行，许多新僧在寺院剃度的同时，亦接受了沙弥戒。聘请一位德高望重的比丘僧，担任沙弥戒的规范师，主持剃度仪式，为新僧剃度、传授沙弥戒，并赐一法名。授予沙弥戒后，要严守沙弥戒，即不杀生、不偷盗、不淫欲、不妄语和不饮酒。

比丘戒是藏传佛教僧尼的最高戒律，由十二名比丘僧成立授戒团，举行隆重的授戒仪式，其中德高望重的高僧担任堪布，即规范师，主持授戒仪式，受戒僧人在隆重的授戒仪式中进行宣誓。可见成为一名合格的藏传佛教僧尼，需要经过一系列宗教仪轨。其中出家、剃度和受戒，则是逐次必须通过的程序。

第二节　堪布制度

堪布，一词系藏语"mkhan po"音译，意指"亲教师"（dge bavi bshes gnyen），且有持戒、德高、博学等含义，又称轨范师。最初专为出家僧人剃度授戒和讲经传法，后兼任寺院或扎仓（学院）住持，遂步入寺院僧官行列，在广大寺僧中具有崇高地位和宗教威信。

清朝政府重视堪布职衔的作用和管理，不断完善堪布任免制度。乾隆五十八年颁布《钦定藏内善后章程二十九条》，其中第十八条明文规定：堪布为各寺院之主脑，应选学问渊博、品德良好者充任之。近查各大寺之活佛，拥有很多庄园，并因享有群众信仰，所献贡物者很多，再加经商谋利，贪财好货，甚不称职。现规定今后各大寺堪布活佛人选，得由达赖喇嘛、驻藏大臣及济隆呼图克图等协商决定，并发给加盖以上三人印章的执照。至于各小寺堪布活佛之人选，可依原例由达赖喇嘛决定。①

清代堪布制度中设有多种堪布级别。第八世达赖喇嘛·绛白嘉措时期所设的基巧堪布（spyi khyab mkhan po），为达赖喇嘛近侍，三品僧官，在布达拉宫译仓（yig tshang）机构任职。其职责是统管达赖喇嘛日常生活及全体近侍人员，并接转臣民向达赖喇嘛的禀奏。在日常政务中，其权限与噶伦（bkav blon）相同。如遇重大问题，会同噶伦商议裁定。同时，负责办理各派堪布、格贵、执事和僧官的升迁任免事宜，与噶伦共同管理布达拉宫库内储存的金银绸缎等物资。

达赖喇嘛的司膳、司寝和司祭堪布，均为三品僧官。司膳堪布，负责管理膳食房和司膳堪穹（四品僧官）、管理人员、厨师等二十余人及其任免事宜。司寝堪布，负责管理达赖喇嘛的寝室和禅室以及服饰、器具等，并总管达赖喇嘛出行时的二十四名轿夫及四品僧官领队。司祭堪布，负责管理达赖喇嘛禅室和寝室内的供品及摆设，保管和提供达赖喇嘛日常所需经卷和法器，掌管南杰扎仓的僧纪戒律，指导法事仪轨。

京城雍和宫、热河普宁寺、四川广法寺和新疆伊犁普化寺等重点寺院的堪布，均由理藩院协调派往任职。凡由藏区调京之堪布病故，经该堪布徒众呈请扶柩回藏者，由部奏请，赏给该已故堪布达喇嘛驮载灵柩行李驮骡五头。该徒众等每名驮骡一头，每名每日支给路费银一钱，共支给四十日路费。仍行文知照沿途经过省分督扶，并西宁办事大臣、驻藏大臣遵办。②

四川广法寺住持堪布三年一次换班。该堪布三年期满，由四川总督、将军预先咨行驻藏大臣，于该处堪布内拣选经卷精通一人，支给治装银三百两，派往更换。其年满之堪布，由四川就近饬令回藏。如该堪布三年期

---

① （清）乾隆朝《钦定藏内善后章程二十九条》。
② （清）光绪朝《钦定理藩部则例》喇嘛事例二。

满，果能驭服番众，经该总督、将军奏请奖励者，奉旨推行后，由理藩部咨行驻藏大臣，量予奖励，不得奏请加衔。所有该堪布由藏带往之徒众，仍不得逾例定名数。①

新疆伊犁掌教喇嘛由京城掌印呼图克图拣派堪布一员往驻，每届三年，奏请更换。其员缺交掌印呼图克图于京城及热河堪布内另行拣选更换，所遗之缺即着年满回京之人调补。至年满之人果能驭服番众，经该将军奏请奖励者，交印呼图克图量予升用，不得奏请加衔。所有该堪布等由藏带往之徒众，未经补入额内者，遇该堪布奉差外出，即交掌印呼图克图查明，裁去钱粮，均令随往，俟期满来京再行支领。

清代藏传佛教格鲁派各大寺院扎仓（学院）普遍实行"堪布"负责制。甘丹寺、哲蚌寺、色拉寺、扎什伦布寺、塔尔寺、拉卜楞寺、昌都强巴林寺等大型寺院，内设多所扎仓，并采取"堪布"负责制，管理井然有序。如塔尔寺有密宗、医药和时轮三大扎仓，均选举堪布住持，任期二至五年不等。每次换届，严格有序。选任堪布，由扎仓组织推举高僧活佛上报，经寺院法台审批，择吉日举行隆重换届仪式。新任堪布的职责，主要向本扎仓学僧讲经传法，培育学有所成的嗣法弟子。

拉萨甘丹寺、哲蚌寺、色拉寺和后藏扎什伦布寺有权向各地派遣高僧去担任"堪布"，住持地方寺院，推行"堪布"负责制，采取轮换任免措施，任期三至五年不等，从而在各个寺院之间建立隶属关系。格鲁派各大寺院派遣堪布略有分工：色拉寺藏巴康参（gtsang pa khang tshang）派遣"堪布"担任江孜白居寺住持，任期三年；色拉寺杰巴扎仓（byes gra tshang）派遣"堪布"担任阿里托林寺住持，任期三年。扎什伦布寺阿巴扎仓（sngags pa gra tshang）派遣"堪布"担任后藏拉孜曲德寺住持，任期三年。

关于"堪布"之宗教地位、社会职权和功能作用等，在有关文献资料中均有不同角度之描述，不妨在此举其一例：

> 西康主持寺务者，谓之堪布，有如内地之方丈。达赖、班禅左右之堪布则如侍从官，班禅行辕且有堪布厅矣。作堪布须有呼图克图或格西学位之资格者，始能充任。理化长青春科耳寺堪布任期六年：一

---

① （清）光绪朝《钦定理藩部则例》喇嘛事例四。

二年为副堪布或二堪布,三四年为正堪布,五六年为卸任堪布。任堪布一职,极为尊严,各项宗教仪式,例由堪布主持,届时缨珞满路,旗伞盈前,民众望尘膜拜,磕长头不止,能得其摩顶者,引为至幸。甚至堪布之破衣滥履,一爪一发,均珍视之。堪布收入颇丰。其所得为普通喇嘛之五十倍,为人诵经作法时,所得动以万计。故一任堪布,即成富翁矣。①

上述引文便是以康区理塘寺住持堪布为例记录的情景,从中可管窥其寺院堪布所具有的崇高社会地位和享有的宗教威信之一斑。

第三节 寺院教育

藏传佛教寺院教育,最初伴随佛教的传播而萌生,后又依靠藏传佛教的兴盛而发展。藏传佛教寺院教育大致经过了初创时期、中兴时期和发展时期三个不同的历史演进阶段,至清代已进入鼎盛时期。藏传佛教寺院教育的殊胜之处,主要体现在教材、教学和学衔三个方面。

一 教材

佛教五部大论(gzhung chen lnga),② 是藏传佛教寺院教育中的主要教材。它涵盖了佛教三藏(sde snod gsum),③ 在佛教显密二宗中纯属佛教显宗理论,不过多涉及密宗实践内容。五部大论最初是在后弘期兴起的桑浦寺(gsang phu)、德瓦坚热瓦堆扎仓(bde ba can raw ba stod graw tshng)、蔡贡唐寺(tshal gung thang)、巴南嘎东寺(pa rnam dgav gdong)、矫摩隆寺(skyor mo lung)和斯普寺(zul bu)六大显宗学院中始全面修学推行,后逐渐成为各个寺院教育中无可替代的重要教材。

---

① 贺觉非著,林超校:《西康纪事诗本事注》,拉萨,西藏人民出版社,1988年版,第110页。
② 《因明》(sthad-ma)、《般若》(phar-phyin)、《中观》(dbu-ma)、《俱舍论》(mngun-pa-mdzod)、《律学》(vdul-ba)五部大论。
③ 因明学、中观学和俱舍论属于论藏,而且作为论藏的精华略论;般若学属于经藏,而且作为经藏的精华略论;戒律学属于大小乘律藏,而且作为大小乘律藏的精华略论。

藏传佛教认为，印度古贤二圣六庄严（rgyan drug mchog gnyis），[①] 是全面继承和严格遵循释迦牟尼佛法的无与伦比的八位杰出论师。他们的有关论著则是最具权威的佛学经典论著。五部大论中的因明学以陈那和法称的论著为准、中观学以龙树师弟的论著为准、俱舍论以无著兄弟的论著为准、戒律学以释迦光和功德光的论著为准。同时，系统修学二圣六庄严的经论，还意味着最终实现树立佛学中观思想的宗旨。

从佛学见、修、行的角度看，大乘之"见"是在中观学和因明学中阐述或体现的，而大乘之"行"则在般若学中阐述或体现；小乘之"见"和"行"都在俱舍论中阐述或体现；大小乘之共同戒律是在戒律学中阐述或体现；而大小乘之"修"则在"见"和"行"的阐释中涉足。所以，学习五部大论，将会明辨大小乘在见、修、行上出现的细微差异或不同观见，与此同时，有助于理解佛教四大宗派[②]中逐次升华的佛学思想。

特别是戒、定、慧三学在寺院教育中成为必须遵循的三条修习佛法的途径，缺一不可，并制定出具体的教学内容。在戒律学方面，主要修学《律经》；在定学方面，重点修学《现观庄严论》；在慧学方面，修学《中论》、《因明学》和《俱舍论》。

二 教学

在教学方式上，以清代拉卜楞寺为例，寺内设立六个学院（扎仓）：闻思学院（thos bsam gling）、续部上学院（rgyud stod graw tshang）、续部下学院（rgyud smad graw tshang）、喜金刚学院（kyee rdor graw tshang）、时轮学院（dus vkhor graw tshang）、医药学院（sman pa graw tshang）。除闻思学院属显宗外，其余学院均可归于密宗范畴。

闻思学院内分设13个不同层次的学科班级，整个学期在15年以上。其学员系统修学《因明》、《般若》、《中观》、《俱舍论》、《律学》，重在理解或领会。每位学僧经师授、背诵和辩论过程，渐次精通五部大论。

第一阶段为因明班，学期五年，每年为一级，共有五级。第一级学习因明"辩红白（下）"（kha dog dkar dmar zhol ma）部分；第二级学习因明"辩红白（上）"（kha dog dkar dmar gong ma）部分；第三级学习因明

[①] 二圣是指释迦光和功德光，六庄严分别是龙树、圣天、无著、世亲、陈那和法称。
[②] 指一切有部、经部、唯识宗和中观派。

"集类中品"（bsdus vbring）部分；第四级学习因明"集类上品"（bsdus chen）部分；第五级学习因明论，同时背诵《入中观论》（dbu ma vjug pa）和《现观庄严论》（mngon par rtog pvi rgyan）。前二级为入门学习阶级；中二级为中级学习阶级，此间稍有辩论实践；最后一级为高级阶级，此时始涉及因明原理。因明班主攻法称《释量论》（tshad ma rnam vgrel），以及宗喀巴、嘉曹杰、克主杰、嘉木样《因明论》、《因明大疏》等论著，为研习佛学理论打基础。

第二阶段为般若班，学期四年，每年为一级，共有四级。第一级学习"论新（下）"（gzhung gsar zhol）；第二级学习"论新（上）"（gzhung gsar gong）；第三级学习般若第一品至第三品；第四级学习般若第四品至第八品。般若班主攻弥勒《现观庄严本颂》，以及宗喀巴《现观庄严论释——善说金珠》、嘉曹杰《现观庄严名义释广解》和嘉木样《现观庄严论大疏》等，从而阐明证得佛教解脱次第。

第三阶段为中观班，学期二年，每年为一级，共二级。第一级学习"中观新论"（dbu ma gsar ba）；第二级学习"中观旧论"（dbu ma rnying ba）。中观班主攻龙树《中观本颂》、月称《中观明句论》、佛护《中观论释》，以及宗喀巴《入中论广释》和《入中论摄义》、嘉曹杰《中观广论摄义》、嘉木样《中论大疏》等论著，从而通晓自发菩提心直至获取功德佛果的修学过程。

第四阶段为俱舍班，学期四年，设为一学级。包括"俱舍颂"和"俱舍论"两种。其"颂"分八品：界品、业品、世间品、根品、惑品、贤圣品、定品和智品；而"论"对"颂"八品依次作出解释。第一年学习前四品；第二年学习后四品；第三、四年总复习八品。俱舍班主攻世亲《俱舍颂》和《俱舍自解》，以及宗喀巴《俱舍论》、嘉木样《俱舍大疏》和《教灯俱舍摄义》等，从而解说和论证佛经义理，成就佛教智能。

第五阶段为律学班，学期设有限定，设为一学级。律学班学习功德光《戒律本论》，以及宗喀巴、嘉曹杰、克主杰和嘉木样的《菩萨戒释》、《比丘戒释》和《律部大疏》等，从而掌握小乘《别解脱戒》、大乘《饶益有情戒》，以及共同的《摄善法戒》，为修行持戒奠基理论依据。

续部上学院，是拉卜楞寺依照居钦·贡噶顿珠（rgyud chen kun dgav don grub）在拉萨创立的密宗上院建造的。该学院分初、中、高三个班级，学期年限不定。

初级班学员主要背诵《妙吉祥名号经》、《怖畏（大威德）九首金刚经》、《六臂护法经》、《骡子天王护法经》、《北方财宝护法经》、《密集金刚经》、《胜乐金刚经》，后期尚背诵《续部经》。

中级班学员背诵《开光经》和佛赞五十卷，并学会《密集金刚坛城》（gsang vdus dkyil vkhor）、《胜乐金刚坛城》（bde mchog dkyil vkhor）和《怖畏九首金刚坛城》（vjigs byed dkyil vkhor）等的彩色细砂绘制坛城技术。后期尚背诵密集、怖畏九首、胜乐三大金刚的《生起次第与圆满次第》三部经之一，并学会八种佛塔的绘图及金刚线的画法。

高级班学员研修生起与圆满次第道，受上师灌顶，修习或体悟密宗真谛，主奉密集、怖畏九首、胜乐三大金刚、六臂和法王等密宗诸神佛。最后通过答辩考试，获取"俄然巴"（sngags rams pa）学衔。

续部下学院，拉卜楞寺密宗学院之一，其学员遵循喜热桑格传承之密宗仪轨。学期设有限定，内设初、中、高三个班级。

初级班学员主要背诵《怖畏九首金刚经》、《六臂护法经》、《法王护法经》、《密集经》、《胜乐经》、《续部经》等，后期附加背诵《胜乐生起与圆满次第经》（bde mchog bskyed rdzogs）、《密集生起与圆满次第经》（gsang vdus bskyed rdzogs）、《怖畏九首金刚生起与圆满次第经》（vjigs byed bskyed rdzogs）三部经之一，否则不能升级。

中级班学员主要背诵《密集自入经》（gsang vdus bdag vjug）、《胜乐自入经》（bde mchog bdag vjug）、《怖畏九首金刚自入经》（vjigs byed bdag vjug）、《烧坛经》（sbyin sreg）、《续部经》（rgyud gzhung）、《佛赞》（chos spyod）八十卷，并学会用彩色细砂制造坛城（rdul tshon）。后期附加背诵《四注合解经》。

高级班学员依照《生起与圆满次第经》进行宗教实践修炼，最后通过答辩考试，获取"俄仁巴"（sngags rams pa）学衔。

喜金刚学院，拉卜楞寺密宗学院之一，内部分初、中、高三个班级。初级班学员主要背诵《无上供养经》（bla mchod）、《妙吉祥名号经》（vjam dpal mtshan brjod）、《大威德经》，以及六臂、法王、吉祥天女、财宝和怙主协（mgon po zhal）、五大护法的《满愿经》（bskang gso），附加《喜金刚仪轨》（kyee rdor cho ga cha tshang）、《金刚手大轮经》、《虚空瑜伽经》等。同时，须学会彩砂绘制喜金刚、金刚手大轮、虚空瑜伽等坛城，并掌握密宗韵律、音乐等知识。后期背诵《金刚手大轮生起和圆满次第经》（phyag rdor gyi vkhor chen bskyed rdzogs）。

中级班学员主要学习天文历算、藏文文法、书法，练习法舞等。最后背诵《喜金刚生起和圆满次第经》（kyee rdor gyi bskyed rim dang rdzogs rim）。

高级班学员须遵守三律仪（sdom pa gsum），即"别解脱律"（so thar gyi sdom pa）、"静虑律"（bsam gtan gyi sdom pa）、"无漏律"（zag med kyi sdom pa），并广受上师灌顶，禅定和静修密法，以求获得密宗正果。

时轮学院，拉卜楞寺密宗学院之一，内部分初、中、高三个班级，学期设有限定。初级班学员主要背诵《妙吉祥名号经》（vjam dpal mtshan brjod）、《无上供养经》（bla mchod）、诸佛赞（chos spyod）、《普明经简释》（kun rig），以及大威德（vjigs byed）、六臂（mgon po phyag drug）、法王（chos rgyal）、吉祥天女（lha mo）、财宝（rnam sras）五大护法的《满愿经》（bskang gso）等经典。

中级班学员主要背诵《时轮金刚经》（dus vkhor）、《证菩提经》（mngon byang），同时学会彩色细砂制时轮金刚坛城（dus vkhor dkyil vkhor）、普明佛坛城（kun rig dkyil vkhor）、《证菩提坛城》（mngon byang gi dkyil vkhoe）。在即将升入高级班时，又要背诵《时轮金刚生起与圆满次第经》。

高级班学员主要研习声明、诗词、天文历算、梵文和藏文书法，以及时轮金刚和大威德九首金刚的生起与圆满之道，并广受上师灌顶，禅定修炼密法，以求获得密宗成果。

医药学院，专门培养藏医药学人才，内设初、中、高三个班级。初级班学员主要背诵《皈依经》（skyabs vgro）、《绿度母经》、《观音心经》、《阿閦佛经》（mi vkhrugs pa）、《总则续经》（rtsa rgyud）、《后续经》（phyi ma rgyud）等。

中级班学员主要背诵《论续》（bshad rgyud）、《药王经》（sman bla）、《马王白莲经》（rta mgrin pad ma dkar po）、《佛赞》八十卷、《总药王经》（sman bla ring pa），附加背诵《大秘传记》（man ngag rgyud）。

高级班学员主要研习《四部医典》、《药王月诊》、《晶珠本草》和《普提道次第广论》等。医药学院的学僧，除了学习佛经和从事宗教活动外，主要攻读医药学经典。

总之，藏传佛教寺院教育在教学方式上重视学僧的辩论和背诵技能。

通过辩论提高学僧的哲学思辨能力，而背诵经文又作为辩论佛学疑难问题的知识基础。这两方面的知识积累，则是学僧考试的主要内容。

三　学衔

显宗学院的学僧，通过背诵强记，多维思考，反复辩论，深度理解和融会贯通"五部大论"，最终考取格西学衔，并顺利升入密宗修习阶段。而密宗修学没有固定年限，主要依凭学僧的勤奋、智能和悟性等个人条件获得成就。

格西（dge bshes）[①] 学衔，是伴随寺院教育发展而建立起来的宗教学位。早在格鲁派三大寺没有创立之前，藏传佛教其他宗派寺院中就已经建立了授予宗教学衔的教学体制，且有不同级别的学衔称谓，如然绛巴（rab vbyams pa）、噶西巴（bkav bzhi pa）、噶俱巴（bkav bcu pa）等学衔。假如五部大论中只精通般若学可考取"然绛巴"学衔，五部大论中学完除了因明学外的其他四门学科可考取"噶西巴"学衔，系统完整学习五部大论后可考取"噶俱巴"学衔。后来在拉萨创建格鲁派三大寺，使授予宗教学衔的制度日臻完善，尤其是第四世班禅·罗桑却吉坚参在代理甘丹寺赤巴（法台）期间，在拉萨传昭大法会上创立了授予"拉然巴格西"（lha ram pa dge bshes）学衔的制度。[②]

除了拉然巴格西之外，还有许多不同级别或不同专业的格西学衔，诸如"措然巴"（sthogs ram pa）、"林赛巴"（gling gsal pa）、"多然巴"（rdo ram pa）、"俄然巴"（sngags ram pa）、"曼然巴"（sman ram pa）、"噶然巴"（bkav ram pa）等。

措然巴格西（sthogs ram pa），是仅次于"拉然巴"的一种格西学衔。每位考僧在拉萨小昭寺举行的大法会上，通过拉萨三大寺众高僧前答辩佛教经律论后，方能获得这一宗教学衔或学位。

林赛巴格西（gling gsal pa），该学衔排在"措然巴"格西之后，是某位学僧在拉萨三大寺中的任何一寺内通过答辩佛教经论而考取的一种格西

[①] 在藏语中拼写为"Dge Shes"（格西），在汉文里意指"善知识"。
[②] 每位申请拉然巴格西学衔的考僧，必须在拉萨大昭寺举行的祈愿大法会期间，通过三大寺（甘丹寺、哲蚌寺和色拉寺）高僧提出的佛学疑难问题的答辩，并得到认可才能获取这一宗教学衔。按历史定制，每年考取七名拉然巴格西，并举行隆重的庆典会，在会上颁发格西学衔证书和奖品。

学衔。

多然巴格西（rdo ram pa），是某位学僧在各大寺院大经堂门前的石阶上举行的法会上通过众僧面前答辩佛教经论而获取的一种格西学衔，排在"林赛巴"格西之后。凡是具备条件的各大寺院均有资格授予"多然巴"格西学衔。

俄然巴格西（sngags ram pa），是某位学僧在各大寺院的密宗学院中通过对密宗理论的研习以及实践修炼而获得的一种学衔。一般而言，进入密宗学院修学的条件比较严格，其学僧必须经过闻思学院研读五部大论的阶段，并在此获得毕业后方有可能升入密宗学院深造，最后获得"俄然巴"格西学衔。俄然巴格西中亦有等级差别，如在拉萨上、下密宗学院中获取的俄然巴格西，则是至高无上的、最权威的密宗学衔。

曼然巴格西（sman ram pa），是某位学僧在各大寺院的医药学院长期研习藏医药学而获得的一种格西学衔或藏医学位。由于医药学院所学理论不仅知识范围较宽，而且有野外采药等实践，故其研习时间相对较长。

此外，藏传佛教寺院中尚有授予"噶然巴"（bkv ram pa）、"然绛巴"（ram vbyams）等级别较低的宗教学衔的传统惯例。

第四节　法会仪式

藏传佛教的法会仪式内容丰富，形式多样，包括诵经、讲经、辩经、祈祷、施供、灌顶、展佛、转经以及表演法舞、绘制坛城等。各个宗派除了共同奉行的法会仪式外，尚有自己与众不同的法事和节日。寺院作为宗教文化载体和宗教活动中心，每年的大小法会、平时的宗教仪式、特定的宗教节日等，都在寺院里由僧人具体操办。

一　寺院法事活动

藏传佛教法事活动繁多，每座寺院在一年四季都要频繁举办规模不等的各类法会或宗教仪式。以安多（青海）隆务寺为例，几乎每月都举办大小法会或宗教节日：正月祈愿法会、二月春季学经法会、三月时轮学院辩经法会、五月寺僧集中念经法会、六月至八月初夏令安居法会、八月下旬秋季学经法会、九月"降神节"（lha vbabs dus chen）、十月"燃灯节"（mchod me dus chen）、十一月和十二月为冬季上下学经法会。

尤其是藏传佛教综合性寺院，每年举行的法事活动，名目更加繁多。以西藏白居寺为例，除了大经堂举办共同的法事活动外，在各个宗派扎仓内又要举行不共之宗教仪式。

（一）共同之法事活动

1. 僧众日常性法事活动

早课：早晨六点半到九点半之间，僧众在大经堂念经，每月八日、十日、十五日、二十五日、三十日，集体念诵加行法（sbyor chos）和入菩萨行（spyod vjug）。

午课：午后十三点（13：00）到十五点（15：00）之间，僧众在大经堂举行菩提道次第、药师佛、上师供养等宗教仪式。

晚上一般不举行宗教仪式。除了固定的宗教仪式之外，白居寺僧众尚有在大经堂诵读般若经和甘珠尔部的习俗。

2. 全寺大型宗教活动

每年藏历一月八日至十五日，举行祈愿大法会。

每年藏历五月一日至十五日，举行药师佛大法会。

每年藏历六月十五日至七月三十日，全寺僧众坐夏安居，期间举办度母供养（sgrol mavi mchod pa）和道次第甘露心要（lam rim bdud rstis rnying po）等宗教仪式。

每年藏历九月二十二日，举行降神仪式。

每年藏历十一月二十五日，举办朵嘛（gtor ma）仪轨，将寺院旧的朵嘛等供品更换为崭新的供品。

（二）不共之宗教仪式

1. 格鲁派扎仓

每年藏历四月一日至十八日，举办大威德（vjigs byed）密法仪轨，期间绘制大威德坛城。

每年藏历十月二十五日，举行甘丹阿却（dgav ldan lnga mchod，纪念宗喀巴大师圆寂日）节，即燃灯节，晚上燃酥油灯供佛。

2. 萨迦派扎仓

每年藏历四月一日至十八日，举办金刚橛（rdo rje phur ba）密法仪轨，期间绘制金刚橛坛城。

每年藏历六月四日，举行佛转法轮及金刚橛法会。

3. 布顿派扎仓

每年藏历四月一日至十八日，举办阿閦佛（mu vkhrugs pa）密法仪轨，期间绘制阿閦佛坛城。

每年藏历六月二十一日至二十七日，举行布顿大师圆寂纪念法会（bu ston vdas mchod）。

上文以西藏日喀则地区江孜县境内的白居寺为例，介绍了藏传佛教多宗派共存在一座寺院里的佛事活动或宗教仪式。这种多元一体的综合性寺院的法事仪轨，在藏区寺院中不多见，鲜为人知，可见白居寺的宗教文化在藏传佛教寺院中具有独特的风格。

二 祈愿大法会

祈愿大法会，藏语称"默朗钦莫"（smon lam chen mo），为藏传佛教格鲁派规模最大、最隆重的宗教节日。由宗喀巴大师于藏历第七绕迥土牛年（1409）正月在拉萨大昭寺创立，《如意宝树史》记载：

> 大师为弘广佛教而作回向的情况是：大师年届五十二岁的秋天（公元1408年），拉萨大昭寺需要重绘的壁画工程竣工，大师动员智贡、热振、沃卡至拉萨间的一切所属寺庙神民，以司徒的后裔帕主第悉阿旺扎巴坚赞及其辅臣希喀内邬东（gzhi kha sne vu gdong）头人南喀桑布等为施主，为了在藏地纪念佛祖于印度舍卫城十五日内降伏外道六师及其追随者，示现各种神变的节日，于是年年底的鬼宿月（藏历十二月）下弦第三满日（即三十日），作通知的供礼。土牛年（公元1409年）藏历正月初一日至十五日，按照佛的授记，在拉萨首创神变祈愿大法会。[①]

由此可见，祈愿大法会是宗喀巴大师以纪念释迦牟尼佛示现大神变、降服外道六师并广施佛法而创立的佛教节日。后世格鲁派寺院相沿承袭，并在其发展进程中增加内容，延长会期，其规模不断扩大，遂成为格鲁派乃至藏传佛教各宗派共同推崇和举行的综合性法会。

---

① 松巴·益西班觉著，蒲文成等译：《如意宝树史》，兰州，甘肃民族出版社，1994年版，第381页。

(一) 拉萨祈愿大法会

拉萨祈愿大法会（lha sa smon lam chen mo），每年藏历正月初三至二十五日在拉萨大昭寺举行，故又名传昭大法会。15 世纪初，宗喀巴大师首创。之后，由格鲁派高僧定期主持举办。藏历第八绕迥土马年，即明弘治十一年（1498）始，噶玛噶举派接管法会主持权达二十年之久，后于明正德十三年（1518）又恢复格鲁派主办特权，由历世甘丹赤巴或历代达赖喇嘛主持。明万历四十一年（1613）始，第四世班禅·洛桑确吉坚赞（1567—1662）连续六年主持法会，并在法会期间举行授予"拉然巴"（lha rams pa）格西学衔的仪式；第五世达赖喇嘛（1617—1682）时期出台新规定，在法会期间将拉萨城区交通等公共事务移交哲蚌寺僧官负责管理，并组织僧人纠察队维持交通秩序，维护社会治安，以凸显大法会期间的宗教气氛。

参加拉萨祈愿大法会之僧众，以拉萨三大寺为主，人数多达二三万，加之信教群众，逾数万人。前后藏及安多康区贵族商贾，在法会上大量布施，以表虔信佛教、酬劳僧众及祈愿佛法长盛不衰之夙愿。

大法会的主要日程安排：

正月四日大法会开幕，始进入僧众诵经祈愿和举办各类宗教仪式等法会主题内容；

正月十二日、十三日、十四日，举行授予"拉然巴"格西学衔的答辩会；

正月十五日晚，举办酥油花灯展，通宵达旦，热闹非凡；

正月二十四日，举行"抛食"（gtor rgyag）仪式，俗称"送鬼"，意为"除祟"；由布达拉宫南杰扎仓（rnam rgyal graw tshang）和哲蚌寺阿巴扎仓（sngags pa graw tshang）的僧众专门组织操办，五百名僧人化装成蒙古古代骑士列队游行，燃烧草堆，火枪齐鸣，以示驱逐本年内一切灾祸。

正月二十五日，举行"迎请弥勒佛"仪式；之后，法会闭幕，三大寺僧众陆续返回各寺。

（二）塔尔寺祈愿大法会

塔尔寺祈愿大法会（sku vbum smon lam chen mo），始于藏历第十绕迥的水羊年，即明万历十一年（1583），由第三世达赖喇嘛·索南嘉措（1543—1588）倡办。每年藏历正月初六至十七日举行。法会以诵经传法和举行名目繁多的宗教仪式为主要内容；而在十四日、十五日分别举办广大信教群众乐于观赏的法舞表演和酥油花展。尤其酥油花展乃塔尔寺三绝之一，工艺精巧，创意新颖。由于酥油花是用黄油制作，犹如昙花一现，其瞻礼时间只能维持一天，当日朝拜信众簇拥而至，场面异常壮观。

塔尔寺每年举行四次大法会，除正月祈愿大法会外，即四月大法会，以纪念释迦牟尼诞生、成佛和涅槃日；六月大法会，以纪念释迦牟尼在鹿野苑初转法轮日；九月大法会，以纪念释迦牟尼在忉利天为佛母摩耶夫人说法后降回人间弘扬佛法、普渡众生日。每次举行大法会，以僧众诵经、表演法舞和展示大佛唐卡（释迦牟尼或弥勒佛像）等为内容。

（三）拉卜楞寺祈愿大法会

拉卜楞寺祈愿大法会（bla brang smon lam chen mo），始于第二世嘉木样活佛·贡却晋美旺布（1728—1792）时期。每年藏历正月初三至十七日举行。法会内容丰富多彩，由僧众诵经、高僧传法贯穿法会始终；期间举办授予"多仁巴"（rdo rams pa）和"然绛巴"（rams vbyams pa）等格西学衔的答辩会。同时，举办各类法事仪轨：初八举行"放生"仪式，将众多家畜列为不得猎杀之长命对象；十三日举行"展佛"仪式，信众争先膜拜大佛唐卡，场面格外肃穆壮观；十四日举行"法舞"表演，情节栩栩如生，信众争相观看；十五日晚举行"酥油花展"仪式，观众络绎不绝，直至深夜；十六日举行"弥勒转经"仪式，僧人仪仗队抬弥勒佛像，在宗教音乐的伴奏下绕寺转经，祈愿未来世界和平安乐。

此外，拉卜楞寺在每年藏历六月二十六日至七月十五日举行又一次大法会（rigs grwa）。以僧众辩论佛经、表演弥拉日巴劝诫猎人剧目为主，同时展示大佛唐卡。无论从内容还是规模上看，仅次于祈愿大法会。

第五节　宗教节日

清代作为西藏政教合一制度的鼎盛时期，藏族地区的许多传统节日和民间节日包括藏历新年，都笼罩在宗教文化的浓浓氛围之中，使宗教节日与其他世俗性节日糅合在一起，业已成为水乳交融的综合节日。

一　藏历新年

藏历新年，是藏族地区广泛欢度的最盛大的民族传统节日，相当于内地汉族的春节。因大多节庆以藏历新年为中心展开，藏历正月便成为一年中宗教性庆典最多的月份。拉萨作为藏族地区政治、宗教、经济和文化中心，每年例行举办的藏历新年，既隆重热烈，又持续时间长。在此可借助清代汉文文献，仅就清代拉萨城为例，较为详尽地介绍以藏历新年为主的宗教性节日。据《番僧源流考》记载：

> 藏中遵番历。正月初一日，达赖喇嘛令将大殿四围悬彩结花列绣幕，铺设妥，达赖喇嘛在高座上，面南正坐。座位左右两旁四喇嘛，光头侍立左旁面南正坐。驻藏大臣右旁坐西面东。侧座各大呼图克图、诺们罕。再汉官等在大殿左廊下，面西列坐。各寺小堪布、喇嘛、达子公等在大殿右廊下，面东列坐。本藏公、台吉、噶布伦等，在大殿之南穿廊下，面北列坐。所有番官，悉遵体制，皆戴红缨貂帽。中间舞跳月斧，四角派四喇嘛管人，座次已定，各大呼图克图、诺们罕、公、台吉、番官、达子公、台吉、蝴蚌子官、缠头官等上台呈递哈达，讨舍手毕，各献贡物后，始作乐，十三蛮人头戴金番帽跳舞，双手持短柄月斧，不歌唱。第一穿五彩绣花白衣，第二三四穿五彩绣花绿衣，第五六七穿五彩绣花红衣，第八九十穿五彩绣花黄衣，第十一十二穿五彩绣花蓝衣，第十三穿五彩绣花白衣持月斧舞毕。两堪布分左右，手舞足蹈，讲经对较争问完。十三人复上，不持月斧，手舞足蹈毕。两堪布复讲经，始摆喜果、猪羊，大宴筵。撤宴后，十三人持月斧又上，舞毕，两堪布又讲经完毕，起座散宴。
>
> 正月初二日，达赖喇嘛仍升高台座，座之左右下侍者十人，俱穿彩衣，头戴黄绒鸡冠帽，在两旁侍立。此系达赖喇嘛家宴，驻藏大臣不去，其座虚设。右旁面南，仍各大呼图克图诺们罕座。左廊下，面西总堪布达尔罕堪布坐。右廊下，面东系各小堪布喇嘛等坐。南穿廊下，仍番官等，皆改换戴东科尔白帽，面北列坐。座次定，然后十名侍者呈递哈达，始作乐，舞月斧毕，讲经完，作细乐，戴套头八大菩萨上，站立于番官座前，向北灵通天马神并大鹏金翅鸟神，分左右站立。皆手舞足蹈，庆贺吉祥歌曲毕，又讲经完，戴大套头大头佛上，立于东廊前，向西，四侍者旋转口唱吉祥歌曲毕，摆大宴。撤宴后，十三人上，舞双刀毕，讲经完，散宴。随上楼看飞绳。达赖喇嘛上罩黄伞，斜遮掩日光，用孔雀伞，后列孔雀扇面南，行礼毕，令人飞绳。一绳从山楼上垂下，两端拴固一人，从上头面朝下，顺绳溜去，

双手持旗，溜至中间，双手正背换旗，一连三人飞绳溜下，看毕，达赖喇嘛转回，观看之众人皆散。

正月初三日降护法。在布达拉山西北哲蚌寺左旁有一箭头，寺降护法处，达赖喇嘛遣噶布伦等焚香虔拜，一喇嘛顶盔贯甲，戴套头，居中坐，众喇嘛绕转念经请神，念至应入神附体，居中之喇嘛狂跳，取刀旋转舞跳，口言所求何事，或非或是，或凶或吉，言完双手拧刀，将刀湾至三四卷，甩刀坠地，护法喇嘛亦仰卧于地，复念经焚香虔拜，送神毕，此之谓降护法。亦如内地请灵官之类。其事毕，回至布达拉山后柳林之中，大小番官较射远箭，以最远者为上等，不设的，其箭向上而射，不论射法，以射最远者一人，达赖喇嘛赏五十两银宝一枚，次者赏绸缎氆氇共十匹，再其次者赏亦有差等。

正月初四日，达赖喇嘛遣诺们罕在大招（昭）寺将攒招，有执事众喇嘛等，于是日齐集寺内，每人散结大哈达一条，譬如汉官委差领札文一般。所派何差，倘有错误事件，为（唯）该喇嘛是问，谓之哈达招预日，派定次日攒招。

正月初五日在大招（昭）寺攒招之一事，系将各处喇嘛等攒聚寺内，唪念吉祥经典、祝祷皇帝万寿无疆，举行大典。每一日早午晚三朝，共二十日，唪念经典．分别四等。其中喇嘛如有经典熟通者，记为头等，倘有各寺院小池（赤）巴喇嘛缺出，即以头等者充补。此攒招者，乃喇嘛之中，每年一次大计考试，系达赖喇嘛酌定等第主之。今达赖喇嘛年幼，未经掌事，故遣诺们罕代之，其每攒早招，均系达赖赏每名银钱，午晚二招，系各处番官富户番民熬茶，来藏达子、公、台吉，或各处寺院还愿喇嘛，各处土司官，土司头人，或银钱、茶叶、氆氇、青裸、酥油、糌粑，分散众喇嘛等，有如内地舍布施、还心愿之类。

正月十五日，燃灯供佛之期。布达拉寺并各寺院均皆点燃酥油灯。惟大招（昭）寺墙外街道上，周围用牛皮雕刻各样花灯，上至达赖喇嘛，下至番官各立一分，在大招（昭）寺外安设，俱用酥油点燃。其花灯，有上做佛像下做人物者，又有做活踏人物，头动手摇者，各有不同，辉煌华美，只有正月十五日一夜。

正月二十二日，布达拉山下正桥南河岸柴厂地方，支搭帐房，设立营盘，齐整队伍。此项兵等皆各番官属下小娃，即古之所谓家将者，非番兵也。

正月二十三日，番官如琫二名带领各番官属下家将，均身穿盔甲，手持器械，骑马转绕，即如马队一般。由西署之西转绕东署，至琉璃桥，不过桥，仍赴柴厂，又向布达拉山下正桥，过桥转绕布达拉山，仍回原处。

正月二十四日，又由布达拉山前过正桥，转绕布达拉山后，至扎什城点兵，过队完，散。

正月二十五日，亮兵。此项兵等五百名，系达赖喇嘛属下家将，亦皆穿盔甲，持器械，至前藏街各巷口放鸟枪、逐鬼送祟，皆齐集大招（昭）寺前，俟护法喇嘛念经毕，由大招（昭）寺出，皆散护法喇嘛前列幡幢宝盖五色旗旆，作乐，向西南出藏街西口，至藏河岸。预一日，业已由布达拉山将大炮运下九位，安设在藏河北岸，向对藏河南山凹，又在南山半腰中，下黑帐房一架，人言内放罪人一名，相去十里余。俟大招（昭）寺护法至，即点燃火炮，每炮只放出一炮子，俱落在帐房左右；但见灰起，名为打牛魔王。至牛魔王之从来，相传昔时修造大招（昭）寺，用牛拉运木植，迨至工成，牛多累死，仅存数只。对面山凹中有一海子，其活牛竟过河上山扑入海子中，若每年不打，恐彼作祟。又闻打不着帐房，则藏地安静。

正月二十六日，看跑马，跑人，贯跤，抱石，后散招。是日，系达赖喇嘛遣诺们罕，坐大招（昭）寺左侧法台楼上看。一喇嘛顶盔贯甲，扮护法，前列执事幡伞，众小喇嘛戴套头，穿彩衣，排行由护法寺出，至法台经过作乐，引导仍回护法寺。又弥勒佛坐辇，由大招（昭）寺正门出，作乐，引导自右转左，前列幢幡宝盖黄伞，五方镶边神旗，又列五色旗、装扮鬼怪诸神像排对，真象驼宝瓶。又扮狮子、犀牛、老虎、水兽，跳舞转绕大招（昭）寺，由法台前经过，仍回归大招（昭）寺，进正门，供奉毕。始看跑马；马约有一百余匹，骑马之人皆系蛮童，身穿五彩衣，听炮响为号，马从藏之西北塔门跑来，由法台前过，跑出藏街之东工布塘地方收马，令碟第巴头人在彼等候，挨次发奖一等赏五色哈达等物，其次者赏哈达茶叶等物，赏亦有差等。跑马毕，跑人，人从江达岗跑来，只跑到法台前止，赏亦有差等。跑人毕，在法台前贯跤，人有十数对，大力跤胜者，赏大哈达，负者不赏。如贯跤二人胜负不分者，同赏大哈达各一。贯跤毕，抱石之人上法台前，石系圆石子，微长，约四百余觔，以抱起能转走者为上等，赏哈达。抱石毕；散招。

正月二十七日，跑马射箭。在布达拉山后河北柳林子外，有一沙滩，名曰宗较，所有众番官等，看家将等跑马，每名先放一鸟枪，次射一地毯，俱中者，赏酒食，挂哈达。或中一枪或中一地毯者，仅赏酒食。若鸟枪地毯俱不中者，罚河水三大碗。

正月二十八日，仍在宗郊地方看射远箭，射最远者，赏酒食哈达，次者赏酒食，射近罚如前。①

以上引文较为周全详细地描述了清代拉萨城内欢度藏历新年的情景，主要介绍了布达拉宫、大昭寺以及哲蚌寺为单位举行的新年盛况。清代汉文文献中有关拉萨藏历新年的记述，不但内容丰富多彩，而且描述得十分细腻详尽。故在此不必浓墨重彩地重复叙述。

二 燃灯节

拉萨燃灯节，又称十月五供节（bcu bavi lnga mchod），为格鲁派重要宗教节日，以纪念宗喀巴大师圆寂日。根据《如意宝树史》记载：

丧葬修供佛事刚一结束，为使大师的事业不致中断，委任十难论师达玛仁钦为大师法座的代理人（贾曹），继后将大师遗体完整地殓入旃檀宝箧，面朝东北方而坐，其银制灵塔名曰"利见塔"（大慈法王所献帐内），至今供奉于噶丹寺，为该地一切众生之供养所依，所谓"五供节"的供养亦由此而来。②

藏历第七绕迥土猪年（1419）十月二十五日，格鲁派创始人宗喀巴大师在他的驻锡地甘丹寺圆寂，各地格鲁派寺院纷纷举行悼念仪式。同时，将宗喀巴大师的圆寂日法定为格鲁派每年纪念祖师的隆重节日。所

---

① 张其勤等编撰：《西藏宗教源流考》、《番僧源流考》（合刊），拉萨，西藏人民出版社，1982年版，第40—44页。

② 松巴·益西班觉著，蒲文成、才让译：《如意宝树史》，兰州，甘肃民族出版社，1994年版，第390页。

以，每年藏历十月二十五日在拉萨圣城隆重举行燃灯节或五供节。根据清代汉文文献记载：

> 每年藏历十月二十五日晚，在拉萨圣城隆重举行，当地僧俗信众踊跃参与，积极筹办，以各个寺院及百姓居家点燃数量不等的酥油灯为主要标志。其场面壮观，令人肃然起敬。清代汉文史志中亦有记载：至十月二十五日夜，云系宗喀巴成圣之日，各家以及寺庙山院，皆于窗棂、墙壁间挨放灯数百不等。光明如昼，布若列星，亦一大观。①

在拉萨圣城举行的燃灯节，是藏区纪念宗喀巴大师圆寂日的最为隆重的宗教节日。与此同时，其他各地格鲁派寺院亦在同一时间积极举办规模不等的燃灯节，除了形式细节和时间延续上略有差异外，其余内容大致相同。据文献记载：

> 塔尔寺对这个忌辰十分重视。要求全寺僧人从十月初一到十五日，把自己的僧舍外墙用白灰粉粉刷一新，如发现未刷者，督促其在十五日前一定刷完，否则受到寺院惩罚。其实宗喀巴大师在寺僧的心目中是一位圣人，是梵界第二佛陀，故自觉地赶早刷白墙面。据说刷白墙面是表示为大师的涅槃而戴孝致哀。从十月二十二日起，举行9天的纪念活动。二十三日、二十四日两天，主要进行诵经佛事活动，讽诵的经文多为赞颂和祈祷大师方面的。从二十五日晚开始，在寺院的殿堂、僧舍屋顶的墙头上摆设注满酥油的佛灯。当数万盏酥油佛灯同时点燃时，明灯吐红舌，金光灿灿，远远望去犹如一幕灯火辉煌的城市盛节的夜景，极为壮观。数万盏酥油灯象征着佛的光明，佛光普照。因燃灯五夜，所以称这个法会为"忌辰五供节"或燃灯节。
>
> 燃灯节期间，寺院照例供应斋茶斋粥。二十四日、二十五日、二十九日，由大拉让吉祥新宫供应斋茶、米饭、油炸果之类的食品。二十六、二十七、二十八日3天，由三大学院的拉让供应与大拉让吉祥新宫一样的食品。寺院规定点灯所需酥油由各拉让自己开支，僧人所

---

① （清，不著撰人）：《西藏志》，拉萨，西藏人民出版社，1982年版，第21页。

用酥油也由自己负责。二十九日，在大金瓦殿为大银塔进行祭供仪式，大法台及众僧官在曾说过话的宗喀巴大师佛像前诵经祈祷。十一月二日，是六世班禅大师洛桑华丹益西圆寂忌辰供灯日，这天也在佛殿和僧人屋顶上点燃佛灯，进行纪念。[1]

此外，拉卜楞寺一年一度举办的燃灯节，亦有自身的宗教内涵和文化创意。该寺在每年藏历十月二十四日隆重举办燃灯节，为期三天，共同纪念宗喀巴大师（十月二十五日）及其弟子绛央却杰（十月二十四日）和强钦却杰（十月二十六日）师徒三人圆寂日。其中二十五日白昼，寺内换置新供品，信众转经拜佛，煨桑祈祷；至夜间经堂佛殿等建筑屋顶点燃酥油灯，犹如繁星降落，人们敬仰膜拜。

三　萨嘎达瓦节

每年藏历四月十五日，是纪念佛祖释迦牟尼诞生、成佛、涅槃三大吉日，藏族地区普遍举行"萨嘎达瓦节"（sa ga zla ba），即氐宿月节。在"萨嘎达瓦节"期间，无论僧俗信众，多以闭斋、转经和念诵六字真言为主要内容。藏传佛教信众普遍认为，人们在这天开展任何利他善事或佛事活动，都会有事半功倍之效果。故萨嘎达瓦节在藏区民间极为盛行。其中规模最大、最为壮观的萨嘎达瓦节，每年藏历四月十五日在拉萨圣城定期举行。其形式具有浓郁的民间性特色，以成千上万信教群众围绕拉萨古城转经为标志。转经分内路、中路、外路三条线路：内路线环绕大昭寺主殿，中路线环绕大昭寺，外路线环绕整个拉萨古城。转经时间从凌晨开始，至傍晚结束；当日转经路上，人流如潮，川流不息，蔚为壮观。

四　雪顿节

雪顿，系藏语"zho ston"音译，意为"酸奶盛宴"，起源于15世纪，当时宗喀巴大师严整寺院规章制度，提倡僧众夏季在各自寺内安居修行，以避免外出踩踏昆虫等伤及生灵。当甘丹寺坐夏僧众开禁下山休闲时，广大世俗百姓以布施酸奶来酬劳庆贺寺僧坐夏修行圆满，遂成定制，并发展为一大宗教节日。17世纪始，又演化为僧俗共庆的盛大节日，僧众在各

---

[1] 杨贵明编著：《塔尔寺文化》，西宁，青海人民出版社，1997年版，第154—155页。

大寺院举行"展佛"等宗教仪式；世俗百姓在罗布林卡（nor bu gling kha）等公园举办藏戏表演等文艺活动。文献记载："六月三十日，哲蚌寺、色拉寺，挂大佛，亦装神鬼等类。垂仲下神，番民男女并皆华服艳装，或歌或唱，翻杆子跌打各种跳舞，亦二寺之大会也。"①

雪顿节，每年藏历六月底至七月中旬在拉萨圣城如期举行，以哲蚌寺、色拉寺和甘丹寺三大寺以及罗布林卡为活动中心，其时间之长、规模之大，无与伦比，从而成为藏区规模最大的传统节日之一，同时，亦是藏族百姓普遍参与的夏季盛大文化娱乐活动。

---

① （清，不著撰人）《西藏志》，拉萨，西藏人民出版社，1982年版，第22页。

下 编

第六章　政教合一制度

政教合一制度（chos srid zung vbrel），是指西藏政教合一制度。它是一种政权和神权合二为一的地方行政管理制度，是由出家高僧和世俗官员共同管理一切政教事务的政治体制。尤其是僧俗官员中以出家僧侣为最高领导人，而这一最高领导者又是通过活佛转世的途径来接替或传承延续，从而形成以活佛转世为核心的政教合一制度。因此，西藏政教合一制度又具有了鲜明的藏传佛教文化属性和浓郁的西藏地方特质。

从历史的视域中看，西藏政教合一制度，经历了元、明、清三个封建王朝。元朝时期始建以萨迦派和昆氏家族为代表的萨迦达钦（sa skya bdag chen）政权；明朝时期兴起以帕主噶举派和朗氏家族为代表的帕主第悉（phag gru sde srid）政权；而清朝时期又历史性地选择了以格鲁派为代表的噶丹颇章（dgav ldan pho brang）政权，后称噶厦（bkav shag）政府，即西藏地方政府（bod ljongs sa gnas srid gzhung）。这三个伴随中央王朝的更迭而既一脉相承又各具风格的地方政权，是西藏政教合一制度形成、发展和演进的主要标志，也是揭示西藏政教合一制度完整历史进程的脉络和内容，故缺一不可。

第一节　忽必烈与元代帝师

根据《萨迦世系》（sa skyavi gdung rabs ngo mtshar bang mdzod）记载：[1] 1253 年，薛禅汗忽必烈在六盘山与萨迦派法王八思巴会见，就西藏

---

[1] 阿旺·贡嘎索南：《萨迦世系》（sa skyavi gdung rabs ngo mtshar bang mdzod），北京，民族出版社，1986 年。

历史和藏传佛教状况进行了广泛交谈。当时八思巴虽然只有 19 岁，但已在凉州（今甘肃武威）生活多年，得到萨迦班智达（sa skya pan di ta）的亲自教导，又熟悉蒙古宫廷的生活，还接触过汉地、西夏、畏兀儿等地的佛教僧人，其佛学和社会各方面的知识超出一般西藏僧人很多，更重要的是，他对于蒙古贵族对宗教的需要以及他们能够给予宗教领袖多大程度的尊崇有深刻的体会。因此，他在忽必烈要求他直接为蒙古军征集差役贡赋时加以拒绝，并在忽必烈要求传授灌顶时坚持上师对弟子的支配权。当八思巴与忽必烈的会谈遇到困难时，忽必烈的王妃察必（cha bu，后来成为忽必烈的皇后）出面协调，提出："听法及人少时，上师可以坐上座。当诸王、驸马、官员臣民聚会时，（上师坐上座）恐不能镇服，（所以）由汗王坐上座。吐蕃之事悉听上师之教，不请教于上师不下诏命。其余大小事务因上师心慈，如误为他人求情，恐不能镇国，故上师不要讲论和请求。"这实际上是确定了蒙古皇室和藏传佛教领袖处理他们之间关系的一种原则，即在宗教上是上师和弟子，但是在国事上是君臣，汗王高于上师，在处理吐蕃事务时，汗王要征求藏传佛教领袖的意见，但是其他的国家政务，藏传佛教领袖不能干预。这种原则是在忽必烈还是一位亲王时与八思巴商定的，后来到忽必烈即位以后，又基本上贯彻于整个元代，成为元朝的宗教政策和统治藏族地区的政策的基础。在双方达成这样一种约定之后，八思巴给忽必烈传授了萨迦派的喜金刚灌顶，明确建立了宗教上的师徒关系。蒙古的一位统率大军的亲王通过宗教仪式成为藏传佛教领袖的弟子，这在历史上还是第一次。《萨迦世系》说忽必烈接受灌顶时，还赐给八思巴羊脂玉制成的印章以及镶嵌珍珠的袈裟、法衣、伞盖、金鞍、乘马等，可见忽必烈对于接受灌顶之事是十分重视的。[①]

南宋景定元年（1260），忽必烈宣布即大汗位，成为元世祖，立即任命萨迦派高僧八思巴（vgro mgon vphags pa, 1235—1280）为"国师"，授以玉印，令其统领全国佛教。元世祖至元元年（1264），忽必烈在中央政府机构中设立"总制院"（后改为"宣政院"），并领之于国师；同时，将藏族地区划归总制院管辖，使国师兼有政教双重权力。

[①] 陈庆英：《蒙藏关系史大系·政治卷》，拉萨，西藏人民出版社、北京，外语教学与研究出版社，2002 年版，第 47—48 页。

元世祖至元七年（1270），八思巴晋升"帝师"职衔，成为"皇天之下、大地之上、西天佛子、化身佛陀、创制文字、辅治国政、五明班智达八思巴帝师"，[①] 并一如既往兼管藏族地区的政教事务。当元朝统一全藏之后，将西藏地区先后划分为十三个万户，并授予万户长职衔。与此同时，新任元朝帝师的八思巴建立了萨迦地方政权，由萨迦派高僧法王和昆氏家族（vkhon）俗官本钦（dpon chen）共同执掌西藏地区事务。史书记载：

> 当时设的行政官职务有：基巧本钦（最高行政官）一人，每万户设万户长一人，下设千户长、百户长、宗本、庄头等。内侍人员的职务有：司膳、司寝、司祭、卓尼（接待宾客的官员）、秘书、管家、厨师、奉茶人员、管坐垫人员、仪仗人员、厩吏、牲畜管理人员、守门人员等十三种。[②]

藏历第五绕迥水猴年，即元世祖至元九年（1272），元朝在西藏新设了吐蕃宣慰司元帅府。除重大事务需禀报萨迦法王外，一般的可由基巧本钦（spyi khyab dpon chen）处理。基巧本钦由元朝皇帝任免。从藏历第四绕迥木牛年（1264）开始，直至第六绕迥木马年（1354），由八思巴至大元洛追坚赞共九代法王和二十余任基巧本钦，执掌全藏政教大权。[③] 可以认为，萨迦达钦政权在元朝中央政府的大力扶持和元代帝师的宗教领袖之光环下，在西藏政教合一制度史上留下了近百年足迹。

第二节 绛曲坚赞与帕主政权

根据有关史料分析，萨迦达钦政权从鼎盛走向衰落；主要原因是昆氏家族内部出现纷争，其内讧最终将萨迦达钦政权推向消亡边缘。而当时霸主前藏山南地区的帕主（phag gru）万户长绛曲坚赞（byang chub rgyal

---

[①] 阿旺·贡嘎索南著，陈庆英、高禾福、周润年译：《萨迦世系史》，拉萨，西藏人民出版社，2002年版，第212页。

[②] 西藏自治区政协文史资料研究委员会编：《西藏文史资料选辑》（十三），北京，民族出版社，1991年版，第2页。

[③] 同上。

mtshan，1302—1364）审时度势，抓住了这一千载难逢的历史机遇，轻而易举地推翻了萨迦达钦政权，开始掌托西藏地方政权。据文献记载：

> 公元14世纪，萨迦王室内讧，政权落入帕木主巴·绛曲坚赞之手。元朝将绛曲坚赞册封为大司徒。大司徒绛曲坚赞先后在日喀则、奈吾、贡嘎、扎嘎、琼吉、隆子、仁布、哲古、沃喀等地修建了十三个大宗堡，并设置宗本，任期三年，制定《法律十五条》。①

藏历第六绕迥水蛇年，即元惠宗至正十四年（1354）始，时任帕主万户长（西藏十三万户之一）的绛曲坚赞逐渐取代萨迦派高僧法王掌管藏区的政教权力，并在前藏乃东（sne gdong）地方新建帕主第悉政权（phag gru sde srid），简称"帕主政权"，遂成为集族权、神权和政权于一身的新一代法王。同时，"帕主政权"得到元朝中央政府的承认，并封绛曲坚赞为"大司徒"（tavi si tu），赐予印信，从而成为名副其实的"大司徒·绛曲坚赞"。西藏政教合一政权中心，从后藏（今西藏日喀则地区萨迦县境内）移入前藏（今西藏山南地区乃东县境内）。帕主政权建立后，颁布了《法典十五条》（khrims yig zhal lce bco lnga）等一系列法规，始建宗本（rdzong dpon）制度，设立日喀则县（gzhis ka rstevi rdzong）、奈吾县（snevu rdzong）、贡嘎县（gong dkar rdzong）、扎嘎县（brag dkar rdzong）、琼结达孜县（vphyongs rgyas stag rste rdzong）、聂隆子县（gnyal lhun rste rdzong）、荣仁布县（rong rin spungs rdzong）、嘉孜哲古县（lcags rtse gri gu rdzong）、沃喀达孜县（vod kha rdzong）等13个县府。

元朝灭亡，明朝建立不久，于藏历水鼠年（1372），在西藏设置了乌思藏都指挥使司，并对藏族地区采取"因俗而治"、"多封众建"的政策，册封了大批政教领袖。明永乐四年（1406），封时任帕主政教领袖的札巴坚赞（grags pa rgyal mtshan，1374—1432）为"灌顶国师阐化王"。

据文史资料，帕主第悉政权统治全藏直至藏历第九绕迥的木牛年（1564），后被噶玛政权所灭亡。② 实际上，噶玛政权在宗派信仰上也属于

---

① 西藏自治区政协文史资料研究委员会编：《西藏文史资料选辑》（十三），北京，民族出版社，1991年版，第3页。

② 同上。

藏传佛教噶举派，其不同之处在于它是完全由世俗人建立的政权。可以肯定，至1564年，帕主第悉政权名存实亡、摇摇欲坠，已经丧失了继续控制全藏区的行政能力；而在后藏兴起的藏巴汗（gtsang pa rgyal po）却在步步推进自己的政治势力，意在掌控西藏地方政局。

藏历第十绕迥铁猪年，即明万历三十九年（1611），在后藏地区崛起的地方官噶玛·彭措南杰（phun tshogs rnam rgyal，1586—1621），争取了第悉（司）官职，在日喀则另立炉灶，建立了第悉藏巴政权，并迅速壮大，兼并了前后藏大部分地区。噶玛·彭措南杰之后，由其子噶玛·丹炯旺布（kama bstan skyong dbang po，1606—1642）继任第悉官职，将西藏的政治中心从前藏山南移入后藏日喀则。后藏便成为西藏新兴的政治中心。汉文文献中称其为"藏巴汗"政权时期。值得说明的是，"噶玛政权"或"藏巴汗"政权，在西藏政教合一制度史上有它孤立的一面，因为它是以世俗贵族为首长的政体，主要依靠军队或武力维护其统治权力。

第悉藏巴汗前后三代人统治西藏地方达七十余年，在此期间，除保留帕主政权时期原有的十三大宗（县）城堡外，其余尽净拆除，以防变乱。第悉藏巴汗政权时期的《法律十六条》，是在帕主政权制定的《法律十五条》基础上，又增加了"异族边区律"一条形成的。另外，藏巴汗政权还制定了秤、斗等藏区统一的度量衡。[①]

第三节　格鲁派与蒙古汗王

17世纪初，是格鲁派发展史上有着重要意义的历史机遇期。在这一时期，他们一是跟蒙古汗王结为同盟，建立福田与施主的关系，相互鼎力支持，共同寻求新的发展空间；二是与前清政府通使交往，加强了同正在崛起的新兴中央王朝的关系，从而倚仗更强大的政治后盾，巩固和发展了自己的政教合一制度。对此，王森教授说：

> 在这一时期，由于它得到蒙族汗王的支持，才转危为安并大大扩张了势力。其间，四世班禅虽起了重要的作用，但局势安定以后，黄

---

① 西藏自治区政协文史资料研究委员会编：《西藏文史资料选辑》（十三），北京，民族出版社，1991年版，第3页。

教的领导权仍然在五世达赖阿旺罗桑嘉措之手。这件事,一方面是自二世达赖以来即有以达赖为领导人的传统;另一方面更重要的是自三世达赖以来,黄教迅速取得蒙族各部的信奉,达赖已经成为广大蒙族地区的一个偶像,以达赖为黄教的领导人,可以吸引蒙古汗王的实力支持,这对黄教大有好处。①

王森教授作为新中国第一代研究藏传佛教历史的权威学者和著名藏学家,在上文中对格鲁派与蒙古汗王之间结成的同盟,以及达赖喇嘛在格鲁派中固有的领袖地位和在蒙古地区产生的宗教影响力等情形作了深入细致的分析,并指出了蕴藏在其中的来龙去脉和因果关系。而这种因果关系,就是互惠互利的关系。在此需要指出的是,文中"黄教"一词为格鲁派的俗称,在过去的汉文文献中常用这一称谓,尔后随着中国藏学事业的健康发展,学界对藏学中出现的不规范的术语或概念等作了修正,并将"黄教"这一俗称,改为正统的名称,即"格鲁派"(dge lugs pa)。

藏历第十一绕迥水马年,即明崇祯十五年(清崇德七年,1642),漠西蒙古厄鲁特部固始汗(1582—1654)军队攻取后藏的桑珠孜城堡(bsam vgrub rtse,今西藏日喀则市),推翻了第悉藏巴汗(噶玛·丹炯旺布)政权。固始汗遂将藏巴汗政权统治下的所有土地及百姓,全部献给第五世达赖喇嘛·阿旺罗桑嘉措(ngag dbang rgya mtsho,1617—1682)。以此为标志,西藏地方政权又从后藏日喀则移至前藏拉萨,并在第五世达赖喇嘛驻锡地哲蚌寺建立了藏蒙联合的噶丹颇章(dgav ldan pho brang)政权。至于"噶丹颇章"这一名称之由来,据史料记载:

> 噶丹颇章为一房名,意为兜率宫。该房原名"多康恩波"(兰石房),为第司帕木竹巴在哲蚌寺的官邸。藏历第九绕迥土虎年(1518),帕主第司阿旺扎西札巴坚赞将其献与二世达赖喇嘛根敦嘉措。为使众生结下法缘,早日转生兜率宫,达赖喇嘛将该房名改为噶丹颇章。二三四世达赖喇嘛均住于此。五世达赖喇嘛在此建立政权,故该政权称"噶丹颇章"。首任第司(行政官,代表达赖喇嘛管理政

---

① 王森:《西藏佛教发展史略》,北京,中国社会科学出版社,1997年版,第201页。

务）为索南绕登（又名索南群培或嘉乐群则）。①

显而易见，格鲁派领袖与处于没落时期的帕主第悉（长官）之间早已建立良好的政教关系，尤其是帕主政权对格鲁派的扶持和帕主第悉对达赖喇嘛的尊崇，成为以哲蚌寺为中心的格鲁派不断发展壮大的历史背景和社会基础，终究将座主哲蚌寺的大活佛达赖喇嘛推向执掌西藏地方政教权力的大舞台。这段因缘历史在《噶厦印谱》中作了较详细的记载：

> 第五辈名罗桑嘉措，于第十绕迥的火蛇年（1617）生于琼结的青安达孜宫，不久被迎至哲蚌寺的噶丹颇章宫内坐床。年25岁时，即第十一绕迥的铁蛇年（1641），蒙古固始汗开始占领朵康，以后继续前进，推翻藏巴汗噶玛·丹炯旺布的统治，将其所属土地及百姓全部献与达赖喇嘛，作为香火之地。第二年即水马（1642）二月内，固始汗始从哲蚌寺迎请达赖喇嘛至日喀则，彻底消灭了藏巴汗的残余势力，并把这里所属的土地和百姓也送给了达赖喇嘛，从此才开始建立了噶丹颇章政权，使政教合一的大白伞盖照遍上中下三界。②

以上引言较为清晰地交代了西藏地方政权更迭的细节过程，其中固始汗和第五世达赖喇嘛作为历史事件中的重要人物，他们在其中发挥了关键性作用，自然成为西藏噶丹颇章政权的缔造者。同时，固始汗和达赖喇嘛审时度势，及时与正在崛起的清王朝建立良好关系。当然，清朝当权者对藏传佛教早有联系。林子青说："清朝统治者最初接触到的佛教，是中国西藏地区所传的喇嘛教。从17世纪初起，已有喇嘛到关外传教，曾受到清太祖的礼遇。太宗时（1627—1643），盛京（今沈阳）方面已开始和当时西藏的达赖喇嘛第五世（1617—1682）建立关系。"③ 1642年，固始汗和达赖喇嘛等所遣伊拉古克三呼图克图、厄鲁特部戴青绰尔济等至盛京（今辽宁省沈阳市），进书信，献方物，皇太极亲率诸王、贝勒、大臣出

---

① 西藏自治区政协文史资料研究委员会编：《西藏文史资料选辑》（十三），北京，民族出版社，1991年版，第3页。
② 刘立千藏学著译文集编辑委员会编：《刘立千藏学著译文集·杂集》（噶厦印谱），北京，民族出版社，2000年版，第152页。
③ 中国佛教协会编：《中国佛教》第一辑，北京，知识出版社，1980年版，第122页。

怀远门迎接，复设宴洗尘与饯行。根据《清实录》记载：

> 上率众拜天，行三跪九叩头礼毕，进马馆。上御座，伊拉古克三呼图克图等朝见，上起迎。伊拉古克三呼图克图等以达赖喇嘛书进上，上立受之，遇以优礼。上升御榻坐，设二座于榻右，命两喇嘛坐。其同来徒众行三跪九叩礼。次与喇嘛同来之厄鲁特部落使臣及其从役行三跪九叩头礼。于是，命古式安布宣读达赖喇嘛及图白忒部落藏巴汗来书。赐茶，喇嘛等诵经一遍方饮。设大宴宴之。①

皇太极对远道而来的西藏僧俗使者以高规格的厚礼接待，尤其以实际行动来优待和推崇出家僧人。另外，从引言中可以了解到，当时还宣读了西藏第悉·藏巴汗的书信，实际上藏巴汗政权于1642年被固始汗推翻，藏巴汗噶玛·丹炯旺布本人也未幸免，遭到杀害。当时皇太极对西藏政局的变化也有所耳闻。如《清实录》记载：

> 又敕谕臧霸汗曰："大清国宽温仁圣皇帝谕臧霸汗：尔书云：佛法裨益我国，遣使致书。近闻尔为厄鲁特部落顾实贝勒所败，未详其实，因遣［遗］一函相询。自此以后修好勿绝，凡尔应用之物，自当饷遗。今赐银一百两、锦缎三匹。"②

上文中出现的"臧霸汗"或"臧巴汗"，是指"藏巴汗"一人，他作为蒙古固始汗进藏前坐镇后藏日喀则桑珠孜宫并掌控西藏政局的最高长官，在前后藏地区具有很强的权势和号召力。所以，皇太极在"未详其实"即不知杀害藏巴汗噶玛·丹炯旺布的情况下，还是给藏巴汗致书并赐银，极为重视和关注。

西藏使臣在盛京不但受到热烈欢迎和高规格接待，而且当他们离开盛京返回拉萨之时，皇太极再次率领诸王贝勒等送至演武场，为他们隆重饯行；同时，皇太极还回致第五世达赖喇嘛、固始汗和西藏各僧俗首领书

---

① 《西藏研究》编辑部编：《清实录藏族史料》（一），拉萨，西藏人民出版社，1982年版，第5页。
② 同上书，第9页。

信。在致第五世达赖喇嘛的书信中写道:"宽温仁圣皇帝,敕书于金刚大士达赖喇嘛,今承喇嘛有拯济众生之念,欲兴扶佛法,遣使通书,朕心甚悦,兹特恭候安吉,凡所欲言,惧令察干格龙等以悉之。"① 自此,拉萨与盛京(今沈阳)之间通正常使臣往来,建立起密切联系。西藏噶丹颇章政权进入巩固发展期,始在拉萨建造象征政教合一政权的布达拉白宫。根据《噶厦印谱》记载:

是年达赖的管家索南饶丹,别号嘉乐强佐,后改名为索南群培,(他)一生中改了三个名字。其获得掌管政务之权后,又尊称为英莎贡玛。木鸡年(1645)4月1日为修建布达拉白宫举行奠基,此宫延至土鼠年始建成。是年为第一代满清皇帝顺治在位五年(1648),皇帝派人诏迎达赖进京。②

藏历第十一绕迥木鸡年,即清顺治二年(1645),第五世达赖喇嘛议定修建布达拉白宫,举行了隆重的宗教奠基仪式;至顺治五年(1648),布达拉白宫部分初步建成;第五世达赖喇嘛从哲蚌寺噶丹颇章宫迁居布达拉宫。同年,顺治帝又遣使诏迎第五世达赖喇嘛进京。然而,西藏当政者观察到顺治帝尚未掌握大清国实权,清廷依然由摄政王多尔衮掌控,第五世达赖喇嘛便没有及时动身,将进京事宜往后继续拖延,以待合适时候。当顺治帝亲政后,第五世达赖喇嘛立即决定进京朝觐。据《噶厦印谱》记载:

顺治九年,即第十一绕迥的水龙年(1652)4月27日,达赖喇嘛从哲蚌寺起身到达北京,朝谒皇帝,时年36岁。达赖喇嘛到京受到隆重的接待,从此结成施供之缘。③

清朝中央政府非常重视第五世达赖喇嘛进京事宜,召集朝廷文武官员

---

① 张其勤著,吴丰培增辑:《清代藏事辑要》,拉萨,西藏人民出版社,1983年版,第1—2页。
② 《噶厦印谱》(刘立千藏学著译文集·杂集),北京,民族出版社,2000年版,第152页。
③ 同上书,第153页。

专门商讨和精心安排，做到尽善尽美，万无一失。其具体细节在清朝官书中有记载：

> 谕诸王、贝勒、大臣、九卿、科道曰："当太宗皇帝时，尚有喀尔喀一隅未服，以外藩蒙古惟喇嘛之言是听，因往召达赖喇嘛。其使未至，太宗皇帝晏驾。后睿王摄政时往请，达赖喇嘛许于辰年前来。及朕亲政后召之，达赖喇嘛即启行前来，从者三千人。今朕欲亲至边外迎之，令喇嘛即住边外。外藩蒙古贝子欲见喇嘛者，即令在外相见。若令喇嘛入内地，今年岁收甚歉，喇嘛从者又众，恐于我无益。傥不往迎喇嘛，以我既召之来又不往迎，必至中途而返，恐喀尔喀亦因之不来归顺。其应否往迎之处，尔等各抒所见以奏。"①

从以上引言中可以看出，自大清国太宗皇太极、摄政王多尔衮至顺治皇帝当政时期，清朝皇帝相继不断邀请第五世达赖喇嘛。首先，在政治上有长远考量，主要笼络尚未归顺的喀尔喀部等外藩蒙古；其次，欲向西藏地区行使大清国的最高权力。顺治九年（1652），在固始汗的支持下，第五世达赖喇嘛率领西藏僧俗官员及蒙古护卫军三千余人抵达岱噶（今内蒙古自治区凉城县）。

当时清朝政府虽然处于达赖喇嘛随从庞大而难于周到接待的尴尬局面，但是，焦点问题主要表现在顺治皇帝如何迎见达赖喇嘛的礼仪之上。为此，满汉大臣各抒己见，当时产生了两种截然不同的意见：

> 满洲诸臣议："我等往请，喇嘛既来。上亲至边外迎之，令喇嘛住于边外。喇嘛欲入内地，可令少带随从入内；如欲在外，听喇嘛自便。上若亲往迎之，喀尔喀亦从之来归，大有裨益也。若请而不迎，恐于理未当。我以礼敬喇嘛，而不入喇嘛之教，又何妨乎？"
>
> 众汉臣议："皇上为天下国家之主，不当往迎喇嘛。喇嘛从者三千余人，又遇岁歉，不可令入内地。若以特请之故，可于诸王大臣中

---

① 《西藏研究》编辑部编：《清实录藏族史料》（一），拉萨，西藏人民出版社，1982年版，第19—20页。

遣一人代迎。其喇嘛令住边外，遗之金银等物。亦所以敬喇嘛也。"①

由于满汉大臣之间出现不同意见，最终不得不采取折中办法。顺治帝命其带部分随从进京，并以"田猎"为名，与第五世达赖喇嘛"不期然"相会于南苑，从而避免觐见时的礼仪周折。达赖喇嘛进马匹、方物；清廷建黄寺于安定门外，专为迎请达赖喇嘛居住。

清顺治十年（1653），第五世达赖喇嘛以"此地水土不宜，身既病，从人亦病"②为由，提出告辞京城返回西藏的请求。清廷又作了精心议定，"今喇嘛既来，且留此，从容往岱噶。待草青时，更召外藩王、贝勒等与喇嘛相会"。③在京城勉强留住达赖喇嘛觉得不太妥当。于是"以遣达赖喇嘛归，上御太和殿，赐宴，并鞍马、金银、珠玉、缎匹等物"。④顺治皇帝亲自设宴饯行后，"达赖喇嘛辞归，命和硕承泽亲王硕塞偕固山贝子顾尔玛洪、吴达海率八旗官兵送至岱噶地方。又命叔和硕郑亲王济尔哈朗、礼部尚书觉罗郎球饯于清河"。⑤

第五世达赖喇嘛辞归后，顺治帝遣礼部尚书觉罗郎球、理藩院侍郎席达礼等，赍送达赖喇嘛金册、金印于岱噶地方。⑥与此同时，清朝又遣使到拉萨册封固始汗，赐金册、金印。根据《清实录》记载：

> 封厄鲁特部落顾实汗为"遵行文义敏慧顾实汗"，赐之金册、金印。文用满、汉、蒙古字。册文曰："帝王经纶大业，务安劝庶邦，使德教加于四海。庶邦君长能度势审时，归诚向化，朝廷必加旌异，以示怀柔。尔厄鲁特部落顾实汗朕甚嘉焉。兹以金册印封为'遵行文义敏慧顾实汗'。尔尚益矢忠诚，广宣声教，作朕屏辅，辑乃封圻。如此，则带砺山河，永膺嘉祉，钦哉。"⑦

---

① 《西藏研究》编辑部编：《清实录藏族史料》（一），拉萨，西藏人民出版社，1982年版，第19—20页。
② 同上书，第23页。
③ 同上书，第24页。
④ 同上。
⑤ 同上书，第25页。
⑥ 同上。
⑦ 同上书，第26页。

在清朝颁发的册文中称赞固始汗"尊德乐善,秉义行仁,惠泽克敷,被于一境,殚乃精诚,倾心恭顺",视其为捍卫大清社稷疆土的忠臣,故册封他为"遵行文义敏惠顾实汗"。其金册金印都用满、蒙、汉三种文字,而赐予第五世达赖喇嘛的金册金印则以满、藏、汉三种文字,当然其中蕴含深层意义。可以认为,清朝中央政府在提升达赖喇嘛原有宗教领袖地位的同时,亦很重视固始汗在西藏政教合一体制中发挥的不可或缺的作用。值得说明的是,这是大清国第一次行使对西藏政教领袖的封赠名号印册权,清朝中央政府对藏蒙地区的最高统治,从此开始确立。

藏历第十一绕迥木马年,即顺治十年(1654),固始汗在拉萨去世,其子达延汗夺得王位。清康熙七年(1668),达延汗之子达赖汗嗣位。因继承汗位的子孙平庸,第五世达赖喇嘛逐步掌控西藏噶丹颇章政权,成为掌握实权的最高政教领袖。第五世达赖喇嘛相继任命陈列嘉措(vphrin las rgya mtsho,1660—1668 年在位)、罗桑图道(blo bzang thub stob,1668—1675 年在位)、罗桑金巴(blo bzang sbyin pa,1675—1679 年在位)和桑杰嘉措(sangs rgyas rgya mtsho,1679—1703 年在位)为第司(sde srid),具体管理西藏地方政教事务,其内部机构设置基本上遵循了原有的地方法律法规。据历史文书记述:

> 噶丹颇章政权建立后,对原来的《法律十六条》进行了修改,删去了第一条英雄猛虎律、第二条懦夫狐狸律和第十六条异族边区律,定为十三条。官职以萨迦王朝时期的设置办法为基础。第六任第司桑杰嘉措所著的《法典清明晶鉴》内云:"职务类别凡十三种,司祭官在此不宜论说,牲畜管理人、守门人乃微不足道。为社稷大业计,大臣、军队司令、法官、工匠管理、大小管家、内室传达官、市民监、宗本、谿本、寺庙扎仓的物资管理人员、商业人员、北方蒙民头人、庙祝、达赖喇嘛的信使、收粮官等缺一不可,故新设以上诸多职务。"[①]

以上引文中提到的《法律十六条》,是第悉藏巴汗政权时期出台的法

---

① 西藏自治区政协文史资料研究委员会编:《西藏文史资料选辑》(十三),北京,民族出版社,1991 年版,第 3—4 页。

律，噶丹颇章政权建立后，又将其删改成为《法律十三条》。主要删除了《法律十六条》中过分彰显世俗性尚武精神的条款。因此，修改后的《法律十三条》，更贴近或符合以出家僧人为政权核心的政教合一制度的特性。

藏历第十一绕迥水狗年，即康熙二十一年（1682），第五世达赖喇嘛在布达拉宫圆寂。然而，第司·桑杰嘉措向外界匿丧长达十五年之久，期间他借用达赖喇嘛之名，总揽西藏地方政教大权。康熙二十九年（1690），第司·桑结嘉措建布达拉红宫部分，用重金造第五世达赖喇嘛灵塔，名"世界第一庄严"（vdzam gling rgyan gcig），供奉于布达拉红宫内。康熙三十二年（1693），第司·桑杰嘉措借第五世达赖喇嘛名义，向康熙帝奏称：西藏政教事务"皆第巴（司）主之，乞封第巴，授之印信，以光宠之，为之恳请，而第巴又戴皇上恩眷，诚心乞请金印，应如所请"。[①] 当时第五世达赖喇嘛在康熙皇帝心目中有着很高的信任度，康熙皇帝在第巴事件败露后对大学士等下令说："昔日达赖喇嘛存日，六十年来，塞外不生一事，俱各安静，即此可知其素行之不凡矣！"[②] 因此，清廷于康熙三十三年（1693）"赐第巴金印。印文曰：掌瓦赤喇怛喇达赖喇嘛教弘宣佛法王布忒达阿白迪之印"。[③] 由于借助第五世达赖喇嘛的名望和声誉，当时第司·桑杰嘉措很顺利地获得了"法王"爵位。

第司·桑杰嘉措为何匿丧第五世达赖喇嘛圆寂，之后又为何出现第六世达赖喇嘛真假之争，其缘由十分复杂，并有诸多主客观因素。而且，不少历史文献中有褒贬不一的各种描述和评论。根据《噶厦印谱》记载：

> 水猪年（1683）第六辈达赖仓央嘉措在门域所属错那县境内的拉沃字松之地出世，直到第十二绕迥的水牛年（1697）、第斯桑结掌政 19 年即康熙三十六年 10 月 15 日才将其迎至布达拉宫，举行坐床典礼。桑结代其掌职至 25 年，即水羊年（1703），在桑结的授意下，始举任阿旺仁钦为第斯协理。但实际权力仍操持在桑结嘉措之手。又

[①] 《西藏研究》编辑部编：《清实录藏族史料》（一），拉萨，西藏人民出版社，1982 年版，第 115 页。

[②] 同上书，第 184 页。

[③] 同上书，第 116 页。

过两年，到木鸡年（1705）桑结掌政已27年。该年7月29日，拉藏汗计擒桑结嘉措，将其处死于堆隆的朗孜之地。①

第司·桑杰嘉措依凭第五世达赖喇嘛的威望，在西藏长期主政，逐渐掌控实权。康熙四十二年（1703），达赖汗之子拉藏汗继承汗位，便与第司·桑杰嘉措之间产生矛盾，以至于达到势不两立的地步，最终迫使第司·桑杰嘉措不得不做出妥协，他辞去第司职位，由其长子阿旺仁钦（ngag dbang rin chen）担任，以此缓解日益严重的隔阂，但为时已晚，没能挽救僵局。尤其是拉藏汗擒杀第司·桑杰嘉措之后，强行废黜了第司·桑杰嘉措拥立的第六世达赖喇嘛·仓央嘉措的身份地位，从而制造了第六世达赖喇嘛真假之争，并且很快波及了蒙藏地区。为此，清廷匆忙处理此次事件，出于稳定西藏政局的考量，肯定胜者拉藏汗所采取的行为，而加罪于败者第司·桑杰嘉措。清朝政府认定：

先是，达赖喇嘛身故，第巴匿其事，构使喀尔喀、厄鲁特互相仇杀，扰害生灵。又立假达赖喇嘛，以惑众人。且曾毒拉藏，因其未死，后复逐之。是以拉藏蓄恨兴兵，执第巴而杀之，陈奏假达赖喇嘛情由，爰命护军统领席柱、学士舒兰为使，往封拉藏为"翊法恭顺汗"，令拘假达赖喇嘛赴京。②

当时清朝政府站在拉藏汗一方，同意废除第司·桑杰嘉措拥立的第六世达赖喇嘛·仓央嘉措，并将他押送京城。至于清军为何擒假达赖喇嘛赴京，康熙皇帝作了说明：

前遣护军统领席柱等往擒假达赖喇嘛及第巴妻子时，皇子及诸大臣俱言—假达赖喇嘛擒之何为。朕意以众蒙古俱倾心皈向假达赖喇嘛，此虽系假达赖喇嘛，而有达赖喇嘛之名，众蒙古皆服之。倘不以朝命遣人往擒，若为策妄阿拉布坦迎去，则西域、蒙古皆向策妄阿拉

---

① 《噶厦印谱》（刘立千藏学著译文集·杂集），北京，民族出版社，2000年版，第155页。
② 《西藏研究》编辑部编：《清实录藏族史料》（一），拉萨，西藏人民出版社，1982年版，第183—184页。

布坦矣①。

所以，康熙皇帝特遣席柱等官兵前往拉萨将第六世达赖喇嘛接送到京城，以防被策妄阿拉布坦抢夺到准噶尔部，对清朝政府造成不利局面。实际上，第六世达赖喇嘛真假之争，则是蒙藏上层贵族官员之间发生的一场争权夺利之事件。其前因后果在《噶厦印谱》中作了另一番描述：

> 早在木猴年（1704）时，拉藏汗向皇帝密告，诬蔑第斯桑结破坏黄教，说他公然以达赖喇嘛自居。于是他先杀第斯，又于第十二绕迥的火狗年，即康熙四十六年（1706）5月1日将仓央嘉措拉下布达拉宫的宝座，令其迁居拉鲁噶采园。另迎白噶增巴·益西嘉措，安置于布达拉宫禅榻。有人说此灵童就是拉藏汗之子。皇帝的钦差白马笔贴式等将六辈达赖仓央嘉措解往北京，行至中途工噶诺湖地方，达赖病故，时年24岁。本年拉藏汗自立为汗王，从火狗年起到火鸡年止（1706—1717）独揽大权，执政11年。火鸡年（1717）11月1日他被准噶尔浑台吉所杀。②

拉藏汗在废黜第六世达赖喇嘛·仓央嘉措的同时，又另立益西嘉措为第六世达赖喇嘛。由驻扎西宁喇嘛商南多尔吉接送原第六世达赖喇嘛·仓央嘉措至京城。不幸仓央嘉措在途经青海湖畔时突然去世，喇嘛商南多尔吉向清廷上报称："拉藏送来假达赖喇嘛，行至西宁口外病故"，③当时理藩院做出"假达赖喇嘛行事悖乱，今既在途病故，应行文喇嘛商南多尔吉将其尸骸抛弃"④的处置。但是，原第六世达赖喇嘛的去世，并没有停息活佛真假之争，蒙藏僧俗民众不服拉藏汗改立益西嘉措为第六世达赖喇嘛的举措，他们认可第司·桑结嘉措拥立的仓央嘉措为第六世达赖喇嘛，

---

① 《西藏研究》编辑部编：《清实录藏族史料》（一），拉萨，西藏人民出版社，1982年版，第185页。
② 《噶厦印谱》（刘立千藏学著译文集·杂集），北京，民族出报社，2000年版，第156页。
③ 《西藏研究》编辑部编：《清实录藏族史料》（一），拉萨，西藏人民出版社，1982年版，第185页。
④ 同上。

又另寻其转世灵童。"特别是遭到三大寺上层喇嘛的反对",① 使益西嘉措很难确立为达赖喇嘛的真实身份地位,西藏地方政局也因此而骚动不宁。清朝政府在难以判断真假达赖喇嘛的情况下,为稳定西藏政局着想,最初认可了拉藏汗推举的达赖喇嘛,并作了合理的解释。根据《清实录》记载:

> 拉藏及班禅呼图克图、西藏诸寺喇嘛等,会同管理西藏事务侍郎赫寿,疏请颁赐波克塔胡必尔汗达赖喇嘛之封号。查波克塔胡必尔汗因年幼,奉旨俟数年后封授,今既熟谙经典,为青海诸众所重,应如所请,给以印册,封为六世达赖喇嘛。②

以上引文中的"波克塔胡必尔汗"是指藏文文献中称呼的"益西嘉措"。康熙四十九年(1710),清廷鉴于西藏局势,作出重大决策,册封了拉藏汗拥立的益西嘉措为第六世达赖喇嘛。然而,这一重大决策没有给西藏政局带来永久性稳定。当时清廷也察觉到蒙藏及和硕特内部的不和睦,认为"青海众台吉等与拉藏不睦,西藏事务不便令拉藏独理,应遣官一员前往西藏协同拉藏办理事务",③ 遂派遣赫寿前去西藏行使差事任务。

这一时期,虽然第六世达赖喇嘛·益西嘉措、第五世班禅额尔德尼·洛桑益西和拉藏汗等不断遣使进贡,但是康熙皇帝依然牵挂着西藏的局势,他在给侍卫内大臣等所下谕旨中说:

> 朕想拉藏汗一子前往策妄阿喇布坦处娶亲,一子现在青海地方驻扎,在策妄阿喇布坦处娶亲之子,策妄阿喇布坦若托辞爱婿留住数年,不令之归,再如驻扎青海之子,朕复怜爱留住,伊处总无人矣,岂不孤危!况拉藏汗年近六十,自当为其身计。伊之人少,土伯特人甚多,而又秉性凶恶,可保常无事乎?拉藏汗将凶恶第巴杀死,朕加

---

① 王森:《西藏佛教发展史略》,北京,中国社会科学出版社,1997年版,第214页。
② 《西藏研究》编辑部编:《清实录藏族史料》(一),拉萨,西藏人民出版社,1982年版,第186页。
③ 同上书,第187页。

褒奖，封为扶教恭顺汗。伊真倾心内向，不但朕知之，即各处人亦皆知之。但厄鲁特秉性猜疑，又甚疏忽，倘或事出不测，朕虽怜伊，伊虽倚朕，此间地方甚远，相隔万里，救之不及，事后徒贻悔耳，即朕亦无法也。朕此想甚属远大，伊亦系晓事之人，若不深谋防范，断乎不可。朕为拉藏汗时常留意。①

当康熙皇帝关心拉藏汗能否稳住西藏局势之际，以青海蒙古贝勒、台吉等为主的信众，又在康区理塘地方寻找到一位小灵童（格桑嘉措），并确认为第六世达赖喇嘛·仓央嘉措的转世灵童，联名上报朝廷，恳请给予册封，以此推翻拉藏汗在拉萨拥立益西嘉措为第六世达赖喇嘛的举措。据《清实录》记载：

  理藩院题："先经青海右翼贝勒戴青和硕齐、察汉丹津等奏称：'理塘地方新出胡必尔汗，实系达赖喇嘛转世，恳求册封。其从前班禅呼图克图及拉藏汗题请安置禅榻之胡必尔汗是假'等语。蒙皇上睿鉴，以伊等俱顾实汗子孙，欲使共相和睦。若将此胡必尔汗留住青海，恐其弟兄内或起争端，特遣侍卫阿齐图等前往谕令，将理塘之胡必尔汗送京亲看。又遣主事众佛保往班禅处，问此胡必尔汗之真假。续经戴青和硕齐等奏请俟来秋送至京师。奉旨著将理塘胡必尔汗暂于西宁口内寺庙居住。今侍卫阿齐图疏言：'主事众佛保自班禅处回，据班禅称理塘胡必尔汗是假，而戴青和硕齐等坚求亲往班禅处问其真假。'应令阿齐图等传集青海两翼诸贝勒、台吉等于会盟处，宣示皇上仁爱之意及班禅送来印文。令将胡必尔汗送至红山寺居住。"从之。②

清康熙五十四年（1715），清廷派遣侍卫阿齐图前往青海召集青海两翼蒙古诸贝勒、台吉会盟，在会上各方达成共识，两翼台吉等暂时和睦，并将理塘小灵童安置在红山寺居住。后于1716年，又按清廷安排，小灵童移居宗喀巴寺，即塔尔寺居住，派兵严加护卫。

---

① 《西藏研究》编辑部编：《清实录藏族史料》（一），拉萨，西藏人民出版社，1982年版，第189—190页。
② 同上书，第191页。

康熙五十六年（1717），漠西厄鲁特蒙古准噶尔部策妄阿拉布坦派兵突袭西藏，拉藏汗遭杀害，西藏政局又发生巨变，藏区社会比以往任何时期更为动荡。根据《清实录》记载：

> 侍卫阿齐图疏报："臣统兵至柴旦木地方，于正月初二日，遇见伊打木扎布等带领拉藏子苏尔扎之妻自招败回。告称：准噶尔兵来至达穆地方，与我土伯特兵交战数次，彼此伤损甚多。去年十月三十日，厄鲁特之噶隆沙克都尔扎布叛归准噶尔，将小招献降，我土伯特兵众解散，台吉那木扎尔等在布达拉北城开门投顺，准噶尔兵众拥入。十一月初一日，苏尔扎率兵三十人冲围而出，被其擒获，拉藏被围身亡，我等逃奔而来"等语。①

漠西蒙古准噶尔部策妄阿拉布坦派遣其将官策楞敦多布突袭拉藏汗军队，结果里应外合，准噶尔军获胜，他们杀害了拉藏汗并擒拿了拉藏汗之子苏尔扎。同时，准噶尔军废黜了第六世达赖喇嘛·益西嘉措的身份职位。据《清实录》记载：

> 康熙五十七年（1718），总督额伦特疏报："四月初五日，拿获策零敦多卜之使人罗卜臧等八人，讯称：伊等自去年正月由特几斯起程，十月至布搭拉地方。本月二十八日夜攻取大昭、小昭，次日围住布达拉，杀害拉藏。将伊幼子及所属寨桑等送往策妄阿喇布坦处。伊子苏尔扎遁走，为土伯特擒获。拘达赖喇嘛于扎克布里庙，班禅仍住拉（扎）锡伦布等语。将使人罗卜臧等交主事奈曼代，沿途防护，解往京城。"报闻。②

以上引文较详描述了准噶尔军队于1717年10月末11月初突袭拉萨的情景，如10月28日夜间偷袭并拿下大昭寺和小昭寺，第二天开始围攻布达拉宫。这几处皆为当时西藏地方政权的核心区域。其结果将西藏最高

---

① 《西藏研究》编辑部编：《清实录藏族史料》（一），拉萨，西藏人民出版社，1982年版，第208页。
② 同上书，第209页。

行政长官拉藏汗杀害，最高宗教领袖第六世达赖喇嘛·益西嘉措被软禁在一座寺庙里面。至此，准噶尔人进军西藏的目的基本实现。但是，准噶尔军队在西藏的所作所为也造成了当地的恐慌。据《噶厦印谱》记载：

> 火鸡年（1717）年底准噶尔珲台吉把持藏政，一切由他发布命令。他委派达孜·拉杰饶丹或称吉雪噶丹台吉为第巴。又将持莲花生大士阿旺益西嘉措赶下宝座，囚禁在药王山下。此代第斯的官印为长方形，印头上有三眼宝，另外还有一颗较大的四行蒙文的印，印头上有眼宝。达孜巴执政至铁鼠年（1720），清廷以附逆罪将其法办。①

漠西蒙古准噶尔部策妄阿拉布坦派遣其将官策楞敦多布率军进藏，成为当时举世瞩目的历史事件。准噶尔军队，一来乘西藏政局不稳，二来借助达赖喇嘛真假之争，既杀害了西藏当权者拉藏汗，又废黜了益西嘉措的第六世达赖喇嘛身份职位。可以说，准噶尔部军队彻底夺取了和硕特部固始汗及其子孙掌控西藏政局的特权。

然而，准噶尔军队没有给西藏地方政局带来任何稳定因素，反而制造了愈加动荡的社会局面。从种种迹象表明，策楞敦多布率领的准噶尔军队是以维护格鲁派合法利益为借口而进入西藏境内的，他们一旦夺取西藏地方政权后，便原形毕露，开始对格鲁派之外的其他宗派或寺院施行了抢劫烧杀等暴行。根据《西藏通史·松石宝串》记载：

> 准噶尔人为了显示其尊崇格鲁派，还把莲花生大师著名的修行洞门砌死，用泥抹光，把多杰扎寺（rdo rje brag）、敏珠林寺（smin grol gling）、曲水塔巴林寺（thar pa gling）、桑阿强曲林寺（gsang sngags byang chub gling）等很多宁玛派寺庙夷为平地。②

多杰扎寺和敏珠林寺的摧毁，对于宁玛派来说，是一次沉重的打击。因为多杰扎寺和敏珠林寺是宁玛派在西藏前藏地区建立起来的两大具有祖

---

① 《噶厦印谱》(刘立千藏学著译文集·杂集)，北京，民族出版社，2000年版，第156页。
② 恰白·次旦平措等编著，陈庆英等译：《西藏通史·松石宝串》(下)，拉萨，西藏古籍出版社，2004年第二版，第714页。

庭性质的寺院，在宁玛派发展史上享有崇高地位，曾得到第五世达赖喇嘛的鼎力扶持而兴隆发展，不仅在藏传佛教领域发挥举足轻重的作用，而且在更广大的藏族地区产生深远的宗派影响力。与此同时，准噶尔军队也对格鲁派部分寺院进行肆无忌惮的掠夺和骚扰。准噶尔军队在西藏的所作所为引起了康熙皇帝的愤慨，他发号施令进行了谴责：

> 兹众喀尔喀及青海等俱服朕之风化，而策旺阿喇布坦之人霸占藏地，毁其寺庙，散其番僧，青海台吉理应弃命忘身，奋勇致讨；乃伊等却无实心效力之人。①

可以看出，康熙皇帝人在京城，与西藏相隔千山万水，却能及时获悉西藏的讯息，尤其对策旺阿喇布坦之人，口称维护黄教（格鲁派），实际毁坏寺院，遣散僧人等罪状了如指掌，并发动青海和硕特蒙古对准噶尔人进行讨伐。当时，准噶尔军队在西藏的言行举止令人担忧，对此王森教授在《西藏佛教发展史略》中作了评述：

> 策楞敦多布在西藏实际是进行着军事统治，他的军纪很坏，曾抢劫三大寺金银供器送往伊犁；更借口教派不同，抢掠焚烧宁玛派的寺院；特别是他们恣意抢掠，任意屠杀藏族人民，引起了藏人的普遍不满，遂合辞奏请清廷派兵进藏。②

清朝政府面对准噶尔军队入藏后西藏出现较为混乱的局面，又鉴于蒙藏广大信众对达赖喇嘛真假的关切和宗教信仰意愿，最后决定派兵进藏，驱逐准噶尔军队。康熙五十八年（1719），康熙皇帝对议政大臣等下令说：

> 此次差往西边胡毕图等前来回称："策零敦多卜等及土伯特众喇嘛民人，俱言在西宁现有新胡必尔汗实系达赖喇嘛之胡必尔汗。天朝圣主将新胡必尔汗安置在达赖喇嘛禅榻上座，广施法教，实与众人相

---

① 《西藏研究》编辑部编：《清实录藏族史料》（一），拉萨，西藏人民出版社，1982年版，第241页。
② 王森：《西藏佛教发展史略》，北京，中国社会科学出版社，1997年版，第215页。

望之意允协。且土伯特处时有瘴气，厄鲁特之子孙不能滋生，多生疾病，有何贪恋之处？惟恳天朝圣主将法教速为广施。"观此情形，似乎易结。今将新胡必尔汗封为达赖喇嘛，给与册印，于明年青草发时，送往藏地，令登达赖喇嘛之座。送往时，著大臣带满洲兵一千名、蒙古兵一千名、土番兵二千名、绿旗马兵一千名、步兵一千名前去，其行粮、牲畜接续之处，令大将军办理。再由巴尔喀木带四川满洲兵一千名、绿旗兵一千名，土番兵酌量派往，其行粮、牲畜接续之处，今年夔尧办理。青海王、贝勒、贝子、公等亦带领属兵，或一万，或五六千，送往前去。①

由于西藏事态的进步发展和社会各方因素，促使康熙皇帝下令做出决定，清廷宣布了当时暂住在青海西宁塔尔寺的康区小灵童（格桑嘉措）为第六世达赖喇嘛真人，并由清军亲自护送其前往西藏拉萨，拟在布达拉宫举行坐床仪式。护送达赖喇嘛进藏，得到藏蒙各部的鼎力支持。据《清实录》记载：

康熙五十九年（1720）二月，先是，抚远大将军允禵复奏："臣遵旨传集青海王、台吉等会议进兵安藏及送新胡必尔汗往藏之事，其青海王、台古等皆同心协力，情愿派兵随征，并请封新胡必尔汗掌持黄教。"至是，命封新胡必尔汗为弘法觉众第六世达赖喇嘛，派满汉官兵及青海之兵送往西藏。其四十九旗扎萨克并喀尔喀泽卜尊丹巴呼图克图等，亦令遣使会送。②

从以上引文中看出，清朝政府派兵入藏的同时，按照藏蒙信众意愿，册封了居留塔尔寺的小灵童为"弘法觉众第六世达赖喇嘛"。所以，此次护送达赖喇嘛灵童入藏名正言顺，进藏大军以清朝正规军为主、青海蒙藏兵为辅，可谓浩浩荡荡，规模庞大，史无前例，其中尚有漠北喀尔喀部宗教领袖哲布尊丹巴大活佛的代表使者。这在达赖喇嘛世袭史上乃至西藏近

---

① 《西藏研究》编辑部编：《清实录藏族史料》（一），拉萨，西藏人民出版社，1982年版，第234页。

② 同上书，第243页。

代史上具有划时代意义。

　　历史上，清朝政府曾经默许拉藏汗废黜第司·桑结嘉措拥立原第六世达赖喇嘛·仓央嘉措，并且认可了拉藏汗选定的新的第六世达赖喇嘛·益西嘉措；之后，准噶尔军队入藏又废黜了第六世达赖喇嘛·益西嘉措，清朝政府再次接受了这一现实。所以，从当时清朝政府的立场看，朝廷已经否定了前仓央嘉措和后益西嘉措两位第六世达赖喇嘛的身份，只有再认定新的第六世达赖喇嘛方符合历史逻辑。这样清廷在命封新的小灵童格桑嘉措时，便出现了"弘法觉众第六世达赖喇嘛"的印册；但是那时清廷却忽略了藏蒙民众大都一贯认同第司·桑结嘉措拥立的仓央嘉措为第六世达赖喇嘛的实事，而且仓央嘉措去世和康区小灵童出生的日期又符合活佛转世定制，这样小灵童格桑嘉措必然成为第七世达赖喇嘛。后来清廷知晓宗教传承原则，便纠正了这一错误。

　　康熙五十九年（1720）八月，清朝大军顺利进抵拉萨，在西藏僧俗官员及民众的密切配合和大力支持下，迅速驱逐了扰藏的准噶尔军队。根据《清实录》记载：

　　　　王师所至，望风响应，随有朱贡之呼图克图献地来降。次日进取墨朱工喀，赏赉第巴头目，安辑民人。臣遣千总赵儒等往谕第巴达克杂来降。又，喇嘛锺科尔头目亦陆续来降。臣等随令第巴达克杂聚集皮船，于八月二十二日渡河。复令侍卫讷秦等率领官兵，分为三队，二十三日五鼓时分起程，进取西藏。传西藏之大小第巴头目并各寺庙喇嘛，聚集一处，宣示圣主拯救西藏民人至意。随将达赖喇嘛仓库尽行封闭。西藏附近重地扎立营寨，拨兵固守。截准噶尔之往来行人及运粮要路。随据三庙之坎布将各庙所有准噶尔之喇嘛共一百一人擒获。内有为首喇嘛五人。据第巴达克杂及三庙坎布等首告，彼皆策楞敦多卜授为总管之喇嘛。于是将此五名喇嘛即行斩首，其余九十六名准噶尔之喇嘛尽行监禁。①

　　以上引文中的"朱贡之呼图克图"是指藏传佛教智贡噶举派（vbri

---

① 《西藏研究》编辑部编：《清实录藏族史料》（一），拉萨，西藏人民出版社，1982年版，第250—251页。

gung bkav brgyud）的大活佛，其驻锡地为前藏智贡提寺（vbru gung mthil），他在当地有一定的宗教权威性和社会影响力；文中"第巴达克杂"是指准噶尔将官策楞敦多布委任的第巴（司）达孜巴·拉杰饶丹，他从1717年始在策楞敦多布的指使下管理西藏政教事务至1720年；其"三庙坎布"即拉萨三大寺堪布（住持），他们在西藏宗教界享有很高的社会地位和发言权。可以看出，此次清朝大军进藏肩负两大任务：其一，护送小灵童格桑嘉措回藏坐床，入住布达拉宫，确立达赖喇嘛的正式身份地位；其二，驱逐扰藏的准噶尔军队，平定西藏社会和政局。同时，清军肃清了准噶尔在西藏本土的残余势力，清退了拉萨三大寺中的准噶尔僧人，并对其中的僧官采取了严厉的惩罚措施。

至于达赖喇嘛格桑嘉措的生平以及由清朝大军亲自护送回藏坐床的经过，在《噶厦印谱》中作了较详记述：

> 第七辈达赖喇嘛名格桑嘉措，康熙四十七年土鼠年（1708）出生在理塘之地。当时因为慑于拉藏汗的淫威，不敢正式承认，青海诸王公怕此灵童落于他人之手，遂设法将其迎至青海，并渐次上奏皇帝。得皇帝的敕书，乃将灵童迎驻西宁塔尔寺暂住；迨灵童年13岁时，即康熙五十九年铁鼠年（1720），皇帝始下诏派皇子将军率兵送达赖回藏坐床，并厚加赏赉。同年4月22日达赖喇嘛从塔尔寺启程回藏，皇子将军率领大兵送至金沙江边，始回原地，其手下将官扈从达赖喇嘛直抵拉萨。达赖于9月15日在布达拉宫举行坐床典礼。①

康熙五十九年（1720），第六世达赖喇嘛转世灵童格桑嘉措在布达拉宫举行隆重的坐床典礼，正式确认为第七世达赖喇嘛。护送达赖喇嘛的清军在进藏沿途受到藏族民众的热情欢迎。根据《清实录》记载：

> 据平逆将军延信呈报：大兵送达赖喇嘛至藏地安置，其所经过雷东喷多等处，居住喇嘛人等感激圣主再造弘恩，罔不踊跃欢欣，男女老幼，襁负来迎。见我大兵，群拥环绕，鼓奏各种乐器，合掌跪曰：

---

① 刘立千：《噶厦印谱》，《刘立千藏学著译文集·杂集》，北京，民族出版社，2000年版，第156页。

"自准噶尔贼兵占据土伯特地方以来，父子分散，夫妇离别，掳掠诸物，以致冻馁，种种扰害，难以尽述。以为此生不能再见天日。今圣主遣师击败贼兵，拯救土伯特人众，我等得解脱患难，仍前永享升平乐业之福，似此再造弘恩，何以报答！"纷纷叩陈，出于至诚。①

引文中"土伯特"指西藏地方或藏族人，此次清军护送第七世达赖喇嘛格桑嘉措进藏，不但受到藏族民众的热烈欢迎，而且成为藏蒙信众期盼已久的盛事。

第四节　噶伦与地方政教管理

清康熙六十年（1721），清朝政府废除独揽西藏地方政权的第巴（司）长官职位，同时，又拒绝青海和硕特部亲王罗卜藏丹津（固始汗之孙）提出的要求，没有恢复和硕特部掌控西藏世俗权力的惯例，而是设立了数位噶伦（bkav blon）官职，共同管理西藏事务。至此，蒙古汗王控制西藏地方世俗权力的历史宣告结束。清朝政府在很短时间之内，相继任命五位噶伦，执掌西藏事务。根据《西藏通史·松石宝串》记载：

> 藏历铁牛年（1721），皇帝敕封德钦巴图尔康济鼐·索南嘉布为贝子，并委任为总理西藏事务的首席噶伦；敕封阿尔布巴·多杰嘉布，为贝子，晋升为噶伦；敕封隆布鼐·扎西嘉布为公爵；敕封颇罗鼐·索南道杰和扎尔鼐·罗哲嘉布为台吉，晋升为噶伦，成立了总理西藏地方政府事务的机构。②

清朝政府授予噶伦职位的人大多是曾协助清军入藏有功的藏族大贵族。抚远大将军允禵在疏言中讲道：清军"至空（工）布地方之第巴阿尔布巴首先效顺，同大兵前进取藏，阿里地方之第巴康济鼐与准噶尔为仇，截夺准噶尔之人，又截准噶尔兵回路，第巴隆布奈亲身归附，应否授

---

① 《清实录藏族史料》（一），拉萨，西藏人民出版社，1982年版，第262页。
② 恰白·次旦平措等编著，陈庆英等译：《西藏通史·松石宝串》（下），拉萨，西藏古籍出版社，2004年第2版，第727页。

以职衔，伏候谕旨"。得旨："第巴阿尔布巴、第巴康济鼐著俱授为贝子。第巴隆布奈著授为辅公国。"① 其中任命康济鼐（khang chen nas）为首席噶伦，本名索南嘉布（bsod nams rgyal po），后藏人；任命阿尔布巴（nga phod pa）为噶伦，名多杰嘉布（rdo rje rgyal po），工布人；任命隆巴鼐（lum pa nas）为噶伦，名扎西嘉布（bkra shes rgyal po），前藏人。最初他们在清军官员监督下管理西藏行政事务。在此期间西藏发布命令，则由噶厦加盖谕赐的六行蒙文四方官印，用黑色。印文为"贝子康钦巴（康济鼐）为首席噶伦，贝子阿沛巴为协助噶伦之印吉祥"。②

上文中出现的"阿沛巴"、"阿尔布巴"等名称，是在汉文文献中书写的不同译名，实际指同一个人，即阿尔布巴·多杰嘉布。清廷在西藏授予三名噶伦后，康熙皇帝又派钦差大臣阿萨肯进藏，在原有三名噶伦之外，新任命颇罗鼐·索南道杰（po lha ba bsod nams stobs rgyas，1689—1747）和扎尔鼐·罗哲嘉布（sbyar ra nas blo gros rgyal po）二人为噶伦，并受封台吉。关于设立噶伦职位管理西藏事务的政治体制，王森教授这样分析说：

> 采取四个噶伦管理西藏事务的这个组织形式，是沿用了拉藏汗时的旧形式，但是实际上，已不再有蒙古汗王和藏族第巴做他们的上司，所以才以康济鼐为首席噶伦。看起来，清廷一方面是沿用了拉藏汗以来西藏政教分权的形式，另一方面也在地方政府的组织形式上肯定了政教分权这一事实，只是任命七世达赖的强佐扎尔鼐作一名噶伦来照顾达赖方面而已。③

后期许多论著中都认为当时清廷任命四位噶伦管理西藏地方事务，但依据历史文献资料，这一时期，清廷在西藏先后任命了五位噶伦，而不是四位，如上文中所述前三后二，即五位噶伦管理西藏事务。东噶·洛桑赤列教授认定清朝政府在西藏前后任命五位噶伦的同时，又分析了五位噶伦对藏传佛教各宗派所持的立场和态度。他说：

---

① 《清实录藏族史料》（一），拉萨，西藏人民出版社，1982年版，第262—263页。

② 刘立千：《噶厦印谱》，《刘立千藏学著译文集·杂集》，北京，民族出版社，2000年版，第157页。

③ 王森：《西藏佛教发展史略》，北京，中国社会科学出版社，1997年版，第217页。

藏历第十二绕迥铁牛年（1721），七世达赖喇嘛格桑嘉措在布达拉宫坐床，并由定西将军、国公才旺诺布、顿珠王、艾维贝勒、亲王罗布藏丹津、贝子阿尔布巴多吉嘉布、国公隆布鼐扎西嘉布等汉藏官员执政一年。此后，康熙皇帝又派钦差大臣阿萨肯进藏，在原有的首席噶伦达勤巴图尔索南嘉布和他的助手贝子阿尔布巴多吉嘉布、国公隆布鼐扎西嘉布二人之外，新任命颇罗台吉·索南道杰和甲热哇·洛追嘉布二人为噶伦，并封为台吉。在这些噶伦中，贝子康济鼐达勤巴图尔只喜爱格鲁派，特别仇视宁玛派，而阿尔布巴、甲热哇、隆布鼐三人只喜爱宁玛派，颇罗台吉内心里喜爱宁玛派，但表面上装作喜欢格鲁派。①

以上引文中的"甲热哇"指扎尔鼐·罗哲嘉布，属于后一轮推举任命的噶伦之一。实际上，诸位噶伦相互间不和睦的缘由，除了在藏传佛教宗派上持有各自的不同立场和倾向性之外，主要是因为他们对权力与利益产生了过度欲望。五位噶伦相继任职后，开始拉帮结派，争权夺利，很快在他们之间出现尖锐的矛盾。加之清雍正元年（1723），清廷又商定"平藏之后，留兵防护，恐屯扎日久，唐古特等供应繁费，应将驻藏官员尽行撤回"。②清军从拉萨陆续撤出后，五位噶伦之间的矛盾迅速公开化，以至于展开激烈争斗。可以说，噶伦之间的矛盾起因，极其错综复杂。故后世学者从不同视角作了多种解析和推断，其中东噶·洛桑赤列教授认为：

> 达勤巴图尔（康济鼐）决定把由宁玛派僧人组成的布达拉南杰扎仓迁到泽当邬金寺，由上下密院僧人中抽一部分另组新的南杰扎仓，已被准噶尔人毁坏的宁玛派寺院不得修复。这一决定引起其他几位噶伦的不满，特别是阿尔布巴、隆布鼐、甲热哇三人密谋除掉达勤巴图尔和颇罗台吉。③

---

① 东噶·洛桑赤列著，陈庆英译：《论西藏政教合一制度》，北京，民族出版社，1985年版，第68页。
② 《西藏研究》编辑部编：《清实录藏族史料》（一），拉萨，西藏人民出版社，1982年版，第277页。
③ 东噶·洛桑赤列著，陈庆英译：《论西藏政教合一制度》，北京，民族出版社，1985年版，第69页。

值得注意的是，五位噶伦之间的争斗，除了诸如处理西藏事务的意见、对待宁玛派寺院及僧人的态度和安排等易于浮现在社会表层上的矛盾之外，尚有潜藏在内心深处或骨子里固有的传统观念等深层次矛盾，诸如族源历史、贵族等级和社会身份等，成为他们之间难以调和的根本问题。对此，王森教授分析说：

> 康济鼐的贵族地位不及阿尔布巴、隆布鼐两个人的贵族地位高，他们看不起康济鼐。隆布鼐又以二女妻七世达赖之父索南达结，扎尔鼐原为达赖属员，自然听从达赖父亲的指挥。于是三个噶伦结为一党与康济鼐争权。①

除了贵族等级、社会身份和人际关系等差异外，噶伦之间尚有性格人品素质等方面的诸多差异。所以，清朝政府从政治的角度曾对诸位噶伦的秉性、人缘及能力等方面作过较为详尽的评估。如《清实录》描述："康济鼐为人甚好，但恃伊勋绩，轻视众噶伦，为众所恨。阿尔布巴赋性阴险，行事异于康济鼐，……隆布奈行止妄乱，札尔鼐庸懦无能。"② 因为种种缘由，最终不可避免地酿造了西藏噶伦之间的惨案，康济鼐被杀，其部下颇罗鼐起兵，控制拉萨，抓捕其他三位噶伦，并请求清朝派兵处置。根据《清实录》记载：

> 西藏噶隆札萨克台吉颇罗鼐等奏报："康济鼐与准噶尔构兵，所办诸事，洵有裨益。乃阿尔布巴、隆布奈、札尔鼐等，会同前藏头目，于六月十八日将康济鼐杀害。臣即收聚后藏军兵防守驻扎，阿尔布巴等复发兵来侵，被臣杀伤无算。今臣带领兵众剿捕阿尔布巴等，伏祈皇上速遣官兵进藏，剿灭逆魁，以安西藏。"③

---

① 王森：《西藏佛教发展史略》，北京，中国社会科学出版社，1997年版，第217页。
② 《西藏研究》编辑部编：《清实录藏族史料》（一），拉萨，西藏人民出版社，1982年版，第315页。
③ 同上书，第316—317页。

清雍正五年（1727），西藏发生诸噶伦相互谋害之事件，最后噶伦颇罗鼐在军事上取得胜利，为安定西藏政局，向清廷请求派兵进藏。朝廷再次派兵入藏，大兵在未发一矢、未伤一员的情况下抵达拉萨，将阿尔布巴和隆布奈二人凌迟处决，将扎尔奈及阿尔布巴诸子和隆巴鼐之子俱斩。至此，西藏前任五位噶伦中仅剩颇罗鼐一人，清廷又不得不补选新噶伦。根据《清实录》记载：

> 办理西藏事务吏部尚书查郎阿等奏称："颇罗鼐原在后藏，与唐古特相居日久，众皆信服，应遵旨令颇罗鼐总管后藏事务。自后藏至冈底斯、阿里等处俱令其管理。其前藏事务，访问素为土伯特信服之人二名，授为噶伦。据颇罗鼐保选二人，一名色朱特色布腾、一名策凌旺扎尔，俱系大员之子，素为人所敬重。臣等见二人诚实明白，即令管理前藏。授为噶伦。但招地初定，新放二噶伦办理恐不能妥协。颇罗鼐办理噶伦事务，为人心服。查前藏、后藏相离不远，事可兼办。臣等暂令颇罗鼐统管前藏、后藏，俟达赖喇嘛迁移完毕，招地撤兵，再令颇罗鼐专管后藏。"均应如所请。①

清朝政府对颇罗鼐在平息动乱中所做出的功绩予以褒奖，如官修史书中所记："颇罗鼐深知大义，讨逆锄奸，俾无辜受害者得雪沉冤，背旨肆行者早正刑辟，甚属可嘉。著封为贝子，以奖义勇，以昭国宪。"② 这是清廷于雍正六年（1729）将颇罗鼐从原台吉职衔升为贝子时的褒奖。同时，任命颇罗鼐为新的首席噶伦，总管前藏、后藏等西藏事务，成为当时清廷最信任可靠的西藏最高行政长官。所以，新补选的二位噶伦皆为颇罗鼐亲自举荐并上报清廷核准任命的，他们分别是色朱特色布腾和策凌旺扎尔二人。

在此需要指出的是，《清实录》中所记"策凌旺扎尔"一名稍有错处，据藏文文献记载，其准确写法是"多喀尔夏仲·策仁旺杰"（mdo mkhar zhabs drung tshe ring dbang rgyal，1697—1762），他是西藏近代史上出现的一位名副其实的文武双全的著名人物。首先，多喀尔夏仲·策仁旺

---

① 《西藏研究》编辑部编：《清实录藏族史料》（一），拉萨，西藏人民出版社，1982年版，第327页。

② 同上书，第329页。

杰是一位高瞻远略的政治家，早在1716年始就担任宗本（rdzong dpon，县官）职务，积累了丰富的从政经验，并且一向亲民廉政；1729年被清廷授予札萨克台吉爵位，任命噶伦职位；他在长期担任西藏地方政府要员期间，尤其在历次政治动乱中能够顺利过关，直至1762年去世，表现了一个成熟政治家所具备的瞻前顾后的政治智慧；其次，多喀尔夏仲·策仁旺杰是一名才华横溢的文化人，创作了数部脍炙人口的作品，诸如《勋努达麦故事》（gzhon nu zla med kyi gtam rgyud）、《颇罗鼐传》（mi dbang rtogs brjod）和《噶伦传》（Bkav blon rtogs brjod），这三部作品不但语言优美、内涵丰富，而且分别反映了作者青年、中年和老年三个不同时期的文学造诣和思想境界。

清雍正九年（1731），雍正皇帝鉴于颇罗鼐在西藏政局中的出色表现，给理藩院下令，晋升贝子颇罗鼐为贝勒。如《清实录》记载："布鲁克巴部落人等互相仇杀，贝子颇罗鼐遣使解扣，宣朕威德，甚属可嘉，著封为贝勒。伊子一等台吉珠尔嘛特册登，屡次领兵效力边疆，著封为辅国公。"[①] 颇罗鼐被授为贝勒，总管西藏事务后，不负众望，实心效力，并能够管束西藏民众。清廷又"令礼部铸给办理危（卫）藏噶伦事务多罗贝勒银印一颗，交于颇罗鼐掌管"[②]。从而使颇罗鼐便于行文对管辖地方军政事务进行发号施令。至此，西藏地方趋于安定，故清廷下令始从西藏撤兵。

第五节　西藏郡王与地方政局

清乾隆四年（1740）十二月，清廷"封贝勒颇罗鼐为郡王。谕曰：'西藏贝勒颇罗鼐遵奉谕旨，敬信黄教，振兴经典，练兵防卡，甚属勤勉。'著加恩晋封郡王"[③]。这是有清以来册封西藏地方官员的最高爵位或职衔，在民间俗称"藏王"。值得提出的是，西藏郡王以及驻藏大臣的出现或诞生，标志着清朝政府在西藏正式推行驻藏大臣监督下由藏王（郡王）具体管理西藏地方事务的行政体制。

---

① 《西藏研究》编辑部编：《清实录藏族史料》（一），拉萨，西藏人民出版社，1982年版，第344页。

② 同上书，第351页。

③ 同上书，第400页。

颇罗鼐受封郡王职衔,执政七年左右,便不幸去世。这给西藏政局又带来了变数。据《噶伦传》记载:藏历第十三绕迥火兔年(1747)欢度新年后不久,颇罗鼐身体欠佳,脖子上长了疖疮,病情严重,经医治、念经及驱邪等多种努力,仍不见效,终于二月二日病故。① 颇罗鼐作为西藏第一代群王,病逝后举行了隆重的葬礼。多喀尔夏仲·策仁旺杰认为:这是前世积善,得到的好报,很有福气。达赖喇嘛亲自前赴噶丹康萨(dgav ldan khang gsar)给死者超度,恩惠无比,表现出一视同仁的菩提心的宽宏大量。此外,蒙古准噶尔部策旺多吉朗杰(tshe dbang rdo rje rnam rgyal)派噶尔丹策凌参加吊唁。② 乾隆皇帝据副都统傅清奏称,得知郡王颇罗鼐病故,亦深感惋惜。乾隆皇帝认为:"颇罗鼐任事以来,克尽忠诚,实心效力,今闻溘逝,深为轸悼!著加恩于彼处收贮钱粮内赏银一千两,料理丧事。例应遣大臣致祭,著派索拜前往祭奠。应行恤典,该部照例查奏。"③ 于是古北口提督索拜奔赴西藏,致祭郡王颇罗鼐。

与此同时,乾隆皇帝极为关注颇罗鼐之后的西藏事务,他提出"朕从前因念伊奋勉肫诚,降旨令颇罗鼐保奏一子承袭封爵。据颇罗鼐以次子珠尔默特那木扎勒堪以效力具奏,业加恩封为长子。今办理藏卫噶卜伦事务乏人,即将伊子珠尔默特那木扎勒袭封郡王"。④ 由于珠尔默特那木扎勒年幼承袭郡王,不如其父颇罗鼐管理西藏事务。乾隆皇帝又下令军机大臣等:

> 西藏地方关系甚要。颇罗鼐经事练达,下人信服,伊亦能奋勉效力,诸事毋庸置念。今颇罗鼐已故,虽命伊子珠尔默特那木扎勒袭封,总理藏卫事务,而藏地素属多事,众心不一,值珠尔默特那木扎勒年幼新袭之时,未必即能如颇罗鼐收服众人之心。颇罗鼐在时,凡事俱由伊主张,不过商同博清斟酌办理。今非颇罗鼐时可比,著传谕傅清,逐处留心访查。如有珠尔默特那木扎勒意见不到之处,即行指示,不得稍有疏忽。再,上年有达赖喇嘛属下人镇压颇罗鼐一事,伊等彼此

---

① 多喀尔·策仁旺杰著,周秋有译,常凤玄校:《噶伦传》,拉萨,西藏人民出版社,1986年版,第29页。

② 同上书,第30页。

③ 《西藏研究》编辑部编:《清实录藏族史料》(二),拉萨,西藏人民出版社,1982年版,第602页。

④ 同上。

已露不和之意。今颇罗鼐暴殁，珠尔默特那木扎勒或念伊父动生猜疑，与达赖喇嘛不睦，或达赖喇嘛又信人言，即照所行于颇罗鼐者行之于珠尔默特那木扎勒，则更有关系。傅清于此两人善为和解：惟期地方安静，不生事端。伊等彼此和好，属下即有奸诈者，亦不能滋事矣！颇罗鼐总理藏务多年，皆因能用其属下可信之人，凡事始皆妥当。珠尔默特那木扎勒宜令其用伊父信用旧人，协力料理，方为有益。①

颇罗鼐郡王去世后，乾隆皇帝敕封其次子珠尔默特那木扎勒为郡王，准袭父职，总理西藏地区事务，掌管西藏地方政权。同时，乾隆皇帝正确判断西藏事态发展，再三指令驻藏大臣精心关照，可是西藏政局还是没能长久保持和谐安宁，终究还是发生了珠尔墨特那木扎勒郡王谋乱事件。有学者认为"珠尔默特那木扎勒事件是一场由反对达赖喇嘛上升为反对驻藏大臣，继而反对朝廷的谋叛事件。第七世达赖喇嘛倾心拥护清廷，清朝中央在西藏抬高第七世达赖喇嘛之地位，极力推崇喇嘛教为基本国策。因此，反对第七世达赖喇嘛，势必动摇清朝的这一基本国策，不利于清朝对西藏的施政。驻藏大臣果断平叛，以身殉职，就是在捍卫这一国策。第七世达赖喇嘛能当机立断，迅速平息叛谋，这与他长期以来拥护清廷，爱国爱民的崇高思想是分不开的"。② 当时，清朝再次派兵进藏，稳定西藏局势，废除郡王掌管地方政权的建制，重新调整西藏政教合一制度。

第六节　驻藏大臣与噶厦政府

清朝政府在拉萨设立驻藏大臣，有其政治考量。正如乾隆皇帝所解说："所以命大臣驻藏办事者，原为照看达赖喇嘛，镇抚土伯特人众。"③ 乾隆时期，驻藏大臣及其衙门机制趋于规范，设两名驻藏大臣，一为办事大臣，一为帮办大臣；驻军官兵二千名额。从历史上看，驻藏大臣的职权，

---

① 《西藏研究》编辑部编：《清实录藏族史料》（二），拉萨，西藏人民出版社，1982年版，第603页。
② 陈庆英等编著：《历辈达赖喇嘛生平形象历史》，拉萨，中国藏学出版社，2006年版，第314页。
③ 《西藏研究》编辑部编：《清实录藏族史料》（一），拉萨，西藏人民出版社，1982年版，第438页。

经历了一个循序渐进的发展过程，最初以钦差大臣的身份监督西藏地方政权，后来提升其地位、放宽其权限，并与达赖喇嘛共同执掌西藏政务。

乾隆十六年（1751），承袭郡王职位的颇罗鼐之子珠尔墨特那木扎勒谋乱，驻藏大臣傅清、拉布敦杀珠尔墨特那木扎勒，珠尔墨特那木扎勒党羽又杀驻藏大臣。清朝政府在平定乱事后，鉴于世俗贵族掌权易生变乱，废除郡王掌权制度，授权第七世达赖喇嘛亲政，正式建立噶厦政府，内设四个噶伦职位，共同操持西藏政教事务。

一 驻藏大臣

驻藏大臣始于清雍正年间，雍正六年（1728），西藏"贝子阿尔布巴、公隆布鼐、台吉札勒鼐等谋杀贝勒康济鼐，背逆不道，藏民告变。我世宗宪皇帝命内阁学士僧格、副都统玛拉、洮岷协副将颜清如，先驰赴藏，抚绥人民"。[1] 僧格，巴林氏，蒙古镶红旗人，进藏前为内阁学士，世袭佐领；玛拉，富察氏，满洲黄旗人，进藏前为正红旗满洲副都统，其名字在文献中出现玛拉或马喇等几种写法。

清廷派遣玛拉和僧格二位同时赴藏办事，参与平定阿尔布巴之乱。之后，两人留住拉萨继续办理西藏应急事务，从而开清代驻藏大臣之先河。所以，中国学界基本认可将雍正六年（1728）定为清朝政府在西藏设立驻藏大臣的具体时间。正如林子青所说："清朝对于西藏地区的政教事务非常重视，于雍正六年（1728）设驻藏大臣，管理西藏政务。"[2]

又《清实录》记载："其藏内事务，著马喇、僧格总理，迈禄、包进忠协理。"[3] 由此可见，初设驻藏大臣之时，并不设定正副二人，而是由数人共同办事，甚至在特定时期多达五六人。例如，"今藏内现有僧格、包进忠、迈禄、青保、苗寿等数人办理事务，马喇著遵前旨回京"。[4] 这是驻藏大臣前任后继者交替工作时出现多人的特殊现象，平常只有两三人。又如，"雍正九年（1731）二月，护军统领马喇、内阁学士僧格在藏年久，朕意悯念。命正蓝旗蒙古副都统青保、大理寺卿苗寿前往替回。但

---

[1] （清）松筠撰：《卫藏通志》，拉萨，西藏人民出版社，1982年版，第351页
[2] 中国佛教协会编：《中国佛教》第一辑，北京，知识出版社，1980年版，第123页。
[3] 《西藏研究》编辑部编：《清实录藏族史料》（一），拉萨，西藏人民出版社，1982年版，第337页。
[4] 同上书，第348页。

二人一时回京，新任之人不能熟悉西藏事宜，著马喇先回，留僧格协同青保等再办事一年。马喇、僧格各赏银一千两"。① 马喇遵照雍正皇帝之命先于雍正九年（1731）八月回京；僧格后于雍正十一年（1733）离藏返京。雍正十二年（1734），驻藏大臣青保、苗寿二人因事故革职，清廷遂派遣散秩大臣伯阿尔逊、镶白旗付都统那苏泰前往西藏，办理事务。②

但是，清廷在西藏设立驻藏大臣初期，并没有明确其职称和权限，正如有学者认为：驻藏大臣设置后的一段时期内，其职称亦未统一明确，有"总理"、"协理"、"协办"等多种称谓。雍正九年八月乙卯（1731年9月25日）、乾隆六年九月辛卯（1741年11月7日）和九年九月己丑（1744年10月20日），朝旨先后出现了"西藏办事大臣"、"驻藏副都统"、"驻藏办事副都统"等新的称谓的提法。而并未有以后所谓"办事大臣"（正大臣）与"帮办大臣"（副大臣）之说。驻藏大臣不管几人同时驻藏，其权力、地位均相等。③

有学者专门研究清朝驻藏大臣沿革历史，认为"自雍正五年正式设立驻藏大臣至宣统末年（1727—1911），凡一百八十五年间，清廷派藏大臣计一百七十三人次：办事大臣九十人次，未到任七人，实际到任八十三人（其中重任三次者马拉一人，复任二次者索拜等十一人，由帮办大臣擢职者十九人）；帮办大臣八十三人次，未到任十五人，实际到任者六十八人（其中复任二次者雅满泰等五人）。两者合计扣除重任、复任、擢职者三十七人，清廷先后派遣大臣往藏一百三十六人，再减去未到任者二十二人，实际到任一百一十四人"。④

总之，清朝驻藏大臣在西藏政教合一制度的演进历史上发挥过重要作用。如吴丰培所说："驻藏大臣的设立，不仅加强了中央对西藏地方的统理，巩固了地方政权，也使藏族人民感受到统一的祖国大家庭的优越感。"⑤

---

① 《西藏研究》编辑部编：《清实录藏族史料》（一），拉萨，西藏人民出版社，1982年版，第346页。
② 同上书，第361页。
③ 吴丰培、曾国庆：《清朝驻藏大臣制度的建立与沿革》，拉萨，中国藏学出版社，1989年版，第17页。
④ 同上书，第22—23页。
⑤ 同上书，第2页。

二 噶厦政府

根据藏文文献，藏历第十三绕迥铁羊年，即乾隆十六年（1751），乾隆皇帝下诏书，授权第七世达赖喇嘛·格桑嘉措（1708—1757）亲政，掌管西藏地方政权。达赖喇嘛下设辅助人员（噶伦）和办事机构，遂建立了噶厦政府（bkav shag）。按照《噶厦印谱》记载：

> 乾隆十六年（1751）皇帝48岁。第十三绕迥的铁羊年（1751），皇帝下诏，一切政教事务必须达赖喇嘛亲自过问。达赖喇嘛之下设四噶伦为其辅助。从本年起第七辈达赖喇嘛格桑嘉措亲管政事，至火牛年（1757）为时七载。其封诰印除"自在佛印"未常使用外，其余均沿五辈达赖旧例使用。皇帝又赐金印，印文亦如五辈达赖之印，文曰："西天大善自在佛统领天下释教普觉班杂达热达赖喇嘛之印。"①

噶厦政府是遵奉第七世达赖喇嘛·格桑嘉措旨意办事的政教合一机构，内设四位噶伦（官职）具体操办。当时任命多仁·贡布欧珠热旦（rdo ring mgon po dngos grub rab brtan，1721—1792）、多喀尔夏仲·策仁旺杰（mdo mkhar zhabs drung tshe ring dbang rgyal，1697—1762）、顿巴·斯却次丹（ston pa srid chos tshe brtan）和孜准达尔汗尼玛坚赞（rtse mgron dar han nyi ma rgyal mtshn）四人为噶伦。四位噶伦中有三位俗官和一名僧官，其中孜准达汗尼玛杰布为僧官。据《噶厦印谱》记载：

> 此辈达赖喇嘛亲自处理政教事务，其下尚有首席噶伦多仁诺们罕班智达，助理扎萨多喀尔尔夏仲·策仁旺杰，扎萨顿巴·斯却次丹等，僧官有孜准达尔汗·尼玛坚赞等人。五个噶伦都非常精明能干，受到称赞。噶厦还自制有其它钤记，如德吉玛印、改错印、封禁印等，一直使用至现在。皇帝又特恩准如遇有祈祷修法的佛教大事，达赖的命令可以行于西藏本部与及大藏。此时又特设噶仲、卓尼、森噶

---

① 刘立千：《噶厦印谱》，《刘立千藏学著译文集·杂集》，北京，民族出版社，2000年版，第158页。

等官职，同时还新增设专门管理公文之译仓列空。①

噶厦政府成立仪式上，达赖喇嘛亲临祝愿，赐新制"斯西德吉"印，宣布从此开始，噶厦政府正式行使职权，负责处理西藏地方的政治、经济、文化和军事等内外事务。

特别是乾隆十六年（1751），清朝中央政府颁布《钦定西藏善后章程十三条》，对西藏地方政体作出重大改革，力挺达赖喇嘛在西藏政教合一制度中享有的最高权力，如重大政务和重要官员的任免，须禀报达赖喇嘛批准。而且《章程十三条》对噶伦、驻藏大臣和达赖喇嘛的权限作了具体规定：凡地方一般事务，众噶伦秉公会商，妥协办理外，其具折奏重务，并驿站紧要事件，务须遵旨请示达赖喇嘛并驻藏大臣酌定办理，钤用达赖喇嘛印信、钦差大臣关防遵行。② 各寺之堪布喇嘛，或遇缺出，拣选派往；或人不妥协，应行调回；均应由达赖喇嘛酌行，噶伦等不得仍照陋规，专擅办理。喇嘛中遇有犯法者，噶伦等亦应秉公禀明达赖喇嘛，请示遵行。③ 将来或有不尊奉达赖喇嘛，并犯有不能办理地方事务，应行革除者，亦由达赖喇嘛会同驻藏大臣参奏。革除后，原颁之敕书，一体撤回缴部。④

第七世达赖喇嘛·格桑嘉措亲政后，抑制世俗贵族势力，加强与驻藏大臣的沟通合作，改善格鲁派僧侣的生活待遇。乾隆十九年（1754），第七世达赖喇嘛在布达拉宫创建僧官学校，开设梵文、书法、诗词、历算、语言等社会公共文化课程，除格鲁派高僧外，还聘请宁玛派敏珠林寺的高僧担任教师，学员从哲蚌寺、色拉寺、甘丹寺、木如寺等格鲁派寺院中选送，要求德才兼备，并经孜译仓（rtse yig tshang）批准，每届定额50余名。毕业后依凭个人综合条件，由孜译仓派往各地宗（县）或在噶厦政府中担任职位。

乾隆五十八年（1793），清朝政府颁布《钦定西藏善后章程二十九条》，以法律形式加强中央对西藏噶厦政府的监管力度。首先，提升驻藏大臣的权限。《章程》规定驻藏大臣督办藏内事务，应与达赖喇嘛、班禅

---

① 刘立千：《噶厦印谱》，《刘立千藏学著译文集·杂集》，北京，民族出版社，2000年版，第158页。

② （清）乾隆朝《钦定西藏善后章程十三条》。

③ 同上。

④ 同上。

额尔德尼平等，共同协商处理政事。所有噶伦以下的首脑及办事人员以至活佛，都得服从驻藏大臣。扎什伦布寺的一切事务，在班禅额尔德尼年幼时，由索本堪布负责处理，但为求得公平合理，应将一切特殊事务，事先呈报驻藏大臣，以便驻藏大臣出巡到该地时加以处理。[①] 其次，规范班禅额尔德尼管辖政教体制，使班禅额尔德尼享有与达赖喇嘛同等的待遇。呈请大皇帝批准，成立3 000名西藏常设军队：前后藏各驻1 000名，江孜驻500名，定日驻500名。以上兵员统为达赖喇嘛和班禅额尔德尼的警卫。此外，班禅额尔德尼驻锡地扎什伦布寺的行政体制及僧官制度，亦趋同噶厦政府。将所有强佐、索本、森本及宗本等，须依前藏之制度，由班禅额尔德尼和驻藏大臣协商委任。[②] 此外，清朝规定驻藏大臣不准叩拜达赖喇嘛。[③] 可以说，乾隆五十八年（1793）制定的《钦定西藏善后章程二十九条》，基本上确定了西藏政教合一制度的长效机制。

第七节　摄政王与达赖喇嘛

藏历第十三绕迥土虎年，即乾隆二十二年（1757），第七世达赖喇嘛·格桑嘉措（skal bzang rgya mtsho, 1708—1757）在布达拉宫圆寂，西藏地方政教事务暂由噶伦代办。之后，乾隆皇帝唯恐噶伦等人"擅权滋事"，便依据西藏僧俗民众公举并经驻藏大臣禀报，批准丹吉林（寺）第六辈第穆呼图克图·阿旺绛白德勒嘉措（ngag dbang vjam dpal bde legs rgya mtsho, 1724—1777）代理摄政，即在达赖喇嘛转世灵童未寻获及新达赖喇嘛未成年之前，代行达赖喇嘛职权。于是，在西藏政教合一制度史上产生第一位摄政王。藏文文献记载：

> 乾隆二十二年火牛（1757）2月2日，达赖喇嘛圆寂，年50岁。其事务暂由噶伦代办。约数月后，西藏僧俗民众会议一致同意公举丹吉林寺第六辈活佛第穆·阿旺降白德勒嘉措为达赖喇嘛代理，作第一任摄政，并向驻藏大臣禀报，请驻藏大臣向皇上转奏，复得皇上恩

---

① （清）乾隆朝《钦定西藏善后章程二十九条》第十条。
② 同上书第十一条。
③ 《清高宗实录》卷一四五八。

准，于同年 4 月 8 日就任摄政之职。①

以上实情在《清实录》、《清代藏事辑要》等不少汉文史籍中亦有较详描述，可相互印证或补充。如《清实录》记载：

> 又谕（军机大臣等）："适据伍弥泰等奏称：'噶隆与众堪布共议，迪穆呼图克图熟习经卷，达赖喇嘛在日曾分外优待，藏内亦皆敬服。请将迪穆呼图克图掌办喇嘛事务'等语。前此伍弥泰等奏到达赖喇嘛圆寂，朕念卫藏地方紧要，曾于折内批谕遣章嘉呼图克图前往。此特因卫藏不可无为首办事之人，原系抚恤伊等之意。今噶隆与众堪布等既同推迪穆呼图克图为首办事，即毋庸遣章嘉呼图克图前往。但伊等接奉朕前批谕旨，或已向噶隆、众堪布等宣告，细未可定。今发去谕旨二道，若前批发之旨已向噶隆等告知，即将停止章嘉呼图克图另准迪穆呼图克图为首之旨向噶隆等宣谕。若前旨尚未向众告知，即毋庸言及，只照伊等所请，著迪穆呼图克图为首。伍弥泰等接奉此旨后，将用何旨宣谕之处，务须据实奏闻。"（卷五三四·页一三下——一四下）②

以上引文中所称的"迪穆呼图克图"乃是第六世第穆活佛。乾隆二十二年（1757）三月，乾隆皇帝向军机大臣下谕旨，当即任命第六世第穆活佛为西藏摄政王。此举显然有其政治上的考量，以稳定西藏地方政局为宗旨。据《清实录》记载：

> 谕军机大臣等："前因卫藏之人性好擅权滋事，颇罗鼐故后办理珠尔默特那木扎勒时，曾经降旨将卫藏一切事件俱告知达赖喇嘛办理，噶隆等惟令遵办达赖喇嘛所交事件。是以数年以来，甚属安静无事？兹达赖喇嘛圆寂，览噶隆等请迪穆呼图克图为首之奏，只称请掌办喇

---

① 刘立千：《噶厦印谱》，《刘立千藏学著译文集·杂集》，北京，民族出版社，2000 年版，第 158 页。
② 《西藏研究》编辑部编：《清实录藏族史料》（三），拉萨，西藏人民出版社，1982 年版，第 1273—1274 页。

嘛等事务，所奏殊属含混。噶隆等颇有擅办喇嘛事务之心，日久恐不
免妄擅权柄。是以朕赏迪穆呼图克图诺们罕之号，俾令如达赖喇嘛在
日一体掌办喇嘛事务。除明降谕旨外，再谕伍弥泰、萨喇善务宜留心，
遇有一切事务，俱照达赖喇嘛在时之例，与迪穆呼图克图商办，毋令
噶隆等擅权滋事。将此情节已降旨交章嘉呼图克图，命其写信，由赴
藏之扎萨克喇嘛亲身密交迪穆呼图克图矣。伍弥泰、萨喇善只期相安
无事，妥为留心，毋得稍有泄露。"（卷五三五·页一〇上———上）①

乾隆皇帝鉴于自第七世达赖喇嘛亲政以来西藏地区"安静无事"以
及"噶隆等颇有擅办喇嘛事务之心，日久恐不免妄擅权柄"，先赏赐第穆
活佛诺们罕之号，提高其宗教地位，遂颁布谕旨任命第六世第穆活佛代为
掌办喇嘛事务，并赐予金册封诰及银印一颗。藏文文献记载：

> 土虎年（1758）6月8日，达赖第八辈降白嘉措在后藏上部土布
> 加拉日岗降生。本年皇帝赏赐第穆活佛金册封诰及银印一颗，印文为
> "办理藏事宏扬佛教吉祥诺们罕之印"。他摄政六年，到乾隆二十七
> 年（1762）7月10日始将达赖喇嘛迎回布达拉宫举行坐床典礼。第
> 穆摄政共21年，到火鸡年（1777）1月22日卒于丹吉林寺庙内。他
> 有一个大银印，以后的历任摄政活佛均承袭使用。此外皇帝还赐有历
> 任摄政第穆活佛之印连同其它的改错印、封禁印等，这些钤印均曾使
> 用过，惟独印顶上没有记号的大官印，在其圆寂后则由汉藏双方官员
> 保管，封禁在内库之中。第穆卒后数月，由噶伦代行一切政务。②

第六世第穆活佛·阿旺绛白德勒嘉措自1757年摄政至1777年去世为
止，在位21年之久。他首开西藏摄政王之先河，并建立了较为健全的接
任摄政王职位的体制。

第二任西藏摄政王为第一世策墨林活佛·阿旺慈臣（tshe smon gling

---

① 《西藏研究》编辑部编：《清实录藏族史料》（三），拉萨，西藏人民出版社，1982年版，第1274—1275页。

② 刘立千：《噶厦印谱》，《刘立千藏学著译文集·杂集》，北京，民族出版社，2000年版，第158—159页。

ngag dbang tshul khrims，1721—1791）。乾隆四十二年（1777），西藏摄政王第六世第穆活佛·阿旺绛白德勒嘉措圆寂，乾隆帝命在京公差策墨林·阿旺慈臣赴藏接掌前任摄政的"掌办西藏事务广衍黄法诺们罕之印"，出任西藏第二任摄政王，颁赐"阐明圣教额尔德尼诺们罕之印"。藏文文献记载：

> 火鸡年（1777）8月15日皇帝敕准过去曾进京入朝，亲受诰封的卸任甘丹赤巴·额尔德尼诺们罕·阿旺慈臣继任摄政。他是策门林寺的前辈活佛，人称察多。铁牛年（1781）皇帝又赐第八辈达赖喇嘛封号并金印一颗，印文如前辈达赖喇嘛所赐。木龙年（1784）达赖喇嘛亲政，但诺们罕仍为助理，协同达赖掌管政务。察多管政10年，到火马年（1786），因章嘉呼图克图离任，皇帝下诏饬诺们罕立即晋京代理章嘉遗缺。他有一颗皇上所赐的大银印，即皇帝赐给前辈第穆活佛作为平常使用者。他走后此印仍暂时使用，以便发布命令，后由驻藏大臣保管。火羊年（1787）此印又交与特派堪布之手，保管在甲康之内。这颗摄政印有四行蒙文，策门林活佛的后一辈亦曾使用过。当时印顶尚无"扎"字记号，此印随同改错印嗣由地方政府收储保管。①

以上引文中甘丹赤巴·额尔德尼诺们罕·阿旺慈臣，是指第一世策墨林活佛·阿旺慈臣，他于1777年担任摄政王，至1784年第八世达赖喇嘛·绛白嘉措（vjam dpal rgya mtsho，1758—1804）亲政。之后，策墨林活佛·阿旺慈臣继续协同达赖喇嘛掌管政务。藏文文献记载：

> 第八辈达赖降白嘉措从乾隆四十九年藏历木龙年（1784）亲管政务到火马年（1786）共约3年。嗣后达赖喇嘛又与赤钦额尔德尼共同管政，从土鸡年（1789）到铁狗年（1790）。皇帝又降旨，命达察吉仲·毕呼图诺们罕迁往达谷康萨襄助噶伦等共同办理藏事。②

以上引文中"达察吉仲·毕呼图诺们罕"，是指功德林第八世达察活

---

① 刘立千：《噶厦印谱》，《刘立千藏学著译文集·杂集》，北京，民族出版社，2000年版，第159页。

② 同上。

佛·洛桑益西丹贝贡布。藏历第十三绕迥铁狗年（1790）十二月皇帝令吉仲毕呼图到北京，达赖喇嘛又亲管政务，赤钦额尔德尼诺们罕为达赖喇嘛助理，襄办一切。文献记载：

> 自伊回京后，达赖喇嘛人过诚实，专习经典，或且偏信旁人，全无主见。达赖喇嘛系朕所立，诸事如此废弛，实不能仰体朕心。藏中之事，朕若置之不管，亦无不可，但前藏僧俗蒙古人等，俱致离心；不特国体攸关，即达赖喇嘛亦复何益。是以将达赖喇嘛之兄弟商卓特巴等，全令来京，济咙呼图克图，亦行撤回，又恐乏人帮助达赖喇嘛办事，为日既久，属下人等，复有擅权舞弊等事，均不可定。今已讯明舒濂，知普福虽无别项情节，其一味颟预不能勤慎办事，雅满泰略知藏中事务，又不甚谙练，究难放心。朕因怜悯达赖喇嘛，故道噶勒丹锡呼图禅师仍复至藏，帮同达赖喇嘛办事。伊至藏后，务将诸事整理，至迟不过三年，章程自可立定，交付驻藏大臣率领噶布伦等照办，即可将伊撤回。①

噶勒丹锡呼图呼图克图，是指策墨林·阿旺楚臣。乾隆五十一年（1786），章嘉·若贝多杰（1717—1786）在五台山圆寂，乾隆帝命策墨林·阿旺楚臣进京接管章嘉活佛的扎萨克达喇嘛印务。乾隆五十五年（1790），策墨林·阿旺楚臣受命乾隆皇帝之重托，又重返西藏，协助第八世达赖喇嘛处理政教事务，但不幸的是入藏后不久患病于藏历第十三绕迥铁猪年（1791）3 月 27 日在拉萨布达拉宫逝世。

第三任西藏摄政王为功德林第八世达察（济咙）活佛·洛桑益西丹贝贡布（rta tshag blo bzang ye shes bstan pavi mgon po, 1760—1810）。乾隆五十四年（1789），乾隆帝传谕：

> 西藏自巴勒布滋事以来，业经大加惩创。但藏内诸务，必须一晓事大喇嘛帮同达赖喇嘛办理，方为有益。济咙呼图克图心地明白，熟悉经典，素为唐古忒等敬信。著赏给毕里克图名号，任以扎萨克之

---

① 张其勤原稿，吴丰培增辑：《清代藏事辑要》，拉萨，西藏人民出版社，1983 年版，第 245 页。

职，前往西藏帮同达赖喇嘛办理一切。俾噶布伦等诸事得有遵循，以副朕又安全藏至意。①

第八世达察（济咙）活佛首创该活佛系统担任摄政王之规，但不久于乾隆五十五（1790）又奉诏辞去摄政王一职，进京为京师掌印喇嘛。乾隆五十六年（1791），时任摄政王的第一世策墨林活佛·阿旺慈臣（噶勒丹锡呼图呼图克图）不幸在拉萨逝世，第八世达察（济咙）活佛又回藏接任摄政王。根据藏文文献记载：

  此时之达察吉仲毕呼图，即功德林寺达察活佛摄政，名洛桑益西丹贝贡布。当时他正去内地，行至中途，又复折回，8月8日到拉萨。本年他协助达赖喇嘛办理一切事务。铁猪年廓尔喀派兵侵入西藏，时局紧张。皇帝派遣将军福中堂率大军到拉萨平乱。水鼠年（1792）皇帝封达赖呼图袭萨玛第巴克什慧通禅师封号并赐圆觉智慧禅定大师等名号之私用银印一颗，准其世代承袭。木兔年（1795）乾隆驾崩，嘉庆登基。达察从木兔年到木鼠年（1804）均作为达赖助理，两人联合执政约14年。到嘉庆九年即第十三绕迥的木鼠年（1804）10月18日，第八辈达赖喇嘛降白嘉措圆寂，时年47岁。皇帝下诏初令吉仲呼图克图萨玛第巴克什任总管，办理政教事务。其所用印即火兔年收存在甲康内的大银印。木牛年（1805）皇帝又下诏命将此印转赐与达察摄政。因此本年便新制一颗六行蒙文的摄政大方印供其使用。②

藏历第十三绕迥木鼠年，即嘉庆九年（1804），第八世达赖喇嘛·绛白嘉措（1758—1804）圆寂，随即嘉庆皇帝下诏书，又命第八世达察活佛·洛桑益西丹贝贡布再次担任摄政王，直至去世（1810年）。实际上，第二任摄政王策墨林·阿旺慈臣于1791年在拉萨逝世，乾隆帝传谕："著

---

① 《西藏研究》编辑部编：《清实录藏族史料》（七），拉萨，西藏人民出版社，1982年版，第3199—3200页。

② 刘立千：《噶厦印谱》，《刘立千藏学著译文集·杂集》，北京，民族出版社，2000年版，第159—160页。

济咙呼图克图前往协同达赖喇嘛妥慎办事，不得因前有嫌隙，意见参差。并传谕达赖喇嘛知之"。① 由第八世达察（济咙）活佛·洛桑益西丹贝贡布协同第八世达赖喇嘛掌管政务。故有其前后担任摄政王达20年之说。

第四任西藏摄政王为丹吉林（寺）第七世第穆活佛·洛桑土丹晋美嘉措（de mo blo bzang thub bstan vjigs med rgya mtsho，1778—1819）。藏文文献记载：

> 达察活佛卒后，其代理人系按照西藏僧俗民众会议公举，丹吉林寺活佛罗桑土丹晋美嘉措重任摄政，奏明圣上准旨，并谕令其承袭上辈的官印。计有大银印一颗，第穆第一任摄政阿旺降白德勒嘉措的六行蒙文摄政印一颗，文为"奉天承运皇帝诏曰敕封掌管黄教白丹诺们罕之印吉祥如意"。此外还有改错印、封禁印，均于嘉庆十六年铁羊年（1811）3月17日正式移交与此辈第穆活佛，他遂就任摄政之职。他是4月11日就的职，又新刻一颗摄政之印，已如上述。其印头上新刊有一个"扎"字，作为记号。同年将情况上奏皇帝，皇帝敕封他为"额尔德尼诺们罕"。他摄政五年到嘉庆二十年即第十四绕迥的木猪年（1815）3月16日达赖第九辈隆多嘉措年11岁，忽然圆寂，立将此情具奏皇帝，蒙恩降旨，着第穆诺们罕为达赖喇嘛代理，11月2日正式就职。至土兔年（1819）共摄政九年，3月3日第穆卒于丹吉林寺内。②

第七世第穆活佛·洛桑土丹晋美嘉措自1811年担任摄政王之职起，直至去世（1819年），在摄政王位上任职9年。

第五任西藏摄政王为第二世策墨林活佛·阿旺绛贝慈臣嘉措（tshe smon gling ngag dbang vjam dpal tshul khrims，1792—1863）。他自1819年至1844年担任摄政王，长达26年之久。藏文文献记载：

---

① 《西藏研究》编辑部编：《清实录藏族史料》（七），拉萨，西藏人民出版社，1982年版，第3251页。
② 刘立千：《噶厦印谱》，《刘立千藏学著译文集·杂集》，北京，民族出版社，2000年版，第160—161页。

到了土兔年（1819）8月13日皇帝的诏书方才下来，萨玛第巴什策墨林第二辈活佛阿旺降白慈臣嘉措始正式就摄政之职。除第穆其他大小诸印收回内库以外，批准他继承使用六行蒙文大印，印文为"宏扬佛教额尔德尼诺们罕之印"。此外还批准他使用封禁印、改错印等。到铁龙年（1820）皇帝又下旨，正式敕封他为额尔德尼诺们罕。不久，嘉庆驾崩，铁蛇年（1821）道光登基。他作摄政的第4年，即从水马年至道光二年，即第十四绕迥始找到了达赖喇嘛转世的三个灵童，于是从后藏迎请班禅大师到前藏来进行认定。1月15日，举行掣签，理塘出世之灵童中签，遂被认定为达赖喇嘛第十辈之灵童名为慈臣嘉措。8月初8日迎回布达拉坐床。铁虎年（1830）进行普遍调查，制定铁虎年清册。道光十七年第十四绕迥的火鸡年（1837）第十辈达赖喇嘛圆寂。①

由于第二世策墨林活佛·阿旺绛贝慈臣嘉措长期担任摄政王，产生居功自傲，并与驻藏大臣琦善之间产生矛盾，琦善上奏朝廷，举报其罪状。于是清道光二十四年（1844），道光皇帝下令罢黜第二世策墨林活佛摄政职务，将其接送内地，发往黑龙江治罪，后获释回到故里卓尼地方，交由地方官监管。

第六任西藏摄政王为第七世班禅额尔德尼·丹贝尼玛（pan chen bstan pavi nyi ma，1782—1853）。根据藏文文献记载：

土狗年（1838）第十一辈达赖喇嘛凯珠嘉措于布达拉宫坐床。再过两年至木龙年（1844）为策墨林活佛摄政的26年。当道光二十四年时驻藏大臣琦中堂（此前）则已早奏皇帝，将其免职，放逐汉地。琦中堂推举班禅额尔德尼代摄政职。其后皇上降旨，照议敕准，遂迎接班禅大师丹贝尼玛驻锡拉萨。大师从本年起，至木蛇年（1845）4月26日止，共摄政八月余。他接用策门林的大小各印。在任摄政期间除使用一颗四行蒙文的摄政印外还在文件上加钤班禅私用的一颗圆形有法螺纹的佛印。②

---

① 刘立千：《噶厦印谱》，《刘立千藏学著译文集·杂集》，北京，民族出版社，2000年版，第161页。

② 同上。

第七世班禅额尔德尼·丹贝尼玛短暂担任摄政王后，清廷下令任命热振活佛为代理达赖喇嘛摄政。热振活佛成为第七任西藏摄政王。据藏文文献记载：

> 木蛇年（1845）皇帝又下诏着热振活佛第九辈任摄政之职。该活佛系统曾两任摄政。第一任系于本年4月26日就职，皇帝敕封其为阿齐呼图克图。火马年（1846）为达赖喇嘛受戒，铁狗年（1850）道光驾崩，铁猪年咸丰登基。热振摄政一直到木兔年（1855）共执政11年。本年即咸丰五年第十四绕迥的木兔年（1855）第十一辈达赖喇嘛亲政。所用大小各印，均按历任达赖旧例使用。但为时只有数月，至12月15日达赖喇嘛圆寂，当时他才18岁。于是马上举行民众会议一致公举热振呼图克图阿旺益西慈臣嘉措代摄政务，他于12月26日又重任摄政。本年廓尔喀又武装侵略。①

以上引文中"热振活佛第九辈"，实际上是指第三世热振活佛·阿旺益西慈臣坚赞（raw sgreng sprul sku ngag dbang ye shes tshul khrima rgyal mtshan，1817—1862）。按正统热振活佛世系排序：第一世热振活佛为噶丹赤巴·阿旺却丹（dgav ldan khri pa ngag dbang mchog ldan，1677—1751）、第二世热振活佛为洛桑益西丹巴绕杰（blo bzang ye shes bstan pa rab rgyas，1759—1816）、第三世热振活佛为阿旺益西慈臣坚赞、第四世热振活佛为洛桑益西丹贝坚赞（blo bzang ye shes bstan pavi rgyal mtshan，1863—1911）、第五世热振活佛为土丹绛白益西丹贝坚赞（thub bstan vjam dpal ye shes bstan pavi rgyal mtshan，1912—1947）。

第三世热振活佛·阿旺益西慈臣坚赞自1845年至1855年担任摄政王，第十一世达赖喇嘛·凯珠嘉措（mkhas grub rgya mtsho，1838—1855）于1855年亲政数月后突然圆寂，第三世热振活佛·阿旺益西慈臣坚赞又重新担任摄政王，掌管西藏政教事务，直至去世（1862年）。

第八任摄政王为夏扎·旺秋嘉布（bshad sgra dbang phyug rgyal po，？—1864）。他自1862年至1864年摄政，在位2年多。即藏历第十四

---

① 刘立千：《噶厦印谱》，《刘立千藏学著译文集·杂集》，北京，民族出版社，2000年版，第162页。

绕迥木鼠年（1864），夏扎·旺秋嘉布在罗布林卡小寝宫病逝。值得提出的是，夏扎·旺秋嘉布是西藏摄政王史上产生的唯一世俗身份的官员，其余均为高僧活佛身份。

第九任摄政王为第二世德柱活佛·洛桑钦热旺秋（sde drung blo bzang mkhyen rab dbang phyug, 1799—1872）。他自1864年至1872年摄政，在位9年，即藏历第十四绕迥水猴年（1872），德柱活佛在罗布林卡格桑颇章宫邸（bskal bzang pho brang）逝世。

第十任摄政王为功德林（寺）第十世达察（济咙）活佛·阿旺班丹却吉坚赞（rta tshag ngag bdang dpal ldan chos kyi rgyal mtshan, 1850—1886）。他自26岁（1875年）至37岁（1886年）担任摄政王，在位达12年之久。

第十一任摄政王为丹吉林（寺）第八世第穆活佛·阿旺洛桑赤列绕杰（de mo ngag dbang blo bzang vphrin las rab rgyas, 1855—1899）。他自1886年至1895年担任摄政王，在位10年，成为丹吉林（寺）第穆活佛世系中第二位代理达赖喇嘛摄政的活佛。

第三世策墨林活佛（1863—1920），名阿旺洛桑丹贝坚赞，安多卓尼人，自小勤奋好学，博通显密佛法，后赴拉萨色拉寺麦扎仓修学深造，获得拉然巴格西学衔。1907年，任甘丹寺第八十七任甘丹"赤巴"。他没有直接担任过摄政王，但在第十三世达赖喇嘛·土丹嘉措（1876—1933）时期两度短暂代理达赖喇嘛行使政教权力。

1904年，英军入侵西藏，第十三世达赖喇嘛遁往外蒙古，由第三世策墨林活佛摄政，他在清朝驻藏大臣有泰的强迫下，代表西藏僧俗在《拉萨条约》上签字。故此，清廷于1906年将有泰等驻藏官员撤职。

1910年，川滇边务大臣川总督赵尔丰因推行改土归流不力，乃派四川知府钟颖率四川军队进藏，第十三世达赖喇嘛又遁往印度，第三世策墨林活佛再次摄政，任职至1912年第十三世达赖喇嘛返回拉萨。

总之，西藏摄政王产生于第七世达赖喇嘛·格桑嘉措（1708—1757）圆寂后，即1757年，第六世第穆活佛·阿旺绛白德勒嘉措（1724—1777）成为西藏政教合一制度史上第一位摄政王；至清代末期共产生过11位摄政王。他们在历辈达赖喇嘛传世灵童未寻获及新达赖喇嘛未成年之前，代理达赖喇嘛主持西藏噶厦政府，在维护西藏政教合一制度方面发挥过重要作用。

第七章 活佛转世制度

活佛转世,是藏传佛教独有的宗教领袖传承方式。而"活佛"这一术语在藏语中被称为"珠古"(sprul sku),意为"化身"。这是根据大乘佛教法身、报身、化身之说而命名的,意为佛、菩萨之"化身"。藏传佛教认为:法身不显,报身时隐时显,唯有化身随机显现。故有成就的正觉圣人,身前在各地"利济众生",圆寂后可有若干个"化身"。也就是说,在佛教三身理论的指导下,藏传佛教对于十地菩萨为普渡众生而变现之色身,最终在人间找到了依托之对象,即转生或转世之"珠古"。后在"珠古"之名称外,尚衍生出"喇嘛"(bla ma)、"阿拉"(Aa lags)、"仁波切"(rin po che)等诸多别称。

其中"喇嘛"一词,是藏文(bla ma)的音译。该词最初是从梵文"gu ru"(古如)两字意译过来的,其本意为"上师";而在藏文中还含有"至高无上者或至尊导师"之意。因此,后来随着活佛转世制度的形成,"喇嘛"这一尊称又演化为"珠古"的主要别称之一,以体现"珠古"是引领信徒走向解脱之道的"至尊上师"。

"阿拉",是藏文(Aa lags)的音译。该词在字面上看,没有实际意义,是一种表达恭敬的语气词;自从成为"珠古"的别称之后,该词又有了新的内涵,意为带领信众走向光明之路的导师。在不少藏族地区尤其安多藏区人们习惯以"阿拉"一词来尊称"珠古",使其成为"珠古"别称中使用率最高的称谓。

"仁波切",是藏文(rin po che)的音译,蕴含"珍宝"、"瑰宝"或"宝贝"之意。这是藏族广大信教群众对"珠古"(活佛)敬赠的最为亲切、最为崇高的尊称。藏族信众在拜见或者谈论某位"珠古"(活佛)时,在通常情况下,不直呼其名号,而尊称"仁波切"。

藏传佛教各宗派中相继产生或建立不同传承的诸多活佛世系，无论哪派世系活佛，他们都在信奉藏传佛教的广大民众中享有至高无上的宗教地位，甚至在清代藏蒙地区尚具有政教双重影响。

第一节 噶玛噶举黑帽系

活佛转世制度肇始于 12 世纪，由藏传佛教噶玛噶举派首创。该派祖师都松钦巴（dus gsum mkhyen pa，1110—1193）圆寂后，嗣法弟子寻求转世灵童，经过十几年后方认定却吉喇嘛（chos kyi bla ma，1204—1283）为第二世噶玛巴活佛，简称"噶玛拔希"（karma pakshi），追认都松钦巴为第一世噶玛巴活佛。噶玛拔希曾获蒙古大汗蒙哥所赐一顶金边黑色僧帽和金印，于是又称噶玛巴·黑帽系活佛世系。其后依次为第三世噶玛巴·让琼多杰（rang byung rdo rje，1284—1339）、第四世噶玛巴·若贝多杰（rol pavi rdo rje，1340—1383）、第五世噶玛巴·德银协巴（de dzhin gshegs pa，1384—1415）、第六世噶玛巴·通瓦敦丹（mthong ba don ldan，1416—1453）、第七世噶玛巴·却札嘉措（chos grags rgya mtsho，1454—1506）、第八世噶玛巴·弥觉多杰（mi bskyod rdo rje，1507—1554）、第九世噶玛巴·旺秋多杰（dbang phyug rdo rje，1555—1603）、第十世噶玛巴·却央多杰（chos dbyings rdo rje，1604—1674）、第十一世噶玛巴·益西多杰（ye shes rdo rje，1677—1701）、第十二世噶玛巴·绛曲多杰（byang chub rdo rje，1703—1732）、第十三世噶玛巴·杜堆多杰（bdud vdul rdo rje，1733—1797）、第十四世噶玛巴·特却多杰（theg mchog rdo rje，1798—1871）、第十五世噶玛巴·喀觉多杰（mkhav bskyod rdo rje，1872—1923）。

前藏楚普寺（mtshur phu dgon，今西藏自治区堆龙德庆县境内）为历辈噶玛巴·黑帽系活佛驻锡地。

噶玛噶举派继黑帽系活佛后，又建立红帽系活佛世系。该派高僧多丹札巴僧格（rtogs ldan grags pa seng ge，1283—1349）于藏历第六绕迥水鸡年，即元惠宗元统元年（1333）新建一寺，名奈囊寺（gnas nang dgon），收徒传法，声望日增，并获得元朝王室册封之"灌顶国师"称号和赠送的一顶红色僧帽；他圆寂后，嗣法弟子寻访认定转世灵童，遂形成噶玛巴·红帽系活佛世系，追认多丹札巴僧格为第一世红帽系活佛，其后依次为第二世红帽系活佛·喀觉旺布（mkhav bskyod dbang po，1350—1405）、第三世红帽系活佛·却贝益西（chos dpal ye shes，1406—1452）、第四世红帽系活佛·曲札益西（chos grags ye shes，1453—1524）、第五世红帽系活佛·官却延拉（dkon mchog yan lag，1524—1583）、第六世红帽系活佛·却吉旺秋（chos kyi dbang phyug，1584—1630）、第七世红帽系活佛·益西宁布（ye shes snying po）、第八世红帽系活佛·却吉顿珠（chos kyi don grub）、第九世红帽系活佛·却吉尼玛（chos kyi nyi ma,?—1732）、第十世红帽系活佛·曲朱嘉措（chos grub rgya mtsho，1733—1791）。其中第四世红帽系活佛于明弘治三年（1490）建羊八井寺（yangs pa can），该寺成为噶玛噶举派红帽系主寺。然而，第十世红帽系活佛·曲朱嘉措与尼泊尔廓尔喀军队侵藏有染，被清廷勒令终止该系活佛继续转世，改宗羊八井寺为格鲁派寺院。

前藏羊八井寺（位于今西藏自治区堆龙德庆县境内）为历辈噶玛巴·红帽系活佛驻锡地，直至清廷勒令改宗格鲁派寺院。

噶玛噶举派创立活佛转世制度后，被其他藏传佛教宗派普遍采纳，随之产生众多活佛世系。至清代活佛转世制度日臻完善，并将其引入国家法制轨道，实施制度化管理。以达赖喇嘛、班禅额尔德尼、哲布尊丹巴呼图克图和章嘉国师即清代四大活佛、驻京八大呼图克图以及拉萨四大林（寺）活佛等为代表。清王朝颇为重视活佛转世制度，认定达赖喇嘛、班禅额尔德尼为西藏阐教正宗，哲布尊丹巴呼图克图，国初创始投诚，颇有劳绩。故在清代藏传佛教大活佛转世后，均由清廷大臣奏请特旨钦差大臣前往照料坐床。

第二节　达赖喇嘛世系

达赖喇嘛（DaLa bla ma），为清代四大活佛之一，被认为是观世音菩萨之化身，始自宗喀巴大弟子根敦珠巴。正如有学者认为"格鲁派在15世纪末到16世纪初陆续出现的众多的活佛转世系统中，最重要的是达赖喇嘛活佛转世系统。这一活佛转世系统开始于扎什伦布寺的创建者根敦珠巴（1391—1474）。以今天的观点来看，根敦珠巴是达赖喇嘛活佛转世系统的开创者，由于他创建扎什伦布寺的功绩，使他在当时的格鲁派中具有了特殊的重要性，同时也被一些人认为具有了用转世的形式世代弘扬佛教的资格"。①

达赖喇嘛的世系传承为：第一世达赖喇嘛·根敦珠巴（dge vdun grub pa，1391—1474）；第二世达赖喇嘛·根敦嘉措（dge vdun rgya mtsho，1476—1542）；第三世达赖喇嘛·索南嘉措（bson nams rgya mtsho，1543—1588）；第四世达赖喇嘛·云丹嘉措（dge vdun rgya mtsho，1589—1616）；第五世达赖喇嘛·阿旺嘉措（ngag dbang rgya mtsho，1617—1682）；第六世达赖喇嘛·仓央嘉措（tshangs dbyangs rgya mtsho，1683—1707）；第七世达赖喇嘛·格桑嘉措（skal bzang rgya mtsho，1708—1757）；第八世达赖喇嘛·绛白嘉措（vjam dpal rgya mtsho，1758—1804）；第九世达赖喇嘛·隆多嘉措（lung rtogs rgya mtsho，1805—1815）；第十世达赖喇嘛·慈臣嘉措（tshul khrims rgya mtsho，1816—1837）；第十一世达赖喇嘛·凯珠嘉措（mkhas grub rgya mtsho，1838—1855）；第十二世达赖喇嘛·赤列嘉措（vphrin las rgya mtsho，1856—1875）；第十三世达赖喇嘛·土丹嘉措（thub bstan rgya mtsho，1876—1933）。

历代达赖喇嘛驻锡地为前藏拉萨，其府邸分冬宫布达拉宫和夏宫罗布林卡（均位于今西藏拉萨市内），主要统领前藏及多康地区政教事务，在清代藏蒙地区信众中具有深广的宗教影响力。

按传统惯例，每一世达赖喇嘛圆寂后，都要举行一系列隆重的祭祀活动，其葬仪采取塔葬形式，建造金碧辉煌的金质灵塔。《历辈达赖喇嘛生平形象历史》记载：

> 灵塔是每一世达赖喇嘛一生政教业绩的象征，这每一座灵塔和灵殿，都点缀着稀世珍宝，布满了精巧嵌饰和美丽绝伦的图案，似乎显示了历代达赖喇嘛"大智大慧"、"大慈大悲"、"全知全能"、"威力无比"的藏传佛教最高佛主的地位，反映了活佛"转世"和"轮回"的超人力量。这每一座灵塔和灵殿，又是达赖喇嘛圆寂后丧葬完美的精制的最高归宿，在藏族或是藏传佛教世界里，塔葬是一种最奢华的葬仪。它们代表着历代达赖喇嘛政教两方面的辉煌，浓缩着"佛主

---

① 陈庆英等编著：《历辈达赖喇嘛生平形象历史》，北京，中国藏学出版社，2006年版，第4页。

世界"慈悲护佑的轮回精华。达赖喇嘛灵塔与配殿确实是世界上绝无仅有的,它们是古代藏族人民勤劳汗水的果实与聪明智慧的写照,也是古老的藏民族传统文化精神世界的集中体现。它们均具有很高的文物价值、艺术价值和学术价值。按藏传佛教格鲁派的教理和仪规,历代达赖喇嘛圆寂之后,均要实行金塔葬仪,没有一个达赖是例外不实行塔葬的,但每个达赖喇嘛的情况又稍有不同。①

值得说明的是,第一世达赖喇嘛·根敦珠巴,因创建后藏扎什伦布寺和担任第一届法台(住持),其灵塔供奉在扎什伦布寺;第二世达赖喇嘛·根敦嘉措、第三世达赖喇嘛·索南嘉措和第四世达赖喇嘛·云丹嘉措,皆座主哲蚌寺噶丹颇章宫,他们的灵塔为银质,都供奉在哲蚌寺;自第五世达赖喇嘛·阿旺嘉措始,历代达赖喇嘛入住布达拉宫,主持政教事务,因而建造一座座金质灵塔,均安置在布达拉宫红宫之内。关于历代达赖喇嘛的生平事迹,在相关章节中有简要介绍,故在此不必赘述。

第三节 班禅额尔德尼世系

班禅额尔德尼(Pan Chen Aer Te Ni),是清代四大活佛之一,被认定为无量光佛之化身,始自宗喀巴大弟子克珠杰。正如有学者认为,"嘉曹杰、克珠杰等人在宗喀巴大师圆寂后,对格鲁派的稳定和继续发展作出了重要贡献,尤其是克珠杰撰写了《宗喀巴大师传略》,阐述了宗喀巴大师一生的事迹和主要的宗教主张,并整理和阐发了宗喀巴大师的重要宗教著作,对于格鲁派内部统一教理主张、保持教派的统一协调,发挥了重要的作用。所以,后来在班禅活佛转世系统建立时,克珠杰被认为是第一世班禅大师"。②

班禅额尔德尼的世系传承为:第一世班禅·克珠杰(mkhas grub rje, 1385—1438);第二世班禅·索南确吉朗普(bsod nams phyogs kyi glang po, 1439—1504);第三世班禅·温萨巴·洛桑顿珠(dben sa pa blo bzang

---

① 陈庆英等编著:《历辈达赖喇嘛生平形象历史》,北京,中国藏学出版社,2006年版,第578—579页。

② 同上书,第3页。

don grub，1505—1566）；第四世班禅·洛桑确吉坚赞（pan chen blo bzang chos kyi rgyal mtshan，1570—1662）；第五世班禅额尔德尼·洛桑益西（pan chen blo bzang ye shes，1663—1737）；第六世班禅额尔德尼·班丹益西（pan chen dpal ldan ye shes，1738—1780）；第七世班禅额尔德尼·丹贝尼玛（pan chen bstan pavi nyi ma，1782—1853）；第八世班禅额尔德尼·丹贝旺秀（ban chen bstan pavi dbang phyug，1855—1882）；第九世班禅额尔德尼·却吉尼玛（pan chen chos kyi nyi ma，1883—1937）。

历代班禅额尔德尼驻锡地为后藏日喀则地区的扎什伦布寺（位于今西藏日喀则市内），主要统领后藏藏传佛教事务，在清代藏蒙地区信众中具有广泛的宗教影响力。

关于历代班禅额尔德尼的生平事迹，在相关章节中有具体介绍，在此不必赘述。

第四节　哲布尊丹巴呼图克图世系

哲布尊丹巴（rje btsun dam pa），是清代四大活佛之一。认定其乃累世推广黄教、护持蒙古而由喀尔喀四部共奉之呼图克图。该活佛世系始于明末，其前身虽存有二说，[①] 但迄今以藏传佛教觉囊派高僧多罗那他（1575—1634）之转世说为主流观点。

清朝政府极为器重哲布尊丹巴呼图克图，扶持他在漠北蒙古喀尔喀诸部中成为宣扬教化之宗教领袖，以分享藏传佛教格鲁派的至高地位和宗教权威。雍正皇帝认为：哲布尊丹巴与班禅额尔德尼、达赖喇嘛之身后，出处甚确，应封于库伦地方，以掌释教。释教无分于内外东西，随处皆可以阐扬。[②] 因此，清政府动用黄金十万两，在库伦建造第一座藏传佛教大型寺院，由历辈哲布尊丹巴呼图克图住持，使他作为与达赖喇嘛、班禅额尔德尼相等之大喇嘛，执掌一方释教。

第一世哲布尊丹巴·洛桑丹贝坚赞（blo bzang bstan pavi rgyal mtshan，1635—1723），在漠北喀尔喀部土谢图汗家中出世，系蒙古王族子弟。有学者认为其"父名衮布多尔济"。自幼出家当喇嘛，被当时势力很大的车

[①] 一说：宗喀巴大弟子绛央曲杰之转世；二说：觉囊派高僧多罗那他之转世。
[②] 《清世宗实录》卷六三。

臣汗等尊为喀尔喀蒙古的活佛；[①] 顺治六年（1649），哲布尊丹巴赴西藏拜第五世达赖喇嘛和第四世班禅为师，闻法受戒，传承法脉；顺治八年（1651），哲布尊丹巴返回故里喀尔喀部，住锡漠北库伦，始传扬藏传佛教格鲁派教法仪轨，喀尔喀四部王公札萨克台吉僧俗人等，均皆诚心信服。康熙二十七年（1688），哲布尊丹巴率领漠北蒙古喀尔喀部归清。康熙三十二年（1698），清朝政府正式敕封哲布尊丹巴为喀尔喀部大喇嘛。雍正元年（1723），第一世哲布尊丹巴在京城圆寂。之后，历辈哲布尊丹巴呼图克图均受清廷册封，成为统治漠北蒙古的主要支柱。

第二世哲布尊丹巴·洛桑丹贝仲美（blo bzang bstan pavi sgron me, 1724—1757），在漠北蒙古喀尔喀部出世；有学者认为其"系土谢图汗惇多布多尔济之子"。[②] 雍正九年（1731），库伦大寺尚未竣工，加之时局因准噶尔首领噶尔丹策零骚扰而动荡不定，第二世哲布尊丹巴呼图克图遂移至多伦诺尔庙宇暂住。乾隆二年（1737），第二世哲布尊丹巴呼图克图，首次进京觐见乾隆皇帝，受到清廷隆重而高规格接待。第二世哲布尊丹巴呼图克图返回库伦后，增建显宗学院、密宗学院和医药学院。三大学院的建成，使其蔚然成库伦第一大寺，遂命名"丹巴达吉林寺"（bstan pa dar rgyas gling）。乾隆二十二年（1757），第二世哲布尊丹巴在库伦圆寂。

第三世哲布尊丹巴·益西丹贝尼玛（ye shes bstan pavi nyi ma, 1758—1774），出生在康区理塘地方（今甘孜藏族自治州理塘县），父名丹增贡布，系藏族裔。这预示着从此哲布尊丹巴呼图克图在藏族地区出世。乾隆帝派遣驻藏大臣及札萨克等前往理塘，迎请前辈哲布尊丹巴之转世灵童至多伦诺尔寺（七海寺），晋见乾隆帝。乾隆二十九年（1764），第三世哲布尊丹巴·益西丹贝尼玛迎往驻锡地漠北库伦大寺坐床，并聘请诺们罕等数名经师，让他系统修学格鲁派显密教法。然而，第三世哲布尊丹巴·益西丹贝尼玛不幸英年早逝，其舍利安放在库伦噶丹寺。

第四世哲布尊丹巴·洛桑土丹晋美嘉措（blo bzang thub bstan vjigs med rgya mtsho, 1775—1813），在前藏拉萨附近出世，系藏族裔。由第八世达赖喇嘛·绛白嘉措认定前辈哲布尊丹巴之转世灵童。他是第八世达赖喇嘛和第六世班禅额尔德尼的亲戚，相继在第八世达赖喇嘛和第六世班禅

[①] 张羽新：《清代四大活佛》，北京，中国人民大学出版社，1989年版，第142页。
[②] 同上。

额尔德尼等高僧活佛座前受戒闻法，后迎往驻锡地漠北库伦大寺坐床；第四世哲布尊丹巴呼图克图，曾扩建库伦大寺，朝礼五台山。嘉庆十八年（1813），第四世哲布尊丹巴在回归库伦途中圆寂，其舍利安放在库伦噶丹寺。

第五世哲布尊丹巴·洛桑慈臣晋美丹贝坚赞（blo bzang tshul khrims vjigs med bstan pavi rgyal mtshan，1815—1841），在后藏白朗地方（今西藏日喀则白朗县）出世，系藏族裔。第五世哲布尊丹巴呼图克图在宗教事业上的主要功绩，他参照拉萨哲蚌寺的扎仓（学院）建制，在漠北库伦大寺增建两大学院，分别命名为郭芒扎仓和洛赛林扎仓。此外，曾进京拜见道光皇帝，循例得到承侍和赏赐。道光二十一年（1841），第五世哲布尊丹巴呼图克图在库伦圆寂。

第六世哲布尊丹巴·阿旺洛桑绛白丹增慈臣嘉措（ngag dbang blo bzang vjam dpal bstan vdzin tshul khrims rgya mtsho，1842—1849），在西藏结勒切地方出世，系藏族裔，被认定前辈哲布尊丹巴之转世灵童；道光二十八年（1848），迎入库伦坐床，但不幸幼年逝世。

第七世哲布尊丹巴·阿旺却吉旺秀赤列嘉措（ngag dbang chos kyi dbang phyugs vphrin las rgya mtsho，1850—1869），在前藏拉萨附近出世，系藏族裔；咸丰五年（1855），迎入库伦坐床；同治八年（1869），英年在库伦圆寂，其舍利安放在库伦噶丹寺。

第八世哲布尊丹巴·阿旺洛桑却吉尼玛丹增旺秀（ngag dbang blo bzang chos kyi nyi ma bstan vdzin dbang phyugs，1870—1923），在康区理塘地方出世，系藏族裔。光绪三十四年（1908），第八世哲布尊丹巴呼图克图在库伦大寺主持雕刻完成了一部《甘珠尔》木刻板，史称"库伦版藏文大藏经"。这是哲布尊丹巴大活佛在宗教事业上取得的成就。宣统三年（1911），在沙俄的策划下，第八世哲布尊丹巴擅称"大蒙古国皇帝"。

在此值得说明的是，清朝政府有一条不成文的规定，历代哲布尊丹巴呼图克图圆寂后，其转世灵童须在前后藏或多康等藏族地区寻访和认定，禁止在蒙古地区或蒙古族中出世。因此，除第一世、第二世哲布尊丹巴呼图克图为蒙古族外，其余历辈皆为藏族地区出生的藏族后裔。

历代哲布尊丹巴呼图克图的驻锡地为漠北库伦丹巴达吉林大寺（位于今蒙古国境内）；哲布尊丹巴呼图克图主要统领漠北蒙古喀尔喀四部政教事务以及广大藏传佛教信众。

第五节　章嘉国师世系

章嘉国师，又称章嘉活佛（lcang skya sprul sku），是清代四大活佛世系之一。他除了享有世袭"国师"职衔之外，又位居驻京八大呼图克图之首，甚至清朝个别皇帝将其推举到达赖喇嘛、班禅额尔德尼之上。雍正五年（1727），雍正帝在一封敕谕中明确指出：章嘉呼图克图者，西域有名之大喇嘛也，唐古忒人众，敬悦诚服，在达赖喇嘛、班禅额尔德尼之上，各处蒙古皆尊敬供奉。[1]

有清一代尤其经过康熙、雍正和乾隆三朝皇帝的特别关怀，章嘉呼图克图的宗教地位或"国师"身份愈显突出。至乾隆年间，章嘉国师已实际掌管理藩院喇嘛印务处，兼管京城、五台山、热河及多伦诺尔（今内蒙古地区）藏传佛教事务。

第一世章嘉活佛，原名喇嘛札巴鄂色（bla ma grags pa vod zer，？—1641），明万历年间出生于青海互助张家村，幼年入郭隆寺（佑宁寺）出家为僧。明崇祯三年（1630），升任郭隆寺第六届法台（住持），后辞去法台，前往多麦宗教圣地丹斗寺（位于今青海化隆县金源乡境内）静修。不久由龙合寺（thang ring dgon dgav ldan bshad sgrub gling，位于今青海民和县塘尔垣乡境内）请去担任经师，收徒传法，遂名声大振。之后，他重返郭隆寺任职，并在该寺圆寂。其嗣法弟子寻访转世灵童，创立章嘉活佛世系，追认喇嘛札巴鄂色为第一世章嘉活佛。在汉文文献中最初以"张家活佛"出现，至康熙年间易名"章嘉活佛"。

第二世章嘉活佛·阿旺洛桑却丹（lcang skya ngag dbang blo bzang chos ldan，1642—1714），在安多宗喀地方（Aa mdo tsong kha，今青海湟水流域）出世，由龙合寺住持慈臣嘉措报请第四世班禅·洛桑确吉坚赞（1570—1662）认定喇嘛札巴鄂色之转世灵童。第二世章嘉活佛先后在龙合寺和郭隆寺受戒闻法；顺治十八年（1661），他赴前藏拉萨学经深造达二十余年，博通显密教法。

清康熙二十五年（1686），第二世章嘉活佛随上师阿旺洛哲嘉措一同前往漠北蒙古地区，劝解札萨克图汗与土谢图汗之间纠纷，并取得成效。

---

[1] 《清世宗实录》卷六三。

翌年，又随师进京具奏，受到康熙帝嘉奖。在京期间，康熙帝对章嘉活佛的处事才能和佛学知识，颇为欣赏。

康熙二十七年（1688），第二世章嘉活佛返回故里，担任郭隆寺第二十届法台（主持），并同和硕特蒙古首领达赖洪台吉建立供施关系，亲往青海湖畔向广大牧民讲经说法，其宗教影响范围逐渐扩大。康熙三十二年（1693），康熙帝以章嘉活佛"梵行精纯，圆通无碍，西藏蒙古中外诸士之所皈依，僧俗万众之所钦仰"召来京城，驻锡法渊寺，封为札萨克达喇嘛，成为京师喇嘛中最高职衔，具体承办理藩院交办的有关藏传佛教事务。康熙三十六年（1697），第二世章嘉活佛奉命赴藏，向第六世达赖喇嘛代送金册金印，并参加坐床典礼。

康熙四十年（1701），康熙帝命在多伦诺尔（今内蒙古多伦县境内）建造的大型寺院竣工，命名"汇宗寺"，并令内外蒙古各旗，送一名僧人入寺，寓意江河之汇于大海，以示内外蒙古各部共尊清中央政府。同时，康熙帝派遣第二世章嘉活佛担任"多伦喇嘛庙总管喇嘛事务之札萨克喇嘛"职位，始确立他总领漠南蒙古地区藏传佛教的职权。之后，第二世章嘉活佛每年盛夏在多伦诺尔避暑，驻锡汇宗寺，讲经弘法，冬天返回京城任职，处理京师藏传佛教事务。

康熙五十年（1711），清朝政府在京城专门给第二世章嘉活佛建造一座寺院；翌年，康熙帝亲书寺额"嵩祝寺"。康熙五十二年（1713），第二世章嘉活佛陪同康熙帝驾临多伦诺尔汇宗寺进香，见其寺院庄严雄伟，蒙古各旗僧人均安心诵经习法，皇帝极为高兴，即向第二世章嘉活佛郑重宣布："黄教之事，由藏向东，均归你一人掌管。"

第二世章嘉活佛，不但受到康熙帝的赞许和嘉奖，而且得到皇四子雍亲王的尊崇。雍正帝即位后编写的《御制语录》中记载："圣祖敕封灌顶普善广慈大国师章嘉呼图克图喇嘛，乃真再来人，实大善知识也。藩邸清闲，时接茶话者十余载，得其劝善方便，因知究竟此事。"① 第二世章嘉活佛既是雍亲王的挚友，又是其佛学上的指导老师。雍正帝曾讲："章嘉呼图克图喇嘛实为朕证明恩师也，其他禅侣辈，不过曾在朕藩邸往来。"② 康熙五十四年（1715），第二世章嘉活佛在多伦诺尔汇宗寺圆寂，其骨灰

---

① （清）松筠撰：《卫藏通志》卷首，拉萨，西藏人民出版社，1982年版，第139页。

② 同上书，第138页。

运往青海郭隆寺建塔供奉。雍正皇帝曾对第二世章嘉活佛作过高度评价，他说：

> 朕少年喜阅内典，惟慕有为佛事，于诸公案，总以解路推求，心轻禅宗，谓如来正教，不应如是。圣祖敕封灌顶普惠广慈大国师章嘉呼图克图喇嘛，乃真再来人，实大善知识也。梵行精纯，圆通无碍，西藏蒙古中外诸土之所皈依，僧俗万众之所钦仰。藩邸清闲，时接茶话者，十余载，得其善权方便，因知究竟此事。壬辰春正月，延僧坐七、二十、二十一随喜，同坐两日，共五枝香，即洞达本来，方知唯此一事实之理。然自知未造究竟，而迦陵音乃踊跃赞叹，遂谓已彻元微，优侗称许，叩问章嘉。乃曰：若王所见，如针破纸窗，从隙窥天，虽云见天，然天体广大，针隙中之见，可谓偏见乎。佛法无边，当勉进步，朕闻斯语，深洽朕意。二月中，复结制于集云堂，著力参求。十四日晚，经行次，出得一身透汗，桶底当下脱落，始知实有重关之理。乃复问证章嘉。章嘉国师云：王今见处虽进一步，譬犹出在庭院中观天矣，然天体无尽，究未悉见，法体无量，更当加勇猛精进云云。朕将章嘉示语，问之迦陵音，则茫然不解其意，但支吾云，此不过喇嘛教回途工夫之论，更有何事。而朕谛信章嘉之垂示，而不然性音之妄可，仍勤提撕。恰至明年癸丑之正月二十一日，复堂中静坐，无意中，忽踏末后一关，方达三身四智合一之理，物我一如本空之道，庆快平生，诣章嘉所礼谢。国师望见，即曰：王得大自在矣。朕进问更有事也无？国师乃笑展手云：更有何事耶！复用手从外向身挥云：不过尚有恁么之理，然易事耳。此朕平生参究因缘，章嘉呼图克图喇嘛实为朕证明恩师也。其他禅侣辈，不过曾在朕藩邸往来。壬辰、癸巳闲坐七时曾与法，会耳。迦陵性音之得见朕也，乃朕初欲随喜结七。因柏林方丈年老、问及都中堂头，佥云只有千佛音禅师，乃命召至。既见，问难甚久，其伎俩未能令朕发一疑情。迫窘佶屈，但云：王爷解路过于大慧果，贫衲实无计奈何矣。朕笑云：汝等只管打七，余且在傍随喜，尔时醒发因缘，已具述如左。若谓性音默用神力，能令朕五枝香了明此事，何得奔波一生，开堂数处，而不能得一

人，妄付十数庸徒耶。①

雍正皇帝早在雍亲王时期就常与禅僧往来，又从第二世章嘉活佛参学，对禅颇有心得和研究，故自号"圆明居士"，他不仅辑《御选语录》十九卷，而且撰写序文多篇。以上引文则是1733年雍正皇帝在《御制语录》后序中所表述的他曾在雍王府修学佛法的经历和体会。他多次向诸多禅师高僧请教有关佛学疑难问题，认为第二世章嘉活佛与众不同、出类拔萃，乃是一代名副其实的掌握精湛佛法的佛学大师。雍正皇帝在《御制语录》后序的字里行间处处表露了他对章嘉活佛的敬仰，认为他从第二世章嘉活佛那里不仅学到了佛教真知灼见的智慧，而且终究明白了佛法的真谛。因此，雍正皇帝虽请过不少佛学老师，但最后只认可"章嘉呼图克图喇嘛实为朕证明恩师也"。不难看出，雍正皇帝既精通佛学义理，又对佛法有着深刻的体验。

第三世章嘉活佛·若贝多杰（lcang skya rol pavi rdo rje，1717—1786），在甘肃凉州（今甘肃省武威市）西莲花寺附近的一家普通牧民家中出世，系土族裔。康熙五十九年（1720），其认定为第二世章嘉活佛的转世灵童，遂迎至青海郭隆寺（佑宁寺）坐床，成为第三世章嘉活佛。

清雍正十二年（1734），雍正帝按旧例正式册封章嘉活佛·若贝多杰为"灌顶普善广慈大国师"，赐予金册、金印等。是年，第三世章嘉活佛奉命与果亲王允礼一起前往康区泰宁慧远寺，看望第七世达赖喇嘛·格桑嘉措。翌年，偕同副都统福寿护送达赖喇嘛返回拉萨，稳定西藏政局，完成清王朝一次重大政教使命。同时，第三世章嘉活佛借进藏机缘，赴后藏扎什伦布寺，师从第五世班禅额尔德尼·洛桑益西受比丘戒，并广泛结交前后藏上层僧俗人物。

藏历第十二绕迥火龙年，即乾隆元年（1736），第三世章嘉活佛急忙返回京城，朝见新继位的乾隆皇帝，禀报西藏政教事务。乾隆皇帝立即命他掌管京师寺院和喇嘛，赏赐"札萨克达喇嘛"印一颗，成为京城掌印喇嘛；乾隆八年（1743），赐御用金龙黄伞；乾隆十六年（1751），又赐"振兴黄教大慈大国师"之印；乾隆五十一年（1786）钦定驻京喇嘛的班次时，以第三世章嘉活佛为左翼头班。

---

① （清）松筠撰：《卫藏通志》，拉萨，西藏人民出版社，1982年版，第138—139页。

第三世章嘉活佛在五台山圆寂前遗言不要保存遗体，拟火化后造铜塔将骨灰存放于镇海寺，乾隆皇帝得到消息后大为悲恸，耗资黄金七千两造金塔安置其遗体，并造大石塔于镇海寺以示纪念。

　　第四世章嘉活佛·益西丹贝坚赞（lcang skya ye shes bstan pavi rgyal mtshan，1787—1846），在安多宗喀地方（今青海省互助县南门峡乡）出世，系藏族裔。乾隆五十九年（1794），第四世章嘉活佛奉召进京；嘉庆五年（1800），第四世章嘉活佛赴藏拜师学经；嘉庆十一年（1806），第四世章嘉活佛在藏受比丘戒后，回京任职；嘉庆二十四年（1819），第四世章嘉活佛晋升札萨克掌印大喇嘛，全权管理京城藏传佛教事务。道光十九年（1839），第四世章嘉活佛返回故里安多，担任郭隆寺第六十五届法台（住持）。

　　第五世章嘉活佛·洛桑土丹达杰（lcang skya blo bzang thub bstan dar rgyas，1849—1874），在安多华热地方（今甘肃省天祝县）出世，系藏族裔。同治元年（1862），第五世章嘉活佛赴藏学经深造；同治九年（1870），第五世章嘉活佛回京任职。

　　第六世章嘉活佛·洛桑丹增坚赞（lcang skya blo bzang bstan vdzin rgyal mtshan，1875—1888），在安多地区（今青海地方）出世，系藏族裔。在多伦诺尔善因寺少年早逝。

　　第七世章嘉活佛·洛桑班丹旦贝卓美（lcang skya dpal ldan bstan pavi sgron me，1892—1957），在安多宗喀地方（今青海省互助县）出世，系藏族裔。光绪二十五年（1899），第七世章嘉活佛奉旨进京，安心闻法学经。后封为京师札萨克掌印喇嘛，并掌管京城各寺院及多伦诺尔汇宗寺、善因寺，以及五台山镇海寺、善乐寺、广安寺和青海郭隆寺等。

　　值得一提的是，清代尤其康熙、雍正和乾隆三朝时期，对于历辈章嘉国师虽极礼遇，但章嘉国师似已不大过问政治。乾隆皇帝曾尝试以法司案卷命师判决，第三世章嘉国师合掌答曰：此国之大政，宜由皇上与大臣讨论，非方外之人所预也。直到清末，章嘉活佛虽世袭国师称号，实际上只是在蒙藏地区从事宗教活动而已。①

---

①　参见中国佛教协会编《中国佛教》第二辑，北京，知识出版社，1980年版，第366页。

第六节 拉萨四大林及其活佛世系

拉萨四大林（hla savi gling bzhi）及其活佛世系分别为：丹吉林·第穆活佛世系（bstan rgyas gling de mo sprul sku）、策墨林·策墨林活佛世系（tshe smon gling sprul sku）、功德林·达察活佛世系（kun bde gling rta tshag sprul sku）和茨觉林·茨觉林活佛世系（tshe chog gling sprul sku）。而拉萨四大林，即丹吉林（bstan rgyas gling）、策墨林（tshe smon gling）、功德林（kun bde gling）和茨觉林（tshe chog gling）作为四大活佛府邸，相继建于第七世达赖喇嘛·格桑嘉措（1708—1757）和第八世达赖喇嘛·绛白嘉措（1758—1804）时期，前三大林三大活佛世系曾任摄政王，在西藏政教合一制度史上具有重要影响。

一　丹吉林

丹吉林（寺），拉萨四大林之一，是第六世第穆活佛·阿旺绛白德勒嘉措（de mo ngag dbang vjam dpal bde legs rgya mtsho，1724—1777）首任西藏噶厦政府摄政王一职后建造的官邸，其后成为第穆活佛世系在拉萨的驻锡地。第穆活佛世系有着源远流长的传承历史：第一世第穆活佛·官却迥奈（de mo dkon mchog vbyung gnas，1374—1453）、第二世第穆活佛·班觉扎西（de mo dpal vbyor bkra shes，1454—1526）、第三世第穆活佛·阿旺却列朗杰（de mo ngag dbang phyogs las rnam rgyal，1527—1622）、第四世第穆活佛·阿旺丹贝坚赞（de mo ngag dbang bstan pavi rgyal mtshan，1623—1668）、第五世第穆活佛·阿旺南喀嘉样（de mo ngag dbang gnam mkhav vjam dbyangs，1669—1723）、第六世第穆活佛·阿旺绛白德勒嘉措（ngag dbang vjam dpal bde legs rgya mtsho，1724—1777）、第七世第穆活佛·洛桑土丹晋美嘉措（de mo blo bzang thub bstan vjigs med rgya mtsho，1778—1819）、第八世第穆活佛·阿旺洛桑赤列绕杰（de mo ngag dbang blo bzang vphrin las rab rgyas，1855—1899）。

其中，第六世第穆活佛·阿旺绛白德勒嘉措首任摄政王一职，成为西藏政教合一制度史上的第一位摄政王。乾隆二十二年（1757），第七世达赖喇嘛·格桑嘉措圆寂，乾隆皇帝唯恐诸噶伦篡权滋事，遂降旨第六世第穆活佛·阿旺绛白德勒嘉措以诺们罕的名号，代理达赖喇嘛暂时管理西藏地方政教事务。

清乾隆二十七年（1762），始建第穆活佛驻锡地或第穆摄政王官邸，翌年竣工，第穆活佛最初为其取名"甘丹桑额噶才"（dgav ldan gsang sngags dgav tshal），意为"兜率天密宗欢喜苑"；后乾隆皇帝又赐给汉、藏、满、蒙四种文字的匾额，其中汉文为"广法寺"，藏文为"bstan rgyas gling"（丹吉林）。之后，以藏文"丹吉林"为常用名称。丹吉林（寺）既是拉萨四大林中最早创建的寺院，又是四大林中规模最大的官邸。

二 策墨林

策墨林（寺），拉萨四大林之一，是策墨林活佛世系驻锡地或官邸。策墨林活佛世系形成历史较短，清代仅转世三代：第一世策墨林活佛·阿旺慈臣（tshe smon gling ngag dbang tshul khrims，1721—1791）、第二世策墨林活佛·阿旺绛贝慈臣嘉措（tshe smon gling ngag dbang vjam dpal tshul khrims，1792—1862）和第三世策墨林活佛·阿旺洛桑丹贝坚赞（tshe smon gling ngag dbang blo bzang bstan pavi rgyal mtshan，1863—1920）。

策墨林·阿旺慈臣是安多卓尼人，早年赴西藏在色拉寺研习佛学，获拉然巴格西学衔，后转入拉萨上密院深造，曾相继担任上密院堪布、甘丹寺夏孜札仓（shar rtse graw tshang）堪布；乾隆二十七年（1762），策墨林·阿旺慈臣奉诏进京，担任雍和宫堪布，乾隆帝赐封他为"夏孜诺们罕"。

藏历第十三绕迥土狗年，即乾隆四十三年（1778），策墨林·阿旺楚臣担任第八世达赖喇嘛的经师；同年又荣登甘丹寺第六十一任"赤巴"宝座；乾隆四十六年（1781），乾隆帝敕令第八世达赖喇嘛·绛白嘉措（1758—1804）亲政，策墨林·阿旺楚臣继续摄政协助。

藏历第十三绕迥水兔年，即乾隆四十八年（1783），策墨林·阿旺楚臣在拉萨小昭寺之西方创建一座小寺，为乾隆帝祈寿，乾隆帝获悉极为欢喜，并赐名"寿宁寺"，藏语称"tshe smon ling"，音译为"策墨林"。此乃策墨林活佛世系名称之由来。

策墨林·阿旺楚臣博学佛经、德高望重，曾任达赖喇嘛经师、甘丹"赤巴"和西藏摄政王等要职，尤其以甘丹"赤巴"身份可以转世的惯例,"达赖喇嘛代理伊徒众静坐念经,祈祷呼毕勒罕迅速出世。"[1] 藏历绕迥策墨林·阿旺楚臣的转世灵童在其故里安多卓尼地区出生,成为第二世策墨林活佛,名阿旺绛贝慈臣嘉措,追认策墨林·阿旺楚臣为第一世策墨林活佛。至此策墨林活佛世系已建构完成。

藏历第十四绕迥土兔年,即嘉庆二十四年(1819),第二世策墨林活佛·阿旺绛贝慈臣嘉措(1792—1862)担任西藏噶厦政府摄政王;道光五年(1825),他在拉萨大兴土木扩建策墨林(寺),其主体建筑由东西两大宫殿(东为白宫西为红宫)构成,使其初具规模。

总之,策墨林活佛世系及其官邸策墨林(寺)产生时间较晚,但在西藏政教史上具有重要影响。策墨林最初以普通出家僧人身份,依凭其渊博的佛学知识和干练的办事能力,不仅荣登甘丹"赤巴"宝座,担任西藏摄政王职位,而且形成活佛传世系统,建立了策墨林(官邸)。尤其是策墨林活佛曾受到清廷的褒奖和惩罚,因而使他经历了消长不定的政教生涯,并在西藏近代史上留下了传奇人生。

三 功德林

功德林(kun bde gling),拉萨四大林之一,为达察(济咙)活佛世系官邸或驻锡地。达察活佛在拉萨四大林活佛世系中历史较为悠久,第一世达察·巴索却吉坚赞(rta tshag ba so chos kyi rgyal mtshan,1402—1473)、第二世达察·巴索拉觉(rta tshag ba so lha gcod,1474—1508)、第三世达察·黎玉曲杰(rta tshag klu yi chos rgyal,1509—1526)、第四世达察·拉旺却吉坚赞(rta tshag lha bdang chos kyi rgyal mtshan,1537—1605)、第五世达察·阿旺却吉旺秋(rta tshag ngag bdang chos kyi dbang phyug,1606—1652)、第六世达察·阿旺贡却丹贝尼玛(rta tshag ngag bdang dkon mchog bstan pavi nyi ma,1653—1707)、第七世达察·洛桑班丹旦贝坚赞(rta tshag blo bzang dpal ldan bstan pavi rgyal mtshan,1708—1758)、第八世达察·洛桑益西丹贝贡布(rta tshag blo bzang ye shes bstan-pavi mgon po,1760—1810)、第九世达察·阿旺洛桑丹贝坚赞(rta tshag blo bzang bstan pavi rgyal mtshan,1811—1848)、第十世达察·阿旺班丹却

---

[1] 张其勤原稿,吴丰培增辑:《清代藏事辑要》,拉萨,西藏人民出版社,1983年版,第249页。

吉坚赞（rta tshag ngag bdang dpal ldan chos kyi rgyal mtshan, 1850—1886)、第十一世达察·阿旺土丹格桑丹贝卓美（rta tshag ngag bdang thub bstan skal bzang bstan pavi sgron me, 1888—1918）。

达察活佛（rta tshag sprul sku），又称"济咙"（rje drung）活佛。乾隆五十六年（1791），第八世达察（济咙）活佛·洛桑益西丹贝贡布第二次奉命担任西藏摄政王，在位前后接续长达20多年。

藏历第十三绕迥水鼠年，即乾隆五十七年（1792），第八世达察（济咙）活佛在拉萨城内的磨盘山南麓上始建功德林（寺），乾隆五十九年（1794）竣工，第八世达赖喇嘛赐名"甘丹旦秀曲科林"（dgav ldan brtan bzhugs chos vkhor gling），意为"俱喜永住法轮洲"，汉文译为"祈寿法轮洲"或"长寿法轮洲"。根据文献记载：

> 按照皇帝和八世赖喇嘛的批示，水鼠年（1792）动工兴建，在磨盘山建造了三庄严文殊庙和汉地战神关公庙。前者内殿面积四柱，经堂面积十六柱，殿门抱厦上面设雪、拉章、札厦（僧舍）、净厨、门栏等，以供奉佛经、佛像、佛塔相饰，该庙至木虎年（1794）竣工，八世达赖喇嘛赐名为"长寿法轮洲"。嘉庆元年（1796），嘉庆帝赐"卫藏永安寺"（藏语为"功德林"）的匾额一块，并规定招收50名僧人习经，敕封管家丹增嘉措为"嘉辅大喇嘛"。[①]

嘉庆帝所赐"卫藏永安寺"匾额以汉、藏、满、蒙四种文字书写，藏文书写"kun bde gling"（功德林）。故后人通称"功德林（寺）"。达察（济咙）活佛世系多次担任西藏摄政王，因此功德林（寺）得以不断扩建，兴旺发达，成为拉萨四大林中最有势力的庙宇和府邸之一。

四 茨觉林

茨觉林（寺），拉萨四大林之一，全称"茨觉扎西三丹林"（tshe chog bkra shes bsam gtan gling），简称"茨觉林"（tshe chog gling），最初为第八世达赖喇嘛经师噶钦·益西坚赞（dkav chen ye shes rgyal mtshan,

---

① 陈庆英等编著：《历辈达赖喇嘛生平形象历史》，北京，中国藏学出版社，2006年版，第426页。

1713—1793）驻锡地。

藏历第十三绕迥水虎年，即乾隆四十七年（1782），年过70岁的噶钦·益西坚赞荣升第八世达赖喇嘛·绛白嘉措的经师，他孜孜不倦，任劳任怨，向达赖喇嘛传授佛学知识，直至去世（1793年），赢得达赖喇嘛敬重和众人赞誉。

藏历第十三饶迥铁狗年，即乾隆五十五年（1790），第八世达赖喇嘛专门为其经师建造了一所府邸。据文献记载：

> 一月初五星曜圆满和合吉日，正式开工兴建策曲林寺。委任卓拉日支顷则、办事员恰朗次盆为总管。其他木材、油影、金粉、工钱、食品、饮酒、茶粥等全由噶厦政府负担。开工宴会、工期宴会和竣工宴会的费用，以及各种赏礼的费用由（达赖喇嘛）公私两方赏给。工匠七十名和乌拉役夫六百多人在五个月当中，建起了三十二根柱子寺院楼上的寝殿、四根柱子的净厨，以及六十八间小屋。寺院建造坚固，布局庄严，这些都依赖于达赖喇嘛发心祈愿和佛业无阻成就。寺院中绘上的壁画有释迦牟尼佛及侍奉的十六罗汉尊者，小乘、声闻乘和独觉乘的菩提菩萨，本尊护法神等众多形象。同时考虑到大经堂（杜康殿）的柱子装饰及雕刻不仅需要漂亮，而且应有加持之力，因此，喇嘛仁波切专门委派已获得罗汉解脱的坚赞、绘画大师揩果瓦次旦南杰和甲麦次旺三人精细刻写《根本咒》、《要旨》、《近心咒》等印度梵文。[①]

由于噶钦·益西坚赞担任第八世达赖喇嘛的经师一职，后人尊称为永增·益西坚赞，并寻找其转世灵童，创立了茨觉林活佛世系，并追认永增·益西坚赞（噶钦·益西坚赞）为第一世茨觉林活佛。由此，茨觉林（寺）列为拉萨四大林之一。

此外，西藏政教合一制度后期担任摄政王的热振活佛的官邸或驻锡地，即锡德林（zhi bde gling），亦可将其列入拉萨四大林之一，从而替代茨觉林。实际上，至清代末期，在拉萨城内业已形成五大林（寺）格局，

[①] 第穆呼图克图·洛桑图丹晋麦嘉措著，冯智译：《八世达赖喇嘛传》，北京，中国藏学出版社，2006年版，第170页。

最后建立的锡德林，因时间关系而没有进入拉萨四大林行列，但它作为摄政王的官邸或热振活佛的驻锡地，可被称之为拉萨五大林之一。

第七节　驻京八大呼图克图世系

驻京八大呼图克图分别为：章嘉呼图克图（lcang skya）、噶勒丹锡呼图呼图克图（dgav ldan gser khri）、敏珠尔呼图克图（smin grol）、济隆呼图克图（rje drung）、那木喀呼图克图（nam mkhav）、阿嘉呼图克图（Aa kyaw）、喇果呼图克图（bla kho）、察罕达尔汗呼图克图（cha har）。他们历辈世系活佛驻锡京城掌印，在藏传佛教教内外享有崇高荣誉和宗教地位。除驻京呼图克图中加封国师或禅师等名号外，将左翼头班章嘉呼图克图，二班敏珠尔呼图克图，右翼头班噶勒丹锡呼图呼图克图，二班济隆呼图克图，皆列于雍和宫总堪布、避暑山庄普宁寺总堪布之上。①

驻京八大呼图克图中章嘉呼图克图、噶勒丹锡呼图呼图克图、敏珠尔呼图克图和济隆呼图克图，又称为清朝四大呼图克图，其宗教地位高于其他四位驻京呼图克图。可以说，驻京八大呼图克图基本上代表了卫藏及多康等广大藏族地区和蒙古地区的宗教势力，如济隆呼图克图来自卫藏地区、察罕达尔汗呼图克图来自蒙古地区，其余可归属多康藏族地区。

除了驻京八大呼图克图之外，尚有不少居住在京城的著名高僧活佛，他们在京城或在蒙古地区时常讲经传法，对于藏传佛教在内地和蒙古地区长盛不衰发挥着重要作用。因而也可归属驻京呼图克图范畴。例如，土观活佛（thuvu bkwan）、东科尔活佛（stong vkhor）等皆是其优秀代表，而且，许多史书对他们的弘法事迹作了描述。根据《蒙古佛教史》记载：

> 当今皇帝色西雅勒泰伊热克勒图嘉庆皇帝对太上皇帝的善规认真守护，以历辈与我等汉地蒙古众生有不解法缘的恩德无量的救护依怙三界众生的上师章嘉活佛意希丹贝坚赞、噶勒丹锡呼图活佛阿旺土丹

---

① （清）会典馆编：《钦定大清会典事例·理藩院》，北京，中国藏学出版社，2006年版，第150页。

旺秋贝丹赤烈嘉措、赤钦南喀桑布的转世诸部坛城之主金刚持晋美南喀等上师为自己的福田，敬奉三宝，使佛法及众生的利乐日益增盛。此外，在以上诸帝在位之时，还迎请全部教法之主巴索济隆活佛、敏珠尔诺们罕、土观活佛洛桑却吉尼玛、东科尔曼珠室利诺们罕、阿嘉活佛、阿旺班觉呼图克图等贤哲大德，弘扬佛法。这样，大清朝的历代皇帝都只与无比的格鲁派的大德结为施主与福田，同时，这些大德中的大多数又为汉地、满洲，特别是广大蒙古地区的以官员们为首的臣民众生降下佛法的甘雨，满足他们的心愿，使宗喀巴大师的教法在各个地方日益发扬光大。上述的诸位皇帝法王从西藏安多地方迎请众多高僧大德使汉地和蒙古各处以显密教法和讲辩为代表的佛陀教法如白昼一般显明的巨大功业，使吐蕃诸法王从印度迎请贤哲大德弘传佛法的功业也难与之比美。①

以上引文描述了清代嘉庆时期驻京呼图克图在内地和蒙古地区弘扬佛法的不朽事迹，并歌颂了嘉庆皇帝敬奉佛教三宝、重视高僧活佛的高尚品德和崇高行为。特别在文中强调了第四世章嘉活佛·益西丹贝坚赞（lcang skya ye shes bstan pavi rgyal mtshan, 1787—1846）、第四世（赛赤）噶勒丹锡呼图·阿旺土丹旺秋白丹赤烈嘉措（dgav ldan gser khri ngag dbang thub bstan dbang phyug dpal ldan vphrin las rgya mtsho, 1773—?）、第二世（萨木察）赤钦·晋美南喀（khri chen vjigs med nam mkhav, 1768—1821）等高僧活佛受到嘉庆皇帝的敬重。同时，也赞扬了济隆活佛、敏珠尔活佛、土观活佛、东科尔活佛、阿嘉活佛等清朝大呼图克图进京弘法的事迹。此外，《蒙古佛教史》中还描述了专门在蒙古各部献身于佛教事业的高僧活佛：

在喀尔喀地方有大修行成就者黑行者、遍知绛洋却杰和大成就者多罗那它的转世，其宝盖上有如来虚空明点的示现佛陀功业的哲布尊丹巴洛桑丹贝坚赞的历辈转世，以及以《甘珠尔》经典和密多罗金刚宝串降下佛法甘雨广弘佛教的大德、班禅洛桑却吉坚赞和五

---

① 固始噶居巴·罗桑泽培著，陈庆英、乌力吉译注：《蒙古佛教史》，台北，全佛文化事业有限公司，2004年版，第178页。

世达赖喇嘛的亲传弟子扎雅班智达罗桑赤列、喀尔喀曼珠室利诺们罕、喀尔喀额尔德尼班智达旺钦诺们罕、青苏祖克图诺们罕等大德降生,在各地兴建大寺院,建立许多显宗扎仓和密宗扎仓,弘传佛法。①

以上引文中提到的高僧活佛既有清代四大活佛之一的哲布尊丹巴,又有蒙古地区传扬藏传佛教最杰出的蒙古族高僧扎雅班智达。扎雅班智达(dza ya pantita,1599—1662)是漠西蒙古厄鲁特部第一位出家为僧的藏传佛教格鲁派高僧,他在漠西蒙古地区传扬藏传佛教,使厄鲁特部民众信仰佛教并皈依了藏传佛教格鲁派。特别是扎雅班智达参与1640年在塔尔巴哈台(今塔城)召开的厄鲁特部和喀尔喀部王公参加的大联盟会,会上商议并制定了《卫拉特法典》,其中规定藏传佛教作为蒙古各部信仰的唯一宗教,不准信奉其他任何形式的宗教。从此,在广袤的蒙古地区掀起信仰和传扬藏传佛教的风气。根据《蒙古佛教史》记载:

> 在土尔扈特的阿玉奇汗的地方佛教也很兴盛。在其东方有蒙古王噶尔丹卓里克图洪台吉之时兴建的有显宗扎仓、道次扎仓、密宗扎仓等四个扎仓的寺院,有沙弥和比丘二万余人,他们都严守戒律,讲论纯正的显密经典以及宗喀巴师徒和班禅洛桑却吉坚赞的著作,依律修习体验三学处,遍布于各地。在阿拉善地方,有上师达布活佛更卓诺们罕建立的显宗讲经院,弘扬佛法。在卫拉特地方,有大学者丁科尔班智达兴建白格尔却林寺,建立显宗和时轮扎仓,广弘佛法。②

从引文中我们可以看出,在蒙古各地创建的藏传佛教寺院,规模宏大,结构完整,不仅建立了显宗学院和密宗学院,而且还创建了道次第学院和时轮学院。这种弘扬藏传佛教的盛况,在其他地区极为少见。据《蒙古佛教史》记载:

---

① 固始噶居巴·罗桑泽培著,陈庆英、乌力吉译注:《蒙古佛教史》,台北,全佛文化事业有限公司,2004年版,第179页。

② 同上。

> 厄鲁特、青海、鄂尔多斯、呼和浩特、察哈尔、苏尼特、杜尔伯特、巴林、阿鲁科尔沁、科尔沁、敖汉、乃曼、翁牛特、扎鲁特等外藩和内属蒙古各大部都从前后藏及安多等地迎请精通显密教法的高僧大德,蒙古各旗也有许多僧人前往前后藏及安多等地学法,有一些贤哲还在蒙古各地兴建大小寺院,建立显宗讲经院及密宗院、修习道次的扎仓等,僧人们讲论佛法,守持戒律,使佛陀的教法在蒙古各地普遍弘扬。①

历史上除了有众多蒙古族青年赴藏区各大寺院学习佛教经典之外,还有迎请大批藏族高僧到蒙古地区讲经传法的做法,这就推动了藏传佛教在蒙古地区的进一步兴隆发展。同时,蒙古王公贵族对藏传佛教的虔诚信仰和全力支持,对于藏传佛教在蒙古地区得以持续兴隆也起到了至关重要的作用。据《蒙古佛教史》记载:

> 在我们喀喇沁土默特部,有由于以前积聚的广大福德,具有善趣七德(种姓高贵、形色端严、长寿、无病、缘分优异、时势富足、智慧广大),对上师及三宝有不退转之信仰,奉章嘉活佛为上师努力修习道次第及密法之伟人、佛法之大施主扎萨克贝子哈穆噶巴雅斯呼朗图。他为使佛法弘扬并长久住世,在自己王府的附近兴建了一座以规模宏丽的大经堂为主的寺院,在寺院中建立显宗扎仓。他为僧人提供生活所需的用品,并向西藏的达赖喇嘛和班禅大师奉献大量布施。特别是他迎请恩德无比的遍知一切的上师嘉木样活佛官却晋美旺布来到自己的牧地,并为嘉木样活佛在本旗及蒙古各地广弘佛法提供资具,对佛法实有无上之恩德。②

清代在蒙古地区兴建了许多藏传佛教寺院,特别是其中的著名寺院,大都有其建造或产生的文化背景和现实需求。例如,内蒙古多伦诺尔的汇宗寺和善因寺、外蒙库伦的庆宁寺和甘丹寺、漠西卫拉特的固尔

---

① 固始噶居巴·罗桑泽培著,陈庆英、乌力吉译注:《蒙古佛教史》,台北,全佛文化事业有限公司,2004年版,第179页。

② 同上书,第180页。

扎庙、塞外热河的普宁寺和普陀宗乘之庙，以及京城的雍和宫和黄寺等，都从不同角度反映了当时的政治经济制度、民族宗教政策和文化生活习俗。

第八节　清代建档呼图克图

清代建档的呼图克图，不仅数目庞大，而且名目繁多。在清代历朝《大清会典》中有相关记载，并对呼图克图中的不同头衔一一作了阐释，同时也对不同地区的呼图克图作了分门别类。在此以各类头衔为例，诸如掌印扎萨克达喇嘛、副掌印扎萨克达喇嘛、扎萨克喇嘛、达喇嘛、副达喇嘛、苏拉喇嘛；以不同地区为例，主要分为驻京喇嘛、西藏喇嘛、西番喇嘛和游牧喇嘛。至于驻京喇嘛，是泛指驻京高僧活佛，其中又分为不同头衔的喇嘛，这在光绪朝时期的《大清会典》中有翔实的记载：

　　驻京喇嘛，大者曰掌印扎萨克达喇嘛，曰副掌印扎萨克达喇嘛，其次曰扎萨克喇嘛，其次曰达喇嘛，曰副达喇嘛，其次曰苏拉喇嘛，其次曰德木齐，曰格思贵，其徒众曰格隆，曰班第。热河、盛京、多伦诺尔、五台山各庙，皆分驻喇嘛，定有额缺，按等升转，与驻京喇嘛一例。又伊犁之掌教堪布一人，四川懋功之广法寺堪布一人，系由驻京喇嘛内派往，三年一更代。驻京喇嘛中，历辈阐扬黄教如章嘉呼图克图、噶勒丹锡埒图呼图克图、敏珠尔呼图克图、济隆呼图克图，或在京掌教，或赴藏办事，俱曾加国师、禅师等名号。乾隆五十一年，高宗纯皇帝钦定喇嘛班次，左翼头班章嘉呼图克图、二班敏珠尔呼图克图，右翼头班噶勒丹锡略图呼图克图、二班济隆呼图克图，皆列于雍和宫总堪布、避暑山庄普宁寺总堪布之上。其余驻京之呼图克图，有东科尔呼图克图，果蟒呼图克图，那木喀呼图克图，鄂萨尔呼图克图，阿嘉呼图克图，喇果呼图克图，贡唐呼图克图，土观呼图克图，多伦诺尔有锡库尔锡埒图诺颜绰尔济呼图克图，皆出呼毕勒罕，入于院册。仁宗睿皇帝时定额，设扎萨克喇嘛四，雍和宫一，作为唐古特专缺，以呼图克图堪布充。其余三缺，蒙古达喇嘛充其一，未受职之呼图克图充其一，由藏调京之堪布等俱以达喇嘛用。道光年间，以章嘉呼图克图、噶勒丹锡埒图呼图克图、敏珠尔呼图克图、那木喀呼图克图、阿嘉呼图克图，历经驻京掌印务，诏各设商卓特巴札萨克喇嘛一。①

驻京喇嘛中包括了派往热河、盛京、多伦诺尔、五台山等各庙的住持以及新疆伊犁之掌教堪布和四川懋功之广法寺堪布。同时，章嘉呼图克图、噶勒丹锡埒图呼图克图、敏珠尔呼图克图和济隆呼图克图，他们作为清代驻京四大呼图克图，都加封国师、禅师等名号，不仅在京城掌教，而且享有赴藏办事的特权。此外，还设有四个札萨克喇嘛头衔的僧职。

清代在理藩院建立档册的呼图克图达 160 人。其中驻锡京城者主要有章嘉呼图克图、敏珠尔呼图克图、噶勒丹锡埒呼图克图、济隆呼图克图、东科尔呼图克图、郭莽呼图克图、南木喀呼图克图、鄂萨尔呼图克图、阿嘉呼图克图、喇果呼图克图、贡唐呼图克图、土观呼图克图等；驻锡多伦诺尔者主要有锡库尔锡埒图诺颜绰尔济呼图克图；驻锡西藏前后藏者除达赖喇嘛、班禅额尔德尼两人外，尚有第穆呼图克图、噶喇木巴呼图克图、色木巴呼图克图、布鲁克巴呼图克图、嘉拉萨赖呼图克图、鄂朗济永呼图克图、朋多江达笼庙之呼图克图、摩珠巩之志巩呼图克图、贡噶尔之嘉克桑呼图克图、奈囊保呼图克图、朗埒仔之萨木党多尔济奈觉尔女呼图克图、觉尔隆阿里呼图克图、楚尔普嘉尔察普呼图克图、多尔吉雅灵沁呼图克图、伦色之觉尔泽呼图克图、协布隆呼图克图、摩珠巩之志巩小呼图克图、达拉冈布呼图克图。凡 18 人，另有沙布隆 12 人，皆出呼毕勒罕；驻锡安多康区的转世活佛主要有木里、乍雅、察木多和类乌齐 5 人、西宁 33 人；驻锡在内外蒙古地区的呼图克图主要有归化城 12 人、察哈尔 9 人、锡埒图库伦 2 人、科尔沁 3 人、郭尔罗斯 1 人、土默特 6 人、乌珠穆沁 6 人、浩齐特 1 人、阿巴噶斯 1 人、阿巴哈纳尔 5 人、苏尼特 2 人、四子部落 1 人、乌喇特 5 人、鄂尔多斯 1 人、阿拉善 2 人、喀尔喀 19 人。

此外，尚有未能进入理藩院档册的无数转世小活佛，他们遍布藏蒙广

---

① 张羽新著：《清朝治藏典章研究》（上），北京，中国藏学出版社，2004 年版，第 264—265 页。

大地域。按清朝政府的宗教政策，无论活佛还是高僧，入档需要具备一定资格。如理藩院明文规定"呼图克图诺们罕未经入档，如系赏过名号印敕，及徒众过 500 名者，仍准其补行入档"。[①] 否则，不可入档进册。

[①] （清）会典馆编：《钦定大清会典事例·理藩院》，北京，中国藏学出版社，2006 年版，第 163 页。

第八章 金瓶掣签制度

金瓶（gser bum），又称金本巴，后者乃汉藏合璧之称谓；藏语名"赛吉本巴"（gser gyi bum pa），义译为"金瓶"。而金瓶掣签，或金本巴掣签，是一种以掣签的方式选定大活佛转世灵童的宗教制度。从历史上看，金瓶掣签或金本巴掣签制度，不仅是清朝政府创立的确认藏蒙地区藏传佛教大活佛继承人的法定制度，包括选定达赖喇嘛、班禅额尔德尼、哲布尊丹巴呼图克图和章嘉呼图克图等大活佛的转世灵童，而且是清代藏传佛教政策与管理的主要内容之一。

第一节 金瓶掣签之设立

清代乾隆年间，藏传佛教活佛转世过程中存在或正在发生诸多错综复杂的问题，包括以活佛转世直接引发的诸如关于转世灵童的因缘条件、家族谱系、社会裙带等复杂情况，尤其在转世灵童的出生区域和家庭背景等方面不时出现纷争或可疑现象。为此，清朝政府不得不出面加以整顿，遂产生金瓶掣签制度。根据《番僧源流考》记载：

> 查乾隆五十七年六月内奉旨：达赖喇嘛、班禅额尔德尼二大喇嘛乃西方布行黄教，掌管佛法之宗，但南北所有地方一切事务僧俗人等，皆系达赖喇嘛管辖，必须聪慧有福相之人，方能护持佛法而有裨益于黄教。从前认呼毕勒罕，皆恃拉穆吹仲看龙单于此，拉穆吹仲或受贿恣意舞弊，或偏庇亲戚妄指，或达赖喇嘛班禅额尔德尼暗中受意，令其指谁，此等皆有之事，朕悉知之，而与法教中甚为无益。即令达赖喇嘛一家之中，大呼图克图之呼毕拉罕出有数人，而此辈班禅

额尔德尼之呼毕拉罕，又系拉穆吹仲之外孙，即如内地汉僧等传衣钵，亦皆各传各弟子，相沿已久，竟成蒙古王公、八旗世职相同。如此谋利舞弊，则不但不能振兴黄教；而反致于坏其教。何则出家之人，当万虑皆空，无我无人，净持佛教。昨据生擒之廓尔喀贼供称，沙玛尔巴呼图克图，即前辈班禅额尔德尼之兄。而班禅额尔德尼遗留物件，伊亦有分，是其所供，皆为争财。此次廓尔喀贼抢掠后藏之事，皆伊诱唆所致者，即是不慎认呼毕拉罕之明傚也。从前喀尔喀四部落人等，共争哲卜尊丹巴呼图克图之呼毕拉罕时，有郡王桑斋多尔济尚然具奏，嗣后请一阿哥作为呼毕拉罕之语。朕彼时将桑斋多尔济训诫责斥。以此观之，不拘何人均可以谓之呼毕拉罕。若果呼毕拉罕者，必能前世所确经典，认记所持过物件，则始可以谓之呼毕拉罕。倘惟计其亲属，徇其情面，即作为呼毕拉罕，焉能振兴黄教以服众心哉。今朕送去一金瓶，供奉前藏大招（昭）寺内。嗣后达赖喇嘛、班禅额尔德尼、哲卜尊丹巴、噶勒丹锡勒图、第穆、济咙等，并在京掌印大呼图克图及藏中大呼图克图等圆寂，出有呼毕拉罕时，禁止拉穆吹仲着龙单，著驻藏大臣会同达赖喇嘛、班禅额尔德尼将所出呼毕拉罕有几人，今将伊等乳名各各书签放入瓶内，供于佛前虔诚祝祷念经，公同由瓶内掣取一签，定为呼毕拉罕，如此佛之默祐，必得聪慧有福相之真正呼毕拉罕，能保持佛教。朕尚且不能主定，拉穆吹仲更不得从中舞弊，恣意指出，众心始可以服。钦此。①

由此可见，活佛转世中存在或出现诸多弊端，是直接促成清朝政府下决心出台新政策的主要因素。乾隆五十七年（1792），乾隆帝参照选任文武官员时抽签确定其任职地点的办法，并借驱逐侵藏廓尔喀军队及整顿西藏政务之机，谕旨设立金瓶掣签制，以整肃活佛转世中存在的弊端。制一金本巴瓶，派员赍往，设于前藏大昭寺，藏内或出达赖喇嘛、班禅额尔德尼及大呼图克图之呼毕勒罕时，将其生年月日名姓，各写一签，入于瓶内，交达赖喇嘛念经，会同驻藏大臣，共同掣签。②

---

① （清）张其勤等编撰：《西藏宗教源流考》、《番僧源流考》（合刊），拉萨，西藏人民出版社，1982年版，第37—38页。
② （清）松筠撰：《卫藏通志》卷五，拉萨，西藏人民出版社，1982年版，第268页。

当清廷御前侍卫惠伦和乾清门侍卫阿尔塔锡第二人将金本巴瓶送至拉萨时，福康安及济咙活佛等率领僧俗官员远出迎接，达赖喇嘛先期在大昭寺等候，并派高僧等各执香花幡幢导引，金本巴瓶置于大昭寺楼上宗喀巴像前，敬谨供奉。达赖喇嘛赞颂："呼毕勒罕转世，递延禅宗，关系郑重。今蒙大皇帝振兴黄教，唯恐吹忠等降神作法，指认未真，致有流弊，特颁金本巴瓶，卫护佛门，实已无微不至，我实感戴难名。嗣后惟有钦遵圣训，指认呼毕勒罕时，虔诵经于大众前秉公拈定，庶使化身真确，宣扬正法，远近信心，阖藏僧俗顶戴天恩，无不感激等。"①

同时，清朝政府又制一金本巴瓶置于京城雍和宫内，供蒙古地方出呼毕勒罕，即报明理藩院，将年月姓名缮写签上，入于瓶内，一体掣签。以停止从前王公子弟内私自作为呼毕勒罕之陋习。各蒙古汗王贝勒等既有世爵可以承袭罔替，已极尊荣，不必又占一呼毕勒罕，又谋喇嘛之利。②

乾隆五十八年（1793）颁布的《钦定藏内善后章程二十九条》中明确规定：关于寻找活佛及呼图克图的灵童问题，依照藏人例俗，确认灵童必问卜于四大护法，如此难免发生弊端。皇帝为求黄教得到兴隆，特赐一金瓶，今后遇到寻认灵童时，邀集四大护法，将灵童的名字及出生年月，用满、汉、藏三种文字写于签牌上，放进瓶内，选派真正有学问的活佛，祈祷七日，然后由各呼图克图和驻藏大臣在大昭寺释迦牟尼佛像前正式认定。假若找到灵童仅只一名，亦须将一个有灵童名字的签牌，和一个没有名字的签牌，共同放进瓶内，假若抽出没有名字的签牌，就不能认定已寻得的儿童，而要另外寻找。达赖喇嘛、班禅额尔德尼像父子一样，认定他们的灵童时，亦须将他们的名字用满、汉、藏三种文字写于签牌上，同样进行，此举皆是为了黄教的兴隆和不使护法弄假作弊。金瓶平时置于宗喀巴像前，需要保护净洁，并进行供养。③ 其实际掣签典礼的场面，在《番僧源流考》中有一段描述：

  进门先挨次入座，献清茶，次献酥茶，毕。令满印房人将原文呈阅，合对入掣牙签上所写满洲字、蒙古字、西番字名字年岁相符，又

---

① （清）松筠撰：《卫藏通志》，拉萨，西藏人民出版社，1982年版，第265页。
② 同上书，第268页。
③ （清）乾隆朝《钦定藏内善后章程二十九条》。

令官送至达赖、班禅阅看后，将该入掣各本家之人唤来跪着鉴上名字、年岁有无舛误，袪彼疑心。后交满印房官人觊面，用黄纸包妥，供在瓶前。又俟番僧诵经念至应将签入瓶时，喇嘛回请该帮办大臣，起立行至瓶前，行一跪三叩首礼毕，不起立即跪，将签双手举过额入瓶内，以手旋转二次，盖瓶盖，起立仍归旧座。其帮办大臣将签入瓶时，正办大臣在左傍侍立礼毕，同归本座。又俟念经至掣签时，仍系喇嘛回请正办大臣，亦行一跪三叩首礼毕，跪启瓶盖，用手旋转，掣签一枝。帮办大臣在左侍立，拆开黄纸，同众开看，唤掣得本家人跪听，令其观签后，又使满印房官人送至达赖、班禅前阅看，将签供设瓶前，又将未曾掣出之签拆阅与众人观看，又给各本家之人观看，以除疑义，后用纸擦去。①

以上引文中认为签牌上是以满、蒙、藏三种文字书写，这与其他文献记载略有不同。至于金瓶掣签的具体操作，引文中作了详尽的描述，必须经过一整套严格程序。在金瓶掣签之前，寻访呼图克图或活佛转世之候选灵童时，须遵循有关规章制度。蒙古藏族部落呈报呼图克图大喇嘛之呼毕勒罕出世，准于闲散台吉或属下人等及藏族平民之子嗣内指认。其达赖喇嘛、班禅额尔德尼之亲族及各蒙古汗、王、贝勒、贝子、公、札萨克台吉等子孙内，均禁止指认呼毕勒罕。② 此乃选定转世灵童时务必遵循的前提条件。

此外，清朝政府在推行或实施金瓶掣签制度的过程中，既坚持原则又可采取灵活措施。乾隆帝曾明确指出：思察木多等处系属藏地，与蒙古各札萨克不同，该处至前藏三千余里，距成都亦属遥远，驻藏大臣与四川总督皆属鞭长莫及，福康安等察看情形，如能遵照昨降谕旨，固属其善；若有碍难办理之处，即仍其旧，以免更张而从方俗，究亦不致为大弊有害国政，亦无不可。因此，察木多、类乌齐等藏内边远地区活佛圆寂后，因地制宜，多采用灵活性，允许该地区信众自行寻觅认定其转世灵童。

清朝政府在尽可能杜绝大活佛呼毕勒罕在藏蒙汗王贵族或亲族中出世

---

① 张其勤等编撰：《西藏宗教源流考》、《番僧源流考》（合刊），拉萨，西藏人民出版社，1982年版，第39页。
② （清）光绪朝《钦定理藩部则例》卷五十八（喇嘛事例三）。

的同时，又不固守成法而灵活商办活佛转世事宜。青海察罕诺们罕，系札萨克，有管理游牧之责。其拟掣呼毕勒罕时，无论亲族，唯视属下人等众情悦服者，入于金本巴瓶内掣定，不与各呼毕勒罕一例办理。① 在理藩部则例中亦有硬性规定：其无名小庙坐床，从前并未出有呼毕勒罕之寻常喇嘛已故后，均不准寻认呼毕勒罕。② 以此限定活佛转世在藏蒙地区任意增长蔓延。

第二节　清代四大活佛掣签

金瓶掣签制度，自实施至清朝灭亡一百多年间，在藏族蒙古族地区选定活佛转世灵童的过程中发挥了重要作用。除了第九世达赖喇嘛、第十三世达赖喇嘛作为特例免于掣签之外，其余第十世达赖喇嘛、第十一世达赖喇嘛、第十二世达赖喇嘛和第八世班禅额尔德尼、第九世班禅额尔德尼，以及哲布尊丹巴呼图克图等大活佛，皆经过金瓶掣签认定。

一　达赖喇嘛转世灵童

藏历第十四绕迥木猪年，即嘉庆二十年（1815），第九世达赖喇嘛幼年圆寂；经多方协同寻访其转世灵童，于道光二年（1822），在藏区寻得三名候选灵童，并邀请第七世班禅额尔德尼·丹贝尼玛（1782—1853）前往拉萨圣城，在布达拉宫三界殊胜殿主持金瓶掣签仪式，康区理塘地方出世之灵童中签，成为首次通过瓶掣签选定的达赖喇嘛，即第十世达赖喇嘛·慈臣嘉措（1816—1837），当时第四世章嘉呼图克图·益西丹贝坚赞（1787—1846）奉旨从京城赴藏照料坐床。道光十四年（1834），第十世达赖喇嘛拜第七世班禅额尔德尼为师受比丘戒。是年，第十世达赖喇嘛在布达拉宫接见喀尔喀第五世哲布尊丹巴·洛桑慈臣晋美丹贝坚赞（1815—1841）和土尔扈特汗王。道光十七年（1837），第十世达赖喇嘛在布达拉宫寝室圆寂，未能亲政。

藏历第十四绕迥铁牛年，即道光二十一年（1841），在时任摄政王的策墨林活佛的主持下，在藏区寻得第十世达赖喇嘛转世之三名候选灵童，

---

① （清）光绪朝《钦定理藩部则例》卷五十八〈喇嘛事例三〉。
② 同上。

皆迎往拉萨，在布达拉宫三界殊胜殿举行金瓶掣签仪式，康区噶达（泰宁）地方灵童中签，由第七世班禅额尔德尼剃度授戒，取名凯珠嘉措；翌年，迎至布达拉宫坐床即位，成为第十一世达赖喇嘛·凯珠嘉措（1838—1855）；道光皇帝再次特派第四世章嘉呼图克图赴藏照料，并送达清廷颁发之金册；第二世策墨林活佛·阿旺绛贝慈臣嘉措（1792—1862）代理摄政。道光二十四年（1844），摄政王策墨林活佛被免职；道光二十五年（1845），道光帝下诏书，任命第三世热振活佛·阿旺益西慈臣坚赞（1817—1862）为摄政王。咸丰五年（1855），第十一世达赖喇嘛亲政，掌管西藏政教事务，不久达赖喇嘛圆寂。

藏历第十四绕迥土马年，即咸丰八年（1858），在时任摄政王的热振活佛的主持下，在藏区寻得第十一世达赖喇嘛转世之三名候选灵童，皆迎往拉萨，在布达拉宫三界殊胜殿举行金瓶掣签仪式，前藏沃噶（vod dgav）地方（今西藏山南地区桑日县）灵童中签，由热振活佛剃度受戒，取名赤列嘉措；咸丰十年（1860），在布达拉宫坐床即位，成为第十二世达赖喇嘛·赤列嘉措（1856—1875）。同治十二年（1873），第十二世达赖喇嘛亲政，仅几年后圆寂。

二 班禅额尔德尼转世灵童

藏历第十四绕迥火龙年，即咸丰六年（1856），扎什伦布寺灵童寻访筹备组在藏区寻得第七世班禅额尔德尼转世之二名候选灵童，皆迎往拉萨圣城，在布达拉宫举行金瓶掣签仪式，由驻藏大臣、摄政王、噶厦官员以及拉萨三大寺代表和后藏扎什伦布寺札萨克喇嘛参加，后藏南木林宗托布加溪卡（今西藏日喀则南木林县托布加村）灵童中签，咸丰十年（1860），在后藏扎什伦布寺举行隆重坐床典礼，摄政王第三世热振活佛前往代理达赖喇嘛授戒，取法名丹贝旺秀，成为第八世班禅额尔德尼·丹贝旺秀（1855—1882）。

藏历第十五绕迥土鼠年，即光绪十四年（1888），扎西伦布寺灵童寻访筹备组在藏区寻得第八世班禅额尔德尼转世之三名候选灵童，皆迎往拉萨圣城，在大昭寺释迦牟尼佛像前举行金瓶掣签仪式，前藏达布地方（今西藏林芝地区）灵童中签，由第十三世达赖喇嘛·土丹嘉措（1876—1933）剃度授戒，取法名洛桑土丹却吉尼玛；光绪十八年（1892），在后藏扎什伦布寺坐床即位，成为第九世班禅额尔德尼·却吉尼玛（1883—

1937）；光绪二十八年（1902），第九世班禅额尔德尼在拉萨大昭寺拜第十三世达赖喇嘛为师受比丘戒；光绪三十年（1904）至光绪三十二年（1906）间，第九世班禅额尔德尼前往印度朝礼佛教名胜古迹。

三 哲布尊丹巴转世灵童

藏历第十四绕迥木龙年，即道光二十四年（1844），哲布尊丹巴灵童寻访筹备组在藏区访获第五世哲布尊丹巴呼图克图转世之三名候选灵童，皆迎往拉萨，第七世班禅额尔德尼专门从后藏扎什伦布寺赴前藏拉萨，会同驻藏大臣、达赖喇嘛及伊徒达喇嘛等高僧活佛，在大昭寺释迦牟尼佛像前举行金瓶掣签仪式，结勒切地方灵童中签，成为第六世哲布尊丹巴呼图克图·阿旺洛桑绛白丹增慈臣嘉措（1842—1849）。

藏历第十四绕迥铁狗年，即道光三十年（1850），哲布尊丹巴灵童寻访筹备组在藏区访获第六世哲布尊丹巴呼图克图转世之二名候选灵童，皆迎往拉萨圣城，由第十一世达赖喇嘛会同驻藏大臣、第七世班禅额尔德尼及伊徒达喇嘛等高僧活佛，在大昭寺释迦牟尼佛像前举行金瓶掣签仪式，藏族尼玛之子中签，成为第七世哲布尊丹巴呼图克图·阿旺却吉旺秀赤列嘉措（1850—1869）；咸丰三年（1853），第七世哲布尊丹巴呼图克图迎往漠北库伦大寺坐床即位，清廷极为重视，准其沿途即用黄布围墙、黄色车轿。

藏历第十五绕迥铁羊年，即同治十年（1871），哲布尊丹巴灵童寻访筹备组在藏区访获第七世哲布尊丹巴呼图克图之转世灵童，由驻藏大臣会同第十二世达赖喇嘛，在大昭寺释迦牟尼佛像前举行金瓶掣签仪式，藏民贡却慈仁之子中签，成为第八世哲布尊丹巴呼图克图·阿旺洛桑却吉尼玛丹增旺秀（1870—1923）；同治十三年（1874），第十二世达赖喇嘛为第八世哲布尊丹巴呼图克图授予沙弥戒，并封赐"大喇嘛"名号。

四 章嘉活佛转世灵童

章嘉活佛，又名章嘉呼图克图、章嘉国师，他作为清代国师，其转世灵童的寻访和认定，清朝历代皇帝都要一一过问和确认。第四世章嘉活佛·益西丹贝坚赞（1787—1846）圆寂后，四年时间未出世其转世灵童，道光皇帝下谕旨，催办有关事宜。据《清实录》记载：

> 道光三十年（1850），谕军机大臣等："哈勒吉那奏卓扎巴地方产生章嘉呼图克图呼毕勒罕奏闻一折。章嘉呼图克图系勋旧有为之呼图克图，自涅槃以来已历四载。兹据哈勒吉那奏称：所生幼童噶勒臧楚克嚕布，据扎萨克喇嘛爵木磋称，此子似识章嘉呼图克图之物，即系呼图克图之呼毕勒罕"等语，朕闻之殊深欣慰。惟此子甫经九月，尚未能言。从前乾隆年间若有呼图克图呼毕勒罕出世，均将所生数子年岁、花名书写签支，入于瓶内掣定。著哈勒吉那转谕吹布臧呼图克图、扎萨克喇嘛爵木磋等，于该地方再为访察二三幼童及此子之名一并具奏，再降谕旨办理。①

道光皇帝在谕旨中对寻访章嘉活佛的转世灵童作了明确指导和具体安排，之后，等到选定转世灵童的各项预备工作完毕，道光皇帝又下达了最后的谕旨，认定金瓶掣签结果。据《清实录》记载：

> 道光三十年（1851），谕内阁："哈勒吉那等奏询访章嘉呼图克图呼毕勒罕，查有三子等因一折。朕以必有大呼图克图呼毕勒罕出世，甚为欣慰。兹由理藩院将现在雍和宫唪经之三子，其名归入金瓶，将端嚕布所生之子桑哈色特迪掣定。且端嚕布之子桑哈色特迪识认前代章嘉呼图克图曾用物件，即铃杆、素珠、木碗三项应手认出，则是章嘉呼图克图呼毕勒罕无疑矣。朕心何胜欢悦，著将朕素日常用念珠一串赏给该呼毕勒罕，交哈勒吉那敬领，转交该呼毕勒罕收领。将此晓谕各蒙古王公及在京之呼图克图、喇嘛等，并章嘉呼图克图住持寺院各喇嘛外，仍著晓谕驻藏大臣，转行知照达赖喇嘛、班禅额尔德尼等，以慰所望。"②

由此可见，章嘉活佛的转世灵童，须经过金瓶掣签认定。道光二十六年（1846），第四世章嘉活佛圆寂，其嗣法弟子经过四年努力终于在安多地区寻得前辈转世之候选灵童，并上报理藩院，在京城皇家寺院雍和宫举

---

① 《西藏研究》编辑部编：《清实录藏族史料》（八），拉萨，西藏人民出版社，1982年版，第4149页。

② 同上书，第4158页。

行金瓶掣签仪式，结果安多华热地方（今甘肃省天祝县）出世灵童中签，成为第五世章嘉活佛·洛桑土丹达杰（1849—1874）。

第三节　其他大活佛转世灵童掣签

清代金瓶掣签制度，除了规定清代四大活佛（达赖喇嘛、班禅额尔德尼、哲布尊丹巴呼图克图和章嘉国师）需经过金瓶掣签认定之外，其余各地大活佛之转世灵童，亦须经过金瓶掣签认定。理藩院明文指出：各处之呼图克图及旧有之大喇嘛等圆寂后，均准寻认呼毕勒罕；而且西藏所属各地方及西宁所属青海藏民等处所出之呼毕勒罕，均咨行驻藏大臣会同达赖喇嘛缮写名签，入于大昭寺供奉金本巴瓶内，公同掣定。① 正如松筠所说：

> 颁赐金本巴瓶，供于大昭，入瓶签掣，立法极为尽善。臣等留心体察，并行文各处，访问有无呼毕勒罕？以便遵旨试掣，总未见有呈报。缘卫藏地方，虽皆属达赖喇嘛管辖，如察木多、类乌齐、乍丫、萨喀等处，各有呼图克图管理；一切事件，从不关白藏中。而各呼图克图中，又有红黄黑三种，各行其教，各子其民。自去年臣等行文各处，令将所有呼图克图，无论大小有名无名，俱著将转世辈数开列呈报，以凭咨明理藩院立案去后。昨据陆续报到。臣等查有察木多所属甲拉呼图克图、咙色所属觉喇泽小呼图克图、又藏咙借结呼图克图三名，皆已圆寂一二年，尚未出世。虽皆系极小呼图克图，如候各该处自行呈送到日，再入金本巴瓶签掣，设其所报，即系该呼图克图之亲族世家子弟，妄指一二人，皆不可定。彼时方始驳伤，不但徒事周章，而是否系伊亲族，亦无从查察。今臣等公同商酌，应即遵旨照认识额尔德尼班第达之例，会同彼处汉官，于圆寂地方之一二年所生之有福相聪俊幼孩内，各拣选四五名来藏，如法念经，入于金本巴瓶内签掣。候找寻到日，掣得何名，另行具奏外，并一体传知各处，嗣后遇有呼图克图圆寂，即令随时呈报，不必候其出世，以凭一体办理等因具奏。②

---

① （清）光绪朝《钦定理藩部则例》卷五十八〈喇嘛事例三〉。
② （清）松筠撰：《卫藏通志》，拉萨，西藏人民出版社，1982年版，第270页。

此外，蒙古各部落所处之呼毕勒罕，呈报理藩院堂官会同掌喇嘛印之呼图克图缮写名签，入于雍和宫供奉金本巴瓶内，公同掣定。① 可见蒙古族地区选定呼毕勒罕大都在京城雍和宫举行金瓶掣签仪式，而藏族地区选定活佛转世一般在拉萨大昭寺举行金瓶掣签仪式。就此略述藏蒙地区部分大活佛转世灵童之金瓶掣签实例：

藏历第十三绕迥火龙年，即嘉庆元年（1796），寻访昌都寺第七世帕巴拉呼图克图转世之三名候选灵童，由第八世达赖喇嘛·绛白嘉措、达察诺们罕、驻藏大臣松筠及帮办大臣和宁共同在拉萨大昭寺举行金瓶掣签仪式，康区理塘灵童中签，并上报朝廷审核钦定，遂由皇帝转经驻藏大臣颁赐金字批文，成为第八世帕巴拉呼图克图·洛桑晋美班丹旦贝尼玛（1795—1847）。

藏历第十三绕迥铁鸡年，即嘉庆六年（1801），在第八世达赖喇嘛的恳请下，寻访并找到其经师噶钦·益西坚赞转世之三名候选灵童，由驻藏大臣和宁偕同第八世达赖喇嘛、第八世达察（济隆）呼图克图，在布达拉宫举行金瓶掣签仪式，后藏江孜地方灵童中签。此乃嘉庆皇帝格外加恩初次掣定达赖喇嘛经师转世之呼毕勒罕者。

藏历第十四绕迥水鸡年，即嘉庆十八年（1813），寻得第八世达察（济隆）呼图克图转世之两名候选灵童，由驻藏大臣偕同第九世达赖喇嘛呼毕勒罕、第七世第穆呼图克图，在布达拉宫举行金瓶掣签仪式，康区出世之灵童中签，取名阿旺洛桑丹贝坚赞，成为第九世达察呼图克图（1811—1848）。

藏历第十四绕迥火鸡年，即清道光十六年（1837），寻得前辈察罕诺们罕（第五世拉莫活佛，又称夏茸尕布活佛）转世之两名候选灵童，在拉萨大昭寺举行金瓶掣签仪式，掣定其中一名为呼毕勒罕，成为第六世拉莫活佛·阿旺却珠丹贝坚赞（1832—1872）。

藏历第十四绕迥木牛年，即同治四年（1865），寻访前辈乍雅（扎雅）呼图克图转世之两名候选灵童，由驻藏大臣满庆会同第十二世达赖喇嘛·赤列嘉措，在拉萨布达拉宫举行金瓶掣签仪式，掣定其中一名为呼毕勒罕，第十二世达赖喇嘛遵循藏传佛教规制，对新认定的乍雅呼图克图取名阿旺隆多丹贝坚赞。

---

① （清）光绪朝《钦定理藩部则例》卷五十八〈喇嘛事例三〉。

藏历第十五绕迥木蛇年，即光绪三十一年（1905），寻得前辈（第二世）德柱呼图克图（1876—1897）转世之两名候选灵童，由驻藏大臣有泰会同甘丹赤巴（甘丹寺法台），在拉萨大昭寺举行金瓶掣签仪式，遵照定例，掣定一名为呼毕勒罕，随后灵童从热振寺迎往德柱拉章（府邸）坐床，成为第四世德柱活佛（1898—?）。

藏历第十五绕迥土猴年，即光绪三十四年（1908），寻得前辈（第六世）噶勒丹锡哷图呼图克图转世之两名候选灵童，因达赖喇嘛当时驻锡西宁塔尔寺，金瓶掣签仪式遂在该寺举行，掣定其中一名为呼毕勒罕，成为第七世（赛赤）噶勒丹锡哷图·根敦隆多尼玛（1904—1932）。

第九章　册封赏赐制度

中国历代封建王朝对于藏传佛教高僧活佛的册封赏赐，始于元代而盛于明朝。有清一代，基本沿袭旧制，仅有改换名称或增减数量而已。自清顺治皇帝始，将明朝授予藏传佛教高僧活佛之诰封印信，若来进送，一律按旧例改授。正如后来乾隆帝在《喇嘛说》中所作的追述性说明："达赖喇嘛、班禅额尔德尼之号，不过沿元明之旧，换其袭敕耳。"其目的显而易见，保持其固有宗教特权和社会地位，使他们诚心归附清王朝。

清朝政府在沿袭旧制的基础上，又制定出封授不同职衔、名号及权限等具体细则，以便有章可循。如理藩院明文规定：凡呼图克图、诺们罕、班第达、堪布、绰尔济系属职衔；国师、禅师系属名号。该呼图克图等除恩封国师、禅师名号者准其兼授外，概不得以呼图克图兼诺们罕、班第达、堪布、绰尔济等职衔，亦不得以国师兼禅师名号用之。而呼图克图等印信、册命、敕命亦有具体定制：达赖喇嘛、班禅额尔德尼、哲布尊丹巴呼图克图如蒙恩赏给印册，其印册均用金。其达赖喇嘛历世所得玉印、玉册只准敬谨尊藏，非特旨不准擅用。其余各呼图克图等，如恩封国师名号者，印册均用银镀金，恩封禅师名号者印用银，颁给敕书。①

清朝政府以掌控藏传佛教高僧活佛的封授权来加强中央政府对藏蒙地区的统治，故对达赖喇嘛、班禅额尔德尼、哲布尊丹巴呼图克图和章嘉国师四大活佛以及驻京八大呼图克图等活佛之册封，制定了严格而明细的法规制度。

---

① （清）光绪朝《钦定理藩部则例》卷五十六〈喇嘛事例一〉。

第一节　达赖喇嘛名号

清朝政府在向藏传佛教大活佛颁赐印册敕书时，优礼达赖喇嘛和班禅额尔德尼，并出台具体的细则，以法律和制度的形式确立达赖喇嘛和班禅额尔德尼两大活佛世系的宗教名号和社会地位。理藩院明文规定：达赖喇嘛、班禅额尔德尼圆寂转世，其印信册敕分别办理。当圆寂时，其印信由驻藏大臣奏闻，派人护理。至转世后，特旨钦差大臣等赴藏照料，坐床之日会同该大臣奏闻移授，其册命即由钦差大臣带回呈览后，交广储司融化贮库。至应行换赏金册，由军机处奏交内阁撰拟册文，恭候钦定。达赖喇嘛缮写满、汉、蒙、藏四体，班禅额尔德尼采用梵、藏、满三体，后于乾隆年间又加蒙文和汉文，删去梵文，同样以四体字缮写，并填写几辈达赖喇嘛和班禅额尔德尼。其随赏对象一并叙入册式进呈，交工、农、商部等衙门依照旧式錾成金册。办理完竣，奏派大臣一员、呼图克图一人、侍卫一员赴藏赍送。①

根据历史文献，达赖喇嘛名号，始于明朝。明万历五年（1577），顺义王俺答（阿勒泰汗）建寺西海岸，以寺额请，赐名"仰华"。② 万历六年（1578），藏传佛教格鲁派大活佛索南嘉措（bson nams rgya mtsho，1543—1588）应邀前往青海湖畔，与蒙古土默特部首领俺答汗（又名阿勒坦汗，1507—1583）会面于仰华寺（今青海省海南藏族自治州共和县境内），互赠尊号。索南嘉措赠俺答汗以"咱克喇瓦尔第彻辰汗"③；俺答汗赠索南嘉措以"圣识一切瓦齐尔达喇达赖喇嘛"，④ 并赠金印一方，刻有蒙文"持金刚达赖喇嘛印"，始有"达赖喇嘛"名号。后追认根敦珠巴（dge vdun grub pa，1391—1474）为第一世达赖喇嘛、根敦嘉措（dge

---

① （清）光绪朝《钦定理藩部则例》卷五十六〈喇嘛事例一〉。
② 《明实录藏族史料》（二），拉萨，西藏人民出版社，1982年版，第1099页。
③ "咱克喇瓦尔第"为梵文，意为"转轮王"；"彻辰汗"是蒙古语，意为"聪明睿智之汗王"。
④ 其中"圣"即超凡之人；"识一切"是藏传佛教对在显宗方面取得最高成就的僧人的尊称；"瓦齐尔喇"是梵文"VajraDhara"的音译，意为"执金刚"，也是藏传佛教对在密宗方面取得最高成就的僧人的尊称；"达赖"是蒙古文音译，意为"大海"；"喇嘛"是藏文音译，意为"上师"，这是达赖喇嘛活佛世系名号的最初由来。

vdun rgya mtsho，1475—1542）为第二世达赖喇嘛；第三世达赖喇嘛即索南嘉措。

明万历七年（1579），万历皇帝闻达赖喇嘛之名，颇为重视，遂派三位大臣，颁给第三世达赖喇嘛"护国弘教禅师"的封诰印信及官帽、官服、诏书，并赏赐绿黄金边袈裟一套、大红金边袈裟一套、花金边袈裟一套和金、银、绸缎等宫廷用品。万历十六年（1588），万历皇帝遣使至归化城，又敕封第三世达赖喇嘛为"朵儿只唱"（持金刚），赐金印，邀其来京，未及成行。

万历四十四年（1616），万历皇帝遣使进藏，册封第四世达赖喇嘛·云丹嘉措（1589—1616）以"遍主金刚持佛王"，赐印信及僧官衣帽等，并诏迎去汉地，未及成行。

清顺治十年（1653），顺治皇帝命礼部尚书觉罗朗球、理藩院侍郎席达礼等携带金册、金印，前赴岱噶（今内蒙古自治区凉城县）地方册封第五世达赖喇嘛·阿旺嘉措（1617—1682）。在册文中如是曰：

> 朕闻兼善独善，开宗之义不同；世出世间，设教之途亦异。然而明心见性，淑世觉民，其归一也。兹尔罗布臧札卜素达赖喇嘛，襟怀贞朗，德量渊泓，定慧偕修，色空俱泯，以能宣扬释教，诲导愚蒙，因而化被西方，名驰东土。我皇考太宗文皇帝闻而欣尚，特遣使迎聘。尔早识天心，许以辰年来见。朕荷皇天眷命，抚有天下，果如期应聘而至。仪范可亲，语默有度，臻般若圆通之境，扩慈悲摄受之门。诚觉路梯航，禅林山斗，朕甚嘉焉。兹以金册印封尔为"西天大善自在佛所领天下释教普通瓦赤喇怛喇达赖喇嘛"。应劫现身，兴隆佛化，随机说法，利济群生，不亦休哉！印文曰："西天大善自在佛所领天下释教普通瓦赤喇怛喇达赖喇嘛之印。"[①]

在以上引文中强调政教之间虽有出世入世之差异，但在共同追求的理想或目标上是一致的，均为社会福祉和民众觉醒谋利益，并称赞达赖喇嘛为"应劫现身，兴隆佛化，随机说法，利济群生，不亦休哉！"其金册共

[①] 《西藏研究》编辑部编：《清实录藏族史料》（一），拉萨，西藏人民出版社，1982年版，第25—26页。

十五页，用汉、藏、满、蒙四种文字书写；印文亦是汉、藏、满、蒙四种合璧文字，① 与册文同。这是清朝中央政府正式册封达赖喇嘛之始。从此，历代达赖喇嘛作为"西天大善自在佛所领天下释教普通瓦赤喇怛喇达赖喇嘛"，在藏传佛教界享有至高无上的宗教领袖地位。

清康熙四十九年（1710），康熙帝封前藏益西札穆苏（益西嘉措）为第六世达赖喇嘛，给予金册、金印；后又因事实不符而变故废除。

康熙五十九年（1720），康熙帝封康区理塘出世之呼毕勒罕为"弘法觉众第六世达赖喇嘛"（格桑嘉措），后改称第七世达赖喇嘛，并赐以藏、蒙、满三种文字书写之金册，以期弘扬佛法，效忠大清，勤习经典，精进不懈。

清雍正元年（1723），雍正帝专门派遣大喇嘛噶居洛桑班觉、加尔格齐等入藏，加封第七世达赖喇嘛·格桑嘉措（1708—1757）为"西天大善自在佛掌管天下佛教知一切斡齐尔达喇达赖喇嘛"，印文新增蒙古字，以满、藏、汉、蒙四体缮写，别给敕书，令其推广佛道，引渡众生，使边陲庶民安乐。

清乾隆二十二年（1757），乾隆帝向第七世达赖喇嘛赐以金印，印文亦如第五世达赖喇嘛之印："西天大善自在佛统领天下释教普觉班杂达热达赖喇嘛之印"，以加强达赖喇嘛在西藏地区固有之政教地位。是年，第七世达赖喇嘛圆寂，用金一万五千九百五十两，建造金质灵塔，供奉于布达拉宫。

乾隆四十六年（1781），乾隆帝依前辈之例，封第八世达赖喇嘛·绛白嘉措（1758—1804）为"西天大善自在佛统领天下释教普通瓦赤拉怛喇达赖喇嘛"，改授金册，以满、汉、藏、蒙四体文书写。

乾隆四十九年（1784），清廷派遣乾清门侍卫伊鲁勒图等进藏，赏给第八世达赖喇嘛如意、数珠、缎匹、玻璃瓷器等物，并赐予册宝。②

清嘉庆十四年（1809），嘉庆帝赏赐第九世达赖喇嘛镀金六十两重茶桶及银瓶、酥油灯、绸缎等物件，以资勉励，用心学经，致力佛法，弘扬黄教，造福众生。

---

① 参见《元以来西藏地方与中央政府关系档案史料汇编》第二册，北京，中国藏学出版社，1994年版。

② 参见《清实录藏族史料》（六），拉萨，西藏人民出版社，1982年版，第3028页。

清道光二年（1822），第十世达赖喇嘛坐床之际，清廷派驻藏大臣文干会同成都副都统苏冲阿及章嘉呼图克图看视。所有颁赏达赖喇嘛之敕书例赏等件，由理藩院派司员二人一同带往赐给，① 以表祝贺。

道光二十一年（1841），道光帝依前辈之例，封第十一世达赖喇嘛为"西天大善自在佛所领天下释教普通瓦赤拉怛喇达赖喇嘛"，改授金册。以期专心学习所有经典，弘扬黄教。

清咸丰十一年（1861），清廷派遣满庆、恩庆赴藏看视第十二世达赖喇嘛坐床，并赐银一万两，以表祝贺。同治六年（1867），清廷议准，前辈（第十一世达赖喇嘛）原领金册十三页，自此辈（第十二世）达赖喇嘛起，照旧掌管。嗣后接辈，均请免其更换，俾免往返。②

清光绪五年（1879），清廷以第十三世达赖喇嘛坐床贺礼，赏给黄哈达一方、佛一尊、念珠一串，并准其钤用金印及黄轿、黄车、黄鞍、黄缰并黄布城。

在历史上，清廷曾两次革除第十三世达赖喇嘛名号。光绪三十年（1904），以"天威所在不知，人言亦所不恤，骄奢淫佚，暴戾恣睢，无事则挑衅，有事则潜踪远遁"（潜逃库伦）为由，将第十三世达赖喇嘛名号暂行革去。

清宣统元年（1909），清廷议准，以照优异，在原封"西天大善自在佛"之基础上，又特加封第十三世达赖喇嘛为"诚顺赞化西天大善自在佛"。

宣统二年（1910），清廷以"反复狡诈，自外生成，实属上负国恩，下辜众望，不足为呼图克图之领袖"（外逃印度）为由，又一次革去第十三世达赖喇嘛名号。③ 1911 年，建立中华民国，第十三世达赖喇嘛返回西藏，主持政教事务。

第二节　班禅额尔德尼名号

班禅额尔德尼（Pan chen AerTeNi）名号，始于清初，至康熙末年正

---

① 详见《清代藏事辑要》，拉萨，西藏人民出版社，1983 年版，第 393 页。
② 同上书，第 536 页。
③ 中国第一历史档案馆、中国藏学研究中心合编：《清末十三世达赖喇嘛档案史料选编》，北京，中国藏学出版社，2002 年版，第 262 页。

式确立。清顺治二年（1645），漠西蒙古厄鲁特部固始汗向后藏扎什伦布寺大活佛第四世班禅·罗桑确吉坚赞（1570—1662），赠以"班禅博克多"尊号，① 并用梵、藏、蒙三体文缮写。

清康熙五十二年（1713），康熙帝鉴于历辈班禅的佛学功德，下谕旨给理藩院："班禅呼图克图，为人安静，熟谙经典，勤修贡职，初终不倦，甚属可嘉。著照封达赖喇嘛之例，给以印册，封为班禅额尔德尼。"② 遂派遣钦差赴藏，照达赖喇嘛之例，封第五世班禅·洛桑益西（1663—1737）为"班禅额尔德尼"③，颁赐以汉、藏、满三体文的金册、金印，④ 并将扎什伦布寺所属各寺、庄园等作为静养之地赏与班禅额尔德尼管理，他人不可借口滋事。厚望班禅额尔德尼一如既往，勤奋净修佛法，悉心教诲僧侣，修行正果，使佛教得以弘扬。这是清朝中央政府首开册封班禅额尔德尼之例，遂成为定制，延续至今。

清乾隆三十年（1765），乾隆皇帝派遣阿思哈大人，并札萨克喇嘛、阿旺巴勒珠三等侍卫赴后藏，赏赐第六世班禅额尔德尼金册一本，重一百一十三两，所有金印，系前辈班禅额尔德尼遗流。⑤

乾隆四十五年（1780），乾隆帝敕谕第六世班禅额尔德尼颁赐玉册玉印，以满、汉、蒙、藏四体字书写，藏文档案如实记载：

奉天承运皇帝敕谕班禅额尔德尼：

社稷百年民福乐，扬佛育众世安谧。宗喀巴乃至上弘扬释教者，为黄教之主。尔班禅额尔德尼为宗喀巴之高徒凯珠·格勒贝桑布之六世矣。因前世福资，即天资聪敏，心性沉静，为内外众生所尊赞。朕七十寿辰吉庆之时，尔不远万里来京朝贺。特仿照扎什伦布寺建造避暑之殿，任尔用之。今普天众生一体祈福，乃社稷之

---

① 尊号中"班"字是梵文"班知达"的缩写，意为通晓"五明学"的大师级的学者；"禅"字是藏文"chen po"的缩写，意为"大"或"大师"；"博克多"是蒙语，意为"睿智英武之人物"。

② 《清圣祖实录》卷二五三，《西藏研究》编辑部编：《清实录藏族史料》（一），拉萨，西藏人民出版社，1982年版，第189页。

③ 其中"额尔德尼"为满文，意指"宝"。

④ 参见《元以来西藏地方与中央政府关系档案史料汇编》第二册，拉萨，中国藏学出版社，1994年版。

⑤ （清）松筠撰：《卫藏通志》，拉萨，西藏人民出版社，1982年版，第271页。

幸，朕甚喜悦。因尔喇嘛精于佛典，致力宏扬释教，特赏尔玉册、玉印，俟返回扎什伦布寺时赍往。惟政教大事方可启用，凡私事及寻常信函，仍用旧印。嗣后尔喇嘛应仰体朕恩，为宏扬黄教，造福众生，尤为大清国万古长青，事佛祈祷不懈。特谕。（西藏馆藏，原件藏文）①

清道光二十五年（1845），道光皇帝在上奏拟册封清单（大慈普安、宣化绥疆、觉生惠济）中钦定"宣化绥疆"四字，加赏第七世班禅额尔德尼以"班禅额尔德尼宣化绥疆"名号。

清咸丰十年（1860），清廷派遣恩庆会同札萨克喇嘛朗结曲培看视第八世班禅额尔德尼坐床，并赏银一万两。

清光绪十八年（1892），清廷派遣升泰会同第穆呼图克图、札萨克喇嘛等看视第九世班禅额尔德尼坐床，并将其所有颁给敕书、赏赉等件，一并赐予。

第三节　哲布尊丹巴呼图克图名号

哲布尊丹巴呼图克图之名号，始于明末清初。明崇祯八年（1635），漠北喀尔喀部土谢图汗家适得一子，自幼出家，推崇为转世活佛，并得到喀尔喀各部信众之敬仰，后尊称为"温都尔格根"，② 藏语称"哲布尊丹巴"（rje btsun dam pa），意即"圣人"。由此萌生哲布尊丹巴活佛世系。

藏历第十一绕迥土牛年，即顺治六年（1649），第一世哲布尊丹巴，洛桑丹贝坚赞（1635—1723）赴藏求法，先在扎什伦布寺第四世班禅·洛桑确吉坚赞座前受沙弥戒，后在拉萨入格鲁派大僧院哲蚌寺修学。当第一世哲布尊丹巴返回漠北库伦之际，第五世达赖喇嘛授予他"哲布尊丹巴呼图克图"名号。

清康熙三十二年（1693），康熙皇帝以第一世哲布尊丹巴呼图克图率喀尔喀蒙古各部内附有功，封为"大喇嘛"，于喀尔喀地方立为库伦，广

---

① 《元以来西藏地方与中央政府关系档案史料汇编》第二册，北京，中国藏学出版社，1994年版，第602页。

② "温都尔格根"，是蒙古语，意为"高僧"。

演格鲁派教法。① 始有清朝中央政府册封哲布尊丹巴呼图克图之例。

清雍正元年（1723），清廷议准，第一世哲布尊丹巴呼图克图照达赖喇嘛、班禅额尔德尼之例，给予封号、金印和敕书，授以"启法哲布尊丹巴喇嘛"名号，加强他在喀尔喀蒙古诸部中固有之宗教领袖地位。

清乾隆三年（1738），乾隆皇帝敕谕第二世哲布尊丹巴呼图克图仍照前身锡号给封，根据《大清会典》记载：

> 哲布尊丹巴呼图克图前身，乃众喀尔喀汗王等以师礼供养有名之大喇嘛也，皇祖、皇考皆特恩轸恤，皇考命锡册印，封为启法哲布尊丹巴喇嘛。今看此呼毕勒罕赋性聪明，举止端重，仪表甚好，曾蒙皇考睿鉴降旨云，此实系哲布尊丹巴喇嘛之后身。今呼图克图既奏请来京，其颁给册印敕封之处，著理藩院察例议奏。钦此。遵旨议定：将哲布尊丹巴呼图克图之后身，仍照前身锡号给封，前赐启法哲布尊丹巴喇嘛之印照常存留外，别制新册颁给。②

乾隆二十一年（1756），清廷加封第二世哲布尊丹巴呼图克图为"隆教安生哲布尊丹巴呼图克图"名号，给予册印。

乾隆二十三年（1758），乾隆皇帝以哲布尊丹巴呼图克图劝令喀尔喀蒙古诸部王公不附逆青衮杂卜之乱有功，晋封"敷教安众大喇嘛"名号。

历辈哲布尊丹巴呼图克图圆寂并转世后，其印册由驻扎库伦办事大臣照达赖喇嘛、班禅额尔德尼例办理。其余各呼图克图等，如恩封国师者，圆寂时，其印信册命交该商卓特巴于本庙敬谨尊藏。俟该呼图克图转世后，裁撤呼毕勒罕之日报部奏闻移授，并将册命呈送理藩院，奏交各该衙门填写。如恩封禅师者，圆寂时，其印信照国师例办理。如未设有商卓特巴，交该徒众中之达喇嘛于本庙敬谨尊藏。授印后，其敕书在京由喇嘛印务处，在外由该管大臣、盟长备文报部，奏交内阁更换。仍各填写第几辈某呼图克图字样。凡有未裁撤呼毕勒罕以前呈请得给印敕者，概行由部饬

---

① （清）会典馆编：《钦定大清会典事例·理藩院》，北京，中国藏学出版社，2006年版，第155页。

② 同上书，第158页。

驳。① 对蒙古地区又另行规定："口外各呼图克图徒众过八百名，距该旗五百里以外，应领印信者，由该盟长确查报院，由院咨行附近之将军大臣等查复相符，奏明颁赏印信。"②

第四节　章嘉国师名号

章嘉国师（lcang skya）名号，始于清康熙年间。康熙三十二年（1693），康熙帝封第二世章嘉活佛·阿旺洛桑却丹为"札萨克达喇嘛"；康熙四十年（1701），又命章嘉活佛担任"多伦喇嘛庙总管喇嘛事务之札萨克喇嘛"职位；康熙四十五年（1706），正式册封第二世章嘉活佛为"灌顶普善广慈大国师"，赏赐一颗八十八两八钱八分重量的金印，使历辈章嘉活佛成为与达赖喇嘛、班禅额尔德尼和哲布尊丹巴呼图克图相似的掌管一方藏传佛教事务的宗主。

清雍正十二年（1734），雍正皇帝按旧例册封第三世章嘉活佛·若贝多杰为"灌顶普善广慈大国师"，并赐金册、金印等。是年，清廷又复准：章嘉呼图克图呼毕勒罕，来历甚明，于经典性宗皆能通晓，不昧前因，实为喇嘛内特出之人，应照前身锡封国师之号，其原有灌顶普善广慈大国师印，现在其徒收储，毋庸颁给外，应给予诰命敕书。③

清乾隆元年（1736），乾隆皇帝赏章嘉活佛"札萨克达喇嘛"印一枚；乾隆十六年（1751），又赐"振兴黄教大慈大国师"之印。

清嘉庆二十四年（1819），嘉庆皇帝封第四世章嘉活佛·益西丹贝坚赞为"管理京都喇嘛班第札萨克大喇嘛掌印喇嘛"；道光十四年（1834），又赏"大国师"金印。

清同治九年（1870），同治皇帝封第五世章嘉活佛·洛桑土丹达杰为"大国师"，并赏金印。

清光绪二十五年（1899），光绪皇帝封第七世章嘉活佛·洛桑班丹旦贝卓美为"京师札萨克掌印喇嘛"。

---

① （清）光绪朝《钦定理藩部则例》卷五十六〈喇嘛事例一〉。
② （清）会典馆编：《钦定大清会典事例·理藩院》，北京，中国藏学出版社，2006年版，第164页。
③ 同上书，第158页。

清代推崇藏传佛教，尤其礼遇格鲁派，令大清国大国师章嘉呼图克图驻锡京城嵩祝寺（国师府邸）。然而，清代不同于元朝时期，虽兴藏传佛教，但并无加崇帝师封号者。

第五节　其他活佛名号

清朝中央政府除了册封赏赐达赖喇嘛、班禅额尔德尼、哲布尊丹巴呼图克图和章嘉国师四大活佛之外，亦对驻京八大呼图克图等其他有影响的大活佛极为关照，并给予基本相等的册封和赏赐。大略如下：

清顺治十八年（1661），给喀尔喀丹津喇嘛敕印。

清康熙十八年（1679），向札萨克大喇嘛给予印信，其余格隆、班第等给予禁条、度牒，不给印信。

康熙三十七年（1688），册封札萨克大喇嘛墨尔根绰尔济为"灌顶普惠宏善大国师"，给予印信。

康熙四十年（1701），册封阿望丹进为"静觉寺国师"，给予印信。

康熙五十八年（1719），清廷议准，册封乍雅呼图克图为"阐扬黄教诺们罕"、察木多呼图克图为"大阐黄教额尔德尼诺们罕"，均给予敕印。

康熙五十九年（1720），清廷议准，青海罗卜藏丹津奏请却卜藏呼图克图封号，授为"资教额尔德尼诺们罕"，给予敕印。

清雍正元年（1723），清廷议准，多尔济旺楚克，给以"掌管哲布尊丹巴呼图克图徒众、办理库伦事务额尔德尼商卓特巴"之号；堪布诺们罕，给以"掌管哲布尊丹巴呼图克图经坛、总理喇嘛事务堪布诺们罕"之号，各给予敕印。

是年，封甘珠尔巴噶卜楚为"述教甘珠尔巴墨尔根诺们罕"，封额尔济格特诺们罕为"兴教善知识诺们罕"，各给予敕印。

是年，又议准，康区类乌齐寺喇嘛阿旺札步辰勒呼图克图，嘉喇嘛阿旺呼图克图，均给予"呼图克图"封号、敕印。此乃清朝中央政府首次册封藏传佛教达隆噶举派（stag lung bkav brgyud）大活佛之例。

雍正十二年（1734），册封第二世土观活佛为"静修禅师"，给予敕印。是年，封第七世达赖喇嘛经师道都温都逊堪布为"阐扬黄教阿齐图诺们罕"，给予敕印；又封噶勒丹锡呼图为"慧悟禅师"，给予敕印。①

是年，又封布鲁克巴（不丹）呼毕勒罕喇嘛札尔西里布鲁克顾济，为掌管布鲁克巴黄教札尔西里呼毕勒罕，诺颜林沁齐雷喇卜济为额尔德尼，第巴噶毕冬鲁卜为掌管地方噶毕冬鲁卜喇嘛，各给予敕印。②

清乾隆二年（1737），乾隆皇帝以第三世松巴活佛·益西班觉在京纂修佛教典籍有功，赏给"额尔德尼班第达"名号。

乾隆十八年（1753），清廷议准，封济隆（达察）呼图克图为"慧通禅师"，给予敕印。

乾隆二十年（1755），封喀尔喀额尔德尼诺颜绰尔济罗卜藏诺尔布为"青素珠克图诺们罕"，换给总管喀尔喀青素珠克图额尔德尼诺颜绰尔济徒众之印，分镌满、蒙、藏三体字。

乾隆二十三年（1758），赏给第六世第穆活佛·阿旺绛白德勒嘉措"管理黄教巴勒丹诺们罕"名号，又赏给第七世济隆呼图克图"札萨克"名号，均给予印信。翌年，视达赖喇嘛圆寂后，西藏事务不可无总办之人，封第六世第穆呼图克图为"秉持黄教大德诺们罕"，管理西藏事务，给予册文、银印。

乾隆三十年（1765），阿旺楚勒提木（噶勒丹锡呼图）进京朝贡，清廷赏"额尔德尼诺们罕"名号，给予敕印。

乾隆四十五年（1780年），乾隆皇帝敕谕给第六世班禅额尔德尼之兄仲巴呼图克图赐予"额尔德木图诺们罕"名号。根据历史档案的如实记载：

> 奉天承运皇帝敕谕班禅额尔德尼下商卓特巴仲巴呼图克图：
> 尔为班禅额尔德尼之兄，且任商卓特巴之职，随班禅额尔德尼远道入觐，朕极赏识。（十一月初六日改添：正欲施恩，不料班禅额尔德尼猝然圆寂，朕不胜恻然，对尔益加悯爱。尔其节哀，但当尽心办理喇嘛事务，虔诚诵经，祈祷呼毕勒罕尽早转世。）尔为大呼图克图，谙悉经典，朕为振兴黄教，特此施恩，赏尔额尔德木图诺们罕名

---

① （清）会典馆编：《钦定大清会典事例·理藩院》，北京，中国藏学出版社，2006年版，第158页。

② 同上。

号，随敕赏琥珀念珠一串、大哈达三十方、蟒缎三匹、锦缎三匹、黄大缎三匹、红大缎三匹、漳绒三匹。尔当感激朕恩，尽心尽职。（十一月初六日改添：谨慎侍奉喇嘛舍利，管束属下沙弥黑人等，俟明年返回扎什伦布，仍行虔诚诵经，努力祈祷喇嘛之呼毕勒罕尽速转世。）敬之勿怠。特谕。（一史馆藏军机处满文班禅明发档）①

清朝中央政府在格外重视达赖喇嘛、班禅额尔德尼、哲布尊丹巴呼图克图和章嘉国师等大活佛转世灵童的培养和成长的同时，亦对他们的经师关怀备至，并赏赐禅师、诺们罕、班第达等不同名号，以资鼓励。大略如下：

清乾隆四十六年（1781），清廷赏给第六世班禅额尔德尼的经师罗布藏曲培"班第达达尔罕"名号。

乾隆五十四年（1789），清廷以第七世班禅额尔德尼的经师喇嘛运丹嘉木璨，于班禅前承教经艺，尽力勤勉，赏给"班第达诺们罕"名号；以喇嘛噶布伦噶勒藏纳木占，②平素管理札萨克事务甚好，赏给"墨尔根额尔德木图堪布"名号，以此鼓励。

清嘉庆二年（1797），清廷又加赏第七世班禅额尔德尼的经师喇嘛罗布藏敦珠布"诺们罕"名号。

清道光四年（1824），清廷因第十世达赖喇嘛的经师（副师傅）嘉木巴勒依喜丹贝嘉木磋，传授达赖喇嘛经典，着有成效，加赏"诺们罕"名号。

道光十三年（1833），清廷赏给哲布尊丹巴呼图克图经师喇嘛罗布桑札木延"诺们罕"名号，伊什格勒克"绰尔济"名号。③

道光十四年（1834），清廷加赏第十世达赖喇嘛经师（正师傅）萨玛第巴克什（阿旺强白慈臣）"翊教"二字，此前他曾得"衍宗禅师"名号；并赏给副师傅原噶勒丹赤巴阿旺念札"班第达"名号，以此激励。

道光十八年（1838），清廷再次加赏第十世达赖喇嘛经师（正师傅）

---

① 《元以来西藏地方与中央政府关系档案史料汇编》第二册，北京，中国藏学出版社，1994年版，第603页。

② 此即热振活佛。

③ （清）会典馆编：《钦定大清会典事例·理藩院》，北京，中国藏学出版社，2006年版，第163页。

萨玛第巴克什（阿旺强白慈臣）"靖远"二字，此前他曾得"衍宗翊教禅师"名号。

清咸丰十一年（1861），清廷赏给第八世班禅额尔德尼经师噶钦罗布藏丹巴坚参"诺们罕"名号。

清光绪二十年（1894），清廷因第九世班禅额尔德尼的经师罗布藏丹增汪结深通经典，道法精能，且为班禅额尔德尼传授大藏经卷，循例赏赐"诺们罕"名号。

清朝政府就是依照以上各辈转世活佛之职衔、名号等差异，制定详细规章，办理各自不同印信、册封事项的。达赖喇嘛、班禅额尔德尼和哲布尊丹巴呼图克图转世后，即于坐床之日，裁撤呼毕勒罕字样；章嘉活佛等驻京呼图克图，均于转世后来京瞻仰天颜之日，裁撤呼毕勒罕字样；其余各游牧之呼图克图、诺们罕、班第达、堪布、绰尔济等转世后，均俟年至18岁，裁撤呼毕勒罕字样。

此外，清朝政府对有功政绩者喇嘛又采取晋升封号或允许转世等奖赏措施。清道光十四年（1834），察汗喇嘛绰尔济，系由国初投效来京，且在西藏军前效力，撤销其绰尔济，赏给呼图克图职衔，换给黄敕，圆寂后并准作为呼图克图转世。

第十章 寺院经营

清代藏传佛教寺院经营，是清朝政府宗教事务管理的重要内容之一。以建造或修复寺院作为推崇和扶持藏传佛教的标志；随之制定各项具体措施来限制寺院规模，甚至改宗和惩处有损国家利益之寺院。因此，清代在京城、热河、盛京、五台山、多伦诺尔、漠南归化城、漠北库伦、新疆伊犁、四川、甘肃及西宁等各地新建或修复许多藏传佛教寺院，与此同时，又加强对新建或修复寺院的监管力度，实施双重措施。

第一节 新建与修缮寺院

清朝政府出资新建或修缮藏传佛教寺院，是管理藏传佛教事务、治理藏蒙地区的重要措施。雍正皇帝曾指出："演教之地愈多，则佛法之流布愈广，而番夷之向善者益众。"[①] 所以，清朝政府顺应藏蒙等民族信奉藏传佛教的习俗，"因其教而不易其俗"，通过"深仁厚泽"来"柔远能迩"，最终实现大清国"合内外之心，成巩固之业"的政治目的。清乾隆时期，尤为尊崇和扶植藏传佛教格鲁派。乾隆皇帝曾提出："兴黄教，即所以安众蒙古。所系非小，故不可不保护之。"[②] 因此，以建造或修复佛教寺院成为推崇和扶持藏传佛教格鲁派的主要标志。

清代在京城、热河、五台山、多伦诺尔、漠南归化城、漠北库伦、漠西伊犁，以及辽宁、四川、甘肃及西宁等地建造了众多规模宏大、金碧辉煌的藏传佛教格鲁派寺院，其中京城皇家第一寺雍和宫、热河普宁寺等，

---

① （清）泰宁《惠远庙碑文》。
② （清）乾隆《御制喇嘛说》。

是具有代表性的寺院。

一　京城藏传佛教寺院

清朝入关前在辽宁盛京建造实胜寺，俗称皇寺或黄寺，成为第一大皇家藏传佛教寺院。入关后继续出资在京城新建、改建和修复众多藏传佛教寺院。

京城主要有永安寺、东黄寺（普静禅林）、西黄寺（清净化城）、汇宗梵宇（达赖喇嘛庙）、弘仁寺、妙应寺、永慕寺、广通寺、嵩祝寺、资福院、护国寺、隆福寺、阐福寺、梵香寺、大报恩延寿寺、宝谛寺、大正觉寺、实相寺、功德寺、昭庙、福佑寺、嘛哈噶喇寺、长泰寺、慈度寺、大清古刹（察罕喇嘛庙）、普度寺、普胜寺、慧照寺、化成寺、净住寺、三宝寺、三佛寺、圣化寺、慈佑寺、崇福寺[①]、雍和宫、正觉寺（新正觉寺）等藏传佛教寺院。

清顺治八年（1651），顺治皇帝以"有西域喇嘛者，欲以佛教阴赞皇猷，请立塔建寺，寿国佑民"为由，命在京城按喇嘛脑木汗所请建造一座与白塔组成的藏传佛教寺院，初称白塔寺，后易名永安寺（今北京北海公园）。于康熙十八年（1679）、雍正九年（1731）两次重建，饰其秃敝，更复旧规，并制定每年农历十月二十五日，邀请京城各寺喇嘛僧人108名诵经祈福。

是年（1651），在京城安定门外始建藏传佛教寺院（黄寺），作为第五世达赖喇嘛晋京朝觐时的驻锡地。后于康熙三十三年（1694）、乾隆三十四年（1769）两次修葺，立诗碑于寺内。乾隆四十五年（1780）第六世班禅额尔德尼（1738—1780）进京，光绪三十四年（1908）第十三世达赖喇嘛（1876—1934）进京，他们都在黄寺下榻居住。后期寺宇建成两院，统称东西双黄寺，分别称为东黄寺和西黄寺。

东黄寺是在原普静禅林基础上逐渐改建而成的，又名"普静禅林"。它是清代历史较长的京城藏传佛教寺院之一，驻京八大呼图克图之一的敏珠尔活佛常住该寺。清代直属理藩院管辖。

西黄寺是在乾隆四十六年（1781）建造清净化城塔（第六世班禅衣冠冢）及清净化城塔院的基础上逐渐形成的，又名"清净化城"。由于这

---

① 又说位于今呼和浩特市。

座庙宇的前身是第五世达赖喇嘛和第六世班禅额尔德尼在京的驻锡地，自然而然地成为京城重要藏传佛教寺院之一，得到优先保护。清代直属理藩院管辖。

汇宗梵宇，位于安定门外，虽与东西黄寺相连，但相对独立于两寺。清雍正元年（1723），第一世哲布尊丹巴呼图克图及四十九旗札萨克、七旗喀尔喀、厄鲁特众札萨克汗、王、贝勒、贝子、公、额驸、札萨克台吉、塔布囊等，合词上奏，以筹资四万三千两白银建造三世诸佛像及八座佛塔等，供奉于该寺，一并修缮寺宇，使其焕然一新。

清康熙四年（1665），为移供鹫峰寺旃檀佛像，特择景山西之善地，创建殿宇，提名"弘仁寺"，俗称"旃檀寺"。乾隆二十五年（1760）重新修缮，并立碑纪念。清代后期，理藩院喇嘛印务处设在该寺办公。道光十九年（1839）议定：喇嘛印务处专设弘仁寺，责成印务德木齐4人直宿看守，设掌印呼图克图兼行章京，按期会同办事，印钥交正掌印札萨克喇嘛佩戴。[①] 光绪二十六年（1900），弘仁寺毁于八国联军之兵火。

康熙二十七年（1688），康熙帝鉴于京城白塔妙应寺，岁久渐秃，既命仍旧制修治，重加修缮妙应寺（今阜成门内大街路北）。乾隆十八年（1753）再次修缮妙应寺及白塔，分别立碑纪念。塔内装藏乾隆亲自手书的《般若波罗蜜多心经》、梵文《尊胜咒》和《大藏真经》，共计七百二十四函，以及五方佛冠一顶、补花袈裟一件和木雕观音佛像一尊，用以为镇。清代直属理藩院管辖。

康熙三十年（1691），康熙帝为太皇太后祝寿，在京城南苑建造永慕寺；乾隆二十九年（1764）重修，乾隆三十二年（1767），立碑于寺内，以作纪念。

康熙四十二年（1703），鸠工重修元朝所建法王寺（京城西郊），至康熙五十一年（1712）竣工，康熙帝赐额"广通"；雍正十一年（1733）再次重修，并立碑曰：寺邻近城门，当辇道，往来者络绎其下。故宜宣讲教乘，开导愚蒙，使知生佛之不二，身心之本幻，而悉入如如法门，莫不优游于广大无碍圆通之境。[②] 清代该寺系民间藏传佛教寺院。

[①] （清）会典馆编：《钦定大清会典事例·理藩院》，北京，中国藏学出版社，2006年版，第153页。

[②] 据《广通禅寺碑文》记载。

康熙五十年（1711），在京城专门给章嘉活佛建造一座寺院；翌年，康熙帝亲书寺额"嵩祝寺"。乾隆时期，第三世章嘉活佛居住嵩祝寺，乾隆帝常去听经习法，并与章嘉活佛商议决策西藏大事及蒙古地区藏传佛教事务，所赐物品甚多，寺院为之兴隆。嵩祝寺，俗称"章嘉活佛府"，原址在景山公园以东。

康熙六十年（1721），喀尔喀大喇嘛第一世哲布尊丹巴呼图克图及蒙古各部汗王、贝勒、贝子、公、台吉、塔布囊等，进京朝见，奏请：禁城西之崇国寺，故西番香火地，今愿新之，为皇帝祝寿，遂将元代所建崇国寺，重加修葺，康熙帝遂赐新名"资福院"，直属理藩院管理。该寺位于安定门外东福祥寺胡同。

康熙六十一年（1722），京城大隆善护国寺修葺一新。该寺历史悠久，金元时称崇国寺，明改护国。乾隆十二年（1747），镌刻《护国寺》诗碑，立于寺中。清代隶属于理藩院管辖。

清雍正元年（1723），雍正帝鉴于明景泰三年所建隆福寺（今北京东城区）风雨侵蚀，年久失修，便下谕旨：夫佛之为道，寂而能仁，劝导善行，降集吉祥，故历代崇而奉之。非以自求福利而重加修葺隆福寺，令寺宇增辉焕之观，佛像复庄严之相。清代隆福寺直属理藩院管辖。

清乾隆十年（1745），始建阐福寺（今北京北海公园），翌年落成，立碑于寺内，以示纪念。清代隶属理藩院管辖。"历史上，它曾经很辉煌壮观。山门之内为天王殿，左右钟鼓楼，主体建筑是三重檐的大佛殿，外观很像三层高楼，与雍和宫大佛楼形制相同，内供一棵用金丝楠木雕刻而成的千手千眼菩萨。殿前有两座巨碑，刻乾隆撰书的《阐福寺碑文》及律诗一首。大佛楼及石碑均已毁圮"。[①] 北海的西北角可以说是一片藏传佛教寺庙的天地。大体来说，可以分为三组：西天梵境、阐福寺和万佛楼、小西天。[②]

乾隆十四年（1749），乾隆帝命在香山古寺基础上重建一座藏传佛教寺院，赐名"梵香寺"（今北京香山公园），以汉、满、蒙、藏四种文体书写之《梵香寺碑文》立于寺内。清代隶属理藩院管辖。

[①] 张羽新、刘丽楣等：《藏族文化在北京》，北京，中国藏学出版社，2008年版，第172页。

[②] 同上书，第171页。

乾隆十六年（1751），重修颐和园万寿山大报恩延寿寺。当时第三世章嘉活佛参与了修建寺庙的工程，根据土观·洛桑却吉尼玛所著书说：

> 乾隆皇帝在京师的后面修建了一座三层佛堂，内塑一尊白伞盖佛母像，以作为社稷的保护神。章嘉国师亲自指导塑造，并举行了开光典礼。每遇节日由僧众举行献供仪轨。又在佛殿右面修建一座九层佛塔，建至第八层时，从天上落下一团火，烧毁了整个佛塔，以后在此废墟上修建了一座名为"大西天"的印度式佛堂，由章嘉国师举行了开光典礼。①

乾隆皇帝在颐和园万寿山修建大报恩延寿寺的意愿，在其御制《万寿山大报恩延寿寺碑记》中有明确描述："钦惟我圣母崇庆慈宣康惠敦和裕寿皇太后，仁善性生，惟慈惟懿，母仪天下，尊极域中。粤乾隆辛未之岁，恭遇圣寿六秩诞辰，朕躬率天下臣民，举行大庆礼，奉万年觞，敬效天保南山之义。以瓮山居昆明湖之阳，加号曰万寿，创建梵宫，命之曰大报恩延寿寺。"② 该寺是乾隆皇帝为庆祝皇太后六十寿辰而在明代圆觉寺遗址上修建的藏传佛教寺庙。与此同时，乾隆皇帝将瓮山改名为万寿山。清咸丰十年（1860），大报恩延寿寺被八国联军焚毁；至光绪十八年（1892），该寺又得以重建，并更名为"排云殿"。

乾隆十六年（1751），乾隆皇帝为庆祝皇太后六十寿辰下令，在香山南麓仿照五台山中台菩萨顶建造皇家藏传佛教寺庙，经五年于乾隆二十一年（1756）竣工，取名"宝谛寺"。该寺规模宏大，"山门前建有气势恢宏的石牌坊，中轴控制左右对称的布局，显示着佛教圣地的庄严，前殿、正殿、后殿、佛楼依次布置在中轴线上，钟鼓楼、配殿等左右对称，红墙黄瓦表示着皇家寺院的崇高与威严"。③ 咸丰十年（1860），宝谛寺被八国联军焚烧，大部分建筑被损毁。

乾隆二十六年（1761），乾隆皇帝为庆祝皇太后七十寿辰下谕旨，重

---

① 土观·洛桑却吉尼玛著，陈庆英、马连龙译：《章嘉国师若必多吉传》，北京，民族出版社，1988年版，第220页。

② 张羽新：《清政府与喇嘛教》，拉萨，西藏人民出版社，1988年版，第362页。

③ 张羽新、刘丽楣等：《藏族文化在北京》，北京，中国藏学出版社，2008年版，第178页。

加修整大正觉寺（今北京西直门外），并立碑纪念。该寺原名真觉寺，始建于明永乐年间，乾隆朝为避雍正皇帝胤禛名讳而改名。寺内建有五座小型石塔，又俗称"五塔寺"。清代隶属理藩院管辖。

乾隆二十七年（1762），乾隆帝为圣母皇太后七旬大庆，在北京香山宝谛寺旁命建实相寺，经五年于乾隆三十二年（1767）竣工。该寺是仿照五台山殊像寺建造的香山又一座富丽堂皇的皇家藏传佛教寺院，寺内立二碑作纪念，即《实相寺碑文》[乾隆二十七年（1762）制]和《实相寺诗碑》[乾隆三十二年（1767）制]。宝相寺主要供奉文殊菩萨，以此彰显京西香山具有第二清凉山（五台山）之殊胜特征。乾隆皇帝说：

岁辛巳，值圣母皇太后七旬大庆，爰奉安舆诣五台，所以祝釐也。殊像寺在山之麓，为瞻礼文殊初地，妙相端严，光耀香界，默识以归。既归，则心追手摹，系以赞而勒之碑。香山南麓，向所规菩萨顶之宝谛寺在焉。乃于寺右度隙地，出内府金钱，饬具庀材、营构蓝若，视碑摹而像设之。金色庄严，惟具惟肖。寺之制甍甓幂圆，不施采黼桴桷，而宏广闳丽则视殊像有加。经始于乾隆壬午春，越今丁亥春蒇工。既敬致瓣香而庆落成，所司奏石以俟。因记之曰：文殊师利久住娑婆世界，而应现说法则独在清凉山。固华严品所谓东方世界中菩萨者也。夫清凉在畿辅之西，而香山亦在京城之西。然以清凉视香山，则香山为东；若以竺乾视震旦，则清凉、香山又皆东也。是二山者不可言同，何况云异？矧陆元畅之答宣律师曰：文殊随缘利见，应变不穷，是一是二，在文殊本不生分别见，倘必执清凉为道场，而不知香山之亦可为道场，则何异凿井得泉而谓水专在是哉？且昔之诣五台礼文殊，所以祝釐也，而清凉距畿辅千余里，披辇行庆，向惟三至焉。若香山则去京城三十里而近，岁可一再至。继自今亿万年延洪演乘，兹惟其恒，是则予建寺香山之初志也。寺成，名之曰"实相"。缀以偈曰：曼殊师利，七佛之师。经历人间，至福城东。东方世界，名曰"金色"。常在其中，而演说法。摩竭陀国，其东五华，是名雪山，惟清凉境。金刚窟聚，北代州是。大士示现，妙相庄严。振大法轮，坐狮子座。狮子奋迅，具足神威。中台现身，寺曰"殊像"。我昔瞻礼，发大宏愿。虔诚祝釐，普诸福缘。相好印心，如月在水。即幻即真，证真幻相。以此真幻，还印金容。香山净域，多祇树园。宝谛之西，营是"实相"。庄校七宝，晃耀大千。日面月面，了无分别。我问如是，文殊应缘。缘即随缘，何有彼此？知东西方，因见生名，见即不拘，名亦不著。清凉香山，非二非一。复念文殊，菩萨久在。而此世界，实曰"常喜"。以常以久，延祝慈禧。惟愿自今，岁万又万，宝算盈积，如恒河沙。护妙吉祥，生大欢喜。以是因缘，寿复无量。①

乾隆皇帝鉴于五台山殊像寺路途遥远，京城人不便常年前往瞻礼文殊菩萨，而京西香山又具备五台山清净之自然地理条件，以修建宝相寺作为标志，将京西香山打造成第二个文殊菩萨道场，正如乾隆帝在以上碑文中所言："清凉香山，非二非一。复念文殊，菩萨久在。"从而满足京城人时常前去顶礼膜拜文殊菩萨的宏愿。不幸的是，清咸丰十年（1860），八国联军入侵京城，香山诸佛寺遭到焚毁，其中宝相寺亦未能幸免。

乾隆三十五年（1770），重修元代始建之功德寺，并在寺内立二碑，即《重修功德寺碑记》和《功德寺拈香作》诗碑，以作纪念。根据《重修功德寺碑记》，该寺始建于元文宗天历二年（1329），名大承天护圣寺；明代又修复之，改名为功德寺。清代功德寺隶属理藩院管辖。

乾隆四十五年（1780），乾隆帝命复建昭庙（jo bo lha khang）于香山之静宜园，以第六世班禅额尔德尼远来祝厘之诚可嘉，且以示我中华之兴黄教也。将香山昭庙赐予第六世班禅额尔德尼，作为他在京城静修避暑之所。昭庙全称"宗镜大昭之庙"，院内藏有乾隆《昭庙六韵》碑记。第六世班禅额尔德尼在京期间有三处驻地：南苑旧宫村德寿寺、北郊西黄寺和香山昭庙，乾隆帝先后数次在三座寺会见第六世班禅额尔德尼。

有研究者认为：香山南麓，今团城一带，在清代曾有六座皇家藏传佛教寺庙"俯仰相接"，互为联络，成为静宜园园林风景的重要组成部分。其中，最著名的就是宝谛寺和宝相寺。② 这六座皇家藏传佛教寺庙分别指实胜寺、梵香寺、宝谛寺、宝相寺、长龄寺和方圆庙。

由于京城藏传佛教寺院众多，在此不可一一介绍或详细解说。从京城

---

① 张羽新：《清政府与喇嘛教》，拉萨，西藏人民出版社，1988年版，第409—410页。
② 张羽新、刘丽楣等：《藏族文化在北京》，北京，中国藏学出版社，2008年版，第178页。

的建筑布局来看，大多藏传佛教寺院不但坐落在皇宫周边，而且其规模之宏大、型制之壮美，仅次于皇宫而远胜过其他建筑物。可以说，清代藏传佛教寺院建筑群在彰显京城的古都风貌和文化个性等方面发挥了重要作用。

特别是京城藏传佛教寺院不仅外观建筑宏伟壮观，而且其内部设施及法事仪轨日臻完善，十分健全。据《章嘉国师若必多吉传》记载：

> 天神大皇帝为了增盛佛教和众生的幸福，历年不断地修建不可思议的众多佛殿和身语意三所依（经、像、塔）。这些寺中都建立了僧伽，他们有的学习显密经论，有的学习密集、胜乐、大威德、时轮、无量寿、普明大日如来、药师、上座部等各种仪轨，有的念诵经部论典，有的做护法神的酬报法事。总而言之，凡是西藏有的，这里无所不有，这些无一不是章嘉国师操心的结果。不仅如此，在处理行政事务的衙门中也设立藏文学校，有许多官宦弟子进入这所学校学习西藏佛教，其中学识出众者又被派往西藏、安多和康区学习西藏的宗教。这个衙门中经常还有专门从事佛经翻译和抄写藏文的人员，管理他们的首领也由章嘉国师和一名大臣担任，成为例规。
>
> 当时，大皇帝下令："成立一支表演时轮和胜乐的四月供养舞蹈的仪仗队，从西藏派教习歌舞的老师来。"于是，由夏鲁寺派来两名舞蹈老师，他们来到后，教习"噶尔"和神兵驱鬼的"羌姆"（跳神）两种舞蹈。按照章嘉国师的指示，从府库内准备了铜鼓、面具、顶髻、骷髅等道具，每当逢年过节或举行法会时，都表演"噶尔"和"羌姆"。此外，还先后表演过扎什伦布寺中所跳的"羌姆"和萨迦寺的供养宝帐依怙的"羌姆"。①

在清朝历代皇帝的高度重视和持续扶持下，京城藏传佛教寺院发展日新月异，得以迅速兴隆发达，无论是外在建筑形式，还是内部宗教仪轨，均达到高规格严要求。同时，驻京高僧活佛作为虔诚的佛教信仰者和权威的教内专家，他们在京城每一座藏传佛教寺院的建设过程中倾注了自己的

---

① 土观·洛桑却吉尼玛著，陈庆英、马连龙译：《章嘉国师若必多吉传》，北京，民族出版社，1988年版，第222页。

聪明才智和辛勤劳作，从而使京城藏传佛教寺院拥有了与众不同的皇家气派和文化风范。

二　皇家第一寺——雍和宫

雍和宫，是京城乃至内地皇家第一藏传佛教寺院（位于今北京市东城区）。它在清代具有崇高的宗教地位，对当时蒙藏地区的政治、经济和文化以及后世社会均产生了极其深远的影响。

清乾隆九年（1744），乾隆皇帝命将雍和宫改建藏传佛教寺院，同时，乾隆皇帝亲自征求章嘉国师的意见，获取如何建造藏传佛教寺院的佛学知识，当时章嘉国师作了如实解答。据《蒙古佛教史》记载：

> 木鼠年（1744年），大皇帝向章嘉活佛详细询问在雪域西藏以前佛教是如何弘传的，出过哪些执掌佛法的高僧大德，讲习佛法的寺院是如何形成的，章嘉活佛将这些历史一一奏明。乾隆皇帝正如佛陀教语所说："执掌如来教法之人，如帝释梵天治天下，成为转动轮宝之王，心境安乐证得菩提。"向往执掌佛法的利乐，于是感叹道："佛陀教法的弘传及长久住世全赖讲习佛法之寺院，因此建立闻思全部显密学识之大寺院，对佛法能长久利益。本地以前曾由怙主萨迦班智达和八思巴等人建立讲习佛法的寺院，如今也仅剩下名义。"遂向章嘉若必多吉和噶勒丹锡埒图活佛下令："虽然京师北京地面广大，先辈父祖已弘扬佛法，但讲习内外道学识的法规还不兴盛，现在为弘传佛法特别是黄帽派的教法，完全父祖先辈的意愿，增益众生的幸福，愿将父皇受封为亲王爵位时所居府邸改建为具有佛殿、经堂、僧舍之大寺院，建立讲习五明之学的各个扎仓。"两位上师对此十分高兴，说："小僧一定竭尽全力效劳！"使大皇帝非常兴奋。[①]

乾隆皇帝不仅自始至终指导和关照雍和宫的改建工程，而且新寺即将竣工之际，乾隆皇帝赐一藏语寺名"噶丹钦恰林"（dgav ldan byin chgs gling），意为"兜率壮丽洲"，并亲自撰写碑文，分立于天王殿前东、西

[①] 固始噶居巴·罗桑泽培著，陈庆英、乌力吉译注：《蒙古佛教史》，台北，全佛文化事业有限公司，2004年版，第166—167页。

两座碑亭，东为满、汉两体文，西为蒙、藏两体文碑。新建成的皇家寺院雍和宫，规模宏大，富丽堂皇。据《蒙古佛教史》记载：

> 由大皇帝的御库广开施舍之门，建立兴建寺院的衙署，将王府建成外面有宽大围墙围护，里面有僧众聚合的大经堂。大经堂的右面是佛殿，左面是护法殿，还有显宗、密宗、声明、医学四个扎仓的经堂、香积厨、拉章、僧舍等许多排房屋的寺院。各佛殿经堂中有无数佛像、佛经等，经堂及僧舍的各种用品，乃至扫帚等都全部由府库供给。①

不难看出，雍和宫的改建，不仅出自乾隆皇帝的旨意，而且得到清朝政府的高度重视，其资金全从国库中提取，并成立专门管理机构，"由王室亲王中选派一人充当雍和宫最高行政首长，名叫'领雍和宫事务大臣'"，② 直属清中央政府管辖。雍和宫改建竣工后，"以章嘉活佛和噶勒丹锡埒图活佛为首的僧众为该寺举行了为期三昼夜的盛大的开光仪式，朝廷赐给了广大酬劳和布施"。③

雍和宫是以藏传佛教格鲁派正规寺院的建制而设计的，寺内建立显宗、密宗、医药和时轮四大扎仓（学院），其教习堪布一律从西藏选派高僧担任。据《蒙古佛教史》记载：

> 按照皇帝的命令，各个学院的上师以及担任经师的大德都要从西藏召请，所以由哲蚌寺的哈东然绛巴阿旺却培担任显宗学院的上师，由色密院的喇嘛官却丹达担任密宗学院的上师，由摩觉巴夏茸担任声明学院的上师，彭措赞林担任医明学院的上师。从拉萨三大寺和上下密院中召请洛色林哇等适合担任经师的大德十八人担任寺内的经师，并让从西藏请来的各位大德举行对辩。大皇帝对此十分高兴，赐给各

---

① 固始噶居巴·罗桑泽培著，陈庆英、乌力吉译注：《蒙古佛教史》，台北，全佛文化事业有限公司，2004年版，第167页。
② 魏开肇：《雍和宫漫录》，郑州，河南人民出版社，1985年版，第14页。
③ 固始噶居巴·罗桑泽培著，陈庆英、乌力吉译注：《蒙古佛教史》，台北，全佛文化事业有限公司，2004年版，第167页。

位上师绸缎等物品，赐给僧人们半月形僧帽及银两等。①

以上引文中所谓"声明学院"，亦称"时轮学院"，为雍和宫四大学院之一。其四大学院即显宗学院、密宗学院、医学学院和时轮学院，皆与格鲁派六大寺院的布局基本一致，只是规模上有所区别而已。这种细分学科、格局严密的风格，正是格鲁派不同于其他宗派的主要特色之一。特别是迎请西藏著名寺院的高僧大德担任雍和宫各个学院的专业教师，表明其师资力量相当雄厚。

从雍和宫的整个布局来看，凸现了密宗的主体性。除了显宗学院外，其余学院皆与密宗紧密相关。密宗学院主要研究密宗义理，广授密法之灌顶和仪轨，教化善根弟子入密宗之门；时轮学院，系密宗传承，主要研习天文历算和修学时轮金刚乘等；医学院，主要学习《四部医典》和《药王月珍》等，同时，举行密宗仪式。

雍和宫招收学僧的条件和要求极为严格，其学僧须从蒙古四十九旗、喀尔喀七部和汉藏地区聪慧青少年中选送，其目标培养"尊国政、知举止、谙例律"的佛教优秀人才，他们完成学业后在京任职掌教，或赴藏蒙地区办事。据《蒙古佛教史》记载：

> 同年中从蒙古四十九旗、喀尔喀七部以及汉、藏等地征集五百聪明博学的年轻僧人入雍和宫学经，其中显宗学院有僧人三百，密宗学院有僧人一百，医学及声明两学院各有僧人五十名。寺内经堂集会制度、说法听经制度以及日常规则等，都按佛法清规制定，皇帝也一再驾临寺内看视。由府库内按月给僧众发给薪俸。②

雍和宫的僧人数目，虽在整个格鲁派寺院中不算很多，但在内地藏传佛教寺院中可称得上"独占鳌头"。当时的雍和宫学僧，除在四大扎仓（学院）修习教法仪轨外，尚兼负到宫廷和其他御园进行佛事活动的"内课"任务，并担任皇帝离京外出时进行佛事活动的"随营"职责。清廷

---

① 固始噶居巴·罗桑泽培著，陈庆英、乌力吉译注：《蒙古佛教史》，台北，全佛文化事业有限公司，2004年版，第168页。

② 同上书，第167页。

将雍和宫视作御用家庙,选派宗室王公管理事务,内设总管喇嘛印务处,管理京城、东陵、西陵、热河、五台山等地藏传佛教寺院。

雍和宫作为京城皇家第一大僧院,在京城、热河和五台山三大藏传佛教中心发挥了主导性作用,无论在举行大众法会,还是在僧人学经等方面都具有绝对的权威性。而雍和宫自身举行任何宗教仪式或法会,又要遵循或仿照西藏格鲁派祖寺或大型寺院的正统仪轨。这样才能显示京城皇家第一寺院的至尊地位。据《蒙古佛教史》记载:

> 火虎年(1746)二月,在此新建的寺院中举行祈愿大法会,二月初一大皇帝驾临僧众之中,由章嘉活佛与噶勒丹锡埒图活佛进行对辩,由新建寺院的两部僧人举行立宗辩论,并由许多大德举行对辩,还仿照拉萨祈愿大法会,制定了授与学位称号的制度。皇帝并命章嘉活佛在御驾前,为集会的僧众讲经,赐给章嘉活佛和噶勒丹锡埒图活佛以坐垫、靠背等用品,其下的喇嘛僧人等也依次赏给许多物品。这样,皇帝大法王及服事佛法的两位大德等,在此浊世为众生消除衰损,弘扬完整无误地阐明佛陀教法的黄帽派的教法,由于此善愿之力,君臣三人聚首建立殊胜的弘法功业,受到所有佛子们的赞扬,愿所有能观察思考之人都信仰和追随他们。[1]

雍和宫通过举行大型法会并请高僧活佛讲经说法,使其成为皇帝亦喜欢驾临的重要宗教活动场所,又是普通僧众受戒修习佛法的僧院。尤其是乾隆四十五年(1780),第六世班禅额尔德尼在雍和宫佛殿向乾隆皇帝传法授戒,成为雍和宫史上最引人注目的盛事,后人称此殿为"受戒台",供人们观赏和膜拜。

三 藏传佛教密宗圣殿

除了皇宫周边的藏传佛教寺庙群之外,在紫禁城内尚有富丽堂皇的藏传佛教密宗殿堂。然而,迄今鲜为人知。正如"故宫作为明清两代帝王居住和处理朝政的皇宫,是大家都知道的。但是,如果说,皇宫里深藏着

---

[1] 固始噶居巴·罗桑泽培著,陈庆英、乌力吉译注:《蒙古佛教史》,台北,全佛文化事业有限公司,2004年版,第168页。

藏传佛教寺庙和藏式佛堂，很多人就会感到奇怪，甚至产生疑问。其实，明朝就在紫禁城里建造过一座大的藏传佛教寺庙——镇国寺，但早已毁坏。清朝在紫禁城不仅建有藏传佛教寺庙，还有大批藏式佛堂，这些还都完好地保存着。因为这些特殊的建筑有很多还没有向公众开放，因而使人感到很神秘。对此，故宫专家的意见，会使我们眼界大开：以活动场所为例，萨满教是满族的传统宗教，但宫内只有坤宁宫一处祭所，而供奉藏传佛教诸神的大小佛堂却遍布宫廷，甚至苑囿中也处处可见，其影响之大可以想见"。① 这些与紫禁城相辅相成、融为一体的藏传佛教圣殿，从一个侧面反映了藏传密宗博大精深的文化内涵和异彩纷呈的表现形式。

据有关研究人员介绍，紫禁城中的佛殿或佛堂分布于内廷各个区域，按其建筑形式大致可分为两大类型：

> 第一类为独立建筑，分六个区。中正殿区：中正殿，中正殿后殿，中正殿东、西配殿，香云亭，宝华殿，梵宗楼，雨花阁，雨花阁东、西配楼，这是全部由佛殿组成的一个建筑群，是宫廷佛教活动的中心；建福宫花园区：慧曜楼，吉云楼，广生楼，凝辉楼，敬慎斋；慈宁宫区：大佛堂，大佛堂东、西庑，英华殿；慈宁花园区：慈荫楼，宝相楼，吉云楼，咸若馆，临溪亭；御花园区：千秋亭，澄瑞亭；宁寿宫区：佛日楼，梵华楼，养和精舍，粹赏楼，抑斋，养性殿东、西配殿，以及养心殿东、西配殿。总计三十五处。
>
> 第二类为内含于建筑之中者。有养心殿东暖阁，养性殿西暖阁，崇敬殿东、西暖阁，宁寿宫东暖阁，宁寿宫楼上颐和轩东暖阁，寿康宫东暖阁，煐本殿东、西暖阁等处。②

在以上两大类型建筑群中最具吸引力的则是"雨花阁"，它是一座典型的藏传佛教密宗圣殿。从整个建筑布局来看，雨花阁处于中正殿区，而中正殿区位于紫禁城的西北角。据研究者介绍：院内以昭福门为界，分成前、后两进院落。前院（春华门内）以雨花阁为中心，左右有东西配楼，

---

① 张羽新、刘丽楣等：《藏族文化在北京》，北京，中国藏学出版社，2008年版，第180—181页。

② 同上书，第181页。

西北建有梵宗楼；其北有垣墙相隔，中有昭福门供出入，门内即后院，自南而北建有宝华殿、香云亭、中正殿（左右有东西配殿）、后楼。全组建筑以中正殿为主，故总称"中正殿"。① 其前院中的主体建筑便是雨花阁，它的基本建筑格局为宫殿式的藏传佛教寺庙形制。有关文献记载：

> 雨花阁的平面布局为长方形，面阔三间，进深三间（外加抱厦一间）。外观呈阶梯形三层殿庑顶（殿内为四层，其中第二层为夹层），一二层腰檐顶覆以蓝、绿二色琉璃瓦。殿顶覆以鎏金铜瓦，四角攒尖，中耸鎏金喇嘛塔，四条鎏金铜龙腾跃于四脊。檐下装饰斗栱，角端及枋间有威猛的行龙饰件，天花板及椽头等都布满六字真言等藏式图案。②

显而易见，雨花阁处处体现出鲜明的藏传佛教寺院建筑格局的特色。实际上，雨花阁就是仿照西藏阿里地区的著名藏传佛教寺院托林寺（mtho lding dgon）建造而成的。而托林寺又是仿照西藏山南地区的桑耶寺建造，在宗教传统上达到一脉相承之理念。因为桑耶寺是吐蕃时期创建的第一座藏传佛教正规寺院，是藏传佛教前弘期（公元 8 世纪）产生的代表性寺院，在藏传佛教寺院建筑发展史上具有里程碑意义，并在广大信众中享有崇高的宗教权威性。故后期建造的著名藏传佛教寺院大都与桑耶寺有着千丝万缕的直接或间接关系。而托林寺既是桑耶寺的建筑模型和文化风格，又是藏传佛教后弘期（公元 11 世纪）出现的代表性寺院，它完全具备与桑耶寺相提并论的机缘和风格，故许多规格较高的新寺倾向于仿照托林寺建造。从这一历史文化背景中不难解读紫禁城内的雨花阁是如何产生的。根据藏文文献记载：

> 一天，大皇帝问章嘉国师："在西藏为佛教建有广大功业的杰出人物有哪些？他们的主要功绩如何？"章嘉国师一一详细列举。其中讲到了大译师仁钦桑波创建托林寺，寺内正殿有四层，内设四续部佛

---

① 张羽新、刘丽楣等：《藏族文化在北京》，北京，中国藏学出版社，2008 年版，第 181 页。

② 同上书，第 182 页。

众的立体坛城的情况。大皇帝说："在朕的京城中也要建一座那样的佛殿。"于是，由章嘉国师负责，在内城右方建起了一座四层金顶佛殿，内置四续部佛众的塑像，顶层内塑有密集像，第三层殿内塑有大日如来现证佛像，底层殿内作为各扎仓僧众念诵三重三昧耶仪轨的场所。①

以上引文描述了乾隆皇帝向章嘉国师咨询有关藏传佛教兴盛发展的背景知识；文中交代了为何选择西藏阿里地区的托林寺作为参照对象在紫禁城内建造藏传佛教密宗圣殿的来龙去脉；同时，介绍了雨花阁的主体建筑形制是一座四层金顶佛殿，上部楼层内供奉藏传佛教密宗四续部的众神佛像，底层作为僧众举行密宗法事仪轨的场所。

雨花阁建于乾隆十五年（1750）或乾隆十六年（1751），有关研究人员对其具体建构作了如下描述：

雨花阁现在的陈设布局，基本保持了乾隆十九年（1754）的状态。一层南端是抱厦。穿过抱厦是正间，迎门正中是一座紫檀木雕七级楼阁式八方塔，汉白玉石座。左右对称安置一对磁塔，一对五级楠木楼阁式八方塔。这是由五座塔组成的第一排陈设。第二排两盆珐琅瓷花树。第三排木珊瑚树四棵。第四排中部为铜镀金五供，两侧是一对珐琅象鼻鼎炉，一对珐琅塔。殿正中为紫檀木佛龛，供佛三尊。据乾隆时期雨花阁陈设档记载："中供金胎释迦佛，左供金胎四臂观音，右供金胎文殊菩萨。"目前稍有改变，中供铜镀金释迦牟尼，左右是无量寿佛。整个殿堂前部满置佛塔、佛像、供物，几无行走的空间，但却摆放整齐紧凑，有条不紊，可见是按照乾隆旨意经过造办处实测丈量精心设计安排的。②

雨花阁佛龛后面即三座大坛城，正中是密集坛城，东边胜乐坛城，西

---

① 土观·洛桑却吉尼玛著，陈庆英、马连龙译：《章嘉国师若必多吉传》，北京，民族出版社，1988年版，第221页。

② 张羽新、刘丽楣等：《藏族文化在北京》，北京，中国藏学出版社，2008年版，第184页。

边大威德坛城。三座坛城坐落于汉白玉须弥座上，造型、颜色完全一致，外部是紫檀木重檐亭式罩，内部结构形式与藏传佛教寺院中的立体坛城一样，其质地为铜镀金掐丝珐琅制造。

其上部是雨花阁二层（夹层），在二层栏杆外面朝南贴着一部磁青纸金字经，用汉、满、蒙、藏四种文字书写。正中大字书"西方极乐世界阿弥陀佛安养道场"。正北面是一座红漆描金大佛龛，龛前放一长供案。佛龛两侧写有四种文字的佛名，东侧汉、满文，西侧藏、蒙文，内容一样。

一至四层佛龛都写有四种文字佛名，一层佛龛汉文："此层供奉智行品（即事部）佛，应念智行品内无量寿佛、四臂观世音菩萨、尊胜佛母、白救度佛母、大悲观世音菩萨、绿救度佛母、随求佛母、白伞盖佛母等经"；二层佛龛汉文："此层供奉行德品（即行部）佛，应念行德品内宏光显耀菩提佛、佛眼佛母、无我佛母、白衣佛母、蓝救度佛母、显行手持金刚、伏魔手持金刚、蓝摧碎金刚、白马头金刚、无量寿佛等经"；三层佛龛汉文："此层供奉瑜伽品（即瑜伽部）佛，应念瑜伽品内金刚界毗卢佛、成就佛、最上功德佛、普慧毗卢佛、度生佛等经"；四层佛龛汉文："此层供奉无上品（即无上瑜伽部）佛，应念无上品内秘密佛、威罗瓦金刚、上乐王佛等经。"

综上所述，雨花阁藏传佛教密宗四续佛像合计二十六尊。这是一种微妙的组合体系，每一位佛尊都有其确定位置，他们的排列组合与密宗仪轨紧密相关，玄秘难测。此表的制作是依照实物、档案并对照故宫内其他佛堂神像考订而成的。雨花阁是一座典型的藏传佛教格鲁派密宗圣殿，内有三大立体坛城，众多的经、像、塔，完整的密宗四续修习场所及神佛像，为我们了解研究藏传佛教密宗及其艺术，特别是在清代皇宫中的特殊形态，提供了难得的宝贵资料。①

四 热河藏传佛教寺院

清代康熙、乾隆两朝，为巩固边疆、加强与藏蒙地区的联络，陆续在热河兴建十二座藏传佛教寺院：溥仁寺、溥善寺、普宁寺、普佑寺、安远

---

① 详见张羽新、刘丽楣等：《藏族文化在北京》，北京，中国藏学出版社，2008年版，第185—187页。

庙、普乐寺、普陀宗乘之庙、广安寺、殊像寺、罗汉堂、须弥福寿之庙和广缘寺。

清康熙五十二年（1713），蒙古诸部王公请旨在热河建造溥仁寺和溥善寺，以庆祝康熙帝六十寿辰。

清乾隆二十年（1755），清朝平定准噶尔部达瓦齐的势力，乾隆皇帝承袭"修建一座庙，胜养十万兵"的祖训，利用藏传佛教，统治厄鲁特蒙古。他下令在热河（今避暑山庄东北）仿照西藏桑耶寺建造普宁寺，亲自撰写《普宁寺碑》、《平定准噶尔勒铭伊犁之碑》和《平定准噶尔后勒铭伊犁之碑》三块碑，碑文皆用汉、满、蒙、藏四体，以纪念平定厄鲁特蒙古准噶尔部族，表达各民族"安其居，乐其业，永远普宁"之意愿。

普宁寺不仅成为西藏、蒙古诸部与清朝中央政府在政教上直接联络的主要纽带，而且是热河诸佛寺中规模最大的正规藏传佛教寺院。根据藏文文献记载：

> 约于此时，在热河避暑山庄附近，仿照西藏桑耶寺的形式修建了一座很大的僧伽乐园——佛教寺院（普宁寺），中间大屋顶殿代表密教三部（佛部、金刚部和莲花部），四边佛殿分别代表"东胜身洲"、"南瞻部洲"、"西牛货洲"、"北俱卢洲"，还有佛家所说的中小洲和日月的佛塔。此寺建成之后，大皇帝和章嘉国师等亲临其地，举行庆祝典礼。并从蒙古各旗征集僧人入寺学经。以后，来自准噶尔的蒙古僧人也被安置在这所寺院中。寺院分为显宗扎仓和密宗扎仓，总堪布和各扎仓的喇嘛选任与前面所述的雍和宫的规则基本相同。①

乾隆二十五年（1760），适逢乾隆帝和皇太后寿辰，又值清军平定西北边疆叛乱，故在普宁寺旁增建普佑寺以示庆贺。该寺系经学院，属于大众学僧修习佛学和文化知识的寺院，内设显宗、密宗、历算、医药四大扎仓（学院），住寺僧众除参加法定佛事活动外，平日研修显宗、密宗两宗教理及藏医、天文历算等五明学。

---

① 土观·洛桑却吉尼玛著，陈庆英、马连龙译：《章嘉国师若必多吉传》，北京，民族出版社，1988年版，第221页。

乾隆二十九年（1764），以安抚举部投归的厄鲁特达什达瓦部落，在热河（今避暑山庄以东的山岗上）仿新疆伊犁河畔的藏传佛教中心"固尔扎庙"，建造了安远庙，俗称"伊犁庙"，作为其信众礼佛之所，其寓意在于安定远方，巩固边疆。

乾隆三十一年（1766），以纪念土尔扈特、左右哈萨克、布鲁特等部归顺清朝而建普乐寺，意在各民族亲密团结，"普天同乐"；并将其作为朝觐清帝的哈萨克、维吾尔、柯尔克孜等西北各民族王公贵族瞻礼之宗教场所。

乾隆三十二年（1767），仿西藏布达拉宫始建普陀宗乘之庙，俗称"小布达拉宫"。乾隆三十六年（1771）竣工，庙宇建筑群，气势磅礴，蔚为壮观，为热河寺庙群中规模最大的一座。是年，乾隆帝在该庙"万法归一殿"，接见土尔扈特首领渥巴锡一行，并举行大型讲经祝寿活动。

乾隆三十九年（1774），仿五台山殊像寺规制，在热河新建一座藏传佛教寺院，亦名"殊像寺"，作为皇家御用寺庙，由满族僧人主持，额设喇嘛僧人50名，从京城妙应寺清字经僧人中拣选，专习清字经文。乾隆帝曾指出：佛经本出厄讷特珂克，是为梵帙，一译而为唐古特之番，再译而为震旦之汉。其蒙古经，则康熙及乾隆年间陆续译成者。朕以当我朝全盛之时，不可无国书之佛经，因开馆译定。乾隆三十七年（1772），在京城成立清字经馆，历时近二十年，完成编译满文《大藏经》工程，共印刷12套，存于殊像寺一套，供满族僧人诵习。

乾隆四十五年（1780），第六世班禅额尔德尼至热河庆祝乾隆帝七十寿辰。乾隆帝以此为清王朝"吉祥盛世"之象征，遂敕谕仿照后藏扎什伦布寺形制，特建须弥福寿之庙，① 作为第六世班禅额尔德尼在热河的行宫。寺院豪华壮丽无比，内建吉祥法喜殿，为班禅额尔德尼寝室；妙高庄严殿，为班禅额尔德尼讲经之所。此外，乾隆帝以第六世班禅额尔德尼来谒，预先学习藏语，在热河接见第六世班禅额尔德尼时，用藏语互致问候，以"通情洽惠"；并在妙高庄严殿聆听第六世班禅额尔德尼颂万寿经。

其余广安寺、罗汉堂和广缘寺等，皆为蒙藏王公贵族等到热河朝觐而建之藏传佛教寺院。

---

① 其"须弥福寿"为藏语"扎什伦布"（bkra shes lhun po）之汉译，故名。

以上12座藏传佛教寺院中罗汉堂、广安寺、普乐寺三座，朝廷"向未安设喇嘛"，归内务府管理；其余9座寺院中（普佑寺附属普宁寺）设8处管理机构，由朝廷派驻僧人，逐月按人数由理藩院发放饷银，统称"外八庙"，均归理藩院喇嘛印务处管辖，成为清代皇家寺院群。

五 五台山藏传佛教寺院

五台山，藏语称"ri bo rtse lnga"（日沃泽额），以文殊菩萨道场闻名于世，而文殊菩萨尤以智慧化身倍受藏传佛教青睐。因此，藏传佛教与五台山早在公元8世纪就有密切联系。根据历史文书，藏传佛教在五台山正式传播始于元代，至明朝又得到进一步发展，建造了不少藏传佛教寺院；而清代则是藏传佛教在五台山发展繁荣时期，主要改建不少藏传佛教寺院，使五台山真正成为青庙（汉传佛教）与黄庙（藏传佛教）平分秋色的中国佛教圣地，在加强各民族之间文化交流方面发挥了重要作用。

清康熙二十二年（1683），康熙帝亲礼五台山名刹古寺，在菩萨顶各殿奉献金银、龙缎、香烛和哈达等供品，特旨发帑金三千两，重修五座台顶；翌年，颁御制五顶碑文，在菩萨顶前后山门设立永镇把总一员，马兵10名，步兵30名，护守香火供器。

康熙三十七年（1698），第二次修缮五台山菩萨顶。该寺历史久长，别名真容院，唐之大文殊寺，明代开始就有蒙藏僧人进住并由大喇嘛住持；清代又设札萨克喇嘛掌管，并将推演藏传佛教法事仪轨的罗睺寺、玉花池、寿宁寺、金刚窟、涌泉寺、七佛寺、三泉寺、善财洞、普安寺等归属菩萨顶寺主管。

康熙四十一年（1702），重新修葺罗睺寺，使其焕然一新，内建十方禅院，供游方喇嘛僧人至五台山礼佛时暂住，设虚衔达喇嘛一名住持。缺出，由菩萨顶札萨克喇嘛处于本寺大众内拣选，保送喇嘛印务处拟定正陪，照台麓寺达喇嘛例报部补放。其余所属之玉花池、泰宁寺、金刚窟、涌泉寺、七佛寺、三泉寺、善财洞、普安寺八庙，亦各设虚衔达喇嘛一名，缺出由菩萨顶札萨克喇嘛处拣选补充，均开列职名，呈报喇嘛印务处，报部给与札付。以上各达喇嘛均系虚衔，不支钱粮。[①]

---

① （清）光绪朝《钦定理藩部则例》卷五十六〈喇嘛事例一〉。

六　多伦诺尔寺院

清康熙三十年（1691），康熙帝下谕旨在多伦诺尔建造一座大型藏传佛教寺院，于康熙四十年（1701）竣工，命名"汇宗寺"（别称东庙、黄寺，今内蒙古自治区多伦县），并令内外蒙古各旗，送一名僧人入寺，寓意江河之汇于大海，以示内外蒙古各部共尊清朝中央政府。任命第二世章嘉活佛·阿旺洛桑却丹（1642—1714）为"多伦喇嘛庙总管喇嘛事务之札萨克喇嘛"，弘扬藏传佛教格鲁派教法。康熙五十三年（1714），康熙帝亲自为汇宗寺赐匾"声闻届远"和"御书汇宗寺碑文"。碑文用满、蒙、汉、藏文四体镌刻在两块汉白玉碑上，立于汇宗寺释迦牟尼殿两侧。

清雍正五年（1727），雍正帝以第三世章嘉活佛·若贝多杰（1717—1786）道行高超，证最上果，博通经品，克臻其奥，有大名于西域，诸部蒙古咸所尊仰。今其后身，秉质灵异，符验显然。且其教法流行，徒众日广，特行遣官，发帑金十万两，于汇宗寺之西南里许（一里左右），复建寺宇；雍正九年（1731），寺宇竣工，雍正帝为其敕名"善因寺"（别称西庙、青寺，今内蒙古自治区多伦县），赐"慈云广被"的匾额，并亲书"御制善因寺碑文"；由章嘉呼图克图呼毕勒罕主持，集会喇嘛，讲习经典，广行妙法。

而雍正皇帝昌建善因寺之旨意在于：稽古圣王治之天下，因其教不易其俗，使人易知易从，此朕缵承先志，护持黄教之意也。唯兹两寺，当与漠野山川并垂无际。诸部蒙古台吉属下，永远崇奉欢喜，信受蒸熏道化，以享我国家亿万年太平之福。①

清乾隆十一年（1746），乾隆帝派钦差抵达多伦诺尔，赐汇宗寺"性海真如"匾，赐善因寺"智源觉路"匾，以示对多伦诺尔寺院的重视。

随着汇宗寺、善因寺之相继创建，多伦诺尔便成为漠南蒙古地区的藏传佛教中心，历代章嘉呼图克图则为总持内蒙古藏传佛教的大喇嘛。由此形成历辈章嘉呼图克图夏季居住多伦诺尔善因寺、冬季居住京城嵩祝寺的惯例。

---

① 据《善因寺碑文》记载。

七　漠南归化城等地寺院

藏历第十绕迥土兔年，即明万历七年（1579），土默特部阿勒坦汗（俺答汗）在归化城（呼和浩特）始建藏传佛教寺院；翌年，寺宇竣工，万历皇帝赐名"弘慈寺"，因寺中供奉银质释迦牟尼像，俗名"银佛寺"，蒙古语称"伊克昭"，意为"大庙"，汉语称"大召"（今呼和浩特市旧城内）。

藏历第十绕迥木鸡年，即万历十四年（1586），蒙古王公迎请第三世达赖喇嘛·索南嘉措（1543—1588）到大召，为银质佛像开光，蒙古各部信众纷纷前来顶礼膜拜，大召遂成蒙古地区著名寺院。

清崇德五年（1640），皇太极敕令重建大召，改名"弘慈寺"为"无量寺"。

藏历第十一绕迥水龙年，即顺治九年（1652），第五世达赖喇嘛·阿旺嘉措进京朝觐，途经归化城，驻锡于大召；后造第五世达赖喇嘛铜像供奉于寺内。清康熙年间大规模修缮年久破损的大召，清廷用黄金铸造"皇帝万岁"牌位，赠予大召供奉。清代理藩院规定，大召僧额为80名，皆是土默特部人；清代归化城札萨克达喇嘛印务处设在大召。

归化城的小召，蒙语称其为"巴嘎召"，意为"小庙"（位于今呼和浩特旧城内），是由土默特部阿勒坦汗后裔俄木布洪台吉于明天启年间创建，至清顺治年间已颓废失修。清康熙三十五年（1696）始又大规模修缮和扩建，使小召得以恢复发展，康熙帝赐名"崇福寺"，赏给满、汉、蒙、藏文四体寺额，僧人受封朝廷钱粮，允许独用蒙古文诵经。

五当召，原名"巴达格尔"（pad ma dkar po），[①] 位于今内蒙古自治区包头市东北约70公里的五当沟内，始建于康熙五十二年（1713），乾隆十四年（1749）重修扩建，赐名"广觉寺"。后经嘉庆、道光和光绪年间数次修缮，逐渐形成规模，设有四大扎仓（学院），由堪布住持，系统修学经律论三藏，授予不同格西学位，历史上学问僧辈出，实为清代漠南蒙古地区培养佛学人才之大僧院，最盛时期寺僧达1 200多人。

锡林郭勒的贝子庙，位于今锡林郭勒盟首府——锡林浩特市，始建于乾隆八年（1743），乾隆十二年（1747）竣工。因寺院坐落在原东阿巴哈

---

① 此名是藏语"pad ma dkar po gling"的音译，意为"白莲花洲"。

（嘎）纳尔旗（贝子旗）境内，故名"贝子庙"。乾隆四十八年（1783），乾隆帝赐名"崇善寺"；嘉庆五年（1799），大规模修缮扩建，至清末已形成拥有七座大殿、五大扎仓（学院）、五个活佛府邸及两千余间僧舍的大僧院，最盛时寺僧达1 500多人。

阿拉善的南寺，原名广宗寺，位于今内蒙古阿拉善左旗境内，始建于乾隆二十一年（1756），翌年，寺宇竣工，命名"攀德嘉木措林"；① 乾隆二十五年（1760），乾隆帝赐名"广宗寺"，藏语称"葛丹旦吉林"（dgav ldan bstan rgyas gling），② 寺内设立显宗、密宗、医药和时轮四大扎仓（学院），寺僧系统研习显密义理、天文历算和藏医药学，最盛时寺僧达1 200多人。据民间传说，第六世达赖喇嘛曾在南寺讲经传法，寺内铸造第六世达赖喇嘛灵塔供奉，对后世留下深远影响。③

八 漠北库伦庆宁寺

清雍正五年（1727），清廷议准动用帑金十万两，在漠北库伦地方建造一座大型藏传佛教寺院，至乾隆元年（1736）方全面竣工，遂命名"庆宁寺"。该寺最初是清朝政府专为喀尔喀蒙古大喇嘛第一世哲布尊丹巴呼图克图安置灵堂而建造的陵寝寺院，后来演变为历辈哲布尊丹巴呼图克图的驻锡地，并成为清代喀尔喀蒙古地区最大的藏传佛教寺院，最盛时寺僧达2 000多名。

庆宁寺，位于今蒙古国首都乌兰巴托西北方221公里处，蒙语称"阿玛尔巴雅斯噶兰特"（Amarbayasgalant）。④ 该寺内有乾隆皇帝赐的寺名匾额和御制碑记，尤其碑记对创建庆宁寺的缘由、过程和功德等作了详细解说。庆宁寺碑记曰：

> 惟天眷佑，我皇清丕冒万国，日月所照，雨露所沾，罔不服从。当太祖、太宗时，西方达赖喇嘛、班禅额尔德尼，景慕圣德，率先输忱。世祖章皇帝定鼎燕京，达赖喇嘛万里入觐，贡献勿绝。逮圣祖仁

---

① 此名是藏语"phan bde rgya mtsho gling"的音译，意为"利乐大海洲"。
② 此名是藏语"dgav ldan bstan rgyas gling"的音译，意为"兜率广宗洲"。
③ 德勒格编著：《内蒙古喇嘛教史》，呼和浩特，内蒙古人民出版社，1998年版，第643页。
④ 今内蒙古自治区赤峰市克什克旗亦有一座叫"庆宁寺"的清代所建藏传佛教寺院。

皇帝亲统六师，平定朔漠，则有哲布尊丹巴呼图克图，率七旗喀尔喀之众，朝行在所，特封为大喇嘛，俾掌黄教。康熙六十一年冬来朝，明年示寂于京师。皇考世宗宪皇帝，遣使护归其国，恩礼有加。雍正五年，命大臣赍币金十万两，即古所居库伦地，创建大刹，延及徒众，讲经行法，如达赖喇嘛、班禅额尔德尼在西域时故事。乾隆元年工竣，钦定寺名曰"庆宁"，御题"福佑恒河"以赐。复允董役诸臣请，化石刻词，俾记其事。朕维天生烝民，若有恒性，性无勿善，不以形体而睽，不以疆域而隔，因其同善之情而利导之。此帝王之教所以立也。黄教行于西北诸藩，无论贵贱，无不奔走信向。要其为说，主于戒恶从善。今使蒙古之众，诵习其文，皈依佛谛，其兴起于善也必易。人人乐趣于善，将见边方赤子，同植善缘，疆域乂安。中外是禔福，蒙被庆泽，永永无（笺）。我祖宗绥怀藩服，锡福寰区，万国咸宁，民生康阜。主斯寺者，惟有功导群生，扩乃善性，一心向化，安享我国家太平之福，庶无负皇考嘉惠诸藩之德意也夫！①

在库伦除了庆宁寺外，尚有一座大寺，寺名"甘丹协珠林"（dgav ldan bshad sgrub gling），简称"甘丹寺"（dgav ldan dgon）。据民间传说，在库伦因先有藏传佛教寺院而后得其名，库伦，意为"大寺庙"，后又改称"乌兰巴托"（Ulan Bator）。所以，有学者认为库伦"甘丹寺"建造年代早于庆宁寺，它由第一世哲布尊丹巴呼图克图于1654年初建。后来，增建经堂、扎仓和佛塔。② 甘丹寺，位于今蒙古国乌兰巴托市中心，是当前蒙古国境内最大的藏传佛教寺院。

九　新疆伊犁普化寺

清乾隆二十七年（1762），清朝统一天山南北后在伊犁地区（绥定城北）新建一座藏传佛教寺院，命名为"兴教寺"，并在寺内立碑纪念。该寺为清朝中央政府在新疆建造的第一座藏传佛教寺院，初期寺僧仅有32名。乾隆二十九年（1764），寺院移至惠远城东十里处；乾隆三十二年

---

① 张羽新：《清政府与喇嘛教》，拉萨，西藏人民出版社，1988年版，第330页。
② 乌力吉巴雅尔：《蒙藏关系史大系·宗教卷》，拉萨，西藏人民出版社、外语教学与研究出版社，2001年版，第351页。

(1767），乾隆帝将其更名为"普化寺"，伊犁将军阿桂撰刻碑文，以示纪念。后续扩大规模，至乾隆朝末年，寺僧增至 1 126 名，均由官府供给口粮和衣单，设立堪布一员住持，由理藩院从京城选派，五年更换。该寺为清代新疆地区最大的藏传佛教寺院。

此外，固尔扎庙是清雍正五年（1727 年）准噶尔部首领策旺阿拉布坦所建的寺院，位于新疆伊犁河北岸，是当时蒙古厄鲁特人朝圣的中心寺院。乾隆二十一年（1756 年），准噶尔阿睦尔撒纳叛乱时毁于战火。①

窟日耶（库伦）是扎雅班智达（1599—1662）从卫藏（西藏）回到卫拉特之后，为了适应游牧地区传播佛教而设计建筑的一种具有蒙古特色的寺庙形式，它是以众多毡帐即蒙古包围圈起来的能住能行的没有固定地址的活动寺庙，有大小之分。据说大窟日耶既是扎雅班智达居住的行宫，又是讲经、说法、译经和培养僧徒的场所。窟日耶里容纳几百甚至上千僧人从事佛法活动。②

十　辽宁实胜寺等

根据有关史料，藏传佛教早在明末就传入中国东北地区。努尔哈赤（1559—1626）建立后金政权之后，积极迎请蒙藏高僧大德到后金尤其向满族统治者讲经说法，藏传佛教在后金政权中受到推崇。从现存的《大金喇嘛法师宝记》碑刻中可以看出努尔哈赤推崇藏传佛教的事迹：

> 宽温仁圣汗征蒙古察哈尔部落，察哈尔汗俱威，遁往土伯特部时，卒于希喇塔拉（Siratala）地方，其部众咸来归。时有墨尔根喇嘛载古八思巴喇嘛所供嘛哈噶喇佛至。圣汗命于盛京城西三里外，建寺供之，三年告成，赐名实胜寺。寺之东西两侧，建石碑二。东侧一碑，前镌满洲字，后镌汉字；西侧一碑，前镌蒙古字，后镌土伯特字。莲花净土实胜寺碑文曰：幽谷无私，有至斯响，洪钟虚受，无来不应。而况于法身圆对，规矩冥立。一音称物，宫商潜运。故如来利见迦维，托生王室。凭五衍之轵，拯溺逝川，开八正之门，大庇交

---

① 乌力吉巴雅尔：《蒙藏关系史大系·宗教卷》，拉萨，西藏人民出版社，北京，外语教学与研究出版社，2001 年版，第 351 页。

② 同上书，第 350 页。

丧。于是，元关幽键，感而遂通。遥源浚波，酌而不竭。即而方广东被，教肄南移，周鲁二庄，同昭夜景之鉴；汉晋两明，并勒丹青之饰。自兹遗文间出，列刹相望，其来盖亦远矣。至大元世祖忽必烈聪睿汗时，有喇嘛八思巴用千金铸固尔嘛哈噶喇，奉祀于五台山，后请移于萨斯希克地方祀之。又时喇嘛沙尔巴呼图克图，复移于大元后裔察哈尔林丹汗国祀之。我大清国宽温仁圣汗，征破察哈尔部，部众咸归。时有喇嘛墨尔根载嘛哈噶喇佛像而来，圣汗闻之，命众喇嘛往盛京西郊，以礼迎之。因曰：有嘛哈噶喇，不可无大佛，有大佛，不可无嘛哈噶喇也。乃命部员，卜地建寺于城西三里许。于是，构大殿五楹，装塑西方佛像三尊，左右列阿难、迦叶、无量寿、莲花生、八大菩萨、十六罗汉，绘四怛的喇佛城于棚厂，又陈设尊胜塔、菩萨塔、供佛金华严世界，又有须弥山七宝八物及金壶、金钟、金银器皿俱全。东西庑各三楹，东藏如来一百八龛托生画像，并诸品经卷，西供嘛哈噶喇。前天王殿三楹，外山门三楹。至于僧寮、禅宝、橱舍、钟鼓音乐之类，悉为之备。营于崇德元年丙子岁孟秋，至崇德三年戊寅岁告成，名曰莲花净土实胜寺。殿宇弘丽，塑像巍峨，层轩延袤，永奉神居，岂惟寒暑调雨旸若，受一时之福利，将世弥积而功宣，身逾远而名邵，行将垂示于无究矣。大清崇德三年戊寅秋八月吉旦立。

制绘佛身，排列佛、菩萨等位总指教毕礼克图事囊素，总监工钟诺依，菩萨佛身造匠尼堪喇嘛，调配染料画匠拜星，木刻匠毛堂，修殿匠田杨浅，垒盖匠崔高宝，石匠刘成，国史院大学士刚林撰满文，学士罗绣锦译汉文，弘文院大学士希福译蒙古文，多木藏古希译土伯特文，笔帖式赫德名。

圣汗欲率外藩诸王、贝勒共叩拜佛，遂召察哈尔和硕亲王、固伦额驸鄂哲依，科尔沁和硕亲王土榭图巴达礼、和硕亲王卓扎克图吴克善、多罗郡王札萨克图子海赖、冰图王孔果尔，札鲁特部内齐，翁牛特部达尔汉戴青董，巴林部满珠习礼，乌喇特部杜拜，喀喇沁部札萨衮杜棱、古鲁斯夏布，土默特部札萨衮达尔汉沙木巴、俄木布楚虎尔，乌珠穆沁部多尔济塞臣济农，归顺三王：恭顺王孔有德、怀顺王耿中明、智顺王尚可喜等至。

崇德三年戊寅岁八月十二日，圣汗率内外诸和硕亲王、多罗郡王、多罗贝勒、固山贝子、文武众官，出盛京城怀远门，幸实胜寺。

时寺前悬挂各色缎绸，寺院四隅立杆四，垂吊九色缎绸，寺门至殿，路两侧皆铺白缎。圣汗将至寺，喇嘛及僧击钟鼓作乐，汗入门，率众排齐；佛位前设案四，众喇嘛以百果食物及奶子酒一壶，供置于案上毕，毕礼克图囊素喇嘛，引汗至佛位前，以祭用金曼陀罗授上，上以双手恭受，置于佛前祭案上，众喇嘛作乐诵经，圣汗率众免冠至大佛前，行三跪九叩头礼。行礼毕，众喇嘛引上绕观佛位，由西向东，自阶下，至西殿，献嘛哈噶喇佛以物，亦行三跪九叩头札。礼毕，备牲肉三九之数，设宴于外门庭内。宴毕，发内库银一千六十两、蟒缎三匹、缎五匹、三等黑貂皮端罩一件、二等雕鞍辔一具、赐建寺人役。归顺恭顺王、怀顺王、智顺王各献银三十两、缎二匹，朝鲜国王二子各献银三十两、纸一千五百张，归服外藩土榭图亲王献马四匹，卓礼克图献马四匹、银五十两，扎萨克图郡王子海赖献貂皮十张、马一匹，冰图王献马一匹，扎罗特部内齐献貂皮十张、玉壶一个、银杯盘一对、闪缎巾四条、马一匹，桑噶赖献马两匹，四子部巴拜献马两匹，翁牛特部达尔汉戴青献马两匹，巴林部满珠习礼献马两匹，乌喇特部杜拜献马两匹，喀喇沁部札萨衮杜棱献马两匹，万丹献马一匹，色楞献马一匹，土默特部扎萨衮达尔献马一匹、驼一只，俄木布楚虎尔献马一匹，乌珠穆沁部多尔济塞臣济农献马一匹，希勒图卓尔济喇嘛献马二匹，古口卓尔济喇嘛献马一匹，桑噶尔寨侍卫献貂皮十张，侍卫都喇尔达尔汉献貂皮十张。共银一千二百六十两、蟒缎三匹、缎十一匹、貂皮三十二张、玉壶一个、貂皮端罩一件、雕鞍辔一具、纸三千张、驼二只、马三十一匹。①

以上所引《大金喇嘛法师宝记》碑刻文尤为其中清崇德三年（1638年）镌刻的实胜寺碑文，记述了当时建造实胜寺的始末及殿宇规模、供佛排列等详细内容，为深入研究实胜寺的历史文化提供了第一手资料。

实胜寺全称"莲花净土实胜寺"，位于今辽宁省沈阳市和平区皇寺路，始建于清崇德元年（1636年），至崇德三年（1638年）竣工。寺落成的当天，皇太极率领诸部首领到寺内参拜，并设宴赏赐专程来此寺供奉

---

① 《清初五世达赖喇嘛档案史料选编》，北京，中国藏学出版社，2000年版，第3—6页。

的蒙古王公,其场面极其壮观。后来皇太极每年正月带领家眷、大臣及前来朝奉的蒙古各部首领一起到寺内拜佛,而且多次在这里接待归顺的蒙古首领和召见出征凯旋而归的将领。实胜寺是清朝历代统治者非常尊崇的寺庙,是入关前在沈阳敕建的"七寺四塔"之冠。后经多次修缮,寺内立有乾隆御书碑。①

清雍正四年(1726)大修实胜寺,其后屡加修缮。清朝历代皇帝十分推崇实胜寺,每次东巡都要到实胜寺朝拜,仅乾隆皇帝就四次巡幸实胜寺并咏诗纪事。实胜寺,是清朝政府在东北地区建立的第一座正规藏传佛教寺院,也是清军入关前盛京最大的藏传佛教格鲁派寺院,清代直属理藩院管辖。

清顺治十三年(1656),顺治帝将盛京(今辽宁省沈阳市)御花园改为藏传佛教寺院,赐名"长宁寺",乾隆时期又立《长宁寺》诗碑一座。该寺清代直属理藩院管辖,额定达喇嘛、喇嘛26名。

藏历第十一绕迥土鸡年,即康熙八年(1669),蒙古族高僧察罕达因齐(1633—1720)在蒙古尔津旗境内建造一座藏传佛教格鲁派寺院,后期得以兴隆发达,成为这一地区的藏传佛教名寺。根据《蒙古佛教史》记载:

> 博克达额次格喇嘛格根(内济托因)的弟子察罕达因齐在蒙古尔津旗的三个静修地专心修行体验达十八年,成为有殊胜证悟的大德。他修建了蒙古尔律寺。他的转世建立了显宗学院及密宗学院,广弘佛法。在此寺中有四世达赖喇嘛云丹嘉措的佛塔。由于察罕达因齐活佛执掌佛法的誓愿之力,该寺现今更加发展,又建立了曼巴扎仓(医宗学院),成为有三个扎仓的寺院。②

蒙古尔津寺,即瑞应寺,位于今辽宁省阜新蒙古族自治县阜新镇西南30公里的佛寺乡佛寺村。蒙古族通称"葛根苏木",汉族称"佛喇嘛寺"

---

① 乌力吉巴雅尔:《蒙藏关系史大系·宗教卷》,拉萨,西藏人民出版社、北京,外语教学与研究出版社,2001年版,第350页。

② 固始噶居巴·罗桑泽培著,陈庆英、乌力吉译注:《蒙古佛教史》,台北,全佛文化事业有限公司,2004年版,第194—195页。

或"佛寺"。① 清康熙四十二年（·1703），康熙帝赐名"瑞应寺"，并送满、汉、藏、蒙四种文字的匾额。

历史上，瑞应寺住持为转世活佛，至清代末期，共产生六位转世活佛。康熙十六年（1677），寺院创建者察罕达因齐被第五世达赖喇嘛授予"察罕殿齐·呼图克图"封号，成为瑞应寺的第一世活佛，藏语名"三丹桑布"（bsam gtan bzang po）活佛。

瑞应寺历经扩建，寺院规模渐大，素有"东藏"之称，意为东部蒙古地区最大的藏传佛教寺院，寺僧最多时达 3 000 人。该寺主体建筑，由大雄宝殿、四大扎仓（即显宗、医学、密宗和时轮）及活佛府邸等组成，在寺院外围尚有号称五个属庙的建筑群，分别指大白伞盖庙（位于寺院东北）、绿度母庙（位于寺院西南）、关帝庙（位于寺院西南）、护法殿（位于寺院东南）和舍利庙（位于寺院西北）。寺院每年举行各类佛事活动，其中金刚法舞和列队仪式，成为广大信众的佛门盛事。此外，在寺院外环转经路上造有万尊石雕佛像，别具佛门风格。

除瑞应寺之外，在东部蒙古地区尚有不少藏传佛教寺院，根据《蒙古佛教史》记载：

> 班禅大师心传弟子、大学者夏茸喇嘛阿旺嘉措也在蒙古尔津建了寺院，建立显宗学院和密宗学院，广建弘扬佛法的功业。夏茸喇嘛的转世现今正在利益佛法。
>
> 有功于蒙古尔津旗的土尔扈特喀尔喀地方有显明佛法的梅智呼图克图修建寺院，建立显宗学院，弘扬佛法。

根据有关史书，藏蒙两族高僧大德在东部蒙古地区讲经传法之时，不仅创建了许多弘法道场，而且每座寺院信徒云集、香火旺盛，对这一地区的藏传佛教发展起到了推动作用。

康熙三十七年（1698），京城大喇嘛绰尔济喇嘛苏住克图奏请，在口外静养处（今辽宁省朝阳市南塔街）始建一座藏传佛教寺院，至康熙四十六年（1707）竣工，康熙帝赐寺名"佑顺寺"及送檀香佛像等。绰尔

---

① 参见固始噶居巴·罗桑泽培著，陈庆英、乌力吉译注：《蒙古佛教史》，台北，全佛文化事业有限公司，2004 年版，第 254—256 页。

济喇嘛·苏住克图早年从师于第五世达赖喇嘛，后进京充任白塔寺经师，经常入内庭讲诵经典，颇受康熙帝赏识，晚年病休到口外静养，建立藏传佛教寺院。佑顺寺后续有扩建，如乾隆三十五年（1770）重修，并撰刻碑文。清代兴盛时期寺僧达千余名。

十一　西安广仁寺

西安广仁寺，是清代知名度很高的藏传佛教格鲁派寺院，位于今陕西省西安古城墙城内西北角，创建于清康熙四十四年（1705）。

清康熙四十二年（1703），康熙帝巡视西陲，御批在中国西北重镇西安建造一座藏传佛教格鲁派寺院；康熙四十四年（1705）寺院建成后，康熙帝赐寺名"广仁"，亲书"慈云西荫"横匾，撰写《御制广仁寺碑》铭；其建寺背景、缘由和目的，康熙帝在广仁寺碑文中作了详细叙述：

>　　朕存心天下，眷顾西陲，惟兹关陇之区，实切封疆之重。岁当癸未，特举时巡，省方设教，训吏宁人，已责除租，行庆布德，引年赐帛，奖学兴贤，所过山川，圣哲祠域，遣修祀事，用殚精禋。凡所以裨邦政厚民生者，靡弗致勤焉。又以运际承平，无忘武备，简稽将士，整饬戎行。发内帑之金钱，普军中之颁给，爰于演武之场，躬亲校阅之典，以建威销荫之义，有观德习礼之风。顾念久安长治，务在因俗宜民。若乾竺之传言难殊尚，而利济之道指有同归。阅武之顷，周览地形，相其爽垲，命创招提，即大赍之余资，为双林之小筑，厥工匪侈，逾载告竣。斯役也，经营适协乎舆情，铢黍不烦夫民力。将使黄山严岫，秀比灵山，渭水波涛，凝如定水，洪河浪息，度法海之津梁；华岳云开，通耆阇之辙迹。五陵六郡之众，迴向香城，外藩属国而遥，群游净土，贲神光之长护。上以祝慈寿于无涯，助王化之遐宣，下以锡民休于有永，其亦朕绥怀寰宇、顺导蒸黎之至意也欤？于是，题广仁之额，标括三乘，书多宝之碑，昭垂奕叶云尔。①

当年康熙帝巡视西北（陕西），祭祀山川、检阅军队、广收民心，巩

---

①　张羽新：《清政府与喇嘛教》，拉萨，西藏人民出版社，1988年版，第266—267页。

固西北多民族地区的稳定。显而易见，康熙帝下谕旨建寺的用意在因循藏蒙民族的风俗去绥定西北、西南边疆，实现大清国长治久安。

而广仁寺的主要功能和实际用途则是为西藏、青海、甘肃和蒙古等地区的藏传佛教高僧活佛进京时路过陕西一带的住宿修养之所。换句话说，该寺是西藏、蒙古、青海、甘肃等地宗教上层人士进京途中下榻之行宫。

广仁寺的建筑布局为汉式寺院格局，在中轴线上依次排列天王殿、文殊殿（宗喀巴大师殿）和大佛殿（弥勒殿）三重院落；每个院落两侧布置配殿、厢房和跨院。佛殿内外雕塑及装饰等又具有浓郁的藏传佛教文化风格。如天王殿的正脊上，两鹿相对，中立法轮；文殊殿内主尊供奉宗喀巴大师铜像，周边佛龛内安置千尊宗喀巴小像；大佛殿内主尊供奉弥勒铜像，周边经架上摆放藏文《大藏经》，包括《甘珠尔》和《丹珠尔》。

广仁寺的宗教仪式，按藏传佛教格鲁派的教法仪轨布置：每年农历一月份举行祈福法会；农历三月份举行绿度母法会；农历四月份举行嘛呢法会，以纪念佛祖释迦牟尼诞生、成佛、涅槃三大吉日；农历十月份举行燃灯节，以纪念宗喀巴大师圆寂日。

十二　金川广法寺

金川广法寺（bstan vphel gling），改建于清乾隆四十一年（1776），是清代大小金川藏区规格最高的藏传佛教格鲁派寺院，位于今四川阿坝州金川县安宁乡末末扎村境内。

根据史书记载，金川广法寺的前身为一座著名苯教寺院，称"雍仲拉顶寺"（gayung drung lha sding）。清乾隆四十一年（1776），金川战事平息，乾隆皇帝下谕摧毁苯教寺院。清史记载：

> 谕曰：阅阿桂等进到雍中喇嘛寺图样，形势颇觉可观，此系番地最大庙宇，其材料装饰有用者多。今剿平番境，设汛安营。此等寺庙即另招喇嘛居住，亦无须过于华丽，倘概行毁弃又觉可惜。莫若拆运来京，择地照式建盖，以纪武成盛绩。或木料过大难于移送，若水路可通，亦可运致。所有铜瓦及装修华美什件，附便运送来京，以便仿

造。将此随军报之便谕令阿桂等知之。①

苯教雍仲拉顶寺，在清代文献中被称为雍中喇嘛寺。该寺建筑雕塑宏伟壮观，富丽堂皇。正殿西南而立，金碧辉煌，尤其纯金屋顶映日生辉。前后四门之四座藏经塔，玲珑古朴，辉映生彩。寺内钟鼓齐鸣，诵经朗朗，聚僧曾达 2 000 余人。雍仲拉顶寺，实乃当时嘉绒地区大型苯教寺院之一。史书记载：

> 拉丹（rab brtan）的首府是苯教的大圣地，该地水击石崖的阵阵砰訇声，好像是苯教赞神的嗓声，有讲解苯教法相的雍仲拉登寺（gayung drtung lha sding），在皇帝的旨意下改为格鲁派的寺院，赐予了广法寺（bstan vphel gling）的匾额并发放衣单粮。②

清朝乾隆年间，二次爆发金川之战，最终平定之后，雍仲拉顶寺被清军彻底拆除，"寺中所有金顶及庄严华饰仍遵前旨送京，其大木酌由水路运来京方为妥便"。③ 于是乾隆帝又下谕，在原苯教寺院遗址上改建藏传佛教格鲁派寺院，并赐新名"广法寺"，亲书"正教恒宣"御匾，意在改变嘉绒地区藏族民众的宗教信仰对象。土观·罗桑却吉尼玛说：

> 在藏区内有贤达顶寺（gshen dar sding）以及嘉绒地方的雍仲拉顶寺（gayung drung lha sding）等苯教寺院，其后皇帝（乾隆）引兵毁雍仲拉顶寺，改建名为甘丹（dgav ldan）的格鲁派新寺，并下诏不许信奉苯教，但至今嘉绒及察柯（tsha kho）一带仍有不少的苯教寺院。④

---

① 《西藏研究》编辑部编：《清实录藏族史料》（六），拉萨，西藏人民出版社，1982 年版，第 2763—2764 页。

② 智贡巴·官却丹巴热杰著，吴均等译：《安多政教史》，兰州，甘肃民族出版社，1989 年版，第 729 页。

③ 《西藏研究》编辑部编：《清实录藏族史料》（六），拉萨，西藏人民出版社，1982 年版，第 2809 页。

④ 土观·洛桑却吉尼玛：《土观宗派源流》（藏文），兰州，甘肃民族出版社，1984 年版，第 389 页。

历史上，嘉绒地区的藏族民众一直信奉古老的苯教。清廷认定"查奔布尔邪教（苯教），专事咒诅镇压，实为众番滋事之端。若乘此深为遏抑，以期渐次绝灭，非止名为振兴黄教，实于内垄大为有益。"① 遂下令禁止民众信仰苯教以及销毁苯教经典，倡导建设藏传佛教格鲁派寺院，当时的确产生了一定的积极效果。乾隆四十三年（1778），"据绰斯甲布及布拉克底、巴旺等土司禀称，该土司地方俱兴建喇嘛庙，学改黄教。又，巴旺土司将幼子二人送广法寺学习经典"。② 地方土司带头建寺信佛，对嘉绒地区推广格鲁派教法起到积极作用。然而，从长远前景来看，正如土观·罗桑却吉尼玛所说，直至清代末期，在嘉绒地区仍然有不少苯教寺院，清廷推行的强制性的宗教政策，并没有从根本上彻底改变当地群众信奉的宗教对象。

广法寺的建成，清廷寄予厚望，将其作为在嘉绒地区尤其在金川推行藏传佛教格鲁派的中心寺院，并列入清朝皇家寺院范围，由理藩院委派高僧出任该寺堪布并行驶管理权，在当地招集徒众住寺修学佛法，寺僧实行度牒制度，朝廷直接下拨寺院各项开支。同时，广法寺住持堪布尚兼管周边藏传佛教寺院，堪布任职三年一轮换。其历任堪布在《安多政教史》中有较详记载：

> 哲邦寺郭莽扎仓的藏哇桑吉鄂赛（gtsang ba sangs rgyas vod zer）被任为第一任堪布。彼师与霍尔噶桑爱珠（hor skal bzang dngos grub）、嘉德扎巴（rgya tig grags pa）三人同一个学级，学习成绩出类拔萃。幼年时被称为藏楚巴凑（gtsang phrug vbar tshig），曾任过色派密宗道场的堪布职务。来到这里，正值苯教的许多头目被法办，鬼魂作祟，地方遭殃，乃以护摩法予以息灭，对所辖各个寨落进行布置，使上述各个寺院弘扬圣·宗喀巴的事业。钦差大臣送来了许多百姓寨落和僧源但没有被接纳。他以后接任的是卓尼·扎巴朋措（cone grags pa phun tshogs）。彼师曾说："当初把藏楚与我的前后次序搞错了。应该是我先来，将百姓和僧源等完全都准备妥当，然后让他

---

① 张海清主编：《金川历史文化览略》（上），北京，中央民族出版社，2013年版，第317页。
② 《西藏研究》编辑部编：《清实录藏族史料》（六），拉萨，西藏人民出版社，1982年版，第2917—2918页。

来。他是大士夫，饶益众生将无可限量"云。以后的堪布依次是：绰囊哇·罗赛林僧人·洛桑嘉样（blo bzang vjam dbyangs）、嘉卡哇·色拉寺麦扎仓阿旺丹增（ngag dbang bstan vdzin）、南噶哇钦波（nam dgav ba chen po）、扎什伦布寺的洛桑端丹（blo bzang don ldan）、哲蚌寺木里哇·嘉样曼兰（vjam dbyangs smon lam）、嘉卡哇·色拉寺麦扎仓的阿旺龙珠（ngag dbang lhun grub）、格西杂哇（dge bshes tsa ba）、罗赛林僧人丹巴仁钦（bstan pa rin chen）、噶丹寺卓尼哇·阿旺桑波（ngag dbang bzang po）、色拉寺杰扎仓夏群哇·扎巴曲派（grags pa chos vphel）、赛科哇（gser khog ba）·郭莽扎仓洛桑曲派（blo bzang chos vphel）、色拉麦扎仓嘉卡哇·桑杰丹增（sangs rgyas bstan vdzin）、绰囊哇·罗赛林僧人嘉样亚派（vjam dbyangs yar vphel），以上是由清朝中央政府先后委派的十三代堪布。①

清朝中央政府直接委派的广法寺堪布，都是拉萨三大寺（甘丹寺、哲蚌寺和色拉寺）及扎什伦布寺高僧大德，其中大多又是哲蚌寺郭芒扎仓、罗赛林扎仓和色拉寺麦扎仓、杰扎仓的著名学僧，各个学富五车，佛学造诣深厚，宗教威望很高，在广大信徒中具有较强的号召力和影响力。清廷相续委派 13 位或 13 届堪布之后，转由西藏地方政府派遣广法寺堪布。据史书记载：

此后由西藏地方政府委派色拉寺麦扎仓嘉卡哇·洛桑丹曲（blo bzang dam chos）、拉丹散里哇（rab brtan sems li ba）噶丹寺僧人嘉样京巴（vjam dbyangs sbyin pa）、格西杂哇（dge bshes rtsa ba）等管理。由于这些师长的恩德，在主寺与支寺，黄帽教义的宏扬极其兴盛。称为声明学与因明学家仁钦南嘉（rin chen rnam rgyal）转世的嘉戎·南卡龙珠（rgyal rong nam mkhav lhun grub）也是拉丹（rab brtan）地方的人。②

---

① 智贡巴·官却丹巴热杰著，吴均等译：《安多政教史》，兰州，甘肃民族出版社，1989年版，第 729 页。
② 同上书，第 729—730 页。

据清史记载：嘉卡哇·洛桑丹曲亦是由清朝中央政府委派的，清道光五年（1825），松廷等奏："四川广法寺堪布喇嘛嘉木扬雅木丕勒现届三年期满，拣选得堪布罗布藏当吹堪以派往"。① 其嘉木扬雅木丕勒是指嘉样亚派，罗布藏当吹即洛桑丹曲。

西藏地方政府遵循原先规制，依然从前藏甘丹寺、色拉寺麦扎仓和哲蚌寺罗塞林扎仓等寺院或扎仓（学院）中派遣广法寺历届堪布，只是从此再没有提及后藏扎什伦布寺委派广法寺堪布。经过清朝中央政府和西藏地方政府的大力扶持以及历届堪布的尽心管理，使广法寺迅速发展壮大，黄帽派教义（格鲁派教法）得以弘扬和兴盛，不但培养了大批格鲁派出家僧人，"广法寺僧人在道光年间，有僧人二千余名，也是最盛时期"，②而且开始在拉丹（金川）地方产生格鲁派高僧大德的转世灵童。可以认为，清朝政府精心培植和大力扶持的广化寺在嘉绒地区成为传播格鲁派教法仪轨的中心，它对笼络民心、安定社会和民族团结等方面，发挥了佛教所特有的作用。

第二节　限制寺院规模

清朝政府在广建藏传佛教寺院的同时，又制定各项具体措施，限制寺院规模，甚至改宗和惩处有损国家利益之寺院。

清雍正初年，西宁郭隆寺、郭莽寺等僧众参与罗卜藏丹津之乱。清朝大军在平叛过程中将其寺院焚毁。之后，年羹尧奏称：查西宁各庙喇嘛多者二三千，少者五六百，遂成藏污纳垢之地。番民纳喇嘛租税，与纳贡无异，而喇嘛复私藏盔甲器械。前罗卜藏丹津侵犯时，喇嘛等带领番民与大兵抗衡。③ 因此，清朝政府开始掌控寺院规模，限制寺僧人数。定例西宁地区寺庙之房不得过二百间，喇嘛多者三百人，少者十数人，仍每年稽查两次，令首领喇嘛出具甘结存档；且至番民之粮，应俱交地方官管理，每年量各庙用度给发，再加给喇嘛衣服银两，庶可分别其贤否，地方官得以

---

① 《西藏研究》编辑部编：《清实录藏族史料》（八），拉萨，西藏人民出版社，1982年版，第3902页。
② 阿坝州宗教局编印：《阿坝州宗教通览》，1999年版，第216页。
③ 《清世宗实录》卷二十。

稽查。①

　　同时，雍正帝鉴于郭隆寺、郭莽寺等乃西宁旧有之古刹，且地处通途，从西藏进入内地之喇嘛，皆于此留足休养，其宗教影响巨大，遂于雍正十年（1732）特发帑金，按旧式修复原样，并赐"佑宁寺"、"广惠寺"等新名，民间信众仍沿用旧称。各寺重新修复后，雍正帝寄予厚望：览兹寺兴废之由，顺逆之理昭然矣。我国家洪敷德泽，以振兴黄教，绥抚番夷。继自今恪守清规，虔修梵行，诸部落归依崇奉之愿，久且益坚。将见鸿慈普佑，永载清宁，兹寺与西土山川同其悠久可也。②

　　清朝政府对驻京呼图克图之寺庙家产，亦有具体管理措施。章嘉呼图克图圆寂后，其所管嵩祝寺、法渊寺、智珠寺和法海寺四座寺院，即交该呼图克图商卓特巴札萨克喇嘛照管。西宁之郭隆寺、却藏寺（广济寺）两座寺院，咨行西宁办事大臣转饬却布藏呼图克图照管。五台山普乐院、镇海寺两座寺院。咨行山西巡抚转饬五台山札萨克喇嘛照管。多伦诺尔汇宗寺、善因寺两座寺院，即交多伦诺尔札萨克喇嘛照管。

　　清乾隆六十年（1791），朝廷派大军进藏击溃廓尔喀入侵者，噶玛噶举派红帽系第十世活佛·曲朱嘉措（chos grub rgya mtsho, 1733—1791）因涉嫌廓尔喀人入侵西藏事件而畏罪自尽。随之清廷勒令羊八井等红帽系寺院及僧众改宗格鲁派，以示惩罚。此外，光绪《钦定理藩部则例》喇嘛事例中明文规定：在各地建造庙宇有碍民地者，永行禁止。

　　清朝政府对京城及各处寺庙喇嘛僧人之种族成分亦有具体要求。顺治八年（1651），创建后（西）黄寺，剃度喇嘛108人，均以内府三旗内管领下及五旗王、贝子、公府属管领下人披剃；内府三旗24人，五旗各府属84人。如上三旗有阙，移咨礼部，行文内务府，于本旗管领下选1人顶补。下五旗有阙，移咨礼部，行文各该王公，于府属管领下送1人定补。③康熙四十年（1701），多伦诺尔汇宗寺竣工，康熙帝令内外蒙古各旗，送1名僧人入寺；乾隆九年（1744），京城雍和宫改建

---

① 《清世宗实录》卷二十。
② 据《敕赐佑宁寺碑文》记载。
③ （清）会典馆编：《钦定大清会典事例·理藩院》，北京，中国藏学出版社，2006年版，第150页。

藏传佛教寺院，乾隆帝令学僧须从蒙古四十九旗、喀尔喀七部及汉藏地区聪慧青少年中选送。光绪《钦定理藩部则例》喇嘛事例五记载：雍和宫四学设学艺喇嘛 80 缺。此项额缺咨取内札萨克六盟，每盟各 10 名；外札萨克四部落，每部落各 5 名。均遇有本旗缺出坐补，不得逾旗滥补。

清朝政府曾提倡满族人充当御用喇嘛，规定东陵隆福寺、西陵永福寺、香山宝谛寺，圆明园正觉寺、功德寺，以及热河之殊像寺、盛京法轮寺，由满族僧人住持，用满语诵习经文。

乾隆三十九年（1774），热河殊像寺建成，设喇嘛 50 名，由京城妙应寺清字经喇嘛内，选补达喇嘛、副达喇嘛各 1 名，德木齐、格贵各 2 名，教习喇嘛 5 名，专令教授清字经卷。乾隆四十八年（1783）议定：嗣后殊像寺喇嘛缺出，于热河满兵子嗣内，将愿为喇嘛者即行挑取，学习满文经卷。若不愿为喇嘛者，亦毋庸勒令挑取。将此着为例，永远遵照办理。①

乾隆四十三年（1778），乾隆帝命盛京法轮寺（今辽宁沈阳市）喇嘛僧人习国语（满文）所译经，宣扬宗乘，宏阐圣因，以志弗忘数典，兼令盛京旗人熟习国语。法轮寺初建于皇太极时期，此外尚有三座寺宇。盛京抚近门外永光寺在东，德胜门外广慈寺在南，外攘门外延寿寺在西，地载门外法轮寺在北，四寺各建一白塔，环卫都城。②清代前期，法轮寺额设达喇嘛 1 人、喇嘛僧人 19 名。

乾隆五十一年（1786）议定：东陵隆福寺、西陵永福寺，各额设满洲喇嘛 20 名，派满洲达喇嘛 1 人，拣选德木齐、格贵各 1 人，教习喇嘛 3 人，教训管辖，遇有缺出，由在京包衣佐领下人内挑取。凡陵寝居住之包衣人等，嗣后如果生齿繁重，有可挑取之人，准再顶缺挑取。③

清嘉庆二十二年（1817）议定：京城额设札萨克喇嘛 4 缺。雍和宫 1 缺，作为唐古特（藏族）专缺，以呼图克图堪布充补。其 3 缺，蒙古达喇嘛充补 1 缺，汉人达喇嘛充补 1 缺，余 1 缺先将未受职之呼图克图充

---

① （清）会典馆编：《钦定大清会典事例·理藩院》，北京，中国藏学出版社，2006 年版，第 152 页。

② 据《法轮寺碑》记载。

③ （清）会典馆编：《钦定大清会典事例·理藩院》，北京，中国藏学出版社，2006 年版，第 153 页。

补。如无呼图克图,于唐古特、蒙古、汉人达喇嘛内拣选充补。[①]

资福院系洮岷喇嘛,普度寺系诵蒙古文经卷喇嘛,同福寺系本庙专缺。此三庙之达喇嘛、德木齐缺出,仍由各本庙升用。其德木齐等,不准升用公缺。

然而,清朝政府在藏族地区裁减寺僧人数时较为慎重。雍正二年(1724),清朝大军进剿罗卜藏丹津,驻兵中甸,番彝纳土归顺。初在善后事宜案内,议将松赞林寺1 226名僧人中酌留400名,给与度牒,余令还俗。后又以中甸地方居民俱系番地唐古特族类,以供佛崇僧为务,不便将喇嘛无故逼勒还俗,[②]准于照旧保留原数,每年不足之口粮,在岁征中甸额数内支给。

[①] (清)会典馆编:《钦定大清会典事例·理藩院》,北京,中国藏学出版社,2006年版,第153页。

[②] 《清高宗实录》卷一二一。

第十一章 僧团组织

清朝政府向藏传佛教出家僧人封赏宗教职衔，并给予优厚的物质待遇，从而赢得藏蒙上层宗教人士的倾心与拥戴。同时，清朝政府建立度牒制度，颁布各项寺僧禁令，以此严格控制各地藏传佛教僧众。清朝政府将出家僧人按不同区域分为四大类，并制定品级职衔，以便有效管理和发挥其积极作用。

第一节 僧职头衔

清代，凡喇嘛，道行至高者称"呼图克图"，转世者称"呼毕勒罕"。其秩之贵者称"国师"，其次称"禅师"，再其次称"札萨克大喇嘛"、"副札萨克大喇嘛"、"札萨克喇嘛"，又其次称"大喇嘛"、"副大喇嘛"、"闲散大喇嘛"。札萨克喇嘛以上给印，余给札付。其徒有德木齐、格贵、格隆、班第之差。清初在西北地区尚保留"都纲"、"僧纲"等头衔。同时，按不同区域又分为驻京喇嘛、西藏喇嘛、西番喇嘛和游牧喇嘛。

一 都纲与僧纲

陕甘洮岷等西北地区诸寺住持者藏族僧人，大者称"都纲"，其次称"僧纲"，再其次称"僧正"。清乾隆十二年（1747）议准：甘肃省所属各寺庙喇嘛，自收国师、禅师印信以来，各自梵守静修，其属下众僧虽各设有法台，但约束不无涣散，自应照依地方之大小，喇嘛之多寡，定为职衔，以备稽查。河州普纲寺、灵庆寺、宏化寺，各设都纲1人。西宁县之西那寺、塔尔寺、札藏寺、圆觉寺、沙冲寺、仙密寺、佑宁寺，碾伯县之瞿昙寺、宏通寺、羊尔贯寺、普化寺，大通卫之广化寺，贵德所之二迭禅寺、垂巴寺、马尼寺，各设僧纲 1 人。洮州卫之阎家寺、龙元寺、圆成寺，各设僧正 1 人，均由理藩院给予札付。嗣后仅洮州禅定寺国师杨琢样珞瓒之敕印暂行存留外，其余国师等名号均不准承袭。

二　驻京喇嘛

驻京喇嘛，大者称掌印札萨克大喇嘛，称副掌印札萨克大喇嘛，其次称札萨克喇嘛，其次称达喇嘛，称副达喇嘛，其次称闲散喇嘛，其次称德木齐，称格贵，其徒众称格隆，称班第。热河、盛京、多伦诺尔、五台山各寺，皆分住喇嘛，定有额缺，按等升转，与驻京喇嘛一例。又伊犁之掌教堪布 1 人，四川懋功之广法寺堪布 1 人，系由驻京喇嘛内派往，每三年换届一次。驻京喇嘛中，历辈阐扬黄教者章嘉呼图克图、噶勒丹锡哷呼图克图、敏珠尔呼图克图、济隆呼图克图，或在京掌教，或赴藏办事，俱曾加国师、禅师等名号。其余驻京呼图克图亦有多人入于院册。

驻京喇嘛中有号称"驻京八大呼图克图"的常年轮班驻京的八位转世活佛。他们分别是章嘉呼图克图（清代四大活佛之一）、土观呼图克图（青海郭隆寺又称佑宁寺主要活佛系统之一）、阿嘉呼图克图（青海塔尔寺寺主）、赛赤呼图克图（青海尖札县拉莫德钦寺活佛）、东科尔呼图克图（青海湟源县东科尔寺寺主）、拉科呼图克图（青海塔尔寺主要活佛系统之一）、敏珠尔呼图克图（青海大通县赛柯寺又名广惠寺寺主）、却藏呼图克图（青海互助县却藏寺又称广济寺寺主）。

在此值得提出的是，关于驻京八大呼图克图之说，学界存在并保持几种观点，包括以上所列八位驻京呼图克图。这一观点的特点，将驻京八大呼图克图锁定在安多地区（主要指青海境内）出世的八位高僧活佛范围。而另一种较为权威的观点则认为：驻京八大呼图克图分别是章嘉呼图克图、噶勒丹锡哷呼图克图、敏珠尔呼图克图、济隆呼图克图、那木喀呼图克图、阿嘉呼图克图、喇果（拉科）呼图克图、察罕达尔汗呼图克图。后一种驻京八大呼图克图中又产生了以章嘉呼图克图、噶勒丹锡哷呼图克图、敏珠尔呼图克图、济隆呼图克图组成的驻京四大呼图克图。

三　西藏、西番及游牧喇嘛

西藏喇嘛：自达赖喇嘛、班禅额尔德尼外，尚有第穆呼图克图、噶喇木巴（噶玛巴）呼图克图、色木巴呼图克图、布鲁克巴呼图克图、嘉拉萨赖呼图克图、鄂朗济永呼图克图、朋多江达龙庙之呼图克图、摩珠巩之志巩（智贡）呼图克图、贡噶尔之嘉克桑呼图克图、奈囊保呼图克图、朗呼仔之萨木党多尔济奈觉尔女呼图克图、觉尔隆阿里呼图克图、楚尔普嘉尔察普呼图克图、多尔吉推灵沁呼图克图、伦色之觉尔泽呼图克图、协布隆呼图克图、摩珠巩之志巩小呼图克图、达拉冈布呼图克图，凡18人，及沙布隆12人，皆出呼毕勒罕，入于院册。

西藏地区的大都寺院由堪布住持，因而堪布自然成为寺院或僧人中的重要头衔。乾隆五十八年（1793）颁布的《藏内善后章程二十九条》中就针对堪布人选作了明确规定：堪布喇嘛系一寺首领，向多营求补放。请嗣后各大寺坐床堪布缺出，达赖喇嘛会同驻藏大臣拣补。小寺堪布仍专令达赖喇嘛拣补。[①]

西番喇嘛：甘肃之庄浪、河州、循化、西宁、岷州，四川之木里，及入藏境之乍雅、察木多、类乌齐各藏传佛教寺院，皆喇嘛僧人居之。其出呼毕勒罕入院册者，庄浪1人，西宁33人，木里1人，乍雅、察木多、类乌齐4人。

游牧喇嘛：归化城、土默特、察哈尔、锡呼图库伦、内札萨克四十九旗、喀尔喀、阿拉善各游牧地区，皆有喇嘛僧人居之。其出呼毕勒罕入院册者，归化城12人，察哈尔9人，锡呼图库伦2人，科尔沁3人，土默特6人，乌珠穆沁6人，阿巴哈纳尔5人，苏尼特2人，乌喇特5人，鄂尔多斯1人，喀尔喀19人，阿拉善2人。

第二节　度牒制度

清朝理藩院作为统管蒙藏事务的中央机构，兼管藏传佛教事务，以建立度牒制度来限定藏传佛教喇嘛僧人数额。实际上，度牒制度没有推广到整个藏传佛教寺院和僧众之中，西藏及多康地区大多寺院依旧按传统法规，各自管理喇嘛僧人。清代度牒制度，主要针对广大内地汉传佛教寺庙僧尼设置。林子青说，清初对于寺庙僧尼悉有限制。顺治二年（1645）禁止京城内外擅造寺庙佛像，造寺须经过礼部的允许。已有寺庙佛像亦不

[①] 《西藏研究》编辑部编：《清实录藏族史料》（七），拉萨，西藏人民出版社，1982年版，第3528页。

许私自拆毁。也不许私度僧尼。对于僧道，一律官给度牒。康熙四年（1665）以来，对于私立庵院及私度僧尼都有法律规定。但自乾隆四年（1739）以后，随着人口的增加，私度僧尼人数也有增加，一时难于查补给牒，因之从乾隆十九年（1754）起，通令取消官给度牒制度。此项政令一直延续到清末。[1] 而清代藏传佛教度牒僧主要分布在京城、热河、多伦诺尔、盛京、五台山，以及甘肃、西宁等地部分寺院。

一　度牒僧管理

清朝政府通过度牒制度，掌控僧尼人数。凡各寺喇嘛僧人钱粮均有定额，不得任意超出。乾隆元年（1736）议准：在京各寺庙原有度牒之喇嘛、格隆、班第共959名，后增福佑等寺食钱粮之格隆、班第共314名，皆未得度牒，应按名补给。此外，札萨克大喇嘛以下，德木齐、格贵以上，皆有随分食粮之徒弟，若无度牒，难以稽查约束，一并给予度牒。至并未食粮又无度牒之675人，系额外所收之徒，不给度牒，但作为额外僧徒，暂行注册，遇食粮者有缺，从中逐次充补。仍令该管大喇嘛每年二季，将并无额外多收及私为班第之处，具结报理藩院察核。此外，外寺升到之达喇嘛等，不得将本身徒众带赴新任。侵占庙内额缺，违者革退。

清朝政府为便于稽查和约束喇嘛僧人，不断完善颁发度牒执照制度。咸丰七年（1857），又令所有京城内外及蒙古地方各寺院，自德木齐以下及呼图克图、诺们罕等徒众并台吉当喇嘛僧人者，均应一体请领度牒执照，以凭考查。如有故违不领者，定行照例办理。至凡领有度牒者，俱系本院册档有名之人，务当遵守清规，不准滋生事端。将请领度牒之喇嘛、旗分、籍贯、年岁、职任及住居寺院，填写于后入册。

清代中后期，京城、热河两地已是藏传佛教度牒僧最聚集的二大中心。京城度牒僧人数分别为：雍和宫506名、弘仁寺76名、嵩祝寺59名、福佑寺22名、妙应寺39名、梵香寺45名、大隆善护国寺88名、嘛哈噶喇寺8名、长泰寺33名、慈度寺115名、大清古刹（察罕喇嘛庙）276名、资福院6名、西黄寺（清净化城）42名、汇宗梵宇（达赖喇嘛庙）31名、东黄寺（普静禅林）105名、普度寺23名、普胜寺22名、慧照寺28名、化成寺33名、隆福寺56名、净住寺79名、三宝寺（新

---

[1] 中国佛教协会编：《中国佛教》第一辑，北京，知识出版社，1980年版，第122页。

寺）29名、三佛寺31名、圣化寺30名、慈佑寺19名、永慕寺18名、大正觉寺43名、阐福寺31名、宝谛寺208名、正觉寺32名、功德寺34名、永福寺25名。

热河度牒僧人数分别为：普陀宗乘之庙310名、须弥福寿之庙208名、普宁寺324名（包括分住安远庙和广缘寺）、殊像寺63名、溥仁寺51名、普善寺49名。①

此外，云南中甸地区个别寺院亦曾实行度牒制，但最终没能实际推行。根据《清实录》记载：

> 乾隆五年（1740），（云南总督）庆复又奏："中甸喇嘛请增岁给口粮。查中甸松积林寺喇嘛旧数一千二百二十六名，每年每喇嘛与养廉口粮青稞中斗二十斗、糌粑二十筒。前督臣高其倬于雍正二年大兵进剿罗卜藏丹津，驻兵中甸，番彝纳土归顺，原题善后事宜案内，议将现在喇嘛酌留四百名，给与度牒，余令还俗，并请裁减青稞口粮。旋准部议，以中甸地方居民俱系番地唐古忒族类，以供佛崇僧为务，不便将喇嘛无故逼勒还俗。是以未经发给度牒，至今照旧一千二百余名，而青稞口粮实已裁定。该喇嘛等衣食不充，以致远赴滇省禀求，恳恩每年酌赏青稞二三百石。即于岁征中甸额数内支给，俾众喇嘛得资赡养之恩。"得旨："所奏是。有旨谕部。"②

以上引文中的松积林寺（松赞林寺）对于整个藏族地区来说，是一种极为少见的个案。实行僧人度牒制，便于僧团管理，但藏族地区一来广袤无垠，二来土地贫寒，经济基础薄弱，官方难于统一按时定量发放众僧口粮。所以，绝大多数藏族地区没有推行严格意义上的僧人度牒制，而寺僧生活一直按照旧规，因地制宜，依托信众布施和地方官府救济。

二　度牒僧待遇

清朝政府对于国家编制定额之内的喇嘛僧人，按品级职衔给予优厚的

---

① 光绪朝《钦定理藩部则例》卷五六〈喇嘛事例一〉。
② 《西藏研究》编辑部编：《清实录藏族史料》（一），拉萨，西藏人民出版社，1982年版，第408页。

物质生活待遇。

札萨克达喇嘛，每日给银一钱五分一厘一毫八丝一忽、米二升五合；随带徒弟格隆六名，每日各给银二分九厘九毫七丝二忽、米各二升五合；班第六名，每日各给银二分八厘八毫四丝二忽四微、米各二升五合；应拴马四匹，牛三头，每日给黑豆一斗一升、谷草羊草各七束。

副札萨克达喇嘛，每日给银一钱五分一厘一毫一忽、米二升五合；随带徒弟格隆五名，每日各给银二分九厘九毫七丝二忽、米各二升五合；班第六名，每日各给银二分八厘八毫四丝二忽四微、米各二升五合；应拴马二匹，牛二头，每日给黑豆六升、谷草羊草各四束。

札萨克喇嘛，每日给银一钱四分四毫八忽、米二升五合；随带徒弟格隆四名，每日各给银二分九厘九毫七丝二忽、米各二升五合；班第六名，每日各给银二分八厘八毫四丝二忽四微、米各二升五合；应拴马二匹，牛二头，每日给黑豆六升、谷草羊草各四束。

达喇嘛，每日给银一钱四分四毫八忽、米二升五合；随带徒弟格隆二名，每日各给银二分九厘九毫七丝二忽、米各二升五合；班第六名，每日各给银二分八厘八毫四丝二忽四微、米各二升五合；应拴马二匹，牛二头，每日给黑豆六升、谷草羊草各四束。

副达喇嘛，每日给银一钱四分四毫八忽、米二升五合；随带徒弟格隆二名，每日各给银二分九厘九毫七丝二忽、米各二升五合；班第四名，每日各给银二分八厘八毫四丝二忽四微、米各二升五合；应拴马二匹，牛二头，每日给黑豆六升、谷草羊草各四束。

闲散喇嘛，每日给银六分六厘六毫六丝六忽六微六纤六沙六尘、米二升五合；随带徒弟班第二名，每日各给银二分八厘八毫四丝二忽四微、米各二升五合；应拴马一匹，每日给黑豆二升、谷草羊草各一束。

德木齐，每日给银六分六厘六毫六丝六忽六微六纤六沙六尘、米二升五合；随带徒弟班第二名，每日各给银二分八厘八毫四丝二忽四微、米各二升五合。

每月食二两、一两五钱之格隆、班第，其米按日支给二升五合；每月食一两之格隆、班第，其米按日支给一升三勺七抄五撮；食折色格隆，每日给银二分九厘九毫七丝二忽；食折色班第，每日给银二分八厘八毫四丝二忽四微。①

其余普通度牒僧待遇亦为优厚。乾隆三十五年（1770）议定：热河普陀宗乘之庙居住喇嘛僧人300名内，拣选50名食银二两，其100名食银一两五钱，又150名食银一两。乾隆三十九年（1774）议定：热河殊像寺设喇嘛僧人50名，支领二两银米喇嘛20名，一两五钱银米喇嘛30名。

从西藏等地聘请来京教习藏文字、藏语言之喇嘛，在京不服水土，情愿告退回藏者，准其办给驮骡五头。其随带徒众五名，每名给骑骡一头。

理藩院直属寺院举行宗教活动，政府承担其费用。康熙四十六年（1707）议准：理藩院现已设立银库，将后（西）黄寺每年诵经应用香供等费银八十二两七钱四分五厘，及赏给喇嘛、格隆、班第等银千两，均改于本院库内支给。

此外，我们还可参见京城各藏传佛教寺庙格隆、班第、喇嘛定额表：

寺庙	二两钱粮喇嘛	一两五钱和一两钱粮喇嘛	折色班第钱粮	折色格隆钱粮	总计
弘仁寺	55	14	7	—	76
嵩祝寺	—	—	32	37	69
福佑寺	—	—	10	12	22
妙应寺	30	5	4	—	39
梵香寺	—	—	14	31	45
大隆善护国寺	25	28	4	31	88
玛哈噶喇寺	1	1	3	3	8
长泰寺	—	—	4	29	33
慈度寺	1	104	4	6	115
大清古刹（察罕喇嘛庙）	15	250	8	3	276
资福院	—	—	2	4	6
清净化城（西黄寺）	—	5	27	10	42
汇宗梵宇（达赖喇嘛庙）	—	18	9	4	31
普静禅林（东黄寺）	—	10	79	16	105
普度寺	20	—	3	3	26

---

① （清）光绪朝《钦定理藩部则例》卷五六〈喇嘛事例一〉。

续表

寺庙	二两钱粮喇嘛	一两五钱和一两钱粮喇嘛	折色班第钱粮	折色格隆钱粮	总计
慧照寺	—	—	21	7	28
化成寺	—	—	3	30	33
隆福寺	—	—	40	16	56
净住寺	—	75	3	1	79
普胜寺	—	12	5	5	22
三宝寺（新寺）	—	26	3	—	29
三佛寺	—	10	16	3	31
圣化寺	23	—	5	2	30
慈佑寺	8	—	6	5	9
永慕寺	—	—	3	15	8
大正觉寺（正觉寺）	—	12	25	6	43
阐福寺	4	6	14	7	1
同福寺	—	—	—	—	—
雍和宫	250	254	—	一	504
宝谛寺	21	184	—	—	205
正觉寺（新正觉寺）	—	30	2	—	32
功德寺	—	32	2	—	34
普陀宗乘之庙	106	200	6	—	312
须弥福寿之庙	64	140	4	—	208
普宁寺	117	200	—	—	317
殊像寺	29	30	4	—	63
博仁寺	20	30	1	—	51
普善寺	16	—	27	6	49
总　计	3 175				

注：普宁寺喇嘛定额缺。普宁寺的钱粮喇嘛数含安远庙、广缘寺喇嘛人数。

以上表格摘于《藏族文化在北京》一书，[①] 从表格中可以知晓仅北京

---

① 张羽新、刘丽楣等：《藏族文化在北京》，北京，中国藏学出版社，2008年版，第124—125页。

地区就有数千名出家僧人居住生活。

第三节　寺僧禁令

　　清朝政府在尊崇与扶植藏传佛教的同时，加强对僧众的管理。以"革其弊，不易其俗"为宗旨，采取适宜的限制措施。理藩院设立喇嘛印务处，专门处理有关僧众事务，并出台多项明文禁令：

　　凡呼图克图等，除封国师、禅师名号者，准其兼授外，其余概不得以呼图克图兼诺们罕、班第达、堪布、绰尔济等职衔，亦不得以国师兼禅师名号。无职衔名号喇嘛概不得呈请在印务处学习行走。台吉不领度牒私自出家者，勒令还俗，失察之盟长、札萨克论罚。喇嘛、班第等私自逃走者，分初犯、再犯及自首、被获者，革其差。喇嘛与蒙古有交涉事件，呼图克图止许将人证送旗转解，不许转认取供。徒众更名，漏不报者，达喇嘛等论罚。

　　凡喇嘛，不准将本身家奴及外人家奴容留作为班第，倘有隐匿容留者，将该喇嘛罚三九牲畜。其私送家奴作为班第者，系管旗之王、贝勒、贝子、公、台吉、塔布囊，各罚札萨克俸一年。其余均折罚二九牲畜。仍将私充班第之人立即驱逐递籍。其察哈尔八旗及牧群人等有犯，亦照此例办理。

　　凡喇嘛容留犯罪盗贼者，与犯人一律科罪。其犯人罪名致死者，该喇嘛减一等办理。而哲布尊丹巴呼图克图之商卓特巴，青海察罕诺们罕，锡呼图库伦札萨克喇嘛，均有承缉盗贼之责。如遇承缉，四参限内，人犯就获，应加一级者，折赏二九牲畜。四参期满，人犯无获，应罚俸一年者，折罚二九牲畜。

　　凡喇嘛、班第等私自逃走自行投回者，初次鞭六十，二次鞭八十，三次鞭一百，革退。如拿获者，鞭一百，革退。该管之德木齐等隐匿不报者，初次罚钱粮一个月，二次罚钱粮两个月，三次以上俱罚钱粮半年。

　　凡喇嘛等因事拘审，先行革退喇嘛。犯应抄财物者，将所抄财物送部收存，作为赏给各寺庙喇嘛等项之用。如讯明无罪，仍复其喇嘛。

　　凡各寺院班第等不守清规，须有实迹方准驱逐。倘该喇嘛等知情徇庇，故意容留，该达喇嘛降二级调用，德木齐随同隐匿降一级调用。

　　各寺院班第内，如有素不安分之人，一经本寺逐出，其他寺院不得瞻徇收留。如有隐留者，交掌印呼图克图鞭责四十。失察之大喇嘛、德木齐等，罚钱粮三个月。

喇嘛所住寺院内不准妇女行走，若喇嘛等住房内令妇女行走者，容留之大喇嘛罚二九牲畜，德木齐罚一九牲畜，格隆、班第等罚五牲畜，存公。所住妇人之夫，若系内地官员、民人，一并交该部治罪。

不准容留无籍喇嘛。蒙古地方除有札付度牒、册籍有名之格隆、班第外，遇有游食无籍之喇嘛，立即驱逐，不准容留，违者照私将家奴充当班第例办理。

对于喇嘛僧人与厄鲁特人等私相往来，亦有严格规定。如归化城喇嘛有事故赴喀尔喀、厄鲁特等处者，均令报明该将军详细稽查，毋须妄为。至厄鲁特、喀尔喀往来之人，格隆、班第等亦不得擅行留住，违者比照喇嘛私请私行例，各罚一九牲畜。

对于洮岷喇嘛诓骗蒙古信众者之处理。如洮岷地方喇嘛以治病禳灾为名诓骗蒙古者，札萨克严行禁止。如系治病，有益，准令容留，其余不得借词诓骗。有违例隐藏者，发觉时，除喇嘛等逐回原籍，仍将札萨克等一并议处。

喇嘛僧人离寺外出亦有具体规章制度。凡札萨克喇嘛以下等职，如有告假出口者，除去往返程途，止准给假六个月为限。如逾限一月不到者，罚钱粮半年。两个月不到者，罚钱粮一年。三个月不到者，革职。蒙古班第等告假出口者，委人署理，准其支食空缺钱粮。

增设喇嘛僧人有严格规定。如喇嘛徒众除部册有名者，不准随意增设。此外，格隆、班第等不得将游方喇嘛擅行收留，违者，比照喇嘛私请私行例，各罚一九牲畜。在京喇嘛等奉使西藏，有擅带彼处班第来京者，除将该班第遇便仍递回籍外，该喇嘛罚钱粮一年。

清朝政府鉴于兵源不足等问题，凡蒙古地方骁骑壮丁，私为乌巴什（僧人），违者照私为格隆、班第例办理。其年老残废、丁册除名之人愿为乌巴什者，听其自便。同时，蒙古妇女不准私为齐巴罕察（尼僧），违者照例办理。

理藩院对各寺喇嘛僧人外出念经定有细则。凡延请喇嘛、班第等治病念经，报明该管喇嘛，准其带往，事毕，仍令带往之人送回该寺。倘未经报明该管喇嘛，私请私行者，各罚一九牲畜，失察之该管喇嘛罚五牲畜。如擅行住宿，将擅宿、留宿之人，各罚三九牲畜；失察之该管喇嘛罚一九牲畜。但宿于无夫之妇女家，无论是否犯奸，喇嘛剥黄鞭一百，勒令还俗；系齐巴罕察（尼僧），鞭一百，勒令还俗。系蒙古妇女，鞭一百；系内地妇女，交该管官治罪。失察之该管喇嘛，罚二九牲畜，存公。至于盛京锡呼图库伦内外札萨克各旗所属喇嘛，如遇治病念经前往他处，以及朝觐进贡，除报明该管喇嘛外，并报明该管札萨克，方准行走。

札萨克喇嘛起至德木齐止，如遇御前差事及中正殿等处道场，贻误一次者，罚钱粮六个月。寻常道场，贻误一次者，罚钱粮三个月。在京喇嘛奉使赴藏，不准擅带彼处班第回来。

清朝政府对僧人着装服饰亦有明确规定：喇嘛等例服金黄、明黄、大红等色，其余颜色不准擅服。其札萨克喇嘛并由藏调来之堪布等，并准其服用貂皮、海龙皮褂外，其余达喇嘛以下及呼图克图喇嘛等之跟役徒众，不准着装。此外，一切服饰均不得滥用，违者照违制例治罪，并将失查之呼图克图喇嘛等一并随案拟议。

第四节　前后藏寺僧管理

清朝中央政府对于西藏即前后藏地区的寺僧管理，主要由达赖喇嘛和班禅额尔德尼分别具体负责，并在中央政府历次颁行的治藏章程中均列有专门条款。

清乾隆三年（1738）议准：西藏大小寺院约有数千，各寺费用，及养赡众喇嘛和往来行走喇嘛，并送布施人等费用，皆达赖喇嘛给与，所费甚多，用度不敷。今后达赖喇嘛费用不敷，着于打箭炉所收税银内，每年拨给五千两，于达赖喇嘛遣人至打箭炉领取茶叶之便，将此项银一并带往。

乾隆十六年（1751），颁行《西藏善后章程十三条》，其中第五条规定：选派坐床喇嘛、堪布等，应照旧例遵行。查旧例各寺堪布喇嘛，均由达赖喇嘛查看寺院之大小，选择喇嘛之贤能，酌量派往。自珠尔默特纳木扎勒任事以来，竟任意私自补放调换，不容达赖喇嘛主持，甚属不合。嗣后各寺之堪布喇嘛，或遇缺出，拣选派往；或人不妥协，应行调换，均应由达赖喇嘛酌行。噶伦等不得仍照陋规，专擅办理。其喇嘛中遇有犯法者，噶伦等亦应秉公禀明达赖喇嘛，请示遵行。

乾隆五十八年（1793），颁布《钦定藏内善后章程二十九条》，其中

第二十二条规定：达赖喇嘛所辖各寺活佛及僧人等，应一律详造名册，并责成噶伦填造各呼图克图所属庄户名册，一式二份，呈报驻藏大臣衙门及达赖喇嘛，以备稽查。嗣后各寺僧人凡无护照擅自外出者，一经查出，即惩办该僧人主管堪布及札萨克等头目。当时造册统计达赖喇嘛所辖寺院3 150余所，喇嘛302 500有余；班禅额尔德尼所辖寺院327所，喇嘛13 700人。

在西藏前后藏前往各出外番朝山礼塔喇嘛，及赴蒙古地方募化者，亦必须禀明驻藏大臣领照，方准前往。设有私往者，将该管之喇嘛堪布等一体查究。松筠的《卫藏通志》根据《钦定藏内善后章程二十九条》作了具体介绍：

> 藏内喇嘛前往各外番朝山礼塔者，由驻藏大臣给与照票，限以往还日期，回藏之日，仍将照票缴销，不得逗留边外。如有潜行私越者，即行究治。
>
> 外番人等来藏布施瞻礼者，由边界营官查明人数，禀明驻藏大臣，验放进口，事毕后。查点人数，发给照票，再行遣回。①

西藏地区喇嘛高僧及僧尼不得私自前往内地等各处，非奉旨调取者，不准私行来去。此外，蒙古王公等向来差人前往西藏，延请诵习经典喇嘛，赴该游牧地方诵经教经，有禀知驻藏大臣前往者，亦有私行前往者，漫无稽考。故清廷议定：嗣后凡有青海蒙古王公等遣人来藏迎请高僧活佛者，须经西宁办事大臣咨文驻藏大臣，再由驻藏大臣给予执照，咨明西宁办事大臣，以备查考。前往各地朝佛者，亦须禀明驻藏大臣，领取执照，方可外出。倘再有自行外出者，一经查出，即惩办该主管堪布、活佛等头目。② 以此限定西藏高僧活佛外出佛事活动。据《清实录》记载：

> 至所奏喇嘛学经一节，因尔旧台吉策妄多尔济那木扎勒奏称："准噶尔地方所有西藏喇嘛大半物故，恳准少派数人至藏学经，以广黄教。"朕念差人至藏学习，则事不可行，而尔地黄教就衰，亦殊可

---

① （清）松筠撰：《卫藏通志》，拉萨，西藏人民出版社，1982年版，第334页。
② （清）乾隆朝《钦定藏内善后章程二十九条》第二十三条。

念。因为尔等计,中国大庙内原有自藏选来高僧,是以许尔处将可以学经之聪慧喇嘛或十人或二十人,送至京师,习学数年而回,可以阐扬黄教。此朕念和好日久,周详曲体之特恩,初非敕令尔处夷人来为僧徒也。今乃谓尔处喇嘛未曾出痘,不能赴京学习,恳将精通经典喇嘛,准请四五人到尔处教习。夫学习文艺,有就学,无往教。尔处既称无可赴京之喇嘛,应即行停止。今尔使臣额尔钦口奏又谓台吉令伊等奏恳:"自藏延请四五喇嘛,教习数年,再令回籍"等语。此又与尔奏书有异。朕今念尔护持黄教之意,准尔所请,令高等喇嘛前往教诲。但既命往之后,尔毋得藉称命往之喇嘛平常,捏词再来渎奏。是以命尔使回巢后,明白宣示。尔再遣来使请,并将不行此等伎俩之处抒诚具奏,然后令喇嘛前往。此亦有关中华声教,朕岂肯令漫无德行不能训导之人充数耶?尔固不必虑此。①

以上引文是乾隆十六年(1751)乾隆皇帝赐给准噶尔台吉喇嘛达尔扎的敕书,文中可以发现大清皇帝与准噶尔部头人围绕培养学僧问题展开的你来我往的争执,双方都在坚持各自的立场,从而显露出他们之间业已存在的微妙关系。所以,准噶尔部一直坚持他们的学僧要求进藏修学佛法或从西藏的前后藏地区邀请高僧到准噶尔部讲经说法,培养本部学僧。而大清皇帝只准许准噶尔部僧人到京城学佛和从驻京高僧中迎请上师前往准噶尔部教诲。各自的不同立场或两种想法观点,一直在延续,很难在短时间内解决。据《清实录》记载:

准噶尔台吉喇嘛达尔扎奏:"前遣使臣额尔钦、尼玛将前往西藏聘请喇嘛之事具奏。仰蒙恩准于再遣使臣入贡时,延请有德行喇嘛四五人,前来教诲众喇嘛。闻命之下,不胜感激。今遣使臣图卜济尔哈朗进贡,虔申顶戴下忱并延请喇嘛。恳于呼图克图三人内恭请一人,前来教诲众喇嘛,于推广黄教实有裨益。并祈仍照前奏:许令我处遣人轻骑减(简)从前往西藏,为我先人设忏进供。所有沿途派拨官员、兵丁照看等事虽觉繁琐,但已蒙恩和好,而遣往之人为数无几,

---

① 《西藏研究》编辑部编:《清实录藏族史料》(三),拉萨,西藏人民出版社,1982年版,第1191—1192页。

尚属易行，使远近闻知，无不仰慕盛德。其贸易之事，令使臣口奏。"奏入。赐喇嘛达尔扎敕书曰："据台吉奏，恳准于呼图克图三人内延请一人前往尔处，推衍黄教，并恳准尔处遣人至藏进供等语。去年尔使额尔钦、尼玛来以延请喇嘛之事具奏，朕已明降谕旨。我中国呼图克图三人及有德行喇嘛具有教习学艺之事，不可遣往？但朕不忍令尔处黄教灭绝，故特诲于西藏拣选有德行喇嘛到京，俟尔再遣使来，准令请往。是特降旨后，朕即令达赖喇嘛拣选精于经咒可以推衍黄教之喇嘛十人送至京师。今尔不遵朕旨，反以断不可遣往之呼图克图为请，是尔并非真心推衍黄教可知。况西藏选来之喇嘛，尔来使亦曾会面，以未奉尔命不敢延请。朕自去年即挑藏内喇嘛至京，以待尔之延请。今尔使既至，又不请往，是尔原无请喇嘛之意。今并此喇嘛十人，亦不遣往矣。至尔奏遣人至藏一事，去年尔使臣额尔钦、尼玛来时，以尔袭位为辞，朕既降旨，必无换一台吉即差人进藏一次之理。今来使又以追报尔父噶尔丹策零为辞，果尔，则从前策旺多尔济那木扎勒已经为尔父熬茶一次，安得今又差人前往？设有子十人，将十次差人进藏乎？尔若念尔父恭顺和好，年年遣使请安，受朕恩典，事属可行。若以此等断不可行之事渎奏，究属无益。是以特降敕旨，令尔使图卜济尔哈朗赍往，谕尔知之。"[1]

以上引文是乾隆十七年（1752）准噶尔台吉喇嘛达尔扎向朝廷递交的奏折和朝廷给台吉喇嘛达尔扎的答复，双方都在说理坚持各自的立场，或强调自己的想法为最佳方案。这种矛盾中的深层原因，显而易见，清朝政府以国家统一或大局稳定为首要任务，从而对准噶尔部始终保持警惕，尽量减少他们同西藏的前后藏地区直接发生频繁联系，以免生事。

第五节 蒙古人进藏熬茶限制

清朝政府对蒙古人进藏熬茶进行限制，在蒙古人中又对准噶尔部特别严加防范，对其人数加以限制，对其进藏目的详细查询，如果动机不正，

---

[1] 《西藏研究》编辑部编：《清实录藏族史料》（三），拉萨，西藏人民出版社，1982年版，第1220—1222页。

则禁止通行。所以，在清实录中对蒙古人进藏熬茶的前因后果，主要以准噶尔部进藏熬茶为实例记述。从中可窥见蒙古人进藏熬茶所遭遇的种种限制和艰难曲折之一斑。

漠西蒙古准噶尔部及其汗王在清朝诸位皇帝的心目中，则是一个不温顺甚至背信弃义、大逆不道的臣民。雍正七年（1729），雍正皇帝在一份谕旨中对其作了历史性评判：

> 谕诸王、内阁、九卿、八旗大臣等："准噶尔一部落原系元朝之臣仆。其始祖曰额森，额森之子托浑渐至大员，因扰乱元之宗族，离间蒙古，恐获重罪，遂背负元朝之恩，逃匿于西北边远之处。元末，又煽诱匪类，结成党与，遂自称准噶尔，肆行劫掳。迨至我朝，有噶尔丹、策妄阿喇布坦二人，世济其恶，扰害生灵，灭弃释教，造孽多端，不可枚举！当我朝定鼎之初，各处蒙古倾心归顺，共输诚悃，请安纳贡，求为属国，安享太平乐利之福八十余年。惟准噶尔一部落，遁居西北五千里之外，扰乱离间众蒙古，肆行劫夺。"①

噶尔丹、策妄阿喇布坦、噶尔丹策零等准噶尔部几代汗王，一直是清朝康熙、雍正和乾隆三朝皇帝的心头大患，被认为他们是有清以来不断给朝廷制造大麻烦的头号人物，尤其是"噶尔丹身为喇嘛，不守清规，不遵佛教，破戒还俗"，带头抗衡清朝中央政府，给时局及事后留下不稳定因素。根据《清实录》记载：

> 乾隆四年（1739），又奏："奉军机密寄议复川陕总督鄂弥达奏：'准噶尔噶尔丹策零遣人往西藏熬茶，到藏未免生事，应毋庸议。密寄驻扎西宁、西藏大臣等严饬守卡人员，不时小心侦探。倘有贼人消息，迅速禀报，即调兵防范堵截，不可稍有疏懈。又行文贝勒颇罗鼐，言今虽得雪，路径难行，而防范自不可疏。遇有贼人信息，速行禀报。'臣查颇罗鼐感恩图报，出于至诚，所领兵不时训练，十分精锐。现在西藏诸处防备甚固，毫无可虞。万一贼来窥伺，臣等与颇罗

---

① 《西藏研究》编辑部编：《清实录藏族史料》（一），拉萨，西藏人民出版社，1982年版，第329—330页。

鼐会议，即酌量调兵，仰凭圣主威福，以期痛剿贼众。目今各处卡防并无消息，甚属稳妥。"奏入，报闻。①

可以看出，清朝政府在蒙古诸部中最不放心的依然是漠西蒙古准噶尔部，但鉴于蒙古人包括准噶尔部人，皆虔诚信仰藏传佛教，视西藏拉萨为佛教圣地，并以赴藏朝佛为人生最高目标，只好在人数上加以限制。据《清实录》记载：

> 乾隆五年（1740），赐准噶尔台吉噶尔丹策零敕书，曰："谕准噶尔台吉噶尔丹策零：……尔又奏称：'前请往藏熬茶，实为敬信喇嘛之故，岂敢生事。但带往什物甚多，百人难以运致，故此次不能与哈柳同来，伏乞许用三百人。'尔前以班禅额尔德尼圆寂之故，欲使人入藏熬茶，诚心奏请，朕已谕行，止令人数毋过百。今尔又以运物百人未敷，请增至三百人，朕更加恩允准。尔须选择晓事之人。其赴东科尔，朕当遣人护送。……此次台吉一一恪遵朕旨，实心恭顺，朕甚嘉之。用从前和好之礼，随敕赏各色缎十六端。"②

清朝政府尤为注视并限定准噶尔部人赴藏熬茶或迎请喇嘛。清廷虽准许准噶尔部人赴藏熬茶，但在人数上有限制。一般限定在一百人之内，这又与准噶尔部赴藏熬茶的实际人数之间发生矛盾，最后以清廷放宽原则、满足准噶尔部意愿为结果。倘若逾越一百人，令其诚心奏请，经严格审查，实为虔信三宝，方可允准前往。同时，在进藏路线、沿途盘缠等方面，亦有诸多问题需要解决。据《清实录》记载：

> 乾隆五年（1740），赐准噶尔台吉噶尔丹策零敕谕："谕噶尔丹策零：尔使莽鼐赍至奏章，……又称：'进藏之人若由肃州赴东科尔，其人悉未出痘，又道远，恐乏水草。请自备牲畜路费，由库克、沙什、西喇、喀勒占前进。至进藏时，或马匹瘦乏，尚恳加恩接

---

① 《西藏研究》编辑部编：《清实录藏族史料》（一），拉萨，西藏人民出版社，1982年版，第392页。
② 同上书，第401—402页。

济。'尔前请进藏熬茶百人不敷,乞用三百人,朕已允行。至一切所需,尔本以尊崇佛教、修行善事之故,致诚前往,此事固未便朕为资助,亦于台吉声名有关。但既经奏请,倘由东科尔进藏,及由藏回时,途间果有匮乏,量为接济,在朕固所不吝也。"①

不难看出,蒙古人尤其是准噶尔部赴藏熬茶,会面临许多问题,包括政治经济以及区域关系等问题。特别是后来又遇到准噶尔人在西藏建造寺院等棘手问题,更是牵动地方到中央各有关部门的敏感神经。准噶尔部首领噶尔丹策零曾提出他欲在西藏建庙。根据《清实录》记载:

> 乾隆九年(1744),驻藏副都统索拜奏:"近日据郡王颇罗鼐告称,上年十月初四日,夷使喇嘛尚卓特巴、宰桑吹纳木喀至大小庙拜佛,谓颇罗鼐曰:'我噶尔丹策零闻拉达克人言,土伯特黄教盛兴,民生亦日安乐。此皆大皇帝广兴黄教,抚辑群生所致。'十月二十二日,尚卓特巴、吹纳木喀又谓颇罗鼐曰:'噶勒招穆伦河边之策地方,原是温都逊喇嘛等坐禅之庙。闻此庙破坏,我噶尔丹策零令我等携带银两而来,欲烦王子代为修庙,令温都逊众喇嘛照常坐禅。'颇罗鼐答曰:'我仰赖大皇帝洪恩,岂不能修一庙宇?但喇嘛坐禅,常在山上盖房,所以策地方不必重修。况汝台吉噶尔丹策零并未奏请在彼处修庙,我未奉大皇帝谕旨,何敢擅行?'十一月二十六日,第巴喇嘛与宰桑巴雅斯瑚朗谓颇罗鼐曰:'我等到大小各寺庙熬茶,留心细看,宗喀巴佛之黄教实属比前兴旺,众喇嘛亦觉齐整。甘珠尔经、丹珠尔经甚是灵应。乞王子将汝诚心扶助黄教所行一切事体,写明付我等携归与噶尔丹策零观看。'颇罗鼐答曰:'我本土伯特地方一微小台吉,蒙大皇帝隆恩,拔至郡王,振兴黄教,成就甘珠尔、丹珠尔经,以安土伯特之人。此皆仰赖大皇帝之恩,非我力所能成就。若将我如何振兴黄教之处寄与噶尔丹策零,我自愧无能,不敢矜夸。此事亦不可行。'第巴喇嘛、宰桑巴雅斯瑚朗又曰:'我准噶尔地方,并无好额木齐。噶尔丹策零分付我等熬茶事毕,将好额木齐与通经好大

---

① 《西藏研究》编辑部编:《清实录藏族史料》(一),拉萨,西藏人民出版社,1982年版,第409页。

喇嘛延请一位带回，乞王子即为给发前去。'颇罗鼐答曰：'汝等欲请好额木齐与通经好大喇嘛，并未奏请大皇帝。既未奉大皇帝谕旨，此事我何敢专主？'自夷使至藏后言语情形，理合奏明。"①

以上引文如实描述了准噶尔部入藏熬茶使者喇嘛尚（商）卓特巴、宰桑吹纳木喀与西藏地方当权者颇罗鼐郡王之间的对话，从中可以知晓准噶尔部人未得皇帝恩准，不许在西藏新建或修缮寺院。同样，也不允许准噶尔部随便迎请僧人到蒙古地区传法。当时颇罗鼐郡王坚守原则，没有答应准噶尔部使者的任何要求。故颇罗鼐受到清廷的嘉奖，其"所办一切事务俱极得体，甚属可嘉，著传旨奖谕"。②

实际上，清朝政府自乾隆年间开始，不但对准噶尔部赴藏熬茶严加限制，而且对整个蒙古族信众赴西藏熬茶等从事朝佛活动，也采取管理措施，让其办理一系列手续。《卫藏通志》记载：

> 青海蒙古王公等差人赴藏，延请通习经典喇嘛，赴该游牧地方诵经教经者，俱由西宁等处大臣行文来藏，再由驻藏大臣给与执照，并咨明西宁办事大臣，以资查考。③

此外，乾隆初期，漠西蒙古卫拉特四部之一的土尔扈特部尚未东归，仍处于俄罗斯管辖。故土尔扈特部蒙古人当时赴藏熬茶朝佛，清朝政府以外国人身份对待，其入境手续更加严格，必须申报清朝理藩院审批通过。根据《清实录》记载：

> 乾隆四年（1739），理藩院议："土尔扈特呈请欲往西藏煎茶设供，差幼童十人前往学习经典。应不允所请，并代土谢图汗作书给送鄂罗斯楚库拜桑。"谕："从前土尔扈特汗曾奏请往西藏煎茶行走。今土尔扈特虽为鄂罗斯属下，犹然敬奉佛教，远道前来呈请，恳令伊

---

① 《西藏研究》编辑部编：《清实录藏族史料》（一），拉萨，西藏人民出版社，1982年版，第452—454页。

② 同上书，第454页。

③ （清）松筠撰：《卫藏通志》，拉萨，西藏人民出版社，1982年版，第334页。

等往藏内煎茶等语。若竟不许其前往，不但有碍于中国与鄂罗斯定界以来和好之道，而其情亦属可悯。但土尔扈特系鄂罗斯所属，异国之人，欲令十数幼童往藏内居住习经，且鄂罗斯之人，其教本异，从前并未往藏内行走，此二节则断不可行。若鄂罗斯哈屯汗止令土尔扈特遣人往藏煎茶，彼处之萨纳特衙门亦必有咨文呈请理藩院，则土尔扈特虽系鄂罗斯属下，朕因和好之故，亦必允其所请矣。现今鄂罗斯萨纳特衙门虽给与土尔扈特使臣路引文凭，并未咨行理藩院。俟行文到日，另议具奏。其土尔扈特汗敦丹多尔济给送楚库拜桑之书，著另行缮写呈览。"①

实际上，清朝政府担心蒙古人以入藏熬茶为名，滋扰西藏地方安定，破坏国家的统一和稳定。乾隆朝前期蒙藏地区尚未太平，不稳定因素时有发生。因而清廷对蒙藏两族或地区的交往极为关注，并对蒙古人进藏熬茶严加盘查防范。

凡是蒙古人进藏从事佛事活动，都要受到清廷有关部门的盘查甚至拒绝。根据《清实录》记载：

> 乾隆十六年（1751），赐准噶尔台吉喇嘛达尔扎敕书。诏曰："据台吉奏请：'差人前往西藏喇嘛处递赀见仪，恳赐恩准'等语。曩者，尔故台吉噶尔丹策零为父策妄阿喇布坦既殁，奏请往藏熬茶，策妄多尔济那木扎勒为父噶尔丹策零既殁，亦以熬茶奏请。此皆欲追报先人，是以俯从所请，并加恩沿途赏给牲畜、路费，特派大臣官员照管。彼时朕即降旨：'尔台吉因有此大事，朕方允行，否则断然不许。'所降谕旨甚明。今尔并非有如此大事，何恩之当报，乃欲差人往藏耶？不但无换一台吉即遣人赴藏一次之例，即中国亦岂有屡派官兵照管之理耶？尔所请遣入赴藏之事，断不可行。"②

---

① 《西藏研究》编辑部编：《清实录藏族史料》（一），拉萨，西藏人民出版社，1982年版，第393页。
② 《西藏研究》编辑部编：《清实录藏族史料》（三），拉萨，西藏人民出版社，1982年版，第1191页。

清朝政府限制蒙古人进藏熬茶的政策和管理，一直在延续。清道光四年（1824）奏定：青海地方，凡有北口各部落蒙古喇嘛赴藏熬茶，十人以上，仍留原处请票；十人以下，无票出口者，由西宁何处卡行走，即责令该营卡官员查验人畜包物数目，报明青海衙门核给执照，一面移咨驻藏大臣查照，将票缴销。回时由驻藏大臣发给路票，在青海衙门查销。

参考文献

一　藏文文献

萨迦·索南坚赞：《西藏王统记》（deb ther gsal bavi rgyal rabs），北京，民族出版社，1981年版。

布顿·仁青珠：《布顿佛教史》（bu ston chos vbyung），北京，中国藏学出版社，1988年版。

巴沃·祖拉成瓦：《贤者喜宴》（mkhas pavi dgav ston），北京，民族出版社，1981年版。

格罗·宣努拜：《青史》（deb ther sngon po），成都，四川民族出版社，1984年版。

蔡巴·贡噶多杰著，东噶·洛桑赤列校注：《红史》（deb ther dmar po），北京，民族出版社，1981年版。

大司徒·绛曲坚赞：《朗氏家族·灵犀宝卷》（rlangs kyi po ti bse ru rgyas pa），拉萨，西藏人民出版社，1986年版。

宗喀巴：《密宗道次第广论》（sngags rim chen mo），西宁，青海人民出版社，1985年版。

宗喀巴：《菩提道次第广论》（lam rim chen mo），西宁，青海人民出版社，1985年版。

阿旺·贡嘎索南：《萨迦世系史》（sa skyavi gdung rabs ngo mtshar bang mdzod），北京，民族出版社，1986年版。

第司·桑结嘉措：《格鲁派教法史——黄琉璃宝鉴》（dgav ldan chos vbyung beetvurya ser po），北京，中国藏学出版社，1989年版。

第五世达赖喇嘛：《西藏王臣记》（deb thar dpyid kyi rgyal movi glu dbyangs），北京，民族出版社，1981年版。

普觉·阿旺强巴：《四大寺及上下密院史》（graw sa chen po bzhi dang rgyud pa stod smad chags tshul pad dkar vphreng ba bzhugs so），拉萨，西藏人民出版社，1989年版。

永增·益西坚赞：《道次师承传》（lam rim bla ma brgyud pavi rnam thar bzhugs），拉萨，西藏人民出版社，1990年版。

达仓宗巴·班觉桑布：《汉藏史集》（rgya bod yig tshang），中央民院古籍整理规划小组影印本。

松巴·益西班觉：《佛教如意宝树史》（dpag bsam ljon bzang），兰州，甘肃民族出版社，1992年版。

土观·洛桑却吉尼玛：《土观宗派源流》（thuvu dkan grub mthav），兰州，甘肃民族出版社，1984年版。

智贡巴·官却丹巴热杰：《安多政教史》（mdo smad chos vbyung），兰州，甘肃民族出版社，1982年版。

色朵·洛桑慈臣嘉措：《塔尔寺志》（sku vbum gdan rabs），西宁，青海民族出版社，1982年版。

咱班珠·晋美却吉旺波：《法要导读——普贤上师言教》（kun bzang bla mavi zhal lung），成都，四川民族出版社，1989年版。

若比坚晋：《弥拉日巴及其道歌》（mi lavi rnam mgur），西宁，青海民族出版社，1981年版。

娘尼玛维赛掘藏：《莲花生传》（rnam thar zangs gleng ma），成都，四川民族出版社，1989年版。

工珠·元丹加措：《知识总汇》（shes bya kun khyab），北京，民族出版社，1982年版。

郭若扎西：《郭扎佛教史》（gu bkravi chos vbyung），北京，中国藏学出版社，1990年版。

杜钧·益西多杰：《杜钧教史》（bdud vjoms chos vbyung），成都，四川民族出版社，1996年版。

东噶·洛桑赤列：《论西藏政教合一制度》（chos srid zung vbrel），北京，民族出版社，1981年版。

东噶·洛桑赤列：《东噶洛桑赤列选集》（dung dkar gsung rtsom phyogs sgrigs），北京，中国藏学出版社，1997年版。

东噶·洛桑赤列:《东噶藏学大辞典》(dung dkar tshig mzdod chen mo),北京,中国藏学出版社,2002年版。

民族图书馆编:《藏文典籍目录》(shes byavi gter mdzod stod cha) 上册,成都,四川民族出版社,1984年版。

民族图书馆编:《藏文典籍目录》(shes byavi gter mdzod bar cha) 中册,北京,民族出版社,1989年版。

民族图书馆编:《藏文典籍目录》(shes byavi gter mdzod smad cha) 下册,北京,民族出版社,1997年版。

才旦夏茸:《夏琼寺志》(bya khyung gdan rabs bzhugs so),西宁,青海民族出版社,1984年版。

二 汉文文献

《西藏研究》编辑部编:《清实录藏族史料》第一集至第十集,拉萨,西藏人民出版社,1982年版。

《元以来西藏地方与中央政府关系档案史料汇编》第一册至第七册,北京,中国藏学出版社,1994年版。

张其勤原稿,吴丰培增辑:《清代藏事辑要》,拉萨,西藏人民出版社,1983年版。

松筠等编著:《西藏志》、《卫藏通志》(合刊),拉萨,西藏人民出版社,1982年版。

张其勤等:《西藏宗教源流考》、《番僧源流考》(合刊),拉萨,西藏人民出版社,1982年版。

《西藏研究》编辑部编:《清史稿藏族史料》(西藏研究丛刊之九),拉萨,西藏人民出版社,1982年版。

格罗·宣努拜著,郭和卿译:《青史》,拉萨,西藏人民出版社,1985年版。

蔡巴·贡噶多杰著,东噶·洛桑赤列校注,陈庆英、周润年译:《红史》,拉萨,西藏人民出版社,1988年版。

班钦·索南札巴著,黄颢译:《新红史》,拉萨,西藏人民出版社,1984年版。

萨迦·索南坚赞著,刘立千译注:《西藏王统记》,拉萨,西藏人民出版社,1987年版。

参考文献

达仓宗巴·班觉桑布著，陈庆英译：《汉藏史集》，拉萨，西藏人民出版社，1986年版。

第五世达赖喇嘛著，陈庆英等译：《五世达赖喇嘛传》（上、中、下），北京，中国藏学出版社，1997年版。

松巴·益西班觉著，蒲文成、才让译：《如意宝树史》，兰州，甘肃民族出版社，1994年版。

智贡巴·官却丹巴热杰著，吴均等译：《安多政教史》，兰州，甘肃民族出版社，1989年版。

土观·洛桑却吉尼玛著，刘立千译：《土观宗派源流》，北京，民族出版社，2000年版。

土观·洛桑却吉尼玛著，陈庆英、马连龙译：《章嘉国师若必多吉传》，北京，民族出版社，1988年版。

固始噶居巴·罗桑泽培著，陈庆英、乌力吉译注：《蒙古佛教史》，台北，全佛文化事业有限公司，2004年版。

大司徒·绛曲坚赞著，赞拉阿旺、佘万治译，陈庆英校：《朗氏家族史》，拉萨，西藏人民出版社，1989年版。

东噶·洛桑赤列著，陈庆英译：《论西藏政教合一制度》，北京，民族出版社，1985年版。

东噶·洛桑赤列著，陈庆英译：《论西藏政教合一制度/藏文文献目录学》，北京，中国藏学出版社，2001年版。

恰白·次旦平措等编著，陈庆英等译：《西藏通史·松石宝串》，拉萨，西藏古籍出版社，2004年第二版。

《噶厦印谱》（刘立千藏学著译文集·杂集），北京，民族出报社，2000年版。

《西藏文史资料选辑》（十三），北京，民族出版社，1991年版。

牙含章：《达赖喇嘛传》，北京，人民出版社，1984年版。

释妙舟：《蒙藏佛教史》，扬州，广陵书社，2009年版。

牙含章：《班禅额尔德尼传》，北京，人民出版社，1984年版。

王森：《西藏佛教发展史略》，北京，中国社会科学出版社，1997年版。

中国佛教协会编：《中国佛教》第一辑至第四辑（共四册），北京，知识出版社，1980年版。

于本源：《清王朝的宗教政策》，北京，中国社会科学出版社，1999年版。

张声作主编：《宗教与民族》，北京，中国社会科学出版社，1997年版。

张羽新：《清政府与喇嘛教》，拉萨，西藏人民出版社，1988年版。

张羽新：《清代四大活佛》，北京，中国人民大学出版社，1989年版。

陈庆英：《元朝帝师八思巴》，北京，中国藏学出版社，1992年版。

陈庆英：《蒙藏关系史大系·政治卷》，拉萨，西藏人民出版社，北京，外语教学与研究出版社，2002年版。

陈庆英等：《历辈达赖喇嘛生平形象历史》，北京，中国藏学出版社，2006年版。

陈庆英、陈立健：《活佛转世及其历史定制》，北京，中国藏学出版社，2010年版。

乌力吉巴雅尔：《蒙藏关系史大系·宗教卷》，拉萨，西藏人民出版社、北京，外语教学与研究出版社，2001年版。

乔吉：《蒙古佛教史——北元时期（1368—1634）》，呼和浩特，内蒙古人民出版社，2008年版。

蒲文成：《青海佛教史》，西宁，青海人民出版社，2001年版。

德勒格：《内蒙古喇嘛教史》，呼和浩特，内蒙古人民出版社，1998年版。

樊保良：《蒙藏关系史研究》，北京，青海人民出版社，1992年版。

周叔迦：《佛教基本知识》，北京，中华书局，2002年版。

谢铁群编著：《历代中央政府的治藏方略》，北京，中国藏学出版社，2005年版。

［美］约翰斯通著，尹今黎译：《社会中的宗教》，成都，四川人民出版社，1991年版。

［日］池田大作、［英］威尔逊著，梁鸿飞等译：《社会与宗教》，成都，四川人民出版社，1991年版。

［英］渥德尔著，王世安译：《印度佛教史》，北京，商务印书馆，1987年版。

［美］斯特伦著，金泽译：《人与神——宗教生活的理解》，上海，上海人民出版社，1991年版。

董明辉等主编：《人文地理学》，长沙，湖南地图出版社，1992年版。

［美］蒂洛著，古平译：《哲学——理论与实践》，北京，中国人民大学出版社，1989年版。

［美］巴林顿·摩尔著，拓夫等译：《民主和专制的社会起源》，北京，华

夏出版社，1987年版。

《迪庆藏族自治州概况》，昆明，云南民族出版社，1986年版。

《当代中国西藏人口》，北京，中国藏学出版社，1992年版。

格勒等编著：《藏北牧民——西藏那曲地区社会历史调查》，北京，中国藏学出版社，1993年版。

黄万纶编著：《西藏经济概论》，拉萨，西藏人民出版社，1986年版。

麦克斯·缪勒著，金泽译：《宗教的起源与发展》，上海，上海人民出版社，1989年版。

［意］图齐、［西德］海西希著，耿升译，王尧校订：《西藏和蒙古宗教》，天津，天津古籍出版社，1989年版。

［法］涂尔干著，渠东等译：《宗教生活的基本形式》，上海，上海人民出版社，2006年版。

［美］本尼迪克特著，张燕等译：《文化的模式》，杭州，浙江人民出版社，1987年版。

汤用彤：《隋唐佛教史稿》，南京，江苏教育出版社，2007年版。

吕大吉主编：《宗教学通论》，北京，中国社会科学出版社，1989年版。

卓新平：《宗教理解》，北京，社会科学文献出版社，1999年版。

庄孔韶主编：《人类学通论》，北京，山西教育出版社，2003年版。

［美］罗德尼等著，杨凤岗译：《信仰的法则》，北京，中国人民大学出版社，2004年版。

卓新平：《"全球化"的宗教与当代中国》，北京，社会科学文献出版社，2008年版。

吴均：《藏传佛教面面观》，北京，中国藏学出版社，2010年版。

蔡志纯、黄颢：《藏传佛教中的活佛转世》，北京，华文出版社，2000年版。

星全成、陈柏萍：《藏传佛教四大活佛系统与清代治理蒙藏方略》，西宁，青海人民出版社，2010年版。

秦永章：《乾隆皇帝与章嘉国师》，西宁，青海人民出版社，2008年版。

［韩］金成修：《明清之际藏传佛教在蒙古地区的影响力》，北京，社科文献出版社，2006年。

黄颢：《在北京的藏族文物》，北京，民族出版社，1990年版。

李德成：《藏传佛教与北京》，北京，华文出版社，2009年版。

丹曲：《卓尼藏传佛教历史文化》，兰州，甘肃民族出版社，2007年版。

王磊义、姚桂轩、郭建中：《藏传佛教寺院美岱召五当召调查研究》（上下册），北京，中国藏学出版社，2009年版。

牛颂主编：《雍和宫——中国藏传佛教著名古寺》，北京，当代中国出版社，2002年版。

陈楠：《明代大慈法王研究》，北京，中央民族大学出版社，2005年版。

拉科·益西多吉：《藏传佛教高僧传略》，西宁，青海人民出版社，2007年版。

尕藏加：《藏传佛教与青藏高原》，南京，江苏教育出版社、拉萨，西藏人民出版社，2004年版。

藏族简史编写组编撰：《藏族简史》，北京，西藏人民出版社，1985年版。

黄奋生：《藏族史略》，北京，民族出版社，1985年版。

王辅仁编著：《西藏佛教史略》，西宁，青海人民出版社，1982年版。

王辅仁、索文清编著：《藏族史要》，成都，四川民族出版社，1981年版。

张羽新：《清朝治藏典章研究》（上、中、下），北京，中国藏学出版社，2004年版。

张羽新：《清代治藏要论》，北京，中国藏学出版社，2004年版。

张羽新、刘丽楣、王红：《藏族文化在北京》，北京，中国藏学出版社，2008年版。

王俊中：《五世达赖教政权利的崛起》，台北，新文丰出版公司，2001年版。

《清宫珍藏历世达赖喇嘛档案荟萃》，北京，宗教文化出版社，2002年版。

杨贵明、马吉祥：《藏传佛教高僧传略》，西宁，青海出版社，1992年版。

扎扎：《拉卜楞寺的社会政教关系——拉卜楞寺发展策略研究》，西宁，青海民族出版社，2002年版。

扎扎：《嘉木样呼图克图世系》，兰州，甘肃民族出版社，1998年版。

杨贵明：《塔尔寺文化》，西宁，青海人民出版社，1997年版。

后 记

本书是笔者承担的国家社科基金项目（08BZJ004）的最终成果，亦是中国社会科学院创新工程学术出版资助项目。回顾课题研究经过，颇有感触和体悟：历时四年多的不懈钻研和努力进取，反复查阅资料、再三推敲构思和尽量笔耕不辍，2012年上半年终于完稿，通过专家评审，颁发结项证书。此时此刻，如释重负，倍感轻松和愉悦，或许这种感觉折射出了人世间最浅显易懂的苦中生乐、乐中含苦的辩证关系。

清代藏传佛教是一个历史和宗教的载体，从历史的层面看，它在藏传佛教史上是一个具有划时代意义的断代史，保存了许多重要的民族宗教记忆；从宗教的层面看，它在中华民族多元一体格局的形成和发展中发挥了宗教持有的凝聚力、向心力和和谐共荣的作用，记录了中华文明的发展脉络。

笔者在前人研究的基础上，应用历史与宗教的研究程序，对清代藏传佛教作了自以为全面系统的梳理、归纳和总结，在某种程度上增强甚至填补了这一块学术薄弱环节或空白，但是论题时空范围广大、涉及内容庞杂，在具体研究中不断遇到无法求全其美的难题，假如面面俱到，不可深入细致；倘若深度解析，又顾此失彼。事实上，笔者倾向于纵向历史传承和横向专题案例相互交错的研究路径，以描述、叙事和分析三者加以结合的写作方法，多以引文体现描述，多以人物事迹为叙事对象，多以历史事件作分析主题。然而，本书中肯定尚有挂一漏万、失之偏颇的地方，敬请专家学者和大众读者批评指正。

在此需要提出的是，在课题研究过程中曾得到中国社会科学院学部委员魏道儒研究员、中国藏学研究中心陈庆英研究员、郑堆研究员、中央民族大学班班多杰教授、西北民族大学才让教授、北京师范大学徐文明教授和西藏民族学院许德存教授等专家学者最专业的建议和支持，使我吸纳诸多修正偏重、完善结构和补充缺失的思路，谨向他们表达最诚挚的谢意。

另外，金雷博士后、姚立和吕其俊硕士生在中国社会科学院世界宗教研究所暨研究生院跟我研读期间，做了许多辅助性的科研工作，搜集和复印不少相关重要资料，借此非常感谢并期望三位学子在藏传佛教研究领域或事业上取得更大成绩；儿子仁智诺布从小对外国语言包括英语、法语和日语很感兴趣，最后放弃法语，专注于英语和日语的学习，此次他助我将该书目录翻译成英语，令我十分欣慰，祝愿他学业有成。

最后要表达心意的是，中国社会科学出版社资深编审黄燕生和张红编辑，在该书编辑工作中尽职尽责，一丝不苟，付出了辛勤劳动，体现了大公无私的精神，在此表示由衷的敬意。

作　者

2013 年 11 月 10 日于北京城南寓所